Hans J. Schütz
Juden in der deutschen Literatur

W0236394

SERIE PIPER
Band 1520

Zu diesem Buch

Eine Geschichte der deutschen Literatur ist immer auch eine Geschichte der jüdischen Schriftsteller. Vom Mittelalter bis zu der heutigen jungen Generation deutschschreibender Juden nach dem Holocaust reicht der Überblick, den Hans J. Schütz über diesen Aspekt des deutsch-jüdischen Beziehungsgeflechtes gibt. Neben den einzelnen Autoren und ihren Werken werden die sozialen und geistigen Rahmenbedingungen dargestellt, die das Schaffen der Künstler mitbestimmen. Identitätskonflikte auf jüdischer Seite und die Diskussion um eine deutsch-jüdische Symbiose sind in diesem Zusammenhang ebenso behandelt wie Antisemitismus, Ressentiments und Affirmation von seiten der deutschen Öffentlichkeit. Mit dem Nationalsozialismus wurde diese deutsch-jüdische Literatur und die mit ihr verbundenen Zukunftshoffnungen jäh und unwiederbringlich zunichte gemacht; die vorliegende Literaturgeschichte will ihre Konturen nachzeichnen und mit Information und sachlicher Aufklärung die positive Tradition bewahren helfen, die jüdisches Geistesleben in der deutschen Kultur geschaffen hat.

Hans J. Schütz, geboren 1936 in Wilhelmshaven, arbeitet als Übersetzer und Publizist und lebt in Bremen. Veröffentlichte u. a.: »Ein deutscher Dichter bin ich einst gewesen. Vergessene und verkannte Autoren des 20. Jahrhunderts.« (München 1988); »Verbotene Bücher. Eine Geschichte der Zensur von Homer bis Henry Miller.« (München 1990).

Hans J. Schütz

Juden in der deutschen Literatur

Eine deutsch-jüdische
Literaturgeschichte im Überblick

Piper
München Zürich

ISBN 3-492-11520-9
Originalausgabe
September 1992
© R. Piper GmbH & Co. KG, München 1992
Umschlag: Federico Luci
Fotos: SZ Bilderdienst
Gesamtherstellung: Clausen & Bosse, Leck
Printed in Germany

Inhalt

I.
Einleitung:
Konturen der deutsch-jüdischen Literatur

*»Juden im deutschen Kulturbereich« – Das Ende der »deutsch-
jüdischen Symbiose« – Juden in Deutschland – Die Entfaltung
jüdischen Geistes in der deutschen Kultur – Juden und deutsche
Sprache – Symbiose oder tragische Beziehung? – Der jüdische
»Anteil« an der deutschsprachigen Literatur – Die doppelte
Identität – Deutsch-jüdische Geschichte – Symbiose in der
Literatur*

Am 24. März 1887 schrieb Friedrich Nietzsche an Franz Overbeck,
er schlage vor, »ein sorgfältiges Verzeichnis der deutschen Gelehrten, Künstler, Schriftsteller, Schauspieler, Virtuosen von ganz- oder
halbjüdischer Abkunft herzustellen: das gäbe einen guten Beitrag
zur Geschichte der deutschen Kultur...«[1] Fast fünfzig Jahre später
stellte Siegmund Kaznelson diese Bemerkung Nietzsches dem Sammelband »Juden im deutschen Kulturbereich« als Motto voran. Dieses Kompendium wurde 1933 konzipiert, als mit den Worten
Arnold Zweigs niemand ahnen konnte, »daß aus der Drachenhöhle
des Dritten Reiches nach dem Vertreiben einer halben Million deutscher Juden der Mordbrand und die organisierte Vernichtung von
noch fünfeinhalb Millionen Menschen mosaischen Glaubens her-
vorbrechen würde!«[2]
In der Vorbemerkung zur ersten Auflage hieß es: »Dieses Sammelwerk unternimmt den Versuch eines historischen Rückblicks
auf den Anteil, den deutsche Juden am wissenschaftlichen, künstlerischen, politischen, wirtschaftlichen, kurz: kulturellen und sozialen Leben des deutschen Sprachgebiets bis zum Jahr 1933 genommen haben. Gegenüber übertriebenen Vorstellungen nach der einen
wie nach der anderen Richtung, also sowohl entgegen Über- wie
auch Unterschätzung dieses Anteils, soll es die Aufgabe dieses Buches sein, eine rein *wissenschaftliche* Darstellung zu geben, wie sie
dem Gebot der Wahrheitsforschung entspricht.«[3] Im Grunde wäre
jedoch der »Plan, den Anteil der deutschen Juden auf allen Gebieten
des deutschen Kulturlebens darzustellen, nicht als so dringlich emp-

funden worden, wenn nicht durch die nationalsozialistische Propaganda und nach der Machtübernahme durch die offiziellen Behörden und Wortführer der damaligen Reichsregierung eine ununterbrochene Kampagne der Herabsetzung und Schmähung des Judentums und der deutschen Juden geführt worden wäre...«[4] – so Robert Weltsch in seiner Vorbemerkung zur zweiten Auflage 1959.

In der ursprünglichen Form war das Buch 1934 ausgedruckt und reif zur Veröffentlichung. Doch am 13. Dezember 1934 wurde dem Verlag durch das Staatspolizeiamt Berlin untersagt, Exemplare auszuliefern, bevor die Prüfung des Buches abgeschlossen sei. Am 4. Februar 1935 verbot dieselbe Polizeibehörde »im Interesse der öffentlichen Sicherheit und Ordnung« die Herausgabe und ließ die vorhandenen Exemplare beschlagnahmen.

Damit war an die Veröffentlichung des Buches in Deutschland nicht mehr zu denken. Siegmund Kaznelson übersiedelte 1937 nach Palästina und arbeitete dort weiter an der Verbesserung und Vervollkommnung des Materials. Verschiedene Kapitel wurden überarbeitet, und neue kamen hinzu. Im März 1959, als das Buch fast druckreif vorlag, starb Kaznelson. Im selben Jahr erschien es als »zweite, stark erweiterte Auflage« im Jüdischen Verlag mit einer Vorbemerkung von Robert Weltsch. 1962 folgte eine Dritte Ausgabe »mit Ergänzungen und Richtigstellungen«. Robert Weltsch wies darauf hin, das Buch gebe »nicht nur ein Bild davon, was die Deutschen den Juden ›verdanken‹, sondern, und vielleicht noch mehr, was die Juden den Deutschen verdanken – freilich mit der unerläßlichen, aber um so bestimmteren Einschränkung, daß hier die Rede ist von jenem Prae-Nazi-Deutschtum, das im Jahre 1933 in so rätselhafter und unheimlicher Form in etwas anderes verwandelt wurde. Im Jahre 1933 hat für die Juden ihr Zusammenleben mit dem deutschen Volk und alles, was sich daraus ergab, jäh aufgehört.«[5]

Die Historikerin Wanda Kampmann schrieb über diese Aufkündigung deutsch-jüdischen Zusammenlebens: »Am 1. April 1933 wurde dem deutschen Judentum, das am Ende des 19. und zu Beginn des 20. Jahrhunderts einen Höhepunkt seiner kulturellen und geistigen Entfaltung erreicht und eine Fülle größter Begabungen hervorgebracht hatte, der Krieg erklärt. Es zeigte sich damals, daß die Emanzipation revidierbar war und daß eine Kulturnation bereit war, sich auf ein System der Unfreiheiten umzustellen. So unheilverkündend dieser Auftakt war, er rückt das, was am Ende daraus hervorging, nicht in die Zone unseres Begreifens.«[6]

Am Ende dieser »Kriegserklärung« stand der millionenfache Mord an den europäischen Juden. Der Holocaust setzte dem fast 2000jährigen Zusammenleben von Deutschen und Juden und der Epoche deutsch-jüdischer Geistesbeziehung ein grausiges Ende. Damit war auch unwiderruflich der Versuch einer deutsch-jüdischen Literatursymbiose gescheitert, den Moses Mendelssohn und Gotthold Ephraim Lessing um die Mitte des 18. Jahrhunderts eingeleitet hatten. Fritz J. Raddatz sprach von der »Spur des jüdischen Geistes, die sich durch die deutsche Kulturgeschichte zieht – das ist eine Blutspur; Blut, das an unseren Händen klebt... Verharrte man im 20. Jahrhundert, so würde ein ziemlich langes Alphabet genügen, um die Steine und Rippen und Bögen und Transparenzen zu benennen, aus denen der gewaltige Dom jüdisch-deutscher Kultur errichtet ist: Von Adorno und Anders über Bloch und Benjamin, die Bergner und den Kortner, Max Liebermann und Max Reinhardt zu urt Wolff, Schönberg, Tucholsky, endend bei Zweig – Stefan wie Arnold.«[7]

1933 haben die Nationalsozialisten die deutsch-jüdische Koexistenz gewaltsam beendet. Der Kampf, den die jüdische Minderheit seit 150 Jahren um Emanzipation und Gleichberechtigung geführt hatte, war verloren.

Dieser Kampf um die Gleichberechtigung hatte um die Mitte des 18. Jahrhunderts eingesetzt, als die alten gesellschaftlichen Strukturen in Mitteleuropa sich aufzulösen begannen und eine bürgerliche Gesellschaft sich formierte, die auch der jüdischen Minderheit die Chance zur Integration bot. Im Zeitalter der Aufklärung begann die jüdische Religion ihre dominierende Stellung einzubüßen, die sie seit den Zeiten der Karolinger im sozialen und kulturellen Leben der Juden in Deutschland behauptet hatte: »Die Loslösung der jüdischen Kultur von der allbeherrschenden Vormundschaft der Religion setzt erst mit Moses Mendelssohn im späten 18. Jahrhundert ein. Bis Mendelssohn reicht das jüdische Mittelalter...«[8] (Günter Stemberger). Die Fixierung auf die alten Traditionen, die bis jetzt notwendig war, um den inneren Zusammenhalt zu gewährleisten, lockert sich und die Kultur der nichtjüdischen Umwelt gerät ins Blickfeld. Deutsch beginnt unter den Juden zur Umgangssprache zu werden – wenn auch zunächst nur für eine intellektuelle Elite. Jüdische Autoren beginnen deutsch zu schreiben, in jener Sprache, die Mendelssohn seinen Glaubensgenossen durch seine Bibelübersetzung und seine anderen Schriften nahezubringen unternahm. Die deutsche Gesellschaft und ihre Kultur werden zum Orientierungspunkt. Auch spezifisch jüdische Themen werden auf deutsch, nicht mehr ausschließlich auf jiddisch oder hebräisch behandelt. Erst jetzt kann man von einer »deutsch-jüdischen Literatur« sprechen und vom wirklichen Beginn der deutsch-jüdischen Literaturgeschichte. Nach einer Definition von Hans-Otto Horch und Itta Shedletzky bezeichnet der Begriff »deutsch-jüdische Literatur« das »literarische Werk jüdischer Autoren in deutscher Sprache, in dem explizit oder implizit in irgendeiner Form jüdische Substanz erkennbar ist… Diese jüdische Substanz – im Sinn einer Auseinandersetzung mit jüdischer Tradition oder jüdischer Existenz – entfaltet sich bei den meisten Autoren innerhalb eines dominierenden deutschen kulturellen Bewußtseins«[9].

Die Emanzipationsepoche zwischen 1780 und 1870 nahm drei Generationen in Anspruch und war alles andere als ein geradliniger konsequenter Prozeß. Herbert A. Strauss bezeichnet die Periode seit 1750 als die der »umfassendsten Akkulturation in der Geschichte von Juden und Umwelt«. Unter Akkulturation versteht er »die Begegnung von Elementen verschiedener Kulturen und ihre Synthese zu einer neuen Einheit in einem unstabilen Gleichgewicht von verschiedener Dauer«, die an »nachprüfbaren Merkmalen wie Sprache, Gewohnheiten und Kleidung« festgemacht wie auch »als subjektive emotionale oder intellektuelle Identifizierung mit einer Kultur oder kulturellen Synthese« beobachtet werden kann. Im Gegensatz zur Assimilation »vermeidet der Akkulturationsbegriff die Unterordnung eines kulturellen Stranges unter einen anderen und ist frei von biologischen Analogien«[10]. Im Zweiten Kaiserreich engagierte sich das deutsche Judentum, dessen Akkulturationsgrad sehr hoch war, überaus aktiv im kulturellen Leben der Majorität. Im Spannungsfeld zwischen einem neuen, rassistisch argumentierenden Antisemitismus, kulturellem Integrationsverlangen und nationaljüdischer Sammlungsbewegung tritt eine jüdische Intelligenz auf den Plan, die »in der bürgerlichen Kulturlandschaft, die zugleich den wilhelminischen Nationalstaat wie auch die österreichische Staatsidee repräsentiert, eine bedeutende Funktion wahrnimmt und jenen grundlegenden Umbruch zur Moderne mitvollzieht, der das Zwanzigste Jahrhundert ankündigt und in weiten Bereichen antizipiert«[11].

Der Anteil von Autoren jüdischer Abstammung an der deutschsprachigen Literatur war nie größer als in der Epoche zwischen 1871 und 1933. Es fand »so etwas wie eine Talentexplosion« (Peter Gay) statt: »Als habe ein lange zurückstauender Damm nachgegeben, so traten mit einem Mal auf fast allen Gebieten der Literatur, der Lyrik, der Novelle, des Romans, des Essays, der Dramatik Juden hervor mit Leistungen, die zumindest von einer gewissen Schicht geistiger Menschen als Merkmale der Epoche empfunden wurden.«[12]

Der Aufstieg der deutschen Juden, der zu dieser Talentexplosion führte, war »einer der spektakulärsten Sprünge einer Minderheit in der Gesellschaftsgeschichte«, schrieb Fritz Stern, doch nicht ohne hinzuzufügen, »ihre neue Rolle an hervorragender Stelle« sei »quälend unsicher…«[13] gewesen. Der Gedanke liegt nahe, daß es gerade der Druck des Antisemitismus war, der die Juden dazu anspornte, außerordentliche Leistungen zu vollbringen, daß sie den Zwang zum Erfolg stärker verspürten als die Nichtjuden. »Es hat kein anderes Land gegeben…«, meint Reinhard Rürup, »in dem es eine solche Entfaltung jüdischer Begabungen auf allen Gebieten der Wissenschaft und Kunst gab und in dem gleichzeitig der Einfluß jüdischer Menschen auf allgemeine kulturelle und soziale Entwicklungen so groß war« wie in Deutschland.[14]

Im Umbruch zur Moderne sind viele jüdisch-deutsche Intellektuelle kreative Wortführer. Im deutschen Expressionismus deutet jeder zweite Name auf jüdische Herkunft hin. Die Weimarer Republik mit ihrer angeblichen jüdischen Dominanz im Kulturbetrieb war dann für die Vertreter nationalistischer und antisemitischer Gruppen nichts anderes als eine »Judenrepublik«. Das ist ebenso diffamierend wie unzutreffend. Schlagwörter wie »Judenrepublik« oder »Judenkultur« setzten die Nationalsozialisten »vor allem im Rahmen ihrer Sündenbock- und Drahtzieherideologie ein«, schreibt Jost Hermand. »Die deutschen Juden gebrauchten sie dagegen, um mit beleidigtem Stolz darauf hinzuweisen, auch Deutsche oder zumindest deutsche Kulturträger zu sein.«[15]

Blickt man auf das geistige Leben in Deutschland zwischen 1900 und 1933, so mag es scheinen, als sei das deutsche Judentum ganz und gar »in der deutschen Kultur aufgegangen, habe sich durch intellektuelle und künstlerische Leistung eine Spitzenstellung erobert und sei unumstößlich integriert«[16]. Es hat an Stimmen nicht gefehlt, die mutmaßten, daß die Entwicklung auf eine vollständige Angleichung der Juden an ihre Umwelt hinausgelaufen wäre, hätten die Nationalsozialisten diesen Prozeß nicht gewaltsam beendet. Doch scheint es angesichts des antisemitischen Drucks von außen und der religiösen und traditionellen Sonderstellung der Juden fraglich, ob sie als Juden verschwunden wären: »Auch im Zeitalter der Emanzipation und Assimilation blieben die Juden eine soziologisch unterscheidbare Gruppe, obwohl ihr eigenes Gruppenbewußtsein sich im Verlauf der Zeit erheblich verminderte und obwohl viele jüdische Individuen auch formell die jüdische Gemeinschaft verließen und ihre Nachkommen oft nicht mehr als Juden erkennbar waren«[17] (Robert Weltsch).

Dem Traum von der vollkommenen Assimilation, dem viele Juden im Kaiserreich anhingen, hatten nicht wenige Juden der jüngeren Generation bereits früh abgeschworen. So stand für Gershom Scholem fest: »Die breite Schicht, von der ich hier spreche, und ihre geistigen und politischen Repräsentanten *wollten* glauben, an die Assimilation, an die Verschmelzung mit einer Umgebung, die ihnen im großen und ganzen gleichmütig bis wenig wohlwollend gegenüberstand.«[18] Für ihn war bereits 1916 klar, daß er seine Zukunft mit dem Aufbau eines neuen jüdischen Staates im Lande Israel verbinden werde. Sein ältester Bruder Reinhold »entwickelte sich viel eher nach rechts und akzentuierte die assimilatorische Tendenz stärker als mein Vater. Er wurde später Mitglied der Deutschen Volkspartei und wäre wohl, wenn die Deutschnationalen Juden als Mitglieder begrüßt hätten, dort eingetreten.«[19] Er entsprach jenem Typus des deutschen Juden der wilhelminischen Ära, den Peter Gay so charakterisiert: »Deutschlands Juden waren fest mit der deutschen Kultur verbunden, und Deutschland hat seine Juden ganz und gar geprägt; sie trugen die Farben Schwarz-Weiß-Rot ohne Bedenken, sogar mit Stolz, nicht zur Tarnung, sondern als Bekenntnis. So dachten sie jedenfalls...«[20]

Auch die deutsche Sprache empfanden die Juden des Kaiserreichs »nicht mehr als eine kostbare Neuerwerbung, sondern als ein kulturelles Erbe, das sie mit anderen Deutschen teilten. Hebräisch blieb dem Ritual vorbehalten; es bedeutete den Konvertiten ebensowenig wie den Sozialdemokraten.«[21] Noch Anfang des 19. Jahrhunderts war die Eroberung der deutschen Sprache für die Juden ein mühevolles Unterfangen gewesen. Über Jahrhunderte hinweg hatten sie ihre Identität durch die Beibehaltung bestimmter Sprachen bewahrt; Hebräisch für den religiösen Bereich, Jiddisch oder Ladino für den Alltag. Doch ihre Tätigkeit als Kaufmann, Händler oder Intellektueller machte es erforderlich, daß sie sich auch die Sprache des Gastlandes, dessen Kultur sie umgab, zu eigen machten. Mit Mendelssohn und der Emanzipation im 19. Jahrhundert wurde Deutsch zur ersten Sprache der deutschen Juden. Es waren Juden, welche die deutsche Hochsprache tief in die östlichen Länder Europas trugen. Nach Karl Otten bewegte sich »das Erbe deutschen Geistes in zentrifugaler Richtung, hinweg vom Reiche der Hohenzollern, in die Ostgebiete deutscher Sprache und Zivilisation, nach Polen, Böhmen, Österreich, und wird dort in überwiegendem Maße von jüdischen Dichtern verwaltet...«.[22] Für Stefan Zweig war es eine der gemeinsten Lügen der Nazis, die Juden hätten gegen die deutsche Kultur Haß und Feindseligkeit geäußert: »Im Gegenteil, gerade in Österreich konnte man unwidersprechlich gewahren, daß in all jenen Randgebieten, wo der Bestand der deutschen Sprache bedroht war, die Pflege der deutschen Kultur einzig und allein von Juden aufrechterhalten wurde.«[23]

Wie viele andere jüdische Autoren hat auch Alfred Wolfenstein die deutsche Sprache als Heimat beansprucht und sich bewußt in ihre Tradition gestellt. In seinem Aufsatz »Jüdisches Wesen und Dichtertum« (1922) hat er in extremer Überspitzung, voller Pathos und emotionaler Betroffenheit, die Synthese zwischen jüdischem Dichtertum und deutscher Sprache beschworen: »Unter den westeuropäischen Sprachen scheint sich die deutsche anders als die übrigen zum jüdischen Wesen zu verhalten: In ihr bewahrt es sich selbst, es bleibt lebendig, in die romanischen Sprachen eher spurlos aufgelöst. [...] Wir sehen, an allen Unterschieden vorbei, in eine seltsame Verwandtschaft. Manchmal, wenn Gegensatz und Liebe zwischen ihnen hervortritt, erscheint der Jude wie ein Doppelgänger des Deutschen.«[24] In scharfer Absage an Antisemitismus und deutschen und jüdischen Nationalismus, zeigt diese Stellungnahme »nochmals Glanz und Elend einer ›Wahlverwandtschaft‹, die sich aufs Grausamste als Illusion erweisen sollte«[25].

War diese »jüdisch-deutsche Symbiose, so mußte man sich fragen, jemals etwas anderes gewesen als eine jüdische Hoffnung, gar

Utopie? Geteilt von wenigen Deutschen, die gleich Lessing zu leben und zu handeln gedachten und denen es meistens heimgezahlt wurde?«[26] So fragte Hans Mayer auf einem Symposium über deutsch-jüdische Literatur 1983 in Jerusalem. Auch warf er die Frage auf, ob jene geschichtliche Symbiose nicht auch daran gescheitert sei, »daß sie – von der nichtjüdischen und nichtdeutschen Außenwelt her gesehen – als unmögliche Gemeinschaft von zwei Außenseitern zustande gekommen war«,[27] und ob man in diesem Zusammenhang nicht zwangsläufig auch die Frage nach dem Scheitern der Weimarer Republik stellen müsse.

Noch immer sind Begriffe wie »Symbiose«, »Dialog«, »Verflechtung« oder »Weggemeinschaft« als Bezeichnung für historische Phasen der deutsch-jüdischen Beziehung umstritten. Durchaus nicht alle Überlebenden des Holocaust mochten Heinz Politzer zustimmen, der die Periode zwischen 1890 und 1933 das »goldene Zeitalter der deutsch-jüdischen Literatur«[28] genannt hatte. Es sei unvermeidlich, schrieb Hans-Peter Bayerdörfer, daß »das Augenmerk – in der großherzigen Formulierung von Heinz Politzer – jenem Bindestrich zwischen ›jüdisch‹ und ›deutsch‹ gilt, dem im Jahrhundert des Holocaust alle Selbstverständlichkeit für immer abhanden gekommen ist«[29].

Jüdische Historiker wie Adolf Leschnitzer sprachen von einer »hundertfünfzigjährigen Symbiose zwischen Juden und Deutschen«[30] oder, wie Eva G. Reichmann, von »Größe und Verhängnis deutsch-jüdischer Existenz« und einer »tragischen Begegnung«.[31]

Eine dezidierte Gegenposition vertrat Gershom Scholem. 1964 lehnte er es ab, einen Beitrag für eine Festschrift zu Ehren von Margarete Susman zu schreiben, weil es, wie er in einem Offenen Brief an den Herausgeber Manfred Schlösser erklärte, »ein solches deutsch-jüdisches Gespräch in irgendeinem echten Sinne als *historisches Phänomen*« nicht gegeben habe: »Zu einem solchen Gespräch gehören zwei, die aufeinander hören, die bereit sind, den anderen in dem, was er ist und darstellt, wahrzunehmen und ihm zu erwidern. Nichts kann irreführender sein, als solchen Begriff auf die Auseinandersetzungen zwischen Deutschen und Juden in den letzten 200 Jahren anzuwenden. Dieses Gespräch erstarb in seinen ersten Anfängen und ist nie zustande gekommen.«[32] Wo Deutsche sich auf diese Auseinandersetzung eingelassen hätten, habe diese stets »auf der ausgesprochenen und unausgesprochenen Voraussetzung der

Selbstaufgabe der Juden, auf der fortschreitenden Atomisierung der Juden als einer in Auflösung befindlichen Gemeinschaft« (beruht), »von der bestenfalls die einzelnen, sei es als Träger reinen Menschentums, sei es selbst als Träger eines inzwischen geschichtlich gewordenen Erbes rezipiert werden konnten«.[33]

Auf dem fünften Jüdischen Weltkongreß in Brüssel hat Scholem seine Position noch einmal bekräftigt. Mit der Emanzipation des 18. Jahrhunderts begann für ihn »jenes unendlich sehnsüchtige Schielen nach dem deutschen Geschichtsbereich, der den jüdischen ersetzen sollte«[34], eine Haltung, die für mehr als 100 Jahre die Beziehung zwischen Juden und Deutschen charakterisiert habe: »Die Emanzipation brachte die entschlossene Verleugnung der jüdischen Nationalität als eines Partners in dieser Auseinandersetzung mit sich, eine Verleugnung, die ebensosehr von den Deutschen gefordert wie von der Avantgarde der Juden und ihren federführenden Sprechern genauso entschlossen zugestanden wurde.«[35] Ihre »Prä-Eminenz und ihre kulturell progressive Funktion« sei den Juden in Deutschland zum Verhängnis geworden: »Denn die Deutschen standen in ihrer großen Majorität diesem Anmarsch der jüdischen Intelligenz, wie überhaupt dem Phänomen des Eintritts der Juden in die deutsche Gesellschaft, mit großer Reserve gegenüber.«[36] Während Scholem die Mißachtung, mit der viele Deutsche auf die Juden blickten, auf die Leichtigkeit zurückführt, mit der deren kulturelle Oberschicht ihre eigene Tradition verleugnete (»Was konnte schon ein Erbe wert sein, dessen berufene Träger sich in ihrer Elite beeilten, es zu verleugnen?«)[37], ist für Peter Gay das »Deutschtum der gebildeten Juden in jenen Dekaden... kein Versuch der Tarnung, keine ängstliche Selbstverleugnung, sondern ein Gefühl der Teilhabe an einer Kultur, die Humanisten und Kosmopoliten wie Kant, Schiller und Goethe hervorgebracht hatte«[38]. Für diese Juden war die Eingliederung in die deutsche Gesellschaft keine theoretische, sondern nur noch eine praktische Frage, und die Geringschätzung, »die viele deutsche Juden damals erfuhren, bedeutete ihnen weniger als die deutsche Kultur, in der sich die meisten wie in ihrem eigenen Element bewegten«[39]. Der im Jahr 1893 begründete »Centralverein deutscher Staatsbürger jüdischen Glaubens« drückte schon in seinem Namen das feste Vertrauen auf die fortschreitende Assimilierung aus, aber auch das Verschwinden der Furcht, sich öffentlich zur eigenen Religion zu bekennen. »Wenn nicht die zukünftigen

Antisemiten«, so Gay, »die Aufmerksamkeit auf den Anteil der Juden in der Kunst, in der Literatur und im Journalismus gelenkt hätten, wäre es nicht möglich gewesen, aus der Art und Weise ihrer Arbeit und Werke auf ihre religiose Zugehörigkeit zu schließen.«[40]

Gershom Scholem und Peter Gay markieren entgegengesetzte Positionen in der Diskussion über Berechtigung, Notwendigkeit und Auswirkung der Assimilation. Selbstaufgabe und Verleugnung jüdischer Identität werden von Scholem beklagt, die Beiträge der Juden zur deutschen Kultur des Zweiten Kaiserreichs dagegen von Gay positiv hervorgehoben. Sie leisteten sie weit mehr als Deutsche denn als Juden. Der Sozialpsychologe Moritz Lazarus erklärte 1887 die »jüdische Frage« zur »deutschen Frage« und nannte sie ein Überbleibsel der Unmenschlichkeit, das Juden und Deutsche zusammen beseitigen müßten: »Überall und immer ist die Frage der Humanität und Gerechtigkeit wichtiger für den, der sie zu gewähren, als für den, der sie zu empfangen hat. Aber wir sind Deutsche, als Deutsche muß man reden.«[41] Von deutscher Seite aus hat, zum Beispiel, Helmut Gollwitzer sich zu Scholems These geäußert: »Aber wenn Scholems Desillusionierung auch für die Mehrheit der Deutschen und für ihre repräsentativen Verbände, für Parteien, Kirchen und Hochschulen zutrifft, so hat doch die Minderheit derer das Recht, sich zu Worte zu melden, die sich vor 1933 mit Schrecken die Öde eines Deutschlands ohne Juden ausmalten und die es nach 1945 für das Schlimmste halten, daß die Masse der Deutschen, wieder zu Staat und Wohlstand gekommen, ›gar nichts zu vermissen‹ scheint, die also die vielerlei Verbocktheit und Engigkeit des seitherigen deutschen Lebens darauf zurückführten, daß uns die Juden fehlen, und die – tiefer noch – die Juden neben sich vermissen, weil diese ihnen die prototypischen ›anderen‹ waren, ohne die sie sich selbst nicht erkennen können.«[42]

Die B'nai B'rith Buchausstellung (1967 in Wien, 1969 in Frankfurt/Main) war einer der ersten Versuche nach 1945, den Anteil der Juden am geistigen Leben Deutschlands im 20. Jahrhundert in Erinnerung zu rufen. Im Katalog zur Wiener Ausstellung räumte Oberrabbiner Akiba Eisenberg ein, es habe vor 1933 eine »Einheit zwischen deutscher Sprache und jüdischem Geist« gegeben: »Deutsches Geisteserbe und Geisteserbe des ›Volkes des Buches‹ waren wie verschmolzen und mehrten den Schatz der gesamten Menschheit.«[43]

Tatsache ist, daß das deutsch-jüdische Verhältnis auch in Phasen äußerer Harmonie starken subkutanen Belastungen ausgesetzt und von Vorbehalten und Mißverständnissen belastet war. Der Historiker Alex Bein schrieb: »Der gegenseitige Vorwurf, man sei voller Vorurteile, enthielt tatsächlich mehr Wahrheit, als sich beide Seiten klarmachten. Es gab wirklich massive Vor-Urteile, auf der Seite der Nichtjuden vor allem, doch auch auf seiten der Juden: Urteile, die sich... in langen Jahrhunderten geformt hatten, die in langer Tradition gewachsen und vor allem bewußten Denken vorhanden waren und nun den Gedanken und Affekten den Weg vorschrieben.«[44] Diese Belastungen, Spannungen und Irritationen, dieses Wechselspiel von Verunsicherung und Selbstbewußtsein, Akzentuierung und Verdrängung wird in der Literatur deutlicher erkennbar als im gesellschaftlichen Zusammenleben von Deutschen und Juden. In vielen Fällen reagieren Schriftsteller schneller, nehmen sensibler wahr und artikulieren Probleme früher als der Normalbürger. Will man in die Tiefenschichten des deutsch-jüdischen Verhältnisses eindringen, muß man auch nach dem Selbstverständnis der deutsch-jüdischen Schriftsteller und nach ihrer Rolle in der Literaturentwicklung fragen.

In dem »Der große Traum« betitelten Kapitel seines Buches »Gottes erste Liebe« hat Friedrich Heer die Intensität und historische Verankerung der deutsch-jüdischen Symbiose beschrieben: »Vom Berlin Mendelssohns und seiner Kinder und Kindeskinder, der Henriette Herz und der Rahel Varnhagen um 1800 und 1810 führt zu dem Berlin um 1900 und noch um 1930... eine gerade Linie. Deutsche Dichtung und deutsche Literatur wird als Weltliteratur (eine Wortprägung Goethes) dem nichtdeutschen 19. Jahrhundert vor allem durch das Werk Heinrich Heines präsentiert. Kein deutschsprachiger Dichter – auch Goethe nicht – hat eine seinem Einfluß vergleichbare Strahlung erreicht. Am Vorabend des Dritten Reiches sind es vor allem deutsch-jüdische Schriftsteller, Literaten, Dichter, die in der nichtdeutschen Welt als deutsche Autoren gelesen werden. Nicht wenige von ihnen sind im alten Österreich beheimatet..., wo die Krise des europäischen Menschen und seiner Gesellschaft und die bevorstehenden Katastrophen... zwischen 1900 und 1930 gerade von Dichtern und Schriftstellern jüdischer Herkunft vorausgesehen wurden.«[45] Worauf er eine Liste deutsch-jüdischer Schriftsteller von Brod bis Zweig folgen läßt.

In der Tat ist der Anteil der Juden im Gesamtbereich der deutschsprachigen Literaturgeschichte rein quantitativ überproportional hoch. Unter den 2000 bedeutendsten deutschen Juden des 20. Jahrhunderts sind nach Walter Tetzlaff mehr als 300 Autoren der schönen Literatur.[46] Kaznelson hatte in sein Sammelwerk etwa 250 Autoren aufgenommen, in der listenartigen Zusammenstellung des »Philo-Lexikons« (1934) sind es etwa 300 jüdische Autoren der Jahrgänge bis 1900.[47] Harry Zohn führt über 500 »Wiener Juden in der deutschen Literatur« auf.[48] Der hohe Anteil erklärt sich in erster Linie sicherlich aus den beruflichen Restriktionen, denen die Juden nach ihrer gesetzlichen Gleichstellung unterlagen, wohl aber auch aus ihrer traditionell ungewöhnlich engen Beziehung zur Schriftkultur. In dem Aufsatz »Vom deutschen Adel jüdischer Nation« (1926) von Albert Ehrenstein heißt es: »Der qualitativ und quantitativ hohe Anteil, den das Judentum am deutschen Geistesleben hat, ist leicht erklärt. Ein Volk, dem durch viele Jahrtausende das Wort, die Schrift heilig war, seit zweitausend Jahren in einer politischen Depression lebend, auf die Bibel und deren mystische und sophistische Kommentare als einzige Geistesquelle zurückgeworfen, vor jedem Studierenden Achtung hegend, wie nur noch die Chinesen – ein solches Volk, durch Neigung, Erziehung und Zwang lange abgedrängt von allen militärischen, politischen Berufen und Staatsstellungen, mußte in der Kunst die fast einzige Möglichkeit erblicken, sich gegen allen Rassenhaß, über Myriaden Hemmnisse und Erschwerungen hinweg, ehrenvoll Geltung zu verschaffen.«[49]

Die Frage nach dem Beitrag der jüdischen Schriftsteller zur deutschen Literaturgeschichte kann nicht durch Namenlisten oder Statistiken beantwortet werden, in die in der Vergangenheit übrigens gelegentlich auch Nichtjuden aufgenommen worden sind. In der Regel ist man großzügig verfahren und hat Schriftsteller jüdischer Abstammung, einschließlich Halbjuden und Getaufter, dazu gezählt. Es hat gelegentlich Uneinigkeit darüber gegeben, wer als »jüdisch« und »von jüdischer Herkunft« anzusehen sei. Neben Abstammung und jüdischer Identität spielt ja auch noch das Problem eine Rolle, daß jüdisches Schicksal in erster Linie davon bestimmt wurde, welche Definition es von der Außenwelt erfuhr. Nach Sartres bekanntem Diktum befindet sich der Jude »in der Situation des Juden, weil er inmitten einer Gesellschaft lebt, die ihn als Juden betrachtet«[50]. In der Vergangenheit waren es meistens die Feinde der

18

Juden, die auf den hohen Anteil, die führende Rolle und die Funktion von Schriftstellern jüdischer Abkunft in der deutschen Literatur hingewiesen haben. Wer sich heute mit dem Thema »deutschjüdische Literatur« befaßt, könnte sich unter Umständen mit dem Vorwurf konfrontiert sehen, »›Rassenpolitik‹ mit umgekehrtem Vorzeichen zu treiben, als Juden geborene, aber dieser Religion nicht mehr angehörige Schriftsteller für das Judentum zu reklamieren und sozusagen in ein goldenes Ghetto hineinzuzwängen«[51]. Doch gerade weil die deutsch-jüdische Literatur vernichtet ist, darf es auf keinen Fall eine »katalogisierende Etikettiersucht«[52] geben, denn das käme »einem fragwürdigen Anheften von Judensternen« nahe.[53] Hatte doch schon Ludwig Börne 1832 geschrieben: »Die einen werfen mir vor, daß ich ein Jude sei; die anderen verzeihen mir es; der dritte lobt mich gar dafür; aber alle denken daran. Sie sind wie gebannt in diesem magischen Judenkreise, es kann keiner hinaus. Auch weiß ich recht gut, woher der böse Zauber kömmt. Die armen Deutschen! Im untersten Geschosse wohnend, gedrückt von den sieben Stockwerken der höheren Stände, erleichtert es ihr ängstliches Gefühl, von Menschen zu sprechen, die noch tiefer als sie selbst, die im Keller wohnen. Keine Juden zu sein, tröstet sie dafür, daß sie nicht einmal Hofräte sind.«[54]

Als Marcel Reich-Ranicki 1970 die Münchner Ausstellung »Werke von Autoren jüdischer Herkunft in deutscher Sprache« eröffnete, hat er nachdrücklich vor dem feierlichen Vokabular und den »weihevoll-elegischen Tönen« gewarnt, mit denen solche Ausstellungen von Teilen der Öffentlichkeit begrüßt werden. Zu Recht fragte er, ob es denn gleich Liebe und Brüderlichkeit sein müßten, wo doch Fairneß, gegenseitiges Verständnis und sachliche Aufklärung viel eher am Platz wären: »Nicht auf Bekenntnisse kommt es an, wohl aber auf Erkenntnisse. Mit Deklarationen und Deklamationen ist wenig getan, ungleich wichtiger sind Dokumentationen... Nicht die Veranstalter unserer Ausstellung haben die sehr verschiedenen Autoren unter dem spitzen Judenhut vereint, niemand will ihnen einen Davidstern aufnähen. Das ist ja längst geschehen, das haben jene besorgt, von denen die Werke dieser Schriftsteller aus den deutschen Bibliotheken und Literaturgeschichten entfernt und aus den Programmen der Schulen und Universitäten gestrichen wurden, jene also, die Bücher und Menschen verbrannt haben.«[55]

So will auch dieses Buch die deutsch-jüdischen Schriftsteller nicht noch einmal isolieren oder sie in einem goldenen Ghetto präsentieren. Es geht nicht darum, sie kritiklos zu verklären oder bedeutungslose oder zweitrangige deutsch-jüdische Autoren, nur weil sie in den Rahmen passen, besser zu machen, als sie sind. Das wäre würdeloser und beleidigender Philosemitismus. Als Walter Benjamin 1939 Gershom Scholem auf das Varnhagen-Manuskript von Hannah Arendt aufmerksam machte, fügte er hinzu: »Auf mich hat dieses Buch großen Eindruck gemacht. Es schwimmt mit starken Stößen wider den Strom erbaulicher und apologetischer Judaistik. Du weißt am besten, daß alles, was man über ›die Juden in der deutschen Literatur‹ bis dato lesen konnte, von eben dieser Strömung sich treiben ließ.«[56]

Eine Literaturgeschichtsschreibung, die von Vorurteilen frei ist, kann eine genuin »jüdische« Literatur nicht ausmachen und die Vielfalt literarischer Ausdrucksformen nirgendwo rassischen Gesichtspunkten zuordnen. Völkisch-nationale Kritiker und antisemitische Publizisten haben immer wieder versucht, eine eigenständige »jüdische« Literatur zu konstruieren und diese rassistisch zu fundieren. Tatsache ist jedoch, daß es stilistische und formale Merkmale, die für deutsche Schriftsteller jüdischer Herkunft typisch wären, nicht gibt. Lion Feuchtwanger, in dessen Büchern jüdische Themen vorherrschen, bemerkte: »Ich habe mich oft mit größter Sorgfalt in die Werke deutscher Autoren jüdischer Herkunft vertieft, um irgendein sprachliches Merkmal zu finden, das eindeutig auf ihre jüdische Abkunft hinwiese. Es ist mir trotz emsigsten Studiums nicht geglückt, in irgendeinem Werk der großen deutschen Dichter jüdischer Abstammung, von Mendelssohn bis Schnitzler und Wassermann, von Heine bis Arnold und Stefan Zweig, irgendein solches Merkmal zu entdecken.«[57] Aber es ist auch unzweifelhaft, daß die Bücher dieser Autoren durch die besondere Situation geprägt sind, in der sie sich als Juden in einer nichtjüdischen Gesellschaft befanden. Die Zugehörigkeit zu einer angefeindeten und oft verfolgten Minderheit hat sich auf ihre psychische Verfassung ausgewirkt: »Innerhalb und schließlich doch außerhalb der Welt stehend, mit der sie sich auseinandersetzten, konnten sie Vertraulichkeit und Intimität mit skeptischer Distanz verbinden: Gerade von der Peripherie her ließ sich das Zentrum oft mit besonderer Deutlichkeit erkennen und darstellen«, schrieb Marcel Reich-Ranicki.[58]

Für ihn resultierte daraus die Rolle der Juden in der Literatur und im literarischen Leben: Sie waren Außenseiter und Provokateure. Als »Ruhestörer« irritierten und provozierten sie die Umwelt, die mit Bewunderung, Ablehnung oder Haß darauf reagierte. Freilich trifft das nicht auf alle deutsch-jüdischen Autoren zu. Berthold Auerbach, von der Problematik deutsch-jüdischer Identität nicht weniger betroffen als Heine und Börne, war gewiß kein »Ruhestörer«, sondern ein eher angepaßter und harmoniesüchtiger Autor.

Fast alle deutsch-jüdischen Autoren nach der Jahrhundertwende empfanden ihr Judentum als eine Last. Man konnte sie ergeben weitertragen, sich ihrer entledigen oder sie demonstrativ zur Schau stellen. Fast alle Autoren haben unter ihrem Judentum gelitten und mit ihm im Kampf gelegen, belastet mit Traumata und Komplexen, die eine unterdrückte Minderheit im Lauf der Zeit zwangsläufig entwickelt. Ob sie sich der nichtjüdischen Umwelt anpaßten oder ihr die Stirn boten, sie mußten mit Abwehr und Ressentiments rechnen. Für die Erscheinungsformen und Mechanismen eines latenten Antisemitismus entwickelten sie ein feines Sensorium. Viele Autoren zogen es vor, ihre Reflexionen Briefen und Tagebüchern anzuvertrauen. So auch Arthur Schnitzler, dessen Autobiographie lediglich für eine Veröffentlichung nach seinem Tode bestimmt war. In einer hellsichtigen Bemerkung zur »Judenfrage« erklärt er dort, es sei nicht möglich gewesen, »insbesondere für einen Juden, der in der Öffentlichkeit stand, davon abzusehen, daß er Jude war, da die anderen es nicht taten, die Christen nicht und die Juden noch weniger. [...] Und auch wenn man seine innere und äußere Haltung so weit bewahrte, daß man weder das eine noch das andere zeigte, ganz unberührt zu bleiben war so unmöglich, als etwa ein Mensch gleichgültig bleiben könnte, der sich zwar die Haut anästhesieren ließ, aber mit wachen und offenen Augen zusehen muß, wie unreine Messer sie ritzen, ja schneiden, bis das Blut kommt.«[59] Kein Wunder, daß der Aufenthalt in einem solchen Klima bei vielen Autoren zu Aggressivität, dezidierter Abwehrhaltung und nicht zuletzt zu psychischen Verwundungen führte. Hermann Broch schrieb am 3. Mai 1949 an seinen Sohn: »Der Adel hat eine Familiengeschichte, der jüdische Bourgeois eine Neurosengeschichte...«[60]

Nicht wenige Schriftsteller haben sich vom Judentum losgesagt, sind aber dann vielfach zu der Einsicht gelangt – wie, zum Beispiel, Kurt Tucholsky –, daß sich das nicht realisieren ließ. Oft genug ist eine forciert demonstrierte deutsch-jüdische Harmonie nur ein Täuschungsmanöver. Im Inneren blieb dem Autor »sein Judentum wie sein Deutschtum eine bald verketzerte, bald gehegte, immer aber eine sakrosankte Unbehaglichkeit«[61].

Was Heinz Politzer über Heinrich Heine sagte, gilt wohl auch für Karl Kraus, Alfred Döblin oder Joseph Roth. In seinem »Außenseiter«- Buch postulierte Hans Mayer, »die jüdische Identitätskrise inmitten der aufklärerischen bürgerlichen Gesellschaft« befalle »den einzelnen als Teil einer Gemeinschaft. Das Außenseitertum wird nicht individuell begründet wie beim Homosexuellen, sondern generell: durch das Judesein. Es kann nicht ignoriert und auch nicht sublimiert werden.«[62] Im Spannungsfeld von unaufhebbarem Außenseitertum und Selbstverteidigung suchten die Autoren nach einer festen Position zwischen Selbstverwirklichung und Selbstzerfleischung. Ihre Bücher sind davon geprägt: Melancholie bei Joseph Roth, Einsamkeit bei Kafka, Aggressivität bei Tucholsky. Andere wenden sich wie aus Trotz nachdrücklich jüdischen Themen zu, wie Max Brod oder Lion Feuchtwanger.

Im Juni 1921 schrieb Franz Kafka an Max Brod über das Verhältnis der jungen Generation zum Judentum ihrer Väter: »Weg vom Judentum, meist mit unklarer Zustimmung der Väter (diese Unklarheit war das Empörende), wollten die meisten, die deutsch zu schreiben anfingen, sie wollten es, aber mit den Hinterbeinchen klebten sie noch am Judentum des Vaters und mit den Vorderbeinen fanden sie keinen neuen Boden. Die Verzweiflung darüber war ihre Inspiration.«[63]

Verzweiflung als Inspiration: Hier ist auf eine Formel gebracht, was die jungen deutsch-jüdischen Intellektuellen fähig machte, die Isolierung und Entfremdung des Individuums in der Gesellschaft zu diagnostizieren und zur Sprache zu bringen. Im Werk Kafkas, in seinen absurden Parabeln von Angeklagten und Verstoßenen, hat diese Thematik exemplarischen Ausdruck gefunden. Kafka und Heine sind jene beiden Autoren, die »zwei Jahrhunderte deutsch-jüdischer Literatur im weltliterarischen Maßstab wirklich repräsentierten«[64]. Heine, als Jude wie als kämpferischer Demokrat exiliert, ertrug und gestaltete die Spannung zwischen Heimat und Fremde. Kafka, verbannt in die »Hölle des deutsch-jüdischen Schrifttums«,[65] beschrieb nicht nur die Heimatlosigkeit der Juden, sondern die des modernen Menschen überhaupt. Beider Werk ist geprägt von der

Erfahrung der unheimlichen Doppelbödigkeit deutsch-jüdischer Existenz. In der Perspektive Marcel Reich-Ranickis war Heinrich Heine »eine zentrale und repräsentative Figur, *obwohl* ein Außenseiter«, und wurde Franz Kafka »eine zentrale und repräsentative Figur der europäischen Literatur, *weil* er ein Außenseiter war«.[66]

Nach Hans Otto Horch gehört zu den zentralen Problemen einer deutsch-jüdischen Literaturgeschichte »die komplexe Verschlungenheit von Fremd- und Selbstbild«, wobei das Selbstbild »eine intensive Auseinandersetzung mit der eigenen *Identität*« voraussetze.[67] Für Gershon Shaked bilden die Erfassung der doppelten Identität als Deutscher und Jude und deren Niederschlag im Text das maßgebliche Kriterium für die Zuordnung eines Werkes zur jüdischen Literatur. Er sucht in den Werken jüdischer Autoren nach semiotischen Kriterien, welche die »Macht der Identität«[68] belegen. Danach versteht er unter jüdischer Literatur diejenige, die »Verhaltens- und Lebensformen widerspiegelt, die aufgrund semiotischer Kriterien als aus der jüdischen Sozialgruppe abgeleitet bestimmt werden können«[69]. Für die deutsch-jüdische Literatur konstatiert er eine »Identitätsflucht«. Sie kämpfe gegen eine »Identität, die ihr als Stigma von außen auferlegt und die dann verinnerlicht wurde«. Ihre Helden würden »wegen ihrer Identität verfolgt, und in der Regel löst die Erzählung ihre Krise nicht«[70]. Bei aller Würdigung dieses interpretatorischen Ansatzes hat Hans Otto Horch berechtigte Einwände geäußert und gefragt, »ob die (fast ausschließlich als leidvoll dargestellte) Erfahrung der Doppelidentität als Jude und Deutscher und ihr direkter oder indirekter Niederschlag im Werk als Kriterium einer Darstellung der deutsch-jüdischen Literaturgeschichte genügt«[71].

Neben die Frage nach der doppelten Identität als Deutscher und Jude ist auch immer wieder die nach den Gemeinsamkeiten getreten, ohne daß diese je zufriedenstellend beantwortet worden wäre. Auf die gemeinsamen Elemente im Charakter der Juden und der Deutschen haben schon Heine und Kafka hingewiesen. Und Walter Benjamin sprach in einem Brief vom 22. Oktober 1917 davon, Deutscher und Jude stünden sich »gleich den verwandten Extremen gegenüber«[72].

Max Horkheimer hat sich entschieden »gegen die Hypostasierung und Aufplusterung grundsätzlicher Unterschiede oder Übereinstimmungen zwischen irgendwelchen Arten kollektiven Geistes, deutschen, jüdischen oder sonstigen…« gewendet. Er möchte das »Begriffs-Paar Deutsche und Juden« ersetzen: »Es heißt besser: Juden und Christen, um so mehr, als wahre Christen – ich sage *wahre* Christen – in Perioden totalitärer Barbarei, die keineswegs bloß zur Vergangenheit gehören, von eben dem Schrecken bedroht sind, der seit langem zum Schicksal der Juden gehört.«[73]

Gershom Scholem, der es als ein »melancholisches Unterfangen« bezeichnet hatte, über das Verhältnis zwischen Juden und Deutschen in den letzten 200 Jahren zu sprechen, meinte die Atmosphäre zwischen beiden Völkern könne nur durch rückhaltlose Kritik bereinigt werden: »Das ist schwierig. Für die Deutschen, weil der Massenmord an den Juden zum schwersten Alpdruck ihrer moralischen Existenz als Volk geworden ist; für die Juden, weil solche Klärung eine kritische Distanz zu wichtigen Phänomenen ihrer eigenen Geschichte verlangt. Wo Liebe, soweit sie einmal bestanden hat, im Blut erstickt worden ist, sind historische Erkenntnis und Klarheit die Vorbedingungen für eine vielleicht zukunftsträchtige Auseinandersetzung zwischen Juden und Deutschen.«[74]

Zur »historischen Erkenntnis und Klarheit«, die Scholem meinte, gehört nicht nur das Wissen um die Geschichte des Antisemitismus und die Verbrechen an den Juden, sondern auch das Wissen um die Geschichte der Juden in Deutschland. Aber eine unbefangene Betrachtung dieser Geschichte, die mit den Karolingern begann und mit den Nationalsozialisten endete, ist angesichts des Völkermordes an den Juden nicht mehr denkbar. Das jedoch könnte dazu führen, diese 1500 Jahre während Epoche einzig und allein als Vorgeschichte des Holocaust zu sehen. Eine solche Perspektive würde den deutschen Juden ihre Geschichte entreißen, die ja nicht nur eine Geschichte von Ressentiments oder Gewalt gegen Juden war, sondern auch relativ konfliktfreie Phasen des Zusammenlebens mit den Deutschen aufwies. Seit Moses Mendelssohn wurde die jüdische Geschichte in Deutschland in wachsendem Maß zu einer deutsch-jüdischen. Es muß noch einmal betont werden, welch immense Bedeutung die deutsche Sprache nicht nur für die Schriftsteller, sondern für die deutschen Juden überhaupt hatte. In der »modernen jüdischen Geschichte«, bemerkte Reinhard Rürup, »hatte das Deutsche bis 1933 eine Stellung und Funktion, die dem Englischen unserer Gegenwart vergleichbar ist.«[75] Seit der Emanzipation waren die deutschen Juden »durchaus nicht nur Objekte einer gegen sie gerichteten Politik, sondern Subjekte des historischen Prozesses, Mithandelnde und Mitgestaltende der deutschen Geschichte. Gewiß, sie waren eine Minderheit, und es gab Spannungen und Konflikte, es gab Antisemitismus, aber sie waren in der wilhelminischen Zeit oder in der Weimarer Republik keine Außenseiter der Gesellschaft mehr.«[76] Das kulturelle und literarische Leben wurde von ihnen mitgeschaffen und mitgetragen. Sie leisteten weit mehr als einen »Beitrag« – sie waren Schrittmacher vieler Entwicklungen und Bewahrer vieler Traditionen, zeigten sich als progressives wie auch als konservatives Element. Eine »deutsche« Kultur ohne Juden wäre nicht denkbar. In der Epoche zwischen 1850 und 1933 ist die deutschsprachige Literatur in erheblichem Maß von Juden mitgeschrieben und geprägt worden. Sie waren ein integrierender Teil der Literatur, von dem oft genug beträchtliche Wirkungen ausgingen – denken wir nur an Heine, Kafka oder Karl Kraus.

Ob es eine deutsch-jüdische Symbiose wirklich gegeben hat, kann man bestreiten oder mit Gründen eine »Fiktion« oder einen »Traum« nennen. Es trifft gewiß zu, daß auf deutscher Seite nur eine Minderheit dazu bereit war, die Juden als ihresgleichen anzuerkennen. Kann man jedoch, wie Gershom Scholem es tat, der Mehrheit der deutschen Juden vorwerfen, daß sie diesem Traum anhing? Hat dieser Traum nicht vielmehr phasenweise und punktuell, in der deutsch-jüdischen Literatur Gestalt angenommen, realisiert in Werken, mit allen Ambivalenzen verkörpert in Personen, in einem geistigen Bezugssystem von Geben und Nehmen? Nirgendwo kann man die Spannungen und Schwierigkeiten dieses versuchten und mehr als einmal geglückten Brückenschlages deutlicher ablesen als an der deutsch-jüdischen Literatur. Sie hat sowohl die kreativen Möglichkeiten dieser Symbiose zwischen deutschem und jüdischem Geist ausgeschöpft als auch deren Konflikte thematisiert.

In seinem Aufsatz »Zionismus und Politik« (1917) hat Moritz Heimann davon gesprochen, er sehe keinen Widerspruch darin, »daß ich auf deutscher Erde geboren bin und daß mir alles, was ich zu vernehmen imstande war, die deutsche Sprache gesagt hat«. Seine Familie habe sich »in unsere christliche, deutsche Umgebung vollkommen in- und hineingelebt *durch* unsre jüdische Gegensätzigkeit, nicht trotz ihrer«. Und als »Jude deutsch orientiert«, faßte er seine jüdisch-deutsche Doppel-Identität in ein faszinierendes Bild: »Es ist nichts Unnatürliches darin, seine Bahn mit zwei Mittelpunkten zu laufen; einige Kometen tun es und die Planeten alle. Unvereinbar Scheinendes zu vereinen, darin besteht im Grunde das ganze geistige Geschäft; sind doch selbst das private, individuelle Leben und das der Gemeinschaft, auch der nationalen und auch sogar der religiösen, Gegensätze. Wie es keine Lage der Menschen gibt, die er sich nicht in Schande; keine, die er sich nicht in Ehre verwandeln könnte, so gibt es auch keine, die nicht Schwäche werden kann oder Kraft.«[77] Ohne das Jüdische in seinem Wesen zu verraten, ohne seinen europäisch-aufklärerischen Hintergrund zu unterdrücken und ohne Rückgriff auf forcierte Harmonisierung, akzeptierte Heimann seine prekäre deutsch-jüdische Identität. Er war »mehrfach loyal: gegenüber seiner jüdischen und deutschen, christlich geprägten und aufklärerisch gebildeten Identität« (Gert Mattenklott).[78]

Diese Position Heimanns, der ein oft reflektiertes Dilemma produktiv zu gestalten wußte, war, wenn auch kein Einzelfall, nicht gerade die Regel. Immerhin ließe sich eine Reihe konstituieren, die von Mendelssohn und Berthold Auerbach über Karl Emil Franzos zu Georg Hermann, Stefan Zweig und Joseph Roth reicht. Gleichwohl könnte man auch eine historische Reihe von »Zerrissenen« bilden, beginnend mit Salomon Maimon und über Heine, Moritz Goldstein und Karl Kraus bis zu Jakob Wassermann reichend. Sie und die ungezählten anderen Schriftsteller dokumentieren mit ihrem Werk »Größe und Verhängnis deutsch-jüdischer Existenz« (Eva G. Reichmann).[79]

Wenn man deutsch-jüdische Literatur im Zusammenhang beschreibt, muß einem bewußt bleiben, daß es heute notwendiger ist denn je, nicht nur das entsetzliche Faktum des Völkermordes im Auge zu behalten, sondern auch »die andere, die positive Tradition zu sichern – die großartige Entfaltung schöpferischer jüdischer Kräfte im Rahmen der deutschen Gesellschaft«. Reinhard Rürup hat betont, daß die Geschichte der Juden in Deutschland bis 1933 »eine offene, eine positive Zukunft hatte – für Juden und Nichtjuden«[80]. Das gilt auch für die Literatur. Doch das letzte Kapitel der deutsch-jüdischen Literaturgeschichte haben die Nationalsozialisten geschrieben. Sie verbrannten die Bücher, ermordeten und vertrieben die Schriftsteller. 1945 waren alle Hoffnungen, die einmal in die Zukunft wiesen, zunichte gemacht. Um so wichtiger ist es, sie nicht in Vergessenheit geraten zu lassen.

Die Konturen dieser deutsch-jüdischen Literatur – abrupt beendet, unwiederholbar und nicht fortzusetzen – will dieses Buch nach-zeichnen. Das meint nicht nur Autoren und Werke, sondern auch die Rahmenbedingungen, die sie entstehen und existieren ließen, die sie behinderten oder provozierten: die soziale und geistige Struktur des deutschen Judentums, der deutsche Antisemitismus, die Verhal-tensweisen und Abwehrstrategien auf jüdischer Seite, die Identitäts-konflikte der jüdischen Intelligenz, die positiven oder negativen Reaktionen in der deutschen Öffentlichkeit und Kritik. Dieser Vor-griff auf eine Literaturgeschichte unter dem Aspekt des deutsch-jüdischen Verhältnisses, die noch zu schreiben wäre, versteht sich weder als eine »Bewältigung« noch als germanistische Aufarbei-tung, sondern als kritische Annäherung an ein in der europäischen Geistesgeschichte einzigartiges Phänomen.

Die komprimierte Form einer Überblicksdarstellung kann kein vollständiges Bild liefern, nicht alle Details ausarbeiten oder speziel-len Fragen bei bestimmten Autoren nachgehen. Der Themenkom-plex »Das Bild des Juden in der deutschen Literatur«, zu dem es sehr viele Untersuchungen gibt, wurde nicht berücksichtigt. Ebenfalls wird man einige Autoren vermissen, die bei einem größeren Um-fang des Buches einbezogen worden wären. Auch wegen seiner Be-schränkung auf die Belletristik ist der Überblick notwendigerweise unvollständig und im Hinblick auf innerjüdische Aspekte lücken-haft. Doch eine Behandlung von Walter Benjamin, Ernst Bloch, Hannah Arendt, Franz Rosenzweig, Otto Weininger oder Theodor W. Adorno, um nur einige Beispiele zu nennen, hätte den Rahmen gesprengt. Ohnehin mußte das ursprüngliche Manuskript erheblich gekürzt werden.

Dieses Buch will informieren und sachliche Aufklärung bieten. Nostalgische Deklarationen und nachträgliche Stilisierungen suchte der Verfasser zu vermeiden. Große Worte sind diesem Thema unan-gemessen. Im Vorwort zu ihrem Buch »Die Jüdische Welt von Ge-stern« schrieb Rahel Salamander: »Jüdische Tradition ist es, Ver-gangenes zu bewahren und den Anspruch der Toten anzuerkennen, sie und ihre Werke lebendig zu halten... Darum nennen wir im jüdi-schen Totengebet die Verstorbenen, derer wir eingedenk sind, na-mentlich.«[81] An diese Tradition möchte das Buch sich anschließen: Vergangenes zu bewahren und die Namen der Toten zu nennen.

II.
Das »Jüdische Mittelalter«

Jüdisches Leben im Mittelalter – Süßkind von Trimberg – Dukus Horant – Die »Hofjuden« – Anfänge preußischer Judenpolitik

Seit etwa 2000 Jahren haben Juden in jenen Gebieten gelebt, die später Deutschland genannt wurden. Bevor es den geographisch-politischen Begriff »Deutschland« gab, lange vor der Herausbildung einer deutschen Sprache und einer deutschen Kultur, siedelten Juden in germanischen Provinzen. Jüdische Geschichte in Deutschland ist unvermeidlich ein Teil deutscher Geschichte. In politischer, wirtschaftlicher und sozialer Hinsicht waren die Juden von den bestehenden Bedingungen abhängig und mit den gesellschaftlichen Strukturen der Umwelt verflochten. Der Eigenart der Juden, die sich zum strengen Dienst an dem einzigen Gott auserwählt sahen, entsprach die des jüdischen Schicksals. Beide haben Spuren in der Literatur der Völker hinterlassen, am nachhaltigsten in der deutschen.

Die Fixierung auf Religion und Volk prägte das geistige Leben der Juden bis ins 18. Jahrhundert. Bis dahin führte der größte Teil der jüdischen Bevölkerung in Deutschland eine religiös-kulturelle Sonderexistenz mit besonderer Sprache und Kleidung, eigenen Riten und Lebensgewohnheiten. Die Juden waren eine Minderheit, die in Armut lebte und von den anderen Bevölkerungsgruppen verachtet wurde. Ihre Lage war prekär und nur für eine geringe Anzahl von Privilegierten erträglich.

Die älteste jüdische Gemeinde auf dem Boden des heutigen Deutschlands ist 321 in Köln nachweisbar. Die ältesten Nachrichten von Juden in Deutschland stammen aus karolingischer Zeit. Seit dem neunten Jahrhundert waren sie in Metz, Trier, Köln, Worms, Mainz und Regensburg, seit dem zehnten Jahrhundert in Magdeburg und Merseburg ansässig, seit dem elften Jahrhundert in allen wichtigen Städten. »Seitdem und wo immer es ein deutsches Staatswesen gab«, schreibt H. G. Adler, »waren also von allem Anfang an Juden vertreten, und zwar nicht nur vereinzelt, sondern in geordneten Gemeinwesen. Sie wohnten unter sich, aber nicht abgesondert. Gewährleistet war ihnen der Schutz des Lebens, der Ehre, der Religionsausübung und des Eigentums. Sie genossen fast unbeschränkte Handelsfreiheit... Günstige Privilegien wurden von den Kaisern und Bischöfen bis 1090 wiederholt erteilt; das Zusammenleben von Deutschen und Juden, die in ihrer Rechtsstellung dem christlichen Bürgertum gegenüber kaum benachteiligt waren und denen man dabei ihr Dasein als Sondergruppe garantiert hatte, war in diesen drei Jahrhunderten fast ungetrübt; diese Zeit war alles in allem die glücklichste Epoche der jüdischen Geschichte in Deutschland.«[1]

Die Juden Mittel- und Osteuropas, die Aschkenasim[2], entwickelten die *Kehilla* (Versammlung), eine Einrichtung der Selbstverwaltung, die von der christlichen Obrigkeit anerkannt wurde. Verordnungen und Statuten, die *Takkanot*, regelten das Leben in der Gemeinde. Verbindlich für das aschkenasische Judentum wurden die Takkanot des Rabbi Gerschom ben Juda (960–1028), der Leiter der Talmudschule in Mainz war.

Grundlage des blühenden religiösen Lebens waren die Bibel, der Talmud, die Talmudkommentare und das Gebetbuch. Salomon ben Isaak (1040–1105), bekannt als Raschi, verfaßte den bis heute unentbehrlichen Kommentar zu Bibel und Talmud. Das religiöse Leben wurde durch die *Halacha* (Lebenswandel) geregelt. Das bis heute maßgebliche Kompendium verfaßte Ascher ben Jechiel (1250–1327), das von allen Gemeinden akzeptierte Oberhaupt der deutschen Juden.

Kulturelle Beziehungen zwischen Deutschen und Juden gab es nur punktuell.

Um einen Einzelfall handelt es sich bei dem jüdischen Minnesänger Süßkind von Trimberg, der in der zweiten Hälfte des 13. Jahrhunderts gelebt haben dürfte. Er ist der erste jüdische Dichter deutscher Sprache. In der »Manessischen Liederhandschrift« vom Anfang des 14. Jahrhunderts finden sich einige Lieder Süßkinds und sein Bild, das ihn mit dem Judenhut und unter der Überschrift »Sueskint der Jude von Trimperg« zeigt. Außer daß es sich nach neueren Forschungen wohl eindeutig um einen jüdischen Autor handelt, wissen wir über diesen Mann so gut wie nichts. Immerhin bilden seine Strophen bis zum 18. Jahrhundert die einzigen Zeugnisse mit jüdischer Thematik in deutscher Sprache.

Vom 14. bis zum 16. Jahrhundert flüchteten viele Juden vor der Verfolgung nach Polen, wo man sie als Kaufleute, Handwerker und Städtegründer willkommen hieß. Schon um 1200 waren in Polen

Silbermünzen mit hebräischen Inschriften geprägt worden. In großem Umfang setzte die Ostwanderung im 15. Jahrhundert ein. Die Vertriebenen brachten ihre Bräuche mit, ihre deutsche Kleidung und ihre Sprache, aus der sich unter Hinzufügung hebräischer und slawischer Lehnwörter das Jiddische entwickelte. Salcia Landmann berichtet: »Hier im Osten reicherte sich das Deutsch der Juden mit slawischen und weiteren semitischen Wendungen an und entwikkelte sich zu einem Idiom, das die Kraft und Farbe des Mittelhochdeutschen mit der scholastischen Schärfe des nachbiblischen, talmudischen Hebräisch und der Weichheit und Melodik der slawischen Sprachen verband...«[3] Sie erwähnt auch, daß »die älteste erhaltene Gudrunhandschrift in diesem alten, armseligen Judenteutsch« niedergeschrieben sei.[4] Gemeint ist der sogenannte »Dukus Horant«, eine vermutlich 1382 in aschkenasischer Kursivschrift aufgezeichnete Handschrift, in der die Forschung eine Variante zum Hilde-Teil des Kudrunliedes erkannte. Sie wurde 1896 in Kairo in der Esra-Synagoge gefunden. Dieses in Strophen abgefaßte Gedicht hat man als »jiddische Kudrun« und als »Erstling jüdisch-deutscher Literatursymbiose« bezeichnet.[5] Es ist ungeklärt, ob die Handschrift in Ägypten entstand oder ausgewanderte Juden sie aus Deutschland mitbrachten.

Während des Dreißigjährigen Krieges entstand die Institution der sogenannten »Hofjuden«, die von den Landesfürsten mit der Beschaffung von Mitteln für den Staatshaushalt, die Kriegsführung und später für den Wiederaufbau der darniederliegenden Wirtschaft nach merkantilistischen Prinzipien beauftragt wurden.

Diese privilegierten Juden durften Wohnsitz nehmen, wo es ihnen beliebte, und sich innerhalb des Machtbereichs des Fürsten frei bewegen. Die Juden auf dem Lande fanden in ihnen oft ihre Beschützer, doch ergab sich daraus auch eine soziale Abhängigkeit der armen Juden von dieser neuen Geldaristokratie. Im 17. und 18. Jahrhundert war das Hofjudentum zu einer allgemeinen Einrichtung geworden. Wanda Kampmann spricht von einer »Art jüdischer Aristokratie«, bestehend aus »ein paar hundert Familien in den Residenzen Europas, vor allem an den kleinen deutschen Fürstenhöfen zerstreut und isoliert lebend, später wohl untereinander verwandt, aber von der Masse ihrer jüdischen Glaubensgenossen durch ihre Ausnahmestellung, ihre ›Generalprivilegierung‹, ihren Einfluß und ihren Reichtum getrennt«.[6] Legendär geworden ist der württembergische Hoffaktor Josef Süß Oppenheimer (1692–1738).

Nach dem Dreißigjährigen Krieg gingen viele absolutistische Herrscher angesichts der Verwüstung ihrer Länder und der zerrütteten Wirtschaft zu einer neuen Judenpolitik über: »Im Sinne der Staatsraison und der zentralistischen Wirtschaftspolitik wurde jetzt auch den Juden ein Platz zugewiesen, der im Gegensatz zu früheren Zeiten nicht mehr am Rande der Gesellschaft lag. Sie sollten nun durch ihre Tätigkeit die wirtschaftliche Entwicklung des Staates fördern.«[7] Jetzt wurden nicht nur Hofjuden, sondern eine breitere Schicht jüdischer Kaufleute in den Staaten akzeptiert. Fünfzig der reichsten jüdischen Familien, die 1670 aus Wien vertrieben worden waren, nahm zum Beispiel der Große Kurfürst in Preußen auf. H. G. Adler schreibt: »Die Juden durften frei Wohnungen mieten oder Häuser kaufen und bauen; sie konnten mit Wolle, Textilwaren und Fleisch handeln; Abgaben und Zölle hatten sie nicht höher zu entrichten als Christen; der Leibzoll wurde ihnen erlassen, doch mußten sie jährlich ein Familienschutzgeld von acht Talern entrichten und für eine Hochzeit einen Goldgulden bezahlen; Gottesdienst durften sie nicht öffentlich, sondern nur privat ausüben.«[8]

Friedrich der Große, der nach seinem Regierungsantritt 1740 verkündet hatte, daß alle Religionen toleriert werden sollten und in Preußen jeder »nach seiner Fasson selig werden« könne, erließ 1750 das »Revidierte General-Privilegium vor die Judenschaft im Königreiche Preußen«, das von Toleranz nichts verriet und nach den Worten des Grafen Mirabeau »eines Kannibalen würdig« war. Friedrichs Politik war von Wirtschaftsinteressen bestimmt. Er räumte den Juden auf wirtschaftlichem Gebiet wichtige Positionen ein, stattete sie mit Privilegien aus, füllte mit ihren Abgaben die leere Staatskasse, hielt die soziale Absonderung jedoch aufrecht. In einem seiner »Testamente« mahnte er seinen Nachfolger, dieser müsse »ein Auge auf die Juden haben, ihre Einmischung in den Großhandel verhüten, das Wachstum ihrer Kopfzahl verhindern und ihnen bei jeder Unehrlichkeit, die sie begehen, das Asylrecht nehmen«.[9]

III.
Aufklärung und Emanzipation

1.

Juden in Preußen – Glückel von Hameln – Lessings »Edle Juden« –
Moses Mendelssohn – Christian Wilhelm Dohm – Isachar
Falkensohn Behr – Ephraim Moses Kuh

Als Friedrich der Große die Regierung übernahm, zählte die jüdische Gemeinde in Berlin etwa 330 Familien. Es gab nur eine kleine Gruppe »privilegierter« Juden, die bedingte Niederlassungs- und Handelsrechte hatten. Fremden oder mittellosen Juden war es kaum möglich, in der Stadt zu bleiben, es sei denn, die Gemeinde verpflichtete sich, für Unterkunft und Verpflegung aufzukommen. Der Großteil der Juden in Preußen erfuhr täglich am eigenen Leibe, wie weit die Bestimmungen des »Judenregiments« von wahrer Toleranz entfernt waren.

Wie im gesamten Heiligen Römischen Reich besaßen sie weder Freizügigkeit noch das Recht der freien Berufsausübung. Juristisch gesehen, lebten sie außerhalb der allgemeinen sozialen Ordnung – nichts weiter als eine geduldete und als fremdartig und »asiatisch« empfundene Minderheit. Als sogenannte »Schutzjuden« unterstanden sie unmittelbar dem König oder Landesherren und waren den »Judengesetzen« unterworfen. Die »Schutzjuden« wiesen eine deutliche soziale Schichtung auf: Etwa zwei Prozent gehörten der Oberschicht der »Hofjuden« an. Diese privilegierte und assimilationswillige Schicht zeigte schon früh Zeichen der »Akkulturation«, das heißt, sie übernahm die Umweltkultur; sie wirkte jedoch auch im Interesse ihrer ärmeren Glaubensgenossen. Viele Schulen, Krankenhäuser, Lehrhäuser und Synagogen verdankten ihre Existenz dem sozialen Engagement der Rothschilds, Ephraims, Itzigs oder Oppenheimers. Zu einer schmalen Mittelschicht gehörten kapitalkräftige, gutsituierte Kaufleute. Die übrigen Juden, etwa drei Viertel, lebten in Armut. Die meisten waren kleine Händler, Trödler oder Hausierer. Viele, die keinen eigenen Schutzbrief besaßen, mußten als Handlungsgehilfen unter dem Schutz eines Glaubensgenossen leben, wie zum Beispiel Moses Mendelssohn in Berlin. Die unterste Schicht bestand aus den Almosenempfängern, die es in jeder Gemeinde gab, und den etwa zehn Prozent wandernden »Betteljuden« (eine in den preußischen Edikten gebräuchliche Bezeichnung), die ständig umherzogen, weil sie nirgendwo Wohnrecht erhielten. In den Gemeinden lebten die Juden in strenger Abgeschlossenheit: »Im Innern besaßen die Gemeinden eine gewisse Autonomie. Der Landesherr gewährte das Recht auf freie Religionsausübung, auf Einrichtung von Synagogen und Friedhöfen, und der Gemeindevorstand regelte die religiösen und sozialen Angelegenheiten der Gemeinde. Doch die Gemeindevorsteher bedurften landesrechtlicher Bestätigung und hafteten mit ihrem Vermögen für die Zahlung der Gemeindeabgaben.«[1] Die Gerichtsbarkeit lag in den Händen der Rabbiner, die mitunter versuchten, sich mit Hilfe von Polizeimaßnahmen gegen Mitglieder, welche ihre Urteile nicht anerkennen wollten, durchzusetzen. Je mehr die Gerichtsbarkeit den Rabbinern entglitt, weil aufklärerische Ideen in die Gemeinden eindrangen, desto unduldsamer wurden sie gegen Neuerungen.

Kulturell lebte die Masse der Juden in strenger Isolation, Thora und Talmud dominierten im geistigen Leben – und Lesen und Schreiben lernten die Kinder nur in hebräischen Buchstaben. Eine Begegnung mit deutscher Kultur fand kaum statt, und das Lesen deutschsprachiger Bücher war verboten. Die Umgangssprache war das sogenannte »Judendeutsch«, heute als »Westjiddisch« bezeichnet, das mit hebräischen Buchstaben geschrieben wurde. Der Reglementierung aller Lebensbereiche durch die staatliche Obrigkeit entsprach die autoritäre innere Organisation der Gemeinden: »Sich quälen und abhärten auf der einen Seite, beten, über heiligen Büchern grübeln und den Spuren des Messias nachsinnen auf der anderen, das waren die beiden Pole, innerhalb derer sich das jüdische Leben bewegte.«[2] Einen Einblick in die Welt frommer und gesetzestreuer Juden vermittelt die Autobiographie der Glückel Hameln (1645–1724). Die Verfasserin, deren Originalhandschrift verloren ist, hatte wohl nicht an einen Druck gedacht. Die erste Buchausgabe 1896 stützte sich auf zwei Abschriften aus der unmittelbaren Nachkommenschaft und bewahrte den ursprünglichen Sprachstand (Jiddisch in hebräischen Buchstaben). 1910 und 1913 erschienen zwei Übersetzungen ins Hochdeutsche.[3] Die Verfasserin begann ihre Niederschrift 1691, und es ging ihr darum, »ihren Kindern eine Familienchronik zu hinterlassen und ihnen jüdische Moral und jüdische Lebensart ans Herz zu legen. Dementsprechend lassen sich in ihrem Buch zwei Darstellungsebenen unterscheiden, die eines fakten- und erfahrungsgesättigten Berichts und die eines moralisierenden, genauer noch: eines religiösen Kommentars«.[4] Die religiösen Passagen des Buches sind eine einzige Beschwörung der Gesetzestreue, ein Aufruf zur Befolgung der Halacha und der Unterwerfung unter das Schicksal.

Jacob Katz schreibt über diese jüdische »Traditionsgesellschaft«, wie sie von Glückel Hameln repräsentiert wird: »Fest eingebettet in seiner eigenen Tradition fühlte sich der Jude an seine Gemeinde gebunden und daher völlig abgesondert von der christlichen Gesellschaft. So gering auch seine ideologische Ausbildung sein mochte, war sich der Jude bewußt, daß Judentum und Christentum einander ausschlossen und daß ein Übertritt zum Christentum die Verwerfung des wahren Glaubens zugunsten des falschen bedeutete.«[5] So ist vielleicht erklärlich, daß die Juden vielen gebildeten Deutschen vorkamen wie ein »Volk von Bettlern, Hausierern und Wucherern, kaum einmal liebenswert, sondern finsterem Aberglauben verhaftet, ungebildet und in ihrem Aussehen und Treiben über die Maßen befremdlich. So etwa erschienen dem jungen Goethe die Juden in der engen Frankfurter Gasse, deren Eindruck er nie überwand, mochte er sich auch später mit Juden befreunden, deren Erscheinung so gar nicht mit der zum Vorurteil gefrorenen Erinnerung übereinstimmte« (H. G. Adler).[6]

Was Glückel Hameln apologetisch von innen und der Großbürgersohn Goethe in »Dichtung und Wahrheit« distanziert von außen beschreibt – das Leben in der traditionellen jüdischen Gemeinde –, erschien vielen aufgeklärten Deutschen wie ein Relikt aus dunkler Vergangenheit, ohne daß sie sich klarmachten, welche fundamentale Bedeutung diese Lebensform für die Juden in Deutschland hatte. Deutlich wird aber auch, welche Hindernisse sich allen Bestrebungen in den Weg stellten, diese Verhältnisse umzugestalten und das Ghetto aufzubrechen, in das man die Juden hineingezwungen hatte. Um die Mitte des Jahrhunderts begannen deutsche und jüdische Aufklärer, diesen Zustand als unzeitgemäß zu empfinden. H. G. Adler umschreibt das Kernproblem der Emanzipation: »Für die Aufklärer, die sich für die Juden zu interessieren begannen, wie für den Staat selbst, bildeten nicht Persönlichkeiten vom Schlage Mendelssohns das Problem, sondern die mittelalterliche Verfassung der

Minderheit, an der sie fast durchwegs am Vorabend der Emanzipationsbestrebungen noch festhielt, freilich von den Fürsten selbst zum Mittelalter verurteilt.«[7]

In der Tat begann die Aufklärung, sich für die Juden und ihre Lage zu interessieren. Die Aufklärungsphilosophie sah in der Rechtsgleichheit aller Menschen die Basis für den Aufbau einer vernünftigen Staats- und Gesellschaftsordnung. Damit stellte sie die alteuropäische Ständegesellschaft in Frage. In einem großen Veränderungsprozeß vollzog sich der Übergang vom ständisch-korporativen Staat mit seiner feudalen Privilegienordnung zum bürokratisch-konstitutionellen Staat mit bürgerlicher Klassengesellschaft: »Durch die Auflösung der alteuropäischen und die Herausbildung einer modernen Gesellschaftsordnung veränderte sich auch die Situation der jüdischen Minderheit grundlegend. Diese trat aus ihrer jahrtausendealten sozialen Randexistenz heraus und integrierte sich allmählich in die bürgerliche Gesellschaft.«[8] Einige Aufklärer begannen eine öffentliche Diskussion der sogenannten »Judenfrage«, und aus dieser »Toleranzdebatte« ergab sich die Notwendigkeit für eine »bürgerliche Verbesserung der Juden«. So wie man auf die Veränderbarkeit der gesellschaftlichen Verhältnisse vertraute, so hoffte man auch, die Juden rechtlich gleichstellen und gesellschaftlich integrieren zu können.

Die Diskussion in der »Gelehrtenrepublik« schuf ein intellektuelles Klima, in dem allmählich Reformideen gediehen. Wandlungsprozesse und Änderungen des sozio-kulturellen Verhaltens innerhalb der Judenschaft kamen den Argumenten der Aufklärer entgegen. Ausgehend von einer kleinen, aber einflußreichen Schicht von Hofjuden und Kaufleuten, die Anpassungsfähigkeit und Leistungsvermögen der Juden demonstriert hatten, breiteten sich im jüdischen Bürgertum zunehmend aufklärerische Ideen aus, die in Gegensatz zur rabbinischen Autorität gerieten: »Verlockend im Vergleich zur Ghettoenge des Herkömmlichen erschien den jüdischen Bürgern die allgemeine Bildung, welche ihnen, so glaubten sie, den Zugang zur ›großen Welt‹ eröffnen würde. Moses Mendelssohn war keineswegs der erste Jude, der sich mit deutscher Kultur befaßte. Viele Unbekannte gingen vor ihm den gleichen Weg.«[9]

Die herausragende Rolle spielte jedoch Moses Mendelssohn. Neu und spektakulär waren seine Forderungen, »daß alle Juden sich der deutschen Kultur zuwenden sollten, und seine Überzeugung, daß erst Wissen und Bildung Juden und Christen in der Menschheitsfamilie vereinen würden. Neu war aber auch, daß Mendelssohns Persönlichkeit selber ein weithin leuchtendes Vorbild wurde. ›Der weise Moses‹ oder ›Sokrates unserer Zeit‹, so nannten Juden und Christen des armen Talmudschreibers Sohn. Mindestens vier jüdische Generationen haben in Moses Mendelssohn ein Vorbild gesehen, dessen Weg zum Wissen und zur höchsten Tugend sie folgen wollten.«[10] Er war es, der die Emanzipation exemplarisch vorlebte. Er trat aus der Isolation heraus, errang Anerkennung in der gelehrten Welt, forcierte die innerjüdische Reformbewegung, die »Haskala«, und gab durch seine Freundschaft mit Lessing ein Beispiel für einen jüdisch-deutschen Dialog.

Für ihn, der die Verbindung von jüdischer Religion und deutscher Bildung so überzeugend verkörperte, gab es keinen Zweifel, daß die volle politische und menschliche Emanzipation nur eine Frage der Zeit sei. Gleichwohl war er der Überzeugung, daß die Juden dabei ihre religiös-kulturelle Identität würden bewahren können. Für die deutschen Befürworter der Emanzipation mit ihrem Ideal von einem aufgeklärt-säkularen Staat war freilich die Toleranzidee von Anfang an mit einer Assimilationserwartung verknüpft. Sie gingen davon aus, »daß im Zuge der rechtlichen Gleichstellung und der gesellschaftlichen Integration die Juden wirtschaftlich, sozial und kulturell vollständig mit ihrer Umwelt verschmelzen, also ihre Gruppeneigenarten verlieren würden«[11]. Was Mendelssohn persönlich zu verbinden wußte, »die Vernunftreligion und die Gesetzestreue, das erweist sich später als so schwer vereinbar wie die Assimilation und die Bewahrung der alten jüdischen Lebensordnung«[12]. Was er mit dem Optimismus des Aufklärers postulierte, daß es nämlich möglich sei, als Jude getreu nach der Verfassung eines jeden Landes und zugleich nach jüdischen Gesetzen zu leben, führte die Juden in der ersten Hälfte des 19. Jahrhunderts in eine Phase religiöser Unsicherheit und später in eine fundamentale Krise jüdischer Identität: »Diese Auflösung des traditionellen Judentums führte unweigerlich zu einer Konfessionalisierung der jüdischen Religion. Das Judentum hörte auf, das Leben seiner Anhänger umfassend zu prägen, und wurde zu einer Konfession. Aus dem Ghettojuden entstand der deutsche Staatsbürger jüdischen Glaubens.«[13]

Der Schritt von der humanitären Theorie zur menschenwürdigen

Praxis traf indes auf die Widerstände in der gesellschaftlichen Realität. Die Zahl der bürgerlichen Aufklärer war klein, und ihre Forderungen nach einer Emanzipation der Juden fanden keinen breiten Rückhalt beim bürgerlichen Mittelstand oder in anderen Schichten der Bevölkerung. Bei konservativen Beamten, Landjunkern oder Gilden und Zünften gab es starke Kräfte, die diesen Prozeß zu hemmen oder zu verhindern suchten. Klaus L. Berghahn schreibt: »Was sich über Jahrhunderte als diskriminierende Gewohnheit durchgesetzt, sich zu unwürdigen Lebensverhältnissen materialisiert und zu Vorurteilen verfestigt hatte, ließ sich durch die Toleranzdebatte allein nicht aufbrechen oder verändern... Die jüdische Emanzipation konnte politisch nur von oben verordnet und durchgesetzt werden, und das hing davon ab, wie aufgeklärt und einsichtig der Herrscher war.«[14] Die »Toleranzdebatte« konnte nur zum Erfolg führen, wenn sich aus der Tolerierung des Andersdenkenden und Andersgläubigen auch ein praktisches Recht auf dieses Anderssein ergab. Den Juden als den anderen brachte erstmals in der deutschen Literatur Gotthold Ephraim Lessing als positiven Charakter auf das Theater. Er setzte einen »edlen Juden« gegen das antijüdische Vorurteil.

Als 20jähriger hatte Lessing 1749 seinen Einakter »Die Juden« verfaßt, »weil er begriffen hatte, daß alle Aufklärungsproklamation so lange tönende Rhetorik bleiben müsse, wie nicht das fremdartige Volk der Kaftanträger, Geldverleiher, Jahrmarktshausierer und Hehler einbezogen würde« (Hans Mayer).[15] Erst 1754, im vierten Teil von Lessings Schriften, wurde das Stück gedruckt und erst 1766 in Nürnberg uraufgeführt, in jener Stadt, die 1499 ihre Juden ausgewiesen hatte und ihnen erst 1850 wieder das Bürgerrecht gab.

Lessings Fabel: Ein Reisender rettet einem Baron das Leben, als dieser von Räubern überfallen wird, die sich als Juden verkleidet haben und schlimme antijüdische Äußerungen von sich geben. Der Baron, seinerseits nicht frei von – moderat akzentuiertem – Antisemitismus, nimmt seinen Retter mit auf sein Gut. Dort erweist sich der Reisende als so gebildet und tugendhaft, daß der Baron ihn sich schließlich zum Schwiegersohn wünscht, worauf sich der Reisende genötigt sieht, sich als Jude zu bekennen. Darauf der Baron: »Ein Jude? grausamer Zufall... So gibt es denn Fälle, wo uns der Himmel selbst verhindert, dankbar zu sein?« Der Reisende erwidert, als

Dank erbitte er nichts, »als daß Sie künftig von meinem Volke etwas gelinder und weniger allgemein urteilen. Ich habe mich nicht vor Ihnen verborgen, weil ich mich meiner Religion schämte. Nein! Ich sah aber, daß Sie Neigung zu mir, und Abneigung gegen meine Nation hatten...« Der Baron: »Ich schäme mich meines Verfahrens.«[16]

Lessing konnte es nicht wagen, einen Betteljuden aus dem Ghetto auf die Bühne zu bringen, um ihn als Protagonisten der Humanität vorzuführen; vielmehr bediente er sich eines »edlen« Juden, dem alle nationalen und religiösen Merkmale fehlen. Was seinen Helden auszeichnet, sind Menschenliebe, Bildung und Reichtum. Hans Mayer sieht darin »die nüchterne Präsentation der gesellschaftlichen Bedingungen, unter welchen das Postulat der Judenemanzipation einzig realisiert werden könnte. Nämlich durch *Bildung* und *Besitz*. Der Reisende wird folglich beides: gebildet und reich. An ihm hat Lessing eine *Vorform des bürgerlichen Shylock* aus dem 19. Jahrhundert als Denkmodell entworfen.«[17] Lessing führt nicht den in der Gesellschaft vorherrschenden Typus des Juden, den armen und ungebildeten, ins Feld, sondern er argumentiert mit der Ausnahme, dem reichen und gebildeten Juden. Hans Mayer hat an dieser dramatischen Konstruktion kritisiert, Lessing lasse den humanen, menschenliebenden Juden nur als Ausnahme zu, als bereits Assimilierten, und suggeriere damit die Aufgabe der jüdischen Identität. Man könne die Judenproblematik nicht »mit Hilfe eines von der Bühne herab demonstrierten Ausnahmeverhaltens der angeblichen Außenseiter, wodurch denen gerade die Integration in die Gemeinschaft der ›Regel‹ möglich gemacht wird«, bewältigen.[18] Dagegen hat Wilfried Barner bedenkenswerte Argumente vorgebracht: »Der wohlhabende und gebildete Jude beim jungen Lessing ist nicht normatives Modell einer künftigen Judenemanzipation, sondern Exempel einer realistisch gemeinten Demonstration schlechter Wirklichkeit.«[19] Lessing setzte einen edlen Juden gegen eine christliche Umwelt, die Juden diskriminiert. Das christliche Publikum sitzt im Theater und zugleich auf der Anklagebank. So wie Lessing sich schon im Titel (»Die Juden«) von der üblichen Gattung der Typenkomödie (zum Beispiel »Der junge Gelehrte«) absetzt, verstößt er auch am Schluß gegen die Vorstellungen des Publikums von einer Komödie: »Der jüdische Reisende und die Tochter des christlichen Barons kriegen sich nicht, dazwischen stehen Vorurteile und Ehegesetzgebung. Der Baron erkennt die ›Ausnahme‹ an, moralisch, in diesem Exemplar. Sonst bleibt alles beim alten. So artikuliert sich Lessingscher Realismus anderthalb Jahrhunderte vor Brecht. Die Verhältnisse sind nicht so.«[20] In der Optik Hans Mayers und seiner These,»daß die bürgerliche Aufklärung gescheitert ist... beim Versuch, die hochherzigen Emotionen der ›Brüderlichkeit‹ politisch und rechtlich zu konkretisieren«[21], erscheint Lessings Versuch, die »Judenproblematik« in einer Komödie zu bewältigen, als Irrweg. Doch man kann in Lessings Reisendem auch den Repräsentanten einer idealisierten Menschheit sehen oder eine der vielen »bürgerlichen Figuren der Literatur des 18. Jahrhunderts«, die »Vorgriffe auf Künftiges... Anklage *und* Einklage« sind (Barner).[22]

Lessings provozierendes Judenstück zeigte Wirkung. Indem er dem Volke »die Tugend da zeigte, wo es sie ganz und gar nicht vermutet«, provozierte er eben jenen Antisemitismus, gegen den er zu Felde gezogen war.

Zum Sprecher der Judenfeinde und Emanzipationsgegner machte sich der Göttinger Orientalist und Theologe Johann David Michaelis (1717–1791). In einer Rezension des Stückes in den »Göttingschen Anzeigen von Gelehrten Sachen« (1754) äußerte er Zweifel, ob sich ein edler Jude überhaupt finden lasse.

Lessing antwortet in seiner Theaterzeitschrift »Theatralische Bibliothek« (1. Stück; 1754) und druckt am Schluß seiner Entgegnung den Brief eines »witzigen, gelehrten und rechtschaffenen Mannes aus dieser Nation« ab, der in seine Hände geraten sei. In diesem Brief hieß es:

»Welche Erniedrung für unsere bedrängte Nation! Welche übertriebene Verachtung! Das gemeine Volk der Christen hat uns von jeher als den Auswurf der Natur, als Geschwüre der menschlichen Gesellschaft angesehen. Allein von gelehrten Leuten erwartete ich jederzeit eine billigere Beurteilung; von diesen vermutete ich die uneingeschränkte Billigkeit, deren Mangel uns insgemein vorgeworfen zu werden pflegt. Wie sehr habe ich mich geirrt, als ich einem jeden christlichen Schriftsteller so viel Aufrichtigkeit zutraute, als er von anderen fordert.«[23]

Verfasser des Briefes war Moses Mendelssohn, dessen Schreiben an Aaron Emmerich Gumpertz vom Juni 1754 Lessing in seiner Erwiderung an Michaelis abgedruckt hatte. Auf diese Weise betrat Mendelssohn die literarische Szene. Mit der Freundschaft der beiden Männer begann auch eine neue Phase der Toleranzdebatte, die in Lessings dramatischem Gedicht »Nathan der Weise« (1779) gipfelte.

Mendelssohn, ursprünglich Moses ben Mendel Heymann, 1729 als Sohn armer Eltern in Dessau geboren, folgte 1743 seinem Lehrer David Fränkel nach Berlin. Fränkel hatte er es zu verdanken, daß er unter größten Entbehrungen seine Studien fortsetzen konnte. Als erstes lernte er deutsch schreiben und lesen, was streng verboten war. 1750 fand er Beschäftigung als Hauslehrer bei einem Seidenfabrikanten, 1754 wurde er dort Buchhalter, später Teilhaber der Firma. Von Anfang an suchte er sein Wissen zu vertiefen und sich eine umfassende Bildung anzueignen. Von großer Bedeutung wurde die Bekanntschaft mit dem Arzt Aaron Salomon Gumpertz. Dieser führte ihn in die gebildeten Kreise Berlins ein, machte ihn mit dem Marquis d'Argens, Sulzer, Maupertius und Lessing bekannt. In den Anfangsjahren seiner schriftstellerischen Tätigkeit befaßte er sich mit moralphilosophischen, literaturkritischen und ästhetischen Problemen und arbeitete an der 1756 von Friedrich Nicolai begründeten »Bibliothek der schönen Wissenschaften und der freien Künste« mit.

1755 ließ Lessing Mendelssohns erste Abhandlung in deutscher Sprache, die »Philosophischen Gespräche«, drucken. Mendelssohn fühlte sich als deutscher Philosoph. Religion betrachtete er, obgleich praktizierender orthodoxer Jude, als Privatsache. An innerjüdischen Auseinandersetzungen nahm er kaum Anteil, die jiddische Sprache lehnte er ab. 1761 heiratete er die Tochter des Hamburger Kaufmanns Abraham Gugenheim, Fromet. Als die Akademie der Wissenschaften 1763 einen Preis für die beste Bearbeitung eines philosophischen Themas vergab, gewann ihn Mendelssohn vor Kant und anderen mit seiner Arbeit »Über die Evidenz in den metaphysischen Wissenschaften«. Eine Aufnahme Mendelssohns in die Akademie scheiterte 1771 jedoch am Widerspruch von König Friedrich II. Manche glaubten, der König habe Mendelssohn die Kritik nicht verziehen, die dieser in den von Lessing initiierten »Literaturbriefen« an den Gedichten des Königs geübt hatte. Die 1767 erschienene Schrift »Phädon oder über die Unsterblichkeit der Seele in drei Gesprächen« machte Mendelssohn bekannt. Von allen Seiten erhielt er begeisterte Zuschriften, die Durchsichtigkeit und Klarheit von Form und Stil lobten. Neu war der Versuch, Platons »Phädon« umzudichten und am Beispiel des Gesprächs zwischen Sokrates und seinen Schülern den Beweis für die Unsterblichkeit der Seele herauszuarbeiten.

Mendelssohn hatte die Anerkennung der gelehrten Welt errungen und stand mit Herder, Wieland, den Brüdern Humboldt und Kant in freundschaftlicher Verbindung. Er war einer der wenigen Juden im 18. Jahrhundert, denen es gelang, sich die ungeteilte Anerkennung und Achtung der Gebildeten zu erwerben. Er wurde zum Vorbild für viele seiner Glaubensbrüder, und die Berliner Gemeinde war stolz, ihn in ihrer Mitte zu haben. Doch so erfolgreich Mendelssohn auch geschäftlich, so bekannt er auch in Europa war, in Preußen war er lediglich geduldet und konnte sich in Berlin nur aufhalten, weil ein »Schutzjude« für ihn bürgte. Erst am 24. Oktober 1763 erhielt er, nicht zuletzt durch die Intervention des Marquis d'Argens, das Privileg des »Schutzjuden«. An seine Braut schrieb er: »Nunmehr sind Sie so gut wie Herr Moses Wessely ein preußischer Untertan und müssen die preußische Partei ergreifen.«[24]

1769 erregte eine Kontroverse die deutsche Gelehrtenpolitik, die der Zürcher Pfarrer und Theologe Johann Kaspar Lavater (1741–1801) ausgelöst hatte. Dieser hatte einen Teil einer Schrift von Charles Bonnet, eine Verteidigung der offenbarten Religion, ins Deutsche übersetzt und eine Mendelssohn gewidmete Zuschrift hinzugefügt, die den Charakter eines offenen Briefes hatte. Darin forderte er Mendelssohn auf, Bonnets Beweise für die Wahrheit der christlichen Religion zu widerlegen oder zum Christentum überzutreten.

Mendelssohn sah sich in einer schwierigen Lage. Allein schon seine eigene ungesicherte Position und die Rücksicht auf seine Glaubensgenossen mahnten ihn zur Vorsicht. Trotzdem konnte er diese Provokation nicht ignorieren. Einerseits mußte er die Aufforderung zurückweisen, andererseits alles vermeiden, was als Angriff auf die christliche Religion hätte verstanden werden können. Am 24. Dezember 1769 sandte er Lavater sein Antwortschreiben, ein Muster an Deutlichkeit bei moderatem Ton. Nachdem er nicht ohne Ironie darauf hingewiesen hat, er habe seine Religion »nicht erst seit gestern zu untersuchen angefangen«, fährt er fort:

»Wäre nach diesem vieljährigen Forschen die Entscheidung nicht völlig zum Vorteile meiner Religion ausgefallen, so hätte sie notwendig durch eine öffentliche Handlung bekannt werden müssen. Ich begreife nicht, was mich an eine, dem Ansehen nach so überstrenge, so allgemein verachtete Religion fesseln könnte, wenn ich nicht im Herzen von ihrer Wahrheit überzeugt wäre. Das Resultat meiner Untersuchungen mochte sein, welches man wollte: sobald ich die Religion meiner Väter nicht für die wahre erkannte, so mußte ich sie verlassen. Wäre ich im Herzen von einer anderen überführt, so wäre es die verworfenste Niederträchtigkeit, der innerlichen Überzeugung zum Trotz die Wahrheit nicht bekennen zu wollen. Und was könnte mich zu dieser Niederträchtigkeit verführen? Ich habe schon bekannt, daß in diesem Falle Klugheit, Wahrheitsliebe und Redlichkeit mich denselben Weg führen würden.«[25]

Er wisse sehr wohl, so Mendelssohn weiter, daß auch die jüdische Religion »menschliche Zusätze und Mißbräuche« erfahren habe, doch sei er von ihrer Wahrheit »so unwiderleglich versichert, als Sie oder Herr Bonnet nur immer von der Ihrigen sein können, und ich bezeuge hiermit vor dem Gott der Wahrheit, Ihrem und meinem Erschöpfer und Erhalter, bei dem Sie mich in Ihrer Zuschrift beschworen haben, daß ich bei meinen Grundsätzen bleiben werde, so lange meine ganze Seele nicht eine andere Natur annimmt«.[26] In der Öffentlichkeit wurde Lavaters Bekehrungsversuch allgemein getadelt. Bald wurde Lavater klar, daß er zu weit gegangen war. Der folgende Briefwechsel zwischen den beiden Kontrahenten zeigt, daß beiden daran gelegen war, die Kontroverse zu beenden, was auch geschah. Der Disput mit Lavater und die im Anschluß daran gegen ihn vorgebrachten Anschuldigungen hatten Mendelssohn körperlich geschwächt und psychisch angegriffen. Seine Enttäuschung war tief, denn er erkannte, »daß der tiefere Sinn des Lavaterschen Bekehrungsversuches der war, ihm zu verdeutlichen, daß die werdende deutsch-europäische Kultur eine *christliche* Kultur sei, daß diese neue Kultur nur auf dem Boden des Christentums gedeihen und ein Jude deshalb keine führende Stellung im neuen deutschen Geistesleben einnehmen könne«.[27] Vermutlich war es die Erkenntnis, daß man ihn zwar als Aufklärer und Schriftsteller, nicht aber als Juden gelten ließ, die einen völligen Wandel in seinem Denken und in seiner Lebensführung bewirkte. Die Lavater-Affäre bedeutete einen entscheidenden Wendepunkt: Er begriff, daß er als ein in ganz Europa anerkannter Mann die moralische Verpflichtung hatte, sich den Problemen der Juden zu widmen. Er machte es sich zur Aufgabe, die Juden zur deutschen Kultur zu erziehen, aber auch die vernachlässigten Kenntnisse der Bibel und des Hebräischen zu erneuern und zu verfeinern. Am 29. Juni 1779 schrieb er an August von Hennings: »Nach einiger Untersuchung fand ich, daß der Überrest meiner Kräfte noch hinreichen könne, meinen Kindern und vielleicht einem ansehnlichen Teil meiner Nation einen guten Dienst zu erzeigen, wenn ich ihnen eine bessere Übersetzung und Erklärung der heiligen Bücher in die Hände gebe, als sie bisher gehabt. Dieses ist der erste Schritt zur Kultur, von welcher meine Nation leider! in einer solchen Entfernung gehalten wird, daß man an der Möglichkeit einer Besserung beinahe verzweifeln möchte.«[28] In den Jahren 1778/79 übersetzte Mendelssohn die fünf Bücher Mose, die Psalmen und schrieb dazu einen Kommentar. Diese deutsche Übersetzung wurde in hebräischen Buchstaben gedruckt, damit sie auch Lesern zugänglich war, die nicht deutsch lesen konnten. Die Übersetzung des Pentateuch lag mit Kommentar vollständig 1783 vor. Es fehlte nicht an Widerspruch von seiten der rabbinischen Autoritäten. Der Hamburger Rabbiner Raphael Kohen erblickte in der Übersetzung einen an Gotteslästerung grenzenden Frevel und untersagte es allen Gläubigen bei Strafe des Bannfluchs, sich der neuen Bibel zu bedienen: »Dieser Bann war die letzte große Geste des jüdischen Mittelalters auf deutschem Boden« (F. Kobler).[29] Doch andere Autoritäten wie der Oberrabbiner von Berlin, Hirschel Levin, befürworteten die Übertragung der Heiligen Schrift in eine weltliche Sprache. Mendelssohns Übersetzung wurde zum Fundament der Aufklärung unter den Juden Deutschlands: Allen Juden, vor allem denen im Osten, die nur das Jiddische beherrschten, bot sie die Möglichkeit, zur deutschen Schriftsprache Zugang zu finden; andererseits war seine Übersetzung von großer Bedeutung für eine Erneuerung des Hebräischen. Julius H. Schoeps sieht Mendelssohns Bedeutung für die hebräische Literatur und die kulturelle Entwicklung der Juden darin, »daß er es war, der dem hebräischen Schrifttum nach Jahrhunderten der Abschließung und der Versteinerung einen universellen Inhalt gab, daß er es war, der das Judentum vom Talmudismus befreite, ihm den Eintritt in die europäische Kultur ermöglichte«.[30]

Während Mendelssohn mit seiner Übersetzung beschäftigt war, erschien, Mitte April 1779, das Schauspiel »Nathan der Weise« seines Freundes Lessing, das sogleich Aufsehen erregte. Auf viele wirkte es als Offenbarung, auf andere als Provokation. Lessing sah sich Beschimpfungen und Vorwürfen, er sei ein Ketzer, ausgesetzt. Im Rückblick schrieb Mendelssohn 1785: »Aber wie sehr veränderte sich die Szene nach der Erscheinung des Nathan! Nunmehr drang die Kabale aus den Studierstuben und Buchläden in die Privathäuser seiner Freunde und Bekannten mit ein; flüsterte jedem ins Ohr: Lessing habe das *Christentum* beschimpft, ob er gleich nur einigen Christen, und höchstens der *Christenheit* einige Vorwürfe zu machen gewagt hatte... Auf welcher hohen Stufe der Aufklärung und Bildung muß ein Volk stehen, in welchem sich ein Mann zu dieser Höhe der Gesinnungen hinaufschwingen, zu dieser feinen Kenntnis göttlicher und menschlicher Dinge ausbilden konnte! Wenigstens, dünkt mich, wird die Nachwelt so denken müssen...«[31]

Für die Zeitgenossen war kaum zweifelhaft, daß Lessings Nathan der Person seines Freundes Mendelssohn nachempfunden war. Zu einem Gespräch über das Drama ist es zwischen den Freunden jedoch nicht mehr gekommen. Lessings Stück ist das »klassische Manifest religiöser Toleranz« (Berghahn)[32], das »Grundgesetz der deutsch-jüdischen Lebensgemeinschaft« (H. Mayer)[33], dessen Intention, Funktion und Konzeption bis heute kontrovers diskutiert werden[34]. Die »Ringparabel« bietet in didaktischer Konzentration den Hauptgedanken des Stückes: Die Grundsätze einer Religion bedeuten für sich nichts, und über ihren Rang gegen andere Religionen entscheidet allein die sittliche Kraft, die dem Glauben eignet. Praktische Humanität ist wertvoller als jede Theorie und jede »Wahrheit«, die Menschen sich anmaßen. Die nahe Verwandtschaft der drei historischen Religionen Judentum, Christentum und Islam zeigt er an einer Familiengeschichte auf, um die daraus resultierende Pflicht zur gegenseitigen Achtung und Duldung zu demonstrieren. Nathan steht als Exempel für einen aufgeklärten, tugendhaften, geschäftlich integren und klugen Bürger. Gewiß enthält dieses große Toleranzdrama Widersprüche und ungelöste Probleme – es sind indes die Widersprüche eines aufgeklärten Zeitalters, das Toleranz und Emanzipation forderte, ohne politische Gleichberechtigung geben zu können. Nathan, eine Kunstfigur, die aller Spezifika jüdischer Existenz ledig ist, gerann zur Idealgestalt der deutschen Aufklärung, mit der sich sowohl Christen als auch Juden identifizieren konnten. Lessing hat recht gut gewußt, daß sein Stück einen Vorgriff auf die Zukunft darstellte, daß es ein irritierender und provozierender Entwurf war. Im Winter 1778/79 schrieb er im Entwurf zu einer Vorrede: »Noch kenne ich keinen Ort in Deutschland, wo dieses Stuck schon jetzt aufgefuhrt werden konnte.«[35] Die (mißglückte) Uraufführung fand am 14. April 1783 in Berlin statt. Ständige Aufnahme in die Spielpläne fand es erst, nachdem Schiller es in seiner Bearbeitung am 28. November 1801 in Weimar inszeniert hatte. Am 18. April 1779 schrieb Lessing an seinen Bruder Karl: »Es kann wohl sein, daß mein Nathan im ganzen wenig Wirkung tun würde, wenn er auf das Theater käme, welches wohl nie geschehen wird. Genug, wenn er sich mit Interesse nur lieset, und unter tausend Lesern nur einer daraus an der Evidenz und Allgemeinheit seiner Religion zweifeln lernt.«[36]

1781 wandten sich elsässische Juden an Mendelssohn. Sie baten ihn, eine Bittschrift für sie zu verfassen, mit der sie beim französischen Staatsrat eine Besserung ihrer Lage erreichen wollten. Es gelang ihm, den mit ihm befreundeten Beamten Christian Wilhelm Dohm dafür zu gewinnen, sich der Sache der elsässischen Juden anzunehmen. Dohm (1751–1820) war Pagenhofmeister des Prinzen Ferdinand, später Redakteur der Zeitschrift »Deutsches Museum« und Professor in Kassel. 1779 wurde er geheimer Archivar in Berlin und 1783 Beamter im Ministerium des Auswärtigen. Bei der Beschäftigung mit der Situation der elsässischen Juden kam Dohm zu der Überzeugung, es sei notwendig, die politische und soziale Lage der Juden überhaupt darzustellen. Wahrscheinlich in Absprache mit Mendelssohn publizierte Dohm 1781 die Schrift »Über die bürgerliche Verbesserung der Juden«. 1783 folgte ein zweiter Band, der die Stellungnahmen von Befürwortern und Gegnern enthielt. Es sei gleich gesagt, daß Friedrich II., einer der Herrscher, auf welche diese Schrift zielte, sie lobte und zu den Akten legte. Er sah keinen Anlaß, das »Judenreglement« von 1750 zu ändern oder gar aufzuheben. In seiner heute noch lesenswerten Arbeit, die man die »Bibel der Emanzipation« genannt hat, ergriff Dohm die Gelegenheit, das Problem der »Judenfrage« staatsrechtlich, philosophisch und historisch zu bearbeiten und die Grundsätze der Aufklärung konsequent anzuwenden. Er führte die Mißstände nicht auf die Religion oder auf den unveränderbaren Charakter der Juden zurück, sondern faßte eine institutionalisierte Religion als historisches Phänomen auf. Er teilte die aufklärerische Prämisse von der natürlichen Gleichheit der Menschen. Wie die Eigenart anderer Nationen beruhe auch die der Juden auf einer langen historischen Entwicklung. Religiöse Vorurteile, rechtliche Diskriminierung und die Verfemung durch die Umwelt hätten, so Dohm, die Juden ins Ghetto getrieben und ihren Charakter geprägt.

Die »bürgerliche Verbesserung« zielte darauf, den herrschenden Zustand, der den Juden den menschlichen Status streitig mache, abzuschaffen und die gesetzlichen Bestimmungen zu verbessern, damit die Juden nützliche und loyale Bürger werden könnten. Dohm versprach sich Erfolge von administrativen und gesetzgeberischen Maßnahmen. Helmut Berding schreibt: »Der Staat sollte schrittweise die diskriminierenden Bestimmungen der Judenordnungen aufheben und die Juden durch einen von der Regierung gesteuerten Prozeß nach und nach als nützliche sowie gleichberechtigte Glieder in die Gesellschaft integrieren.«[37] Man solle ihnen Erwerbsfreiheit gewähren, sie für Handwerk und Landwirtschaft interessieren, ihnen den Zutritt zu Wissenschaft und Kunst ermöglichen, sowie für ihre sittliche Bildung und Aufklärung sorgen. Die Identität der Juden als Religionsgemeinschaft sollte nicht angetastet werden. Ziel der geplanten »Umerziehung« war jedoch eine vollkommene Assimilation der Juden. Trotz dieses ambivalenten pädagogischen Konzepts war Dohms »Buch von epochemachender Bedeutung« (Berding)[38]. Nicht zuletzt beeinflußte es die Arbeiten des Abbé Grégoire und des Grafen Mirabeau, welche die geistigen Grundlagen für die Judenemanzipation im Zuge der Französischen Revolution schufen. Dohms Schrift, die bald über die Grenzen Preußens hinaus bekannt wurde, trug die »Judenfrage« in die Öffentlichkeit. »Ihr kosmopolitischer vorrevolutionärer Geist, der international die Verhältnisse vergleicht, hebt (sie) aus der vorhergehenden Memorandenliteratur hervor.«[39] Der heftigste Angriff gegen Dohms Schrift kam von Johann David Michaelis. 1782 schrieb er in der »Orientalischen Bibliothek«, daß es in Deutschland den in ihrem »Wesen verdorbenen« Juden gut genug gehe. Gestatte man ihnen Ackerbau und Handwerk, führe das zum »wehrlosesten, verächtlichsten Judenstaat«. Solange die Juden ihre »rückständigen« mosaischen Gesetze nicht aufgäben, hätten sie kein Recht auf Gleichstellung.[40]

Vermutlich war es Dohms Buch, das Mendelssohn dazu bewog,

seine Anschauungen über Staat und Religion darzulegen. Als das Werk 1783 unter dem Titel »Jerusalem oder über religiöse Macht und Judentum« erschien, wurde es lebhaft diskutiert. Es war nichts weniger als der Versuch, den aufklärerischen Vernunftglauben mit der jüdischen Religion zu vereinigen. Mendelssohns These: die religiösen Wahrheiten werden den Menschen nicht durch übernatürliche Offenbarung vermittelt und können auch nicht als Dogmen gelehrt werden. Man kann sie sich nur zu eigen machen, wenn die eigene Vernunft imstande ist, sie aus sich selbst hervorzubringen und als notwendig zu akzeptieren. Die Gesetze und Lebensregeln des jüdischen Volkes dagegen beruhen auf einer Offenbarung – der Gesetzesverkündigung auf dem Sinai. Dieses Gesetz ist die Quintessenz der religiösen und nationalen Existenz des jüdischen Volkes. Danach setzt sich die jüdische Religion aus zwei Bestandteilen zusammen: Sie ist natürliche Religion *und* geoffenbartes Gesetz. Die mosaischen Gesetze transzendieren die Vernunftreligion, und da sie als unmittelbare Gesetzgebung Gottes zu verstehen sind, fordern sie von den Juden mehr als von den Mitgliedern anderer Religionen: »Mit dieser Confessio Judaica hatte Mendelssohn dem Judentum einen Platz in der europäischen Aufklärung gesichert, ohne auf die jüdische Tradition zu verzichten. Von nun an bewegen sich die Juden, wie Mendelssohn selbst es praktizierte, in zwei getrennten geistigen Sphären: der modernen Welt der Aufklärung und der des traditionellen Judentums.«[41] Von den Regenten der Welt fordert er am Schluß Toleranz in religiösen Dingen und von der Kirche Gedankenfreiheit. Hier kommt die Grenzlinie zwischen Staat und Kirche in den Blick: Wer nicht gegen die bürgerlichen Gesetze verstoße, den solle man nach seiner Weise sprechen und Gott anrufen lassen.

Es war ein prekäres Doppelleben, das Mendelssohn seinen Glaubensbrüdern glaubte zumuten zu dürfen: »Und noch itzt kann dem Hause Jakobs kein weiserer Rat erteilt werden, als eben dieser. Schicket euch in die Sitten und in die Verfassung des Landes, in welches ihr versetzt seid, aber haltet auch standhaft bei der Religion euerer Väter. Traget beide Lasten, so gut ihr könnet.«[42] Mit dem Optimismus des Aufklärers war er davon überzeugt, daß die Juden an ihrer Tradition festhalten, zugleich aber treue Staatsbürger sein würden. Er vertraute auf die Toleranz der Umwelt. Für ihn hatte seine Konstruktion keinen Fehler. Er konnte nicht ahnen, daß die Begegnung zwischen Juden und Deutschen gerade daran scheiterte, daß es der einen Seite an dieser Toleranz mangelte, daß man im Zusammenhang mit der von ihm verkündeten Emanzipation später von einem »Konstruktionsfehler« sprechen würde. Selbst bei Immanuel Kant, der Mendelssohn am 16. August 1783 über »Jerusalem« geschrieben hatte, er halte »dieses Buch für die Verkündigung einer großen, obzwar langsam bevorstehenden und fortrückenden Reform, die nicht allein Ihre Nation, sondern auch andere treffen wird«[43], stößt man auf »die tiefsitzende Feindseligkeit eines Denkers, der in verschiedenen Schriften und an verschiedenen Stellen in einer Weise sich für die *Euthanasie* des Judentums aussprach, die nur die metaphysische Form des Schreis ›Tod den Juden!‹ hätte sein können« (Léon Poliakov)[44].

Das Jahr 1783 ist der Höhepunkt in Mendelssohns Schaffen. Seine letzten Jahre sind vom Streit um Lessing und Spinoza überschattet. Er war leidend, gebrechlich und oft melancholisch und verbittert. Bald nach der Veröffentlichung seines philosophischen »Testaments«, der »Morgenstunden oder Vorlesungen über das Dasein Gottes« (1785) ist Moses Mendelssohn am 4. Januar 1786 gestorben.

Was »Herr Moses in Berlin« zusammen mit einem »philosophischen Dichter« (Lessing) und einem »philosophischen Staatskundigen« (Dohm) und ihre Mitstreiter angestrebt hatten, setzte in Wien ein – nach Mendelssohn – »bewunderungswürdiger Monarch« in die Tat um. Josephs II. Toleranzedikt von 1782 signalisierte einen Fortschritt in Richtung auf die Gleichstellung der Juden. Für die Juden Deutschlands hingegen galten weiterhin die »Judengesetze«, bis die siegreichen Heere der Revolution und Napoleons sie aus dem Ghetto befreiten.

Der Eintritt der Juden in das literarische Leben indessen, den Mendelssohn eingeleitet hatte, geschah bereits vor Hardenbergs Reformgesetz. Gershom Scholem hat von einer »großen historischen Stunde« gesprochen, um den Umbruch zu kennzeichnen, als »die Juden aus ihrem Mittelalter sich in großen Scharen der neuen Zeit der Aufklärung und Revolution zuwandten«. Es war für vier Fünftel des damaligen Judenvolkes »unter den gegebenen geographischen, politischen und sprachlichen Bedingungen die deutsche Kultur eben diejenige, der sie zuerst begegneten. Und zwar gerade –

und das ist das Entscheidende – an einem ihrer fruchtbarsten Wendepunkte, nämlich auf dem Höhepunkt ihrer bürgerlichen Periode. Man darf sagen, daß es eine glückliche Stunde war, in der die neuerwachende Produktivität der Juden, die nach 1750 so bedeutende Formen annehmen sollte, gerade auf den Höhepunkt einer großen Produktivität des deutschen Volkes traf, die ein Bild des Deutschen hervorrief, das vor 1940 auch durch viele bittere und bitterste Erfahrungen in sehr weiten Schichten nicht erschüttert worden ist.«[45]

Es waren Lessings »Juden« (1754) und Mendelssohns »Philosophische Gespräche« (1755), die zu einer veränderten Einschätzung der Juden beitrugen; darüber hinaus war damit »auch der Grund gelegt für das erste Auftreten eines jüdischen Dichters auf dem Schauplatz der deutschen Literatur, die bis dahin allenfalls einen Süßkind von Trimberg hatte sehen lassen« (Christian Wagenknecht)[46]. Die 1772 erschienenen »Gedichte von einem polnischen Juden«, bald ein beachtetes und gelobtes Werk, wären gleichwohl heute vergessen, hätte nicht der junge Goethe für die »Frankfurter gelehrten Anzeigen« eine Rezension geschrieben. Der Name des Verfassers war Isachar Falkensohn Behr. Man weiß recht wenig über diesen Autor; weder ein Bildnis noch ein Brief haben sich erhalten.[47] Er wurde 1746 geboren, sein Geburtsort könnte Salantin in Litauen oder Zamosz bei Lublin gewesen sein. Bevor er nach Deutschland ging, scheint er in dem polnischen Landadeligen Friedrich Ewald Fircks einen Gönner gefunden zu haben, auf dessen Besitz er längere Zeit lebte. »In einer absolut kulturlosen Umgebung, in finsterer Unwissenheit... ganz ohne europäische Bildung aufgewachsen« (Gerhard Alexander)[48], ging der ehrgeizige und wissensdurstige junge Mann zunächst nach Königsberg und dann nach Berlin zu seinem Verwandten Israel Zamosz, der Hauslehrer bei dem angesehenen Bankier und Münzpächter Daniel Itzig war. Itzig, der in sein Stadtpalais eine Synagoge einbauen ließ und 1778 zu den Mitbegründern der »Jüdischen Freischule« zählte, war einer der ersten preußischen Beamten jüdischen Glaubens (Hofbaurat seit 1791). Durch Zamosz wurde Behr mit Mendelssohn und seinem Kreis bekannt, lernte Latein und Französisch, befaßte sich mit Philosophie und schrieb Gedichte. Wohl auf Vermittlung von Karl Wilhelm Ramler, dem Literaturpapst der Zeit, erschienen im »Leipziger Musenalmanach auf das Jahr 1771« drei seiner Lieder neben einer Ode an Ramler.

Von Berlin ging Behr zum Medizinstudium nach Leipzig. Die Ausbildung zum Arzt war die einzige akademische Laufbahn, die einem Juden damals offenstand. 1772 promovierte er in Halle, kehrte nach Polen zurück, ging später nach Mohilev in Weißrußland und war schließlich am Militärlazarett in Kamenez-Podolsk in der Ukraine tätig, wo er 1817 starb. 1781 war er in St. Petersburg russisch-orthodox getauft worden und hatte den Namen Gabriel Grigorjewitsch angenommen. Die bürgerliche Laufbahn Behrs hat Gerhard Alexander eine »zwar nicht gerade alltägliche, aber letztlich doch triviale Aufsteiger-Geschichte« genannt: »Ein junger, nicht unbegabter Mann aus tiefster Unterschicht erfährt die Gunst reicher Gönner, gelangt durch Fleiß zum Studium, schließt dieses erfolgreich ab, schafft sich eine bürgerliche Existenz und steigt sogar, nach Überwindung des diskriminierenden Religionshindernisses, in eine vielleicht nicht gerade glänzende, aber doch gewiß auskömmliche und geachtete Beamtenkarriere auf.«[49]

Doch das ist nur die halbe Wahrheit. Behrs Geschichte ist nicht nur die eines Aufsteigers, sondern auch die eines »Aussteigers«, eines Mannes, der aus einem Leben in der Enge und Öde ausstieg, der das kulturelle Niemandsland (und übrigens auch Frau und Kinder) verließ, um als Jüngling zu lernen, »was sonst ein Kind von sechs Jahren schon weiß; das ist, deutsch und latein lesen«.[50] Und dieser Jude, nur mit hebräischer und Talmudbildung ausgestattet, eignet sich die deutsche Sprache in einer Weise an, die ihn zu einer poetischen Produktion befähigt, der die Zeitgenossen Lob und Anerkennung zollen. Zugegeben, diese Gedichte sind Mittelmaß, bemüht, den lyrischen Konventionen der Zeit gerecht zu werden. Dieser jüdische Dichter, »ein Meisterschüler; kein Originalgenie« (Wagenknecht)[51], ist bei seiner Expedition in sprachliches und kulturelles Neuland ein Nachahmer geblieben.

Literaturkritische Aspekte einmal beiseite, wie anders hätte jüdische Emanzipation sich vollziehen sollen? Nicht jeder war ein Mendelssohn, aber auch nicht viele brachten es so weit wie Behr. Er war einer der ersten auf fremdem Terrain, er gab sich Mühe, es zu erkunden, und verdient Respekt.

Gewiß hat auch Goethe aufgrund des Titels des Bandes geglaubt, etwas Besonderes, nicht von der westeuropäischen Kultur Geprägtes zu finden. Er hatte eine besondere Perspektive eines besonderen

Autors erwartet hatte, war enttäuscht und kanzelte die Gedichte Behrs mit Härte und Ironie ab: »Es ist recht löblich, ein polnischer Jude sein, der Handelschaft entsagen, sich den Musen weihen, deutsch lernen, Liederchen rinden, wenn man aber in allem zusammen nicht mehr leistet als ein christlicher Etudiant en belles lettres auch, so ist es, deucht uns, übel getan, mit seiner Judenschaft ein Aufsehen zu machen.« Und von Behrs Oden sagt er: »Was ist da viel zu sagen! durchgehends die Göttern und Menschen verhaßte Mittelmäßigkeit.«[52]

Die »Ursprünglichkeit«, an der dem Sturm-und-Drang-Goethe so gelegen war, konnte Behr nicht bieten, sondern nur anakreontisches Getändel oder horazisch getönte Oden. Freilich, meint Wagenknecht, so wie die Dinge lagen, »konnte der polnische Jude nicht wohl ein anderes Idiom sprechen als das seiner Lehrer... Anders als auf dem Weg einer solchen Nachahmung und Anpassung war eine Teilnahme an der literarischen Kultur der Deutschen schwerlich zu bewirken – im 18. weniger noch als im 19. Jahrhundert.«[53] Was den jungen Goethe enttäuschte, war das Fehlen eines besonderen Blicks, den er vom Repräsentanten einer Minderheit erwartet hatte; was ihn befremdete, war die Tatsache, daß dieser Mann seine Eigenart vielmehr zu verbergen trachtete: der Fremde, der andere war in die deutsche Literatur eingetreten.

Als Lyriker im anakreontischen Stil und als Epigrammatiker versuchte sich auch Ephraim Moses Kuh (1731–1790), ein Freund Mendelssohns, dem Berthold Auerbach in seinem Roman »Dichter und Kaufmann« (1840) ein Denkmal gesetzt hat.

In den Jahren 1763 bis 1768 lebte Kuh in Berlin und war häufig Gast Mendelssohns. Anschließend bereiste er Holland, Frankreich, Italien, die Schweiz und Süddeutschland. Bei seiner Rückkehr kam es zu Kontroversen mit den orthodoxen Mitgliedern der Berliner Gemeinde. Das faßten seine christlichen Bekannten als Hinweis dafür auf, daß er bereit sei, zum Christentum überzutreten. Wie sein Vorbild Mendelssohn sah sich auch Kuh einem christlichen Missionar gegenüber, der ihn öffentlich aufforderte, das Judentum zu verlassen. Kuh, ein sensibler und unsicherer Mann, war tief gekränkt: »Sein Abweichen vom ausgetretenen Pfad des traditionellen jüdischen Lebens wurde ihm als Annäherung an das Christentum ausgelegt, wie es auch bei Mendelssohn der Fall gewesen war« (Jacob Katz).[54]

Salomon Maimon – David Friedländer – Lazarus Bendavid

Als das Jahrhundert sich neigte, ging auch eine Phase zu Ende, die durch Mendelssohn und seine traditionstreue Haltung geprägt worden war. Die nächste Generation hatte andere Perspektiven. Von den zehn Kindern des Moses Mendelssohn blieben lediglich eine Tochter, sein Sohn Josef und dessen Sohn Alexander jüdisch. Sein Sohn Abraham (1776–1835) nahm für sich und seine Familie den Namen Mendelssohn-Bartholdy an. Für Mendelssohn war die jüdische Sonderexistenz im offenbarten jüdischen Gesetz begründet gewesen. Wenngleich er mit dem ganzen »gelehrten Berlin« in Kontakt stand, blieb er in diesem Punkt ein traditionsverpflichteter Jude. Die folgende Generation hingegen, je »deutscher« sie wurde, war darum bemüht, sich auch in religiösen Dingen möglichst nicht von den Deutschen zu unterscheiden. Sie glaubte, jede öffentliche Diskussion der Judenfrage werde ihre Situation nur verschlechtern. Die jüdische Elite setzte den Prozeß der Assimilation an deutsche Kultur und Bildung konsequent fort. Die Berliner Salons wurden der Ort, wo sich jüdische und nichtjüdische Gebildete, gleichsam in einem neutralen Raum, zu Gesprächen über literarische und ästhetische Themen trafen.

Das Haus der schönen Henriette von Lemos, verheiratet mit dem Arzt Marcus Herz, wurde zum Prototyp des »Berliner Salons«. Dort erschien 1780 eine höchst eigentümliche Figur – der in Litauen geborene Salomon Maimon, das komplette Gegenstück zu dem erfolgreichen Herz. 1762 hatten Herz' Eltern, arme Berliner Handelsjuden, ihren Sohn nach Königsberg zu einem Kaufmann in die Lehre geschickt, wo der begabte Junge zu einem Jünger Kants geworden war. Kant wurde auf ihn aufmerksam und empfahl ihn als einen seiner Lieblingsschüler an Moses Mendelssohn. Dieser wies ihn an David Friedländer, der ihm das Studium der Medizin ermöglichte. Jetzt praktizierte Herz erfolgreich in Berlin.

Am 7. April 1789 schrieb Herz an Immanuel Kant, »den verehrungswürdigen Mann, unvergeßlichen Lehrer«, um sich für seinen Glaubensgenossen Maimon zu verwenden: »Herr Salomon Maimon, ehedem einer der rohesten polnischen Juden, hat sich seit einigen Jahren durch sein Genie, seinen Scharfsinn und Fleiß auf eine außerordentliche Weise in fast alle höheren Wissenschaften hinein-gearbeitet, und vorzüglich in den letzten Zeiten Ihre Philosophie oder wenigstens Ihre Art zu philosophieren so eigen gemacht, daß ich mit Zuverlässigkeit mir zu behaupten getraue, daß er einer von den sehr wenigen jetzigen Bewohnern der Erde ist, die Sie so ganz verstanden und gefaßt. Er lebt hier sehr kümmerlich, unterstützt von einigen Freunden, ganz der Spekulation. Er ist auch mein Freund und ich liebe und schätze ihn ungemein. Es geschah auf meine Veranlassung, daß er diese Aufsätze, die er zum Druck be-stimmt, vorher Ihnen zur Durchsicht überschickt.«[55] Maimon, des-sen »Versuch über die Transzendentalphilosophie« dem Brief bei-gelegt war, schrieb: »Schon durch Geburt bestimmt, die besten Jahre meines Lebens in den litauischen Wäldern, entblößt von jedem Hilfsmittel zur Erkenntnis der Wahrheit, zu verleben, war es Glück genug für mich, endlich nach Berlin zu gelangen, obschon zu spät. Hier bin ich durch die Unterstützung einiger edelgesinnter Männer in den Stand gesetzt worden, den Wissenschaften obzuliegen...«[56]

Franz Kobler schrieb in seinem Kommentar, Kant habe nicht ah-nen können, »daß er die Urkunden eines gewaltigen Vorgangs im Ablauf der jüdischen Geschichte in der Hand hielt. Jenseits des den Weltweisen interessierenden Inhalts verkündeten diese Schrift-stücke das siegreiche Vordringen der Aufklärung in den Bereich der jüdischen Welt. Hier lag der Brief des Professors Dr. Herz, seines Schülers, der einst als armer Judenjunge nach Königsberg gewandert war und nun in Berlin... ein großes Haus führte.« Der andere, »der mit fünfundzwanzig Jahren, nachdem er selbst deutsch zu lesen und zu verstehen, aber nicht zu sprechen erlernt hatte, mit struppigem Bart, in zerrissener, schmutziger Kleidung seine Reise antrat«, sich binnen weniger Jahre in den Wissenschaften so vervollkommnete, »daß er die reifste Frucht der deutschen Philosophie, Kants Ver-nunftkritik, in sich aufzunehmen vermochte«, der Mann aus dem Schtetl, »war der erste, den es nach Deutschland trieb, der sich vom Boden der ostjüdischen Gemeinde losriß, um im Westen ein neues Leben zu beginnen«.[57] In Herz, dem arrivierten »Ausnahmejuden« (Hannah Arendt), erblicken wir den Endpunkt einer aufsteigenden Linie, ein Muster für geglückte Emanzipation. Für Maimon war das kein wünschenswertes Ziel, wenn er auch alle Brücken hinter sich abbrach. Obwohl reich mit Verstand und Talent gesegnet, gelangte er nie zu einer gesicherten sozialen Stellung. Er blieb ein Außenseiter, ein asozialer Grübler, dem gesellschaftliche Realität und eigene Identität abhanden kamen.

Kant erwiderte am 26. Mai 1789, er sei schon entschlossen gewesen, das Manuskript zurückzusenden: »allein ein Blick, den ich darauf warf, gab mir bald die Vorzüglichkeit desselben zu erkennen und, daß nicht allein niemand von meinen Gegnern mich und die Hauptfrage sowohl verstanden, sondern nur wenige zu dergleichen tiefen Untersuchungen soviel Scharfsinn besitzen möchten, als Herr Maimon…«[58] Dieser Brief und die Anerkennung durch Kant bedeutete einen Höhepunkt in Maimons Leben. Auf spätere Briefe Maimons antwortete Kant jedoch nicht mehr.

Mit Maimon war am Ende des 18. Jahrhunderts ein Mann erschienen, der nach Abba Eban »das Musterbeispiel jenes Typs« darstellt, »dem man später in Europa so häufig begegnete: des äußerlich wie geistig ›Entwurzelten‹, den es nirgendwo hält, der, mit vielen Kulturen vertraut, doch in keiner zu Hause ist, der mit einem außerordentlich scharfen kritischen Intellekt begabt und dabei doch von einem tiefen geistigen Unbehagen erfüllt ist«.[59]

Maimon war ein ebenso radikaler Querdenker wie der Anpassung unfähiger Exzentriker, und sein Leben und sein fragmentarisches Werk stehen ganz im Zeichen einer fundamentalen Auseinandersetzung mit dem vernunftfeindlichen Rabbinismus und der zeremoniell erstarrten jüdischen Religion. Conrad Wiedemann konstatiert, »daß mit Maimon der Prototyp einer jüdischen Emanzipation erschienen war, die sich den Einstieg in die moderne Welt am angemessensten durch kulturelle Assimilation, durch Bildung jeglicher, aber vornehmlich philosophischer und ästhetischer Art, eröffnen zu können glaubte, wobei ihr zweifellos die für sie absolute Tradition rabbinischen ›Lernens‹ zu Hilfe kam«.[60]

Salomon Maimon, eigentlich Salomon ben Josua, wurde 1752 in Nieszwicz in Litauen geboren. Er wuchs in der Armut und Enge des Schtetl auf, unter frommen Ostjuden, deren Existenz unter feudaler Herrschaft von wirtschaftlicher Not geprägt und von Pogromen bedroht war. Schon früh tat er sich als scharfsinniger Talmudstudent und Kenner der Kabbala hervor. Im Alter von elf Jahren wurde er Ehemann, mit 14 Jahren Vater. Zum Rabbiner bestimmt, brachte er sich als Privatlehrer durch und widmete sich dem Studium der Heiligen Schriften. Dann ließ er Frau und Kinder zurück, suchte vergeblich um Einlaß in die Stadt Berlin nach, führte ein Wanderleben als Betteljude in Holland und Norddeutschland, holte sein Gymnasialstudium in Altona nach, gelangte endlich nach Berlin, freundete sich mit Mendelssohn an und vertiefte sich in die Werke der Aufklärungsphilosophen. Dann nahm er sein Wanderleben wieder auf und versuchte, von den Erträgen seiner philosophischen Schriftstellerei zu leben. 1792 gab Karl Philipp Moritz Maimons Autobiographie heraus – »Salomon Maimons Lebensgeschichte, von ihm selbst erzählt« – in der Maimon farbig, fesselnd, passagenweise mit bitterer Ironie seinen Lebensweg beschrieb. In diesem Buch, das auf Goethe und Schiller großen Eindruck machte, erscheint Maimon als ein Mann, der wie Ulrich Bräker aus dem Elend kommt und der auf nichts anderes als auf sein Talent und seine Energie setzen kann. Oft verläuft Maimons Leben so abenteuerlich wie das des Magister Laukhard, auch dieser ein Außenseiter. Doch wo Laukhard sich der Welt entgegenstellt und ihrer Herr zu werden sucht, zieht sich Maimon immer mehr aus ihr zurück. Er erzählt nicht bloß das Abenteuer seines Lebens, sondern die abenteuerliche Geschichte seines Denkens und Lernens. Die Isolation, in die er geriet, zeichnet sich bereits im Schtetl ab, wo er und sein Jugendfreund »die einzigen in dem Orte (waren), die es wagten, nicht bloß nachzuahmen, sondern über alles selbst zu denken. Es war also natürlich, daß, indem wir uns in unseren Meinungen und Handlungen von allen übrigen aus der Gemeinde unterschieden, wir uns nach und nach von ihnen trennten, wodurch unser Zustand (da wir doch von der Gemeinde leben mußten) sich immer mehr verschlimmerte.«[61] In einem der reflektierend-philosophischen Einschiebsel seines Buches schreibt der Mann, der schon als Knabe in Exegese und Pilpul (scharfsinnige Disputation) brillierte, über den »Mißbrauch des Rabbinismus«: »Ein Jude darf weder essen noch trinken, weder bei seiner Frau schlafen noch seine Notdurft verrichten, ohne dabei eine ungeheure Anzahl Gesetze zu beobachten. Mit den Büchern über das Schlachten (die Beschaffenheit des Messers und die Untersuchung der Eingeweide) könnte man allein eine Bibliothek ausfüllen, die gewiß der Alexandrinischen nahekommen würde... Die Feder entfällt meiner Hand bei der Erinnerung, daß ich und meinesgleichen die besten Jahre, wo die Kräfte in ihrer vollen Stärke sind, mit diesem geisttötenden Geschäft zubringen und Nächte durchwachen mußte, um, wo kein Sinn ist, einen Sinn hereinzubringen, Widersprüche, wo keine zu finden waren, durch Witz zu entdecken, und da, wo sie offenbar anzutreffen sind, durch Scharfsinn zu heben, durch eine lange Kette von Schlüssen nach einem Schatten zu haschen und Schlösser in die Luft zu bauen.«[62] Doch dieser unerbittliche Kritiker einer versteinerten Tradition predigte keineswegs wie David Fried-länder eine Assimilation um jeden Preis. Er versucht nichts weniger als eine Umwandlung des Geistes des Rabbinismus in ein System der Vernunftphilosophie. Die Wurzeln seines Rationalismus sah er in der jüdischen Tradition, in der Lehre des mittelalterlichen Reli-gionsphilosophen Maimonides (1135–1204), von dem er sich den Namen entlieh.

Mendelssohn, dem Maimon ein achtungsvolles Porträt widmet, hatte sich der Aufklärungsphilosophie bedient, um nachzuweisen, daß die jüdische Religion eine vernünftige sei; Maimon hingegen setzte ganz und gar auf die Vernunft, auf das autonome Denken. Immer wieder betont er, er forsche nach »Licht und Wahrheit«, und es war für ihn ausgemacht, »daß die *Aufklärung* nicht eben auf *Er-langung neuer Kenntnisse und Wissenschaften* beruht; sondern viel-mehr auf *Wegschaffung der uns von anderen durch Erziehung und Unterricht beigebrachten falschen Begriffe*«.[63] Da es ihm einzig und allein darum ging, durch das Studium der Philosophie der Wahrheit auf den Grund zu kommen, eine Vervollkommnung seiner Kennt-nisse aber nur innerhalb der christlichen Gesellschaft möglich schien, war er sogar bereit, sich zum Christentum zu bekennen, vor-ausgesetzt, es wurde nicht von ihm verlangt, ein Dogma anzuerken-nen, an das er nicht glaube.

»Freie Ausbildung des Erkenntnisvermögens« ist sein Ziel, er will Emanzipation des Geistes, die politisch-rechtliche interessiert ihn nicht. Auf der Suche nach einer rein spekulativen Existenz verliert er den Kontakt zur realen Umwelt: »Was ihm als Lebensmodus vor-schwebt, ist offensichtlich die Abstraktion eines philosophischen Kosmopolitendaseins, eines Weltpriestertums der Kritik und der Spekulation mit dem Anspruch auf Unterhalt durch die Gesell-schaft« (Wiedemann).[64] Er lehnte es ab, einen Beruf zu ergreifen, um sein Brot zu verdienen, in der ebenso naiven wie borniierten Über-zeugung, die Privilegien, die der Gelehrte in der jüdischen Ge-meinde genoß, auch als deren Kritiker in Anspruch nehmen zu kön-nen. Als Freunde ihm deswegen Vorwürfe machten, mußten sie sich sagen lassen, daß er aufgrund seiner »besondern Erziehung für alle Geschäfte eine Abneigung habe und bloß zum *ruhigen spekulativen*

Leben geneigt sei«.[65] Doch hätte gerade dieser Mann, schreibt Hannah Arendt, »seine Abenteuer- und Gelehrtenkarriere nie auch nur antreten können, wenn er nicht Jude gewesen wäre, dem Juden halfen«.[66] Sein Starrsinn und seine konsequente Fixierung auf das Denken ließen ihn nie in die privilegierte Oberschicht gelangen, der, zum Beispiel, Marcus Herz oder David Friedländer angehörten. Er wußte, »daß er ein Paria war«.[67] Nachdem er am Ende alle Mäzene durch seine Kritiksucht verschreckt hatte, fand das »Enfant terrible der deutschen Aufklärung« (F. Kobler) doch noch einen letzten, den Grafen von Kalkreuth, der ihm auf seinen niederschlesischen Gütern Unterschlupf gewährte, wo Mainon 1800 starb.

Im »Vorbericht des Herausgebers« hatte Karl Philipp Moritz geschrieben, bei Maimons Lebensbeschreibung handle es sich um eine »unparteiische und vorurteilslose Darstellung des Judentums, von der man wohl mit Grund behaupten kann, daß sie die erste in ihrer Art ist und deswegen, besonders zu den jetzigen Zeiten, wo die Bildung und Aufklärung der jüdischen Nation ein eigener Gegenstand des Nachdenkens geworden ist, vorzügliche Aufmerksamkeit verdient«.[68]

Man hätte, mutmaßt Jacob Katz, den Versuch Maimons, sich taufen zu lassen, »als Marotte eines Sonderlings abtun können, wenn die Sache nicht eine Parallele gehabt hätte, und zwar in dem notorischen Vorschlag von David Friedländer... Es war der Versuch, den Weg für die Aufnahme eines Teils der jüdischen Gemeinde in die christliche Kirche zu ebnen.«[69] Dieser Vorschlag wurde anonym gemacht, doch die Identität des Verfassers blieb nicht lange geheim: Dieser war eine der führenden Figuren der aufgeklärten jüdischen Gesellschaft Berlins, Mitglied des Verwaltungsrates der jüdischen Gemeinde und von den Behörden als Repräsentant des preußischen Judentums anerkannt. David Friedländer (1750–1834), Sohn von Joachim Moses Friedländer, der zu den reichsten Männern Königsbergs gehörte und mit einer Tochter Isaak Daniel Itzigs (1750 bis 1806), Münzjude und Hofbankier, verheiratet, war der Typus des jüdischen Großbürgers, der die Emanzipation und die Assimilation mit größter Energie betrieb. Kobler nennt ihn treffend den »Stürmer und Dränger der Emanzipation«.[70] Er gehörte zu den Gründern der »Jüdischen Freischule« (1778) in Berlin, in der zum erstenmal neben wenigen jüdischen Fächern Deutsch, Französisch, Mathematik, Zeichnen und Geographie gelehrt wurde. Er verfaßte auch das erste »Lesebuch für jüdische Kinder« in deutscher Sprache. 14 Jahre lang hatte er zum engsten Freundeskreis Mendelssohns gehört, doch er zog aus den Lehren seines Meisters Schlußfolgerungen, die weit über die Vorstellungen seines Vorbildes hinausgingen. Ihm erschien die Religion der Vernunft als solche ausreichend; sie benötige keine Unterstützung durch religiöse Praktiken. Diese seien überflüssig, ja schädlich, da sie der Aufnahme in die nichtjüdische Gesellschaft hinderlich seien. Er wollte das religiöse Brauchtum aufgeben, um seine sozialen und politischen Ziele zu erreichen. In diesem Sinne verhandelte er auch mit den preußischen Behörden, um den Status der Juden in Preußen zu verbessern; man legte ihm schließlich einen Reformplan vor, den Friedländer jedoch im Februar 1790 ablehnte. Er wollte, ganz im Sinne Mendelssohns, die hebräische Sprache in ihrer alten Reinheit wiederherstellen und deutsche Kultur zum geistigen Besitz aller Juden machen. Scharf kritisierte er das orthodoxe polnische Rabbinertum, das viele Gemeinden in Deutschland beherrschte und, wie er glaubte, die Vorstellungen der deutschen Umwelt ungünstig beeinflußte. Gegner seiner Ideen belegte er mit Hohn und Spott. So schrieb er sarkastisch in einem Brief an den Glogauer Kaufmann Meier Eger, der ein emsiger Talmudist war: »Ich bin jetzt ruhiger und schreibe Ihnen deshalb in deutscher Sprache, weil sich im Hebräischen sowohl die frommen abergläubischen Gesinnungen als die freien vernunftmäßigen Urteile so ausnehmen, daß man leicht jene für Ausbrüche andächtiger und diese für freigeistige Meinungen halten könnte. In deutscher Sprache verschwindet der Nebel, und die Wahrheit erscheint in ihrem reinen, mit keiner Bildsprache verunreinigten Dialekte...« (August 1789).[71]

Friedländer war bereit, jeden Preis zu zahlen, um sein Ziel zu erreichen. Sein »notorischer Vorschlag«, der bei den meisten Juden Entsetzen hervorrief, bestand darin, daß er 1799 anonym das »Sendschreiben einiger Hausväter (= hausbesitzende Schutzjuden) jüdischer Religion« an den liberalen Probst Wilhelm Abraham Teller richtete. Es enthielt nichts weniger als das Angebot, auf die Zeremonialgesetze zu verzichten und den Eintritt in die Kirche unter der Bedingung zu vollziehen, daß man lediglich auf die »ewigen Wahrheiten«, nicht aber auf die Dogmen des Christentums verpflichtet werde. Friedländer und seine Parteigänger versuchten, der Gemeinschaft des Judentums, die sie als Zwang empfanden, dadurch ein Ende zu machen, daß sie sich mit den Christen über einen Kompromiß verständigten. Friedländers Bitte, »die auf eine so naive wie groteske Weise den christlichen wie den jüdischen Glauben verkennt« (Kampmann)[72], hatte keine Aussicht, realisiert zu werden, sondern wurde abgewiesen. Der persönliche Ausweg der Taufe, den so viele seiner Glaubensgenossen wählten, kam indes für Friedländer nicht in Betracht, denn das hätte seinem Gefühl jüdischer Schicksalsverbundenheit widersprochen. Er war fest davon überzeugt, das Problem lasse sich allgemein und umfassend im Sinn der Aufklärung lösen. Doch um die Jahrhundertwende war der Elan der Aufklärungsideen bereits geschwächt. Romantisch-christliche Strömungen machten sich bemerkbar, was in der Stellungnahme Schleiermachers deutlich wird, der ein solch »reines oder vielmehr leeres Christentum«, wie das »Sendschreiben« es projektiere, mit Spott zurückwies. Außerdem fürchtete er, die »geweckten jüdischen Jünglinge« würden, einmal in die Kirche aufgenommen, »zersetzend« auf den christlichen Glauben wirken.[73]

Aufklärer und Reformer wie Friedländer, Hartwig Wessely (Naphtali Herz Wesel; 1725–1805) oder Lazarus Bendavid (1762 bis 1832) waren in den Augen der Orthodoxen Abtrünnige; die Rabbiner beschimpften sie oder verstießen sie aus der Gemeinde. In ihrem Urteil wird die jüdische Aufklärung oder *Haskala* (von orthodoxen polnischen Juden als »Berlinismus« bezeichnet) zur Irrlehre. In der Tat haben die Nachfahren Mendelssohns bald auf jede Kompromißbereitschaft verzichtet. So verurteilte der Kantianer Bendavid unterschiedslos die Riten und Gebräuche des Judentums.

Der Vehemenz und der Selbstverleugnung, mit der jüdische Aufklärer und Reformer auf Assimilation drängten, stand auf deutscher Seite meist die Tendenz gegenüber, das »Judenproblem« auf dem Weg der Individualemanzipation zu lösen, also ganz im Sinne der berühmten Formulierung des Grafen Clermont-Tonnèrre, der 1789 in der Nationalversammlung geäußert hatte: »Den Juden als Individuen alles, den Juden als Nation nichts.«[74] Damit war eine Politik formuliert, die darauf zielte, den Menschen, aber nicht den Juden zu emanzipieren. Gleichwohl haben Feindschaft oder Vorbehalte den Prozeß der Akkulturation zwar hemmen, aber nicht aufhalten können. Es war dabei durchaus nicht nur das ungebildete Volk, das an seinem religiösen Antisemitismus festhielt, es waren nicht nur antiaufklärerische Eiferer, die gegen die Teilnahme der Juden an der Kultur und ihre politische Gleichstellung polemisierten. Auch in den Reihen der deutschen Aufklärer, der »Dichter und Denker«, war man mitnichten so tolerant, wie man hätte erwarten können. Auch bei bedeutenden Köpfen der Zeit finden sich antijüdische Tendenzen. Vielen fiel es schwer, ihre Vorurteile zu überwinden, die oft mit ihren Ideen von Toleranz nicht übereinstimmten. Die Dialektik der Aufklärung wird evident in den Widersprüchen zwischen erklärter Toleranz und inkonsequenter Lebenspraxis, zwischen goutierter Individualemanzipation und allgemeiner sozialer Gleichstellung aller Juden, zwischen Gleichheitsrhetorik und faktischer Ungleichheit. Vielen fiel es leichter, das Judentum und seine Tradition philosophisch zu rechtfertigen, als judenfeindliche Tendenzen in der Gegenwart zu analysieren. Die ambivalente Haltung vieler Aufklärer verrät, welche Schwierigkeiten sie hatten, ihre Vorurteile gegen die Juden zu überwinden. Immer wieder läuft die Argumentation mehr oder weniger direkt auf die Forderung nach jüdischer Assimilation hinaus, erwartet oder verlangt man die Akkulturation oder die Taufe. Das Verhältnis zwischen Deutschen und Juden war ungleich: Es basierte auf Toleranz und setzte Assimilation voraus. Damit war ein Programm etabliert, das »*Toleranz* auf ein *Postulat der Intoleranz* (gründete), indem für Shylock und seine Geschwister die Gleichstellung nur denkbar sein sollte um den Preis einer Aufgabe der Nationalität: im Grunde der existentiellen Besonderheit in der europäischen Gesellschaft seit Beginn der christlichen Ära« (Hans Mayer)[75]. Man kann geradezu von einem Verdrängungsprozeß sprechen, wenn die Aufklärer es vorzogen, die Verdienste des Judentums in ferner Historie zu loben, anstatt nach Lösungen der aktuellen Judenfrage zu suchen: »Ihre Vorstellung von der deutsch-jüdischen Symbiose war höchst selbstbezogen und einseitig; sie verlangte von den Juden Osmose und Selbstaufgabe, ohne auch nur danach zu fragen, was diese totale Anpassung für die jüdische Existenz bedeutete.«[76]

Bedingung für die Aufnahme eines Juden in die nichtjüdische Gesellschaft war also, daß er die Vorstellungen widerlegte, die man sich dort von Juden schlechthin machte, und den Beweis erbrachte, daß er eine Ausnahme war. An diesem kritischen Punkt schlägt die reine Toleranz der Aufklärung in repressive um.

3.

Die jüdischen Salons in Berlin – Henriette Herz – Rahel
Varnhagen – Die romantische Reaktion – Hardenberg
und die Emanzipation

Während die preußische Bürokratie die politische Emanzipation
der Juden immer wieder verzögerte, schien sich die gesellschaftliche
Emanzipation der jüdischen Oberschicht in Berlin hingegen bereits
vollzogen zu haben: in den »politikfreien« jüdischen Salons, deren
Geschichte »die auffälligste Phase deutscher Geselligkeitsge-
schichte, in der jüdische Frauen die herausragenden Persönlichkeiten waren«, darstellt.[77] Bisher waren jüdische Frauen vom Studium
der Thora ausgeschlossen, das traditionell die Freizeit des Mannes
beanspruchte, gingen nicht zur Schule und verfügten über keine
Schulbildung. Mit dem Aufkommen weltlicher Schulbildung im
Zuge der Aufklärung eröffneten sich den Frauen neue Bildungs-
chancen.

In den Salons der jüdischen Damen in Berlin und in den »Lese-
zirkeln« debattierte man über Literatur und Kunst. Die Annäherung zwischen Deutschen und Juden, im Zeitalter der Aufklärung
noch auf den Zirkel um Lessing und Mendelssohn beschränkt,
wurde jetzt für den Lebensstil wohlhabender jüdischer Familien
typisch. Die zeitgenössische Literatur spielte dabei die Rolle einer
Wegbereiterin, vor allem das Werk Goethes. Zu rascher Berühmtheit gelangten die wöchentlichen Lesekränzchen, die Mendelssohns älteste Tochter, Dorothea Veit (1763–1839), gab. Sie war
seit 1783 mit dem Bankier Simon Veit verheiratet, ließ sich 1802
protestantisch taufen, wobei sie ihren Geburtsnamen Brendel ablegte, heiratete 1804 Friedrich Schlegel und ließ sich 1808 katholisch taufen. Sie gründete zusammen mit Henriette Herz, geborene
Lemos (1764–1847), den »Tugendbund«, dem auch die Brüder
Humboldt angehörten. In den 80er Jahren bildete sich um Henriette Herz ein geselliger Kreis, der den Beginn der späteren Salonkultur bezeichnete. Dort verkehrten adlige Offiziere und bürgerliche Intellektuelle, Philosophen, Dichter und Politiker, Gelehrte
und Diplomaten, ähnlich wie im Pariser Salon des 18. Jahrhunderts. Henriette Herz, eine allseits verehrte Schönheit, war eine
eher passive denn eine aktive Persönlichkeit, deren Zauber denn-

noch so unterschiedliche Männer wie Wilhelm von Humboldt, Friedrich Schleiermacher oder Ludwig Börne anzog.

Die Freundschaft zwischen Henriette und Schleiermacher bildete lange den Gegenstand von allerlei Klatsch. Der protestantische Prediger hatte ihr Herz durch seine Lehre, in der sich romantisches Christentum mit der Theorie von »freier Liebe« verbanden, erobert. 1817, nach dem Tod ihrer Mutter, trat Henriette zum Protestantismus über. Sie ist die erste der jüdischen Frauen des Berliner Salonlebens, von der Nachrichten über das gesellige Leben um 1800 erhalten sind.

Paul Landau äußerte sich über Henriette Herz: »Sie lockte Geist hervor, ohne selbst welchen zu besitzen. Aber sie bereitete letzten Endes nur der Größeren den Weg, die nach ihr kam und da erntete, wo sie gesät. Es ist bezeichnend, daß die hervorragendsten Geister sich von ihr zu Rahel Levin wandten, die das gesellschaftlich-bildende Element in noch viel vollkommener Weise, nämlich schöpferisch und aktiv, verkörperte.«[78] Hier wie auch öfter anderswo scheint man Henriette Herz gegenüber Rahel Levin-Varnhagen ein wenig unterzubewerten. Immerhin wird man ihr einigen Scharfsinn konzedieren müssen, ein beträchtliches Vermögen, geistig-soziale Klimaveränderungen zu erkennen und zu benennen. So schreibt sie über die Anziehungskraft, welche die Geselligkeit in den jüdischen Häusern auf die junge Berliner Intelligenz ausübte, diese sei von einem eigentümlichen Geist geprägt gewesen: »Er war allerdings einerseits aus der Literatur der neueren Völker hervorgegangen, aber die Saat war auf einen ganz ursprünglichen, jungfräulichen Boden gefallen. Hier fehlte jede Vermittlung durch eine Tradition, durch eine von Geschlecht zu Geschlecht sich fortpflanzende, mit dem Geist und dem Wissen der Zeit Schritt haltende Bildung; aber auch jedes aus einem solchen Bildungsgange erwachsene Vorurteil ... [Dieser Geist] war unleugbar sehr originell, sehr kräftig, sehr pikant, sehr anregend und oft bei erstaunlicher Beweglichkeit von großer Tiefe.«[79]

Dieser Geist, der hier beschrieben wird, fand seine reinste Verkörperung in Rahel Levin (1771–1833). Das Auftreten Rahels, einer »wahrhaft einzigartige(n) Figur« (Marcel Reich-Ranicki)[80], geschah in einer Zeit, »in der Frauen sich ihrer sozialen und künstlerischen Möglichkeiten als Autorinnen grundsätzlich bewußt geworden und bereits in bemerkenswerter Zahl als Schriftstellerinnen hervorgetreten waren. Auch literarische Kreisbildungen im Zeichen einzelner Frauen wie Sophie Laroche gab es schon, ehe die hauptstädtische Geselligkeitskultur der Jüdischen Salons Mittelpunkte literarischen Lebens in Berlin, Wien und Paris ausbildete.«[81] Rahel Levin, seit 1814 mit dem Diplomaten Karl August Varnhagen von Ense (1785–1858) verheiratet, war die Tochter des Goldhändlers und Hoffaktors Markus Levin, eines orthodoxen Juden. Ihr Salon, anfangs eine Dachstube in der elterlichen Wohnung, war zwischen 1790 und 1806 der Mittelpunkt des geistigen und literarischen Lebens in Berlin. Weder schön noch anmutig, doch geistreich und vital, ungebrochen natürlich und unkonventionell, faszinierte sie alle: die Brüder Humboldt, Friedrich Schlegel, Friedrich Gentz, Friedrich Schleiermacher, Prinz Louis Ferdinand von Preußen, die Brüder Tieck, Chamisso, Fouqué, Jean Paul, Brentano ebenso wie später Heine. In ihrem Elternhaus, in dem sie mit vier jüngeren Geschwistern aufwuchs, wurde noch Judendeutsch gesprochen, später galt sie vielen als die »geistreichste Frau des Universums«. Sie war eine frühe Verehrerin Goethes, blieb aber bis zu ihrem Lebensende offen für neue literarische Bewegungen. Zur Zeit ihres zweiten Salons, 1819–1833, verteidigte sie liberale Positionen gegen die Reaktion, trat für die Emanzipation der Frau, für die Autoren des »Jungen Deutschland« und für sozialistische Ideen ein. Von den 15 Jahren ihres ersten Salons sagt Paul Landau: »Diese Glanzzeit, die einzige im deutschen Geistesleben, die mit den höchsten Schöpfungen der Gesellschaftskultur im alten Athen, in der italienischen Renaissance, im französischen Rokoko verglichen werden kann, geht im wesentlichen auf die geniale Erscheinung der Rahel zurück.«[82]

Ungeachtet ihrer Bedeutung für die »Salonkultur«, »überragt Rahel ihre Zeit und vor allem ihre Zeitgenossinnen als Autorin eines literarischen Werks, das keine der anderen jüdischen Frauen von damals vergleichsweise geschaffen hat. Diese Blütezeit jüdisch-deutscher Geselligkeit dauerte etwa zwei Jahrzehnte, »jene kurze Zeitspanne, da der alte Judenhaß wirklich abgetan und der moderne Antisemitismus noch nicht geboren war, da Antisemitismus wirklich, und nicht nur in den Köpfen der Juden, als eines gebildeten Menschen unwürdig galt« (Hannah Arendt).[83] Es handelte sich um eine spezifische Konstellation: Die allmähliche Auflösung des bisherigen ständischen Gefüges in Preußen um 1800 führte ansatzweise zu einer Annäherung der Stände. Während das Bürgertum sich zunehmend etablierte, suchte der Adel nach einer neuen Geselligkeitskultur außerhalb seiner Sphäre. Diese Situation begünstigte Randgruppen der Gesellschaft wie die Frauen und die jüdische Minderheit. Die Salons blieben von öffentlicher Politik unberührt, und hier konnten sich zum erstenmal Vertreter deutscher und jüdischer Intelligenz, ihrer religiösen und sozialen Bindung ledig, in einem neutralen Raum als Kosmopoliten treffen. Die persönlichen Probleme der jungen preußischen Aristokraten und die der gebildeten Jüdinnen waren im Grunde dieselben: Sie waren auf individuelle Emanzipation aus, welcher die feste Einbindung in die Familie entgegenstand. Der Salon war der Ort, der die Möglichkeit bot, die familiären, sozialen und beruflichen Bindungen abzustreifen. Weder die jüdischen Frauen noch die preußischen Adligen hatten politische Ambitionen. In diesen Salons ging es um alles, nur nicht um die politische Emanzipation der Juden. Dort verkehrten »Ausnahmejuden«, erfüllt von »Bildungsenthusiasmus«, die gleichsam wie »Wilhelm Meister« mit der harmonischen Ausbildung ihrer Persönlichkeit beschäftigt waren: »Durch Bildung wurden diese Juden ›Persönlichkeiten‹, und der Persönlichkeit standen dem damaligen Gesellschaftsideal folgend alle Tore weit offen. Durch Bildung – und nicht durch politische Mittel wie Emanzipation – wollten sie dem gedrückten Stande ihres Volkes entkommen.«[84] In diesem Klima gab es überaus viele Mischehen und Taufen. Keine Apotheose dieser jüdisch-deutschen Geselligkeit sollte freilich darüber hinwegtäuschen, daß den Ausnahmejuden Assimilation im Sinne vollständiger gesellschaftlicher Anerkennung nur so lange zuteil wurde, wie sie sich als Ausnahmen von der Masse der übrigen Juden abhoben.

Auch die allseits verehrte, geliebte und angebetete Rahel hat die Erfahrung machen müssen, daß sie nichts weiter als eine Jüdin war, wenn sie die Schutzzone ihres Salons verließ. Sie hatte sich nach einer normalen bürgerlichen Existenz gesehnt, nach dem »natürlichsten Dasein«, das »Bäuerinnen und Bettlerinnen haben«,[85] doch eben das blieb ihr versagt. Rahel konvertierte 1814 bei Schleiermacher zum protestantischen Glauben und machte dadurch ihre Ehe mit Varnhagen möglich, doch ihr Judentum empfand sie zeitlebens als eine schmerzhafte Wunde. Sie hoffte auf vollständige Integrierung durch kulturelle Anpassung, wenn nötig durch Taufe. Doch ihre Solidarität mit ihren ehemaligen Glaubensgenossen dokumentiert ein Brief vom 29. August 1819 an ihren Bruder Ludwig, der sich 1800 taufen ließ und als Schriftsteller unter dem Namen Ludwig Robert bekannt wurde. Anlaß waren die Judenpogrome in Deutschland: »Ich bin gränzenlos traurig; und in einer Art wie ich es noch gar nicht war. Wegen der Juden. Was soll diese Unzahl Vertriebener thun. Behalten wollen sie sie: aber zum Peinigen u[nd] Verachten; zum Judenmauschel schimpfen; zum kleinen dürftigen Schacher; zum Fußstoß, und Treppenrunterwerfen. Die Gesinnung ist's die verwerffliche gemeine, vergiftete, durch und durch faule, die mich so tief kränkt, bis zum herzerkalten? Schrek. Ich kenne mein Land! Leider. Eine unseelige Cassandra! seit 3 Jahren sag' ich: die Juden werden gestürmt werden: ich habe Zeugen.«[86]

In ihrer Rahel-Biographie (1958) hat Hannah Arendt die Problematik des Judentums in Rahels Leben in den Mittelpunkt gestellt. Im Schlußkapitel (»Aus dem Judentum kommt man nicht heraus«) spricht sie von der »Unerfüllbarkeit des zentralen Wunsches ihres Lebens, aus dem Judentum herauszukommen«[87]. Begonnen hatte sie ihre »Lebensgeschichte einer deutschen Jüdin aus der Romantik« mit einem Rahel-Zitat, einem Bekenntnis zum Judentum, das sie kurz vor ihrem Tod, am 2. März 1833, formuliert und das Varnhagen »unmittelbar und genau« notiert hatte: »Welche Geschichte! – rief sie mit tiefer Bewegung aus, – eine aus Ägypten und Palästina Geflüchtete bin ich hier, und finde Hülfe, Liebe und Pflege von euch! Dir, lieber August, war ich zugesandt, durch diese Führung Gottes, und du mir! Mit erhabenem Entzücken denk' ich an diesen meinen Ursprung und diesen ganzen Zusammenhang des Geschickes, durch welches die ältesten Erinnerungen des Menschengeschlechts mit der neuesten Lage der Dinge, die weitesten Zeit- und Raumfernen verbunden sind. Was so lange Zeit meines Lebens mir die größte Schmach, das herbste Leid und Unglück war, eine Jüdin geboren zu sein, um keinen Preis möcht' ich das jetzt missen.«[88]

Arendt kommentiert: »Dreiundsechzig Jahre hat sie gebraucht zu lernen, was 1700 vor ihrer Geburt begann, zur Zeit ihres Lebens eine entscheidende Wendung und hundert Jahre nach ihrem Tode – sie starb am 7. März 1833 – ein vorläufiges Ende nahm.«[89]

Unter dem Eindruck des Jahres 1933 (als das Manuskript des Buches bis auf die letzten beiden Kapitel fertig war und Hannah Arendt ins Exil ging) untersuchte sie die jüdische Problematik bei Rahel »aus der Sicht eines historischen Selbstverständnisses, das... die Voraussetzungen der eigenen, individuell-persönlichen Problematik nachzuvollziehen versuchte« (Konrad Feilchenfeldt).[90] Am Ende kommt sie zu dem Schluß, daß die »Judenfrage« als persönliches Problem unlösbar ist: »Voll und ganz und ohne Zweideutigkeit Nein zum Judesein sagen, hätte die gleiche Wirkung gehabt wie ein unzweideutiges Ja; Judesein konnte aus einer politisch-geschichtlichen Gegebenheit zu einem individuell-privaten Problem nur werden, wo aus gleich welchen Gründen alles in der Zweideutigkeit eines ›zu gleicher Zeit Juden sein und Juden nicht sein wollen‹ (wie es der zeitgenössische liberale Theologe H. E. G. Paulus einmal formulierte) verblieb. Als persönliches Problem war die Judenfrage unlösbar...«[91]

Bereits am 18. November 1793 hatte Rahel resigniert an David Veit geschrieben: »Also wird wohl hier wie allerwärts das Moral- und Glückseligkeits-Prinzip nichts helfen, und man wird sich mit dem großen Notwendigkeits-Prinzip behelfen müssen, und weil man doch nichts anderes tun kann, mit Anstand in seinen Mantel wickeln und Jude bleiben...«[92] In einem Lande, in dem die Gleichberechtigung und das Menschenrecht nicht vom Bürgertum erkämpft, sondern wie das Emanzipationsedikt von 1812 den Charakter einer von liberalen Außenseitern durchgesetzten obrigkeitlichen Verordnung hatte, dachte die Bevölkerung nicht daran, die Juden als Mitbürger zu akzeptieren. Die jüdischen Salons waren Zentren der Geselligkeit unter Gebildeten, doch ein Indiz für eine Verwurzelung der Juden in der Gesellschaft waren sie nicht. Gerade weil die Juden außerhalb der Gesellschaft standen, dienten ihre Salons eine Zeitlang als ein neutrales Territorium, das den Gebildeten als Treffpunkt diente. Sobald das Bürgertum sich wieder konsolidiert hatte und man die Juden nicht mehr brauchte, zeigte man ihnen die blanke Schulter.

Wie wenig die jüdischen Salons für die Sache der Emanzipation bedeuteten, zeigt die nach 1803 mit großer Heftigkeit einsetzende judenfeindliche Agitation in Preußen. Sprachrohr der »konservativen Kreise, denen der zähe Kampf der Wortführer des Judentums um die Gleichberechtigung und ihre Annäherung an den liberal gesinnten Teil der preußischen Aristokratie schon seit langem ein Dorn im Auge war« (Dubnow)[93], war der Berliner Justiz-Kommissar Karl Wilhelm Friedrich Grattenauer. In seinem Buch »Wider die

Juden« mit dem Untertitel »Ein Wort der Warnung an alle unsere christlichen Mitbürger«, erschienen 1802, erreichte die antijüdische Agitation nach den Worten von Jacob Katz »den Gipfel der Vulgarität«.[94] Die »scherzhafte Abhandlung« Clemens Brentanos »Der Philister vor, in und nach der Geschichte« verdankt sich einem Einfall Grattenauers, der Juden und Philister gleichgesetzt hatte. In seinem Pamphlet überschüttete Brentano die »Philister«, wie er die Gegner der Romantik nannte, mit Unflätigkeiten und Verfluchungen und »vermengte den traditionell christlichen Judenhaß mit Animosität gegen die aufziehende kapitalistische Markt- und Geldwirtschaft« (Walter Grab).[95] Diese Schmährede trug er unter lautem Beifall in der »Christlich-deutschen Tischgesellschaft« vor.

Die »Tischgesellschaft«, auf Veranlassung Achim von Arnims im Januar 1811 gegründet, war eine Runde adliger und bürgerlicher Romantiker, die den liberalen Kurs Hardenbergs ablehnten und nationaldeutsche und antijüdische Positionen vertraten. Sie brachte es bald auf fast 50 Mitglieder, darunter Kleist, Adam Müller, Clausewitz, Fichte und Friedrich Karl von Savigny. Nach der Satzung der Gesellschaft waren Philister, Franzosen, Frauen und Juden von der Mitgliedschaft ausgeschlossen. Der Journalist und Schriftsteller Saul Ascher charakterisierte am 1. Mai 1811 die »Tischgesellschaft«: »Sie soll freilich keine politische Tendenz haben, wie ihr Name auch anzudeuten scheint. Indes enthalten ihre Statuten einige Curiosa, die über den Geist der zeitigen deutschen Kultur einige Winke zu geben vermögen. Eins ihrer Statute setzt nämlich fest, daß kein Jude, kein getaufter Jude und kein Nachkomme eines getauften Juden sogar, als Mitglied aufgenommen werden soll. Weiter kann doch wahrlich die Reinheit nicht getrieben werden.«[96]

Die Judenfeindlichkeit deutscher Romantiker kommentierte Rahel Varnhagen, in deren Salon einige dieser Männer verkehrten, am 29. August 1819 in einem Brief an Ludwig Robert: »Die gleißnerische Neuliebe zur Christlichen Religion, Gott verzeihe mir meine Sünde!, zum Mittelalter, mit seiner Kunst, Dichtung und Gräueln, hetzen das Volk zu dem *einzigen* Gräuel zu dem es sich noch an alte Erlaubnis erinnert, aufhetzen läßt! Judensturm. Die Insinuation, die seit Jahren alle Zeitungen durchlaufen. Die Professoren Fr(ies) und Rü(hs), und wie sie heißen. Arn(im), Brent(ano), unser Verkehr; und noch höhere Personen mit Vorurteil. Es ist nicht Religionshaß: sie lieben ihre nicht, wie wollten sie andere hassen: kurtz wozu die

Worte, die ich ohne Ende häufen kann: es ist lauter Schlechtes; – Tat, und Motiv; und nicht die Tat des Volks, das man *hep* schreien lehrte.«[97] Die aufgeklärten Juden glaubten, die antijüdischen Pamphlete und unzähligen Broschüren, die bereits von Ausrottung sprachen, nicht ernst nehmen zu müssen. 1809 hieß es in der Zeitschrift »Sulamith«: »Unser Ursprung ist der gleiche, wenn wir, wie wir müssen, selbigen zu seiner ersten Quelle zurückführen. Ein Blut fließt in unseren Adern, wir haben alle einen ersten Stammvater. Juden und Christen sind ja nicht zwei verschiedene Menschengeschlechter.«[98] »Sulamith« war die erste jüdische Zeitschrift in ausschließlich deutscher Sprache, 1803 von David Fränkel und Joseph Wolf gegründet. Sie propagierte eine moderne Erziehung der Rabbiner und eine Reform des Gottesdienstes.

Das bekannte Emanzipationsedikt von 1812 und die offensichtlich judenfreundliche Haltung der preußischen Reformer schien den optimistischen Juden recht zu geben und machte die antisemitischen Strömungen zunächst vergessen. Freilich war Hardenbergs Edikt vom 11. März 1812, mit dem das Zeitalter der Emanzipation begann, nicht das Resultat einer bürgerlichen Revolution, die die Privilegienordnung gesprengt und die Gleichstellung der Juden als Menschenrecht verankert hatte: Die Emanzipation der deutschen Juden war ein Geschenk der Revolution im Nachbarland Frankreich. Mit der Erklärung der Menschenrechte durch die Nationalversammlung am 26. August 1789 war dort die Grundlage für die rechtliche Gleichstellung der Juden gelegt worden. Am 28. September 1791 wurden die Juden in Frankreich zu freien Staatsbürgern erklärt. Unter der Herrschaft Napoleons und mit seinen Armeen drangen die Ideen der Revolution auch in Deutschland ein. Im Königreich Westfalen erließ König Jérôme, der Bruder Napoleons, am 27. Januar 1808 ein Manifest, in dem die Grundsätze der staatsbürgerlichen Gleichberechtigung fixiert waren; es war das erste Gesetz über die rechtliche Gleichstellung der Juden auf deutschem Boden.

Die preußische Reformgesetzgebung, die nach der Niederlage gegen Napoleon und angesichts der wirtschaftlichen Notlage Preußens auf eine Modernisierung des Staates zielte, regelte auch die Judenfrage. Im Zuge einer umfassenden Reform, wie sie aufgeklärte Politiker wie Stein und Hardenberg im Auge hatten, mußte man notwendigerweise veraltete feudale und ständische Strukturen abbauen, wenn man die Wirtschaft modernisieren wollte. So wurde die Leibeigenschaft aufgehoben, der Zunftzwang aufgegeben und das Sonderrecht für die Juden abgeschafft. Das »Edikt betreffend die bürgerlichen Verhältnisse der Juden in dem Preußischen Staate« hob alle bisherigen Gesetze und Vorschriften für Juden auf und verordnete, »die in Unsern Staaten jetzt wohnhaften, mit Generalprivilegien, Naturalisationspatenten, Schutzbriefen und Konzessionen versehenen Juden und deren Familien sind für Einländer und Preussische Staatsbürger zu achten.«[99] Die Juden genossen jetzt die gleichen bürgerlichen Rechte und Pflichten wie Christen. Sie hatten Zugang zu akademischen Lehr-, Schul- und Gemeindeämtern, Ansiedlungsrecht in Stadt und Land, Recht auf Grundbesitz, genossen Gewerbefreiheit, waren von Sonderabgaben befreit; sie waren jetzt militärpflichtig und privatrechtlich gleichgestellt. Helmut Berding bemerkt treffend, dieser Katalog verdeutliche noch einmal »das ganze Ausmaß der Sondergesetze, denen die Juden in voremanzipatorischer Zeit ausgesetzt waren, und er beleuchtet die epochemanchende Bedeutung des preußischen Reformgesetzes«.[100] Entsprechend überschwenglich wurde das Gesetz auf jüdischer Seite begrüßt. In der Zeitschrift »Sulamith« hieß es: »Mit dem 11. März hat für unsere Glaubensgenossen im preußischen Staate eine neue, glückliche Ära begonnen. Durch die Erlangung der bürgerlichen Rechte, durch die Gleichstellung unserer Glaubensgenossen mit allen übrigen Einwohnern des Staates ist ein neuer Geist unter den Israeliten rege geworden, und unser ganzes Wirken und Streben hat eine ganz andere Tendenz erhalten.«[101]

Jedoch blieben die Juden weiterhin von allen Staatsämtern und auch von der Offizierslaufbahn ausgeschlossen. Außerdem galt das Edikt nur für die Schutzjuden in Brandenburg, Schlesien, Pommern und Ostpreußen, jenen Provinzen also, aus denen Preußen 1812 bestand. Auf das Rheinland, auf Westpreußen und Posen, die Preußen auf dem Wiener Kongreß zugesprochen wurden, dehnte man das Edikt nicht aus. Somit erhielten zwei Drittel der etwa 125 000 preußischen Juden, die in Gebieten lebten, die 1812 nicht zu Preußen gehört hatten, weder staatsbürgerliche Rechte noch Freizügigkeit. Da die Reformen von oben her ins Werk gesetzt worden waren, übte auch die »oktroyierte Judenemanzipation auf die öffentliche Meinung der nichtjüdischen Bevölkerung nur geringe Wirkung aus. Die preußischen Juden wurden zwar von den entwürdigenden Be-

rufsbeschränkungen befreit, konnten sich um Lehr- und Gemeinde-
ämter bewerben und nahmen auch an den sogenannten Befreiungs-
kriegen teil, zu ihrer wirklichen gesellschaftlichen Integration kam
es aber nicht« (Walter Grab).[102]

IV.
Vom Wiener Kongreß zur Reichsgründung

1.

Saul Ascher – Gabriel Riesser – Johann Jacoby – Karl Marx – Moses Hess – Ferdinand Lassalle

Mit dem Vordringen der Restauration geriet der Prozeß der Juden-emanzipation ins Stocken oder kam gar zum Stillstand. Bereits auf dem Wiener Kongreß kam es wieder zu einer Reihe restriktiver Maßnahmen. Im Bereich des preußischen Edikts galten jetzt Bestimmungen, nach denen es einem Juden nur möglich war, eine staatliche oder akademische Laufbahn einzuschlagen, wenn er zum Christentum übertrat.

Konservative und reaktionäre Judenfeinde versuchten, die Emanzipation zu stoppen und, wenn möglich, rückgängig zu machen. In ihren Schriften verbanden sich Deutschtümelei, Mystizismus, Franzosenhaß und Antisemitismus. 1816 forderte der Berliner Historiker Friedrich Rühs (1781–1820) in seiner Schrift »Über die Ansprüche der Juden auf das deutsche Bürgerrecht« die Aufhebung des Emanzipationsedikts von 1812. Die Juden waren nach seiner Meinung im christlich-deutschen Staat eine »Sondernation« und durften daher nur Fremdenrechte erhalten. Er verlangte die Einführung einer »Judensteuer« und empfahl ihre äußerliche Kennzeichnung als Fremde.

Männer wie Ernst Moritz Arndt (1769–1860) oder der sogenannte »Turnvater« Friedrich Ludwig Jahn (1778–1852), in denen die Nationalsozialisten ihre weltanschaulichen Vorläufer sahen, waren die Wortführer eines Germanenkults, der in seiner von der Biologie bestimmten Form eine spezifisch deutsche Form des Nationalismus war. Der Mythos von der Rasse, die Vorstellung von einer besonderen Mission der Deutschen, die Verherrlichung des »deutschen Blutes« und seiner angeblichen »Reinheit« haben hier ihren Ursprung. Nach Poliakov sieht man hier »den deutschen Typus des subjektiv nicht antisemitischen Patrioten in Erscheinung treten, der den Juden gegenüber aber deshalb feindselig gesinnt ist, weil er sich zum Mythos der Rasse bekennt«.[1]

Zu den wenigen Schriftstellern, die gegen den Germanenwahn auftraten, gehörte Saul Ascher (1767–1822). Dieser ebenso interessante wie widersprüchliche Autor, der sein Leben lang an den Postulaten der Aufklärung und den Ideen der Französichen Revolution festhielt, ist völlig in Vergessenheit geraten. Es blieb Walter Grab vorbehalten, mit Nachdruck wieder auf ihn aufmerksam zu machen.[2] Ascher war ein Spätaufklärer, ein Fanatiker der Vernunft, der sich seinen rigorosen Rationalismus auch in der Zeit der politischen Romantik bewahrte. Grab attestiert ihm schriftstellerisches Mittelmaß, hebt jedoch hervor, man müsse einem jüdisch-deutschen Spätaufklärer Gerechtigkeit widerfahren lassen, »der vom Vorabend der französischen Staatsumwälzung bis zu den Karlsbader Beschlüssen, also mehr als 30 Jahre lang, die feudalbürokratische Bevormundung traditioneller Machthaber kritisierte, an den Axiomen philosophischer und religiöser Autoritäten rüttelte und die universellen Ideen der Menschheitsbefreiung auch im Zeitalter der nationalistisch verengten Deutschtümelei verfocht«.[3]

In seinen ersten Schriften befaßte sich Ascher, in Anlehnung an das Buch von Dohm, mit dem Problem der bürgerlichen Verbesserung der Juden und mit dem Modell einer Reform der Halacha, die er zeitgemäß neu zu definieren suchte. In seinem 1792 erschienenen religionskritischen Buch »Leviathan oder über Religion in Rücksicht auf das Judentum« versuchte er eine Synthese von Aufklärung und Judentum. Die »Autonomie der Persönlichkeit«, so Ascher im Anschluß an Kant, verlange die Handlungsfreiheit des Individuums ohne Bindung an Rituale. Er wollte den einzelnen von der Pflicht befreien, die Vorschriften einzuhalten, die Zugehörigkeit zur jüdischen Religion und Gemeinschaft aber beibehalten.

Er war davon überzeugt, daß »die Emanzipation der Juden nur gelingen konnte, wenn die versteinerten Dogmen aller Religionen gesprengt, die Schranken aller Religionen niedergerissen wurden«[4]. Mit seinen Theorien nahm Ascher vorweg, »was später eine typische Erscheinung der Reformbewegung wurde, nämlich daß der Respekt vor den jüdischen Lehren der Mißachtung für die Strenge des Gesetzes die Waage hielt«[5].

Mit den Ideen der Französischen Revolution hat er sich mehrfach auseinandergesetzt und später in Napoleon den Herrscher gesehen, der diese Ideen im übrigen Europa in die Tat umsetzte. Sein übersteigerter Enthusiasmus für Napoleon hatte nach Grab seine Wurzeln in Aschers Geschichtstheorie, »als auch in seiner Hoffnung, dem Kaiser werde die Eingliederung der Juden in die europäische Gesellschaft gelingen«[6].

Im Klima des Franzosenhasses und einer franzosenfeindlichen Politik war Ascher ein unbequemer Querulant, der mit den Polizeibehörden in Konflikt geriet. Sein hartnäckiges Festhalten an den naturrrechtlichen und demokratischen Prinzipien der Französischen Revolution schuf ihm Feinde bei den Deutschtümlern wie auch bei den Behörden. In seiner Ende 1815 erschienenen Schrift »Germanomanie« zog er gegen den Germanenkult Arndts und Jahns und gegen die Thesen Fichtes und Schellings zu Felde. In seiner Broschüre »Die Wartburgsfeier. Mit Hinsicht auf Deutschlands religiöse und politische Stimmung« widersprach er Fichtes These von einer »Volksseele« und einer Volksmentalität, die bei den Deutschen nur gute, bei den Juden nur schlechte Charaktereigenschaften aufweise. Er wollte nicht als »blinder Parteigänger« der Juden gelten: »Ich vertrete bloß *den* Juden, nicht *die* Juden, ebenso wie ich bloß *den* Menschen und nicht *die* Menschen vertreten dürfte. Man glaube nicht, daß ich mein Volk von aller Schuld freispreche. Es sind Menschen, angetan mit allen den Tugenden und Lastern, die der Himmel in den Busen der ganzen Gattung verpflanzt.«[7] Im Schlußteil setzt sich Ascher kritisch mit der romantischen Schule auseinander, wobei er im Gegensatz zu Heine die literarische Aufklärung der Lessing-Mendelssohn-Zeit als positives Modell verherrlicht.

Knapp zehn Jahre nach Aschers Tod trat ein ganz anders gearteter Kämpfer für die jüdische Emanzipation mit seiner Schrift »Über die Stellung der Bekenner des mosaischen Glaubens in Deutschland« (1831) auf den Plan: Gabriel Riesser (1806 bis 1863), der Enkel jenes Altonaer Rabbis Raphael Cohen, der Mendelssohns deutsche Bibelübersetzung mit dem Bann belegt hatte. Riesser, ein begabter Jurist, konnte als Jude weder Privatdozent in Heidelberg noch Anwalt in seiner Heimatstadt Hamburg werden. Da er die Taufe ebenso ablehnte wie ein privates Gelehrtendasein, beschloß er, der Advokat seiner Glaubensbrüder zu werden. Für sie wollte er jene Grundrechte erkämpfen, die ihm selbst vorenthalten wurden. Riesser gehörte zu einer kämpferischen Minderheit, die für eine volle Emanzipation und gesetzliche Gleichstellung aller Juden kämpfte. Diese seien ein integraler Bestandteil des deutschen Volkes, der die gleichen Pflichten habe wie die Nichtjuden und deshalb auf seiner

Eigenständigkeit bestehen dürfe. Dagegen wandten sich nicht nur christliche Kreise, sondern auch jüdische Emanzipationsfreunde, die ihr Judentum als Privatangelegenheit ansahen. Für die überwiegende Mehrheit der deutschen Juden (1840 etwa 350000) bedeutete die Assimilierung eine Gefahr für die jüdische Eigenständigkeit. Sie lebte im allgemeinen gesetzestreu im traditionellen Sinn. Riesser war ein »Liberaler«, der eine gesonderte jüdisch-politische Aktivität ablehnte. Ließe man ihm die Wahl zwischen der Emanzipation und der politischen Einheit Deutschlands, schrieb er, »ich würde ohne Bedenken letztere wählen; denn ich habe die feste Überzeugung, daß in ihr auch jene enthalten ist«[8]. Riesser wollte von der christlichen Seite keine Zugeständnisse, sondern die ungeschmälerte Menschenwürde, ganz im Sinn des politischen Liberalismus, den er später als Abgeordneter in der deutschen Nationalversammlung vertrat. Er wurzelte in der Bildungswelt des deutschen Idealismus und gab seiner Liebe zu Deutschland enthusiastisch Ausdruck: »Wer mir den Anspruch auf mein deutsches Vaterland bestreitet, der bestreitet mir das Recht auf meine Gedanken, meine Gefühle, die Sprache, die ich rede, auf die Luft, die ich atme: darum muß ich mich gegen ihn wehren wie gegen einen Mörder.«[9] 1848 wurde Riesser Vizepräsident der Nationalversammlung und 1860 – als erster deutscher Jude – in Hamburg zum Richteramt berufen.

Ihm waren die jüdischen Zeremonialgesetze gleichgültig, und er bewahrte Distanz in den Kämpfen zwischen Orthodoxen und Reformern. Er trat nicht für den Erhalt der jüdischen Glaubensinhalte ein, sondern für die allgemeinen Menschenrechte. Für Wanda Kampmann stellte er »zuerst den Typus dar, der bis zum Ende des 19. Jahrhunderts das Bild der deutschen Judenheit beherrscht, den ›deutschen Staatsbürger jüdischen Glaubens‹«; von Riesser stammt auch das oft zitierte Bekenntnis: »Wir sind entweder Deutsche, oder wir sind heimatlos.«[10]

Das galt auch für den Königsberger Arzt, Schriftsteller und Politiker Johann Jacoby (1805–1877). Er gehörte zu den tapfersten und unbeugsamsten Kämpfern für Demokratie und Menschenrechte, und sein Lebensweg führte ihn von der radikalen demokratischen Bewegung des Vormärz bis in die Reihen der Sozialdemokratischen Arbeiterpartei Bebels und Liebknechts. Die Emanzipation der Juden war für Jacoby Bestandteil des allgemeinen Kampfes für Demokratie und Verfassungsstaat: »Als Jude geboren und aus ernster

Überzeugung an der Lehre meiner Religion festhaltend, hatte ich schon früher mit mannigfachen gesellschaftlichen und bürgerlichen Mißverhältnissen zu kämpfen; durch ein empörendes Vorurteil Andersglaubender sah ich mein Streben oftmals gehemmt, meine schönsten Hoffnungen zerstört und mich überall in den Ansprüchen, die ein jeder an das Leben zu machen berechtigt ist, gekränkt und beeinträchtigt. – Wie ich selbst Jude und Deutscher zugleich bin, so kann in mir der Jude nicht frei werden ohne den Deutschen und der Deutsche nicht ohne den Juden; wie ich mich selbst nicht trennen kann, ebensowenig vermag ich in mir die Freiheit des einen von der des anderen zu trennen.«[11]

1848 wurde Jacoby Abgeordneter der preußischen konstituierenden Versammlung in Berlin, 1861 trat er der Fortschrittspartei bei, 1863 wurde er in die zweite Kammer des preußischen Abgeordnetenhauses gewählt. Mehrfach wurde er zu Gefängnisstrafen verurteilt. 1872 trat er der SDAP bei, wurde 1874 in den Reichstag gewählt, nahm das Mandat aber nicht wahr, weil er nicht glaubte, dem Bismarck-Staat parlamentarisch Paroli bieten zu können. Am 6. März 1877 starb Jacoby an den Folgen einer Operation. »Obwohl er in seinen letzten Lebensjahren nur sehr lockere Verbindung mit dem jüdischen Glauben aufrechterhalten hatte, verfügte er in seinem Testament, auf dem jüdischen Königsberger Friedhof mit traditionellem Ritus begraben zu werden.«[12]

Die bürgerliche Revolution von 1848 bedeutete einen weiteren Schritt auf dem Wege zur vollen Emanzipation der Juden. Am 27. Dezember 1848 trat das Gesetz über die Grundrechte des deutschen Volkes in Kraft, das allen Juden im Gebiet des Deutschen Reiches die Gleichberechtigung verfassungsmäßig garantierte. »Durch das religiöse Bekenntnis«, hieß es dort, »wird der Genuß der bürgerlichen und staatsbürgerlichen Rechte weder bedingt noch beschränkt. Den staatsbürgerlichen Pflichten darf dasselbe keinen Abbruch tun.« Doch Österreich, Preußen, Bayern und Hannover weigerten sich, die Grundrechte als geltendes Recht anzuerkennen. Mit dem Scheitern der Revolution erlitt die Emanzipation erneut Rückschläge. Der Bundestag des restaurierten Deutschen Bundes hob die Grundrechte 1851 formell auf. »Insgesamt brachte die Revolution etwa einem Fünftel der deutschen Juden entweder die volle staatsbürgerliche Gleichstellung oder zumindest eine spürbare Besserung ihrer rechtlichen Lage. Gemessen an den vormärzlichen

Emanzipationsforderungen bedeutete dieses Ergebnis gleichwohl eine herbe Niederlage.«[13]

Obwohl einzelne Regierungen nach Kräften die Entwicklung zu hemmen suchten, rechtliche Diskriminierung und repressive Verwaltungspraxis fortbestanden, war beiden Seiten klar, daß die Gesamtentwicklung nicht mehr umkehrbar war. Selbstbewußt schrieb die »Allgemeine Zeitung des Judentums« am 14. Januar 1850: »Ihr emanzipiert die Juden nicht, sie selbst haben sich längst emanzipiert, ihr vollendet nur die äußere Emanzipation. Von der Zeit an, wo die Juden aus dem Ghetto heraustreten, wo sie teilnehmen an allen industriellen und intellektuellen Bestrebungen der Menschheit, wo ihre Kinder Schulen, Gymnasien, Universitäten besuchen, wo ihre Männer an Wissenschaft, Kunst, Industrie und Gewerk sich beteiligen, wo ihre Frauen der allgemeinen Bildung sich befleißigen – von dem Augenblick an sind sie emanzipiert und brauchen nicht erst auf einige Worte der Verfassung zu warten.«[14]

In den 60er Jahren setzte sich schließlich die Emanzipationsbewegung durch. Die »Neue Ära« in Preußen machte der antiliberalen Judenpolitik der Restaurationszeit ein Ende. Nachdem der Staat die Ausnahmegesetze anfangs Stück für Stück zurückgenommen hatte, kam es, ungeachtet heftiger Widerstände, 1869 auf Initiative des Reichstages, in dem die liberalen Parteien dominierten, zum Emanzipationsgesetz des Norddeutschen Bundes, das 1871 als Reichsgesetz übernommen wurde.

Bereits vor der Reichsgründung, die den deutschen Juden die staatsbürgerliche Gleichstellung brachte, hatte sich ihr Eintritt in das politische Leben vollzogen. In der Nationalversammlung wirkten zum erstenmal in der deutschen Geschichte jüdische Politiker nicht nur an der politischen Willensbildung, sondern auch an der Entscheidung über die volle Emanzipation gleichberechtigt mit, allen voran Gabriel Riesser. So konnte Riesser erstmals in einem politischen Forum, der Paulskirche, öffentlich auf antisemitische Angriffe antworten. Neben Riesser waren Heinrich Simon, Johann Gustav Heckscher und Moritz Hartmann Mitglieder der Nationalversammlung.

Deutsche Juden haben sich von Anfang an in demokratischen, liberalen und sozialistischen Bewegungen und Organisationen engagiert. Manés Sperber schreibt: »Die Antisemiten werfen den Juden seit jeher ihre zu rege Beteiligung an allen emanzipatorischen

Bewegungen vor. Und es trifft in der Tat zu, daß ihr Anteil an den Befreiungsbewegungen unserer Zeit relativ größer gewesen ist als der anderer Intellektueller. Das erklärt sich daraus, daß die Intelligenz fast aller religiösen oder nationalen Minoritäten sich zu den Malkontenten hingezogen fühlt, sofern sie für das Recht der Entrechteten und gegen jegliche Diskriminierung einstehen. Andererseits fördert die biblische Erziehung tatsächlich das Streben nach Gleichheit und nach ungeschmälerter Gerechtigkeit für alle.«[15]

Auch Helmut Gollwitzer deutet diese »Affinität des Judentums zu den liberalen und sozialistischen Bewegungen theologisch: »Sie hängt mit dem ›Geheimnis Israels‹ zusammen, mit seiner prophetischen Herkunft. Dem Judentum ist es von Anfang an verwehrt, sich auf sich selbst zu beschränken und sich mit dem Gegenwärtigen zu begnügen. Ihm ist die Richtung auf das Zukünftige, das Ungenügen am gegenwärtigen Zustande der gegenwärtigen Welt so unvergeßlich eingeschärft, daß auch die Loslösung von der religiösen Überlieferung dies nicht aufzuheben vermag.«[16] Für die meisten politisch engagierten Juden ist die »Judenfrage« eine gesamtgesellschaftliche Aufgabe. Indem sie für eine befreite Menschheit, für eine humane, gerechte Gesellschaft eintraten, erhofften sie sich auch zugleich eine Befreiung der Juden. Diese politische Zielsetzung läßt sich von Saul Ascher und Gabriel Riesser, über Moses Hess, Johann Jacoby und Ferndinand Lassalle bis zu Rosa Luxemburg beobachten. Rosa Luxemburg schrieb am 16. Januar 1917 aus der Festung Wronke an Mathilde Wurm: »...Was willst Du mit den speziellen Judenschmerzen? Mir sind die armen Opfer der Gummiplantagen in Putumayo, die Neger in Afrika, mit deren Körper die Europäer Fangball spielen, ebenso nahe... O diese ›erhabene Stille der Unendlichkeit‹, in der so viele Schreie *ungehört* verhallen, sie klingt in mir so stark, daß ich keinen Sonderwinkel im Herzen für das Ghetto habe: ich fühle mich in der ganzen Welt zu Hause, wo es Wolken und Vögel und Menschentränen gibt.«[17]

Karl Marx, »ein rabiater, ja extremer Antisemit«[18], trat für die Rechte der Entrechteten der Welt mit einer Theorie auf, mit dem Entwurf einer Gesellschaft ohne Unterdrücker und Ausbeuter, in der es keine Religionen, folglich auch keine »Judenfrage« mehr gab. Er verleugnete sein Judentum und sein Volk.

1844 hatte er, angeregt durch zwei Schriften von Bruno Bauer, seine Abhandlung »Zur Judenfrage« in den »Deutsch-französischen

Jahrbüchern« veröffentlicht. Marx entstammte einer alten rheinischen Rabbinerfamilie, wuchs aber schon in einer bürgerlichen, assimilierten Familie auf und hat sich nie als Jude gefühlt. Zeitlebens bewahrte er eine besondere Abneigung gegen »jüdische Eigenschaften«. Sein Briefwechsel mit Friedrich Engels enthält viele verächtliche Bemerkungen über jüdisches Wesen. Marx' Schrift zur Judenfrage hat seinen Anhängern und der Forschung manche Verlegenheit bereitet; sie galt den einen als Demonstration der dialektischen Methode am falschen Objekt, den anderen als vorurteilsfreie Analyse oder als Ausdruck jüdischen Selbsthasses: Marx führt in seiner Schrift aus, die bürgerliche Emanzipation der Juden sein eine Chimäre und bedeute kein Ende der Verfolgungen. Die einzige Lösung sei die »Emanzipation der Menschheit«, die Aufhebung der antagonistischen gesellschaftlichen Zustände. Nicht der Jude bedürfe der Emanzipation, sondern die Welt müsse vom Juden befreit werden. Damit war die Befreiung der Welt von der menschlichen Entfremdung gemeint, die sich in der Existenz des verfolgten Juden symbolisiere.

Die Begriffe »Schacher« und »Eigennutz«, die Marx mit dem Judentum verbindet, sollen das Wesen der bürgerlichen Gesellschaft erläutern, spiegeln für ihn aber auch das Wesen des Judentums. Die Funktion der Juden sah Marx in der reinen Geldmacherei. Das jüdische Problem ist damit das der Menschen in der kapitalistischen Gesellschaft, die auf »Schacher« (Handel) beruht. In diesem Licht wird das Judentum, auf eine kleine Gruppe von Geldleuten reduziert, seiner religiösen Wurzeln beraubt und als mannigfaltig strukturierte soziologische Realität geleugnet, zu einem Phantom. Nach Jacob Katz hatte Marx' Aufsatz weitreichende Folgen: »Hier lernten sozialistische Denker wie Lenin das Judentum als Inkarnation des Kapitalismus anzusehen, hier fanden sie die Rechtfertigung, sein Verschwinden zu wünschen und sogar sein Ableben aktiv zu beschleunigen.«[19]

Marx hat seine frühe Stellungnahme zur Judenfrage nie korrigiert. Er hat weder zur antisemitischen Bewegung in den 80er Jahren noch zu den ersten Pogromen in Rußland Stellung bezogen und auch Engels' Hinweise auf die Existenz eines jüdischen Proletariats nicht aufgenommen.

Bei Marx reduzierte sich die Religion auf die Ebene menschlichen Selbstbetrugs. Nach seiner Theorie würden die Religionen ohnehin überflüssig werden, sobald die Gesellschaft revolutioniert und der »Himmel auf Erden« hergestellt sei.

Im Gegensatz zu seinem zeitweiligen Weggefährten Marx sah Moses Hess (1812–1875), der »Kommunistenrabbi«, die Befreiung der Menschheit nicht in der Zerstörung der Religion. Zwar hatte er in den 40er Jahren einen ethischen Sozialismus verkündet, doch nach dem Scheitern seiner sozialistischen Menschheitsträume gelangte er zu einer Theorie, in deren Zentrum die jüdische Nationalität stand. Hess hatte eine streng orthodoxe Erziehung genossen und die Judenfrage in seinen Anfängen nicht als ein Sonderproblem angesehen. Doch mit seinem Buch »Rom und Jerusalem« (1862), in dem er die Wiedererrichtung eines jüdischen Nationalstaates forderte, wurde er schließlich zum Vorläufer des Zionismus. Seine frühere These von der totalen Auflösung der Judenheit gab er auf und verknüpfte seinen wirtschaftlich-ethischen Sozialismus mit religiös-traditionellen Ideen. Er predigte die »Wiedergeburt des jüdischen Volkes« mit der »Konzentration in seinem Heimatlande«. Die Judenfrage war für ihn die »letzte Nationalitätenfrage«. Die Juden waren eine Schicksalsgemeinschaft, aus der man nicht desertieren könne; jeder Jude sei, ob er wolle oder nicht, solidarisch mit seiner Nation. Das bedeutete eine Absage an Emanzipation und Assimilation.

Ferdinand Lassalle (1825–1865), Gründer des »Allgemeinen Deutschen Arbeitervereins«, der sich 1848 über sein Judentum enthusiastisch geäußert hatte, blieb zwar Mitglieder der Gemeinde, hatte jedoch an jüdischen Fragen kein Interesse mehr. Marx hat sich in seinen Briefen an Engels überaus abfällig über ihn geäußert. Er pflegte ihn »Itzig« zu nennen und apostrophierte ihn als »jüdischen Nigger«.

2.

Michael Beer – Ludwig Robert – Karl Isidor Beck – Ludwig August Frankl – Moritz Hartmann – Fanny Lewald – Moritz Gottlieb Saphir – Berthold Auerbach

Nach dem Urteil von Hans Otto Horch sind es Heinrich Heine und Franz Kafka, die »zwei Jahrhunderte deutsch-jüdischer Literatur im weltliterarischen Maßstab wirklich repräsentieren, weil an ihrem Werk bezüglich der Conditio iudaica paradigmatisch die Signatura temporis abzulesen ist und zugleich... auch Zeichen der Brüchigkeit der deutsch-jüdischen Symbiose manifest werden«.[20] Das Symbol dieser Symbiose kann man freilich auch in Berthold Auerbach (1812–1882) sehen, denn er hat diese Symbiose ein Menschenalter lang als standfester Liberaler persönlich und literarisch verkörpert.

Überdies trat seit den 20er Jahren des 19. Jahrhunderts eine Reihe deutsch-jüdische Autoren hervor, von denen einige literarische Aufmerksamkeit verdienen. Michael Beer (1800 bis 1833), der Bruder Giacomo Meyerbeers, betätigte sich früh als Dramatiker und verfaßte als 18jähriger ein Trauerspiel, »Klytämnestra«, das am Berliner Schauspielhaus aufgeführt wurde. Sein Trauerspiel »Struensee« kam 1828 durch Vermittlung von Ludwig I. von Bayern auf die Bühne. In seinem Trauerspiel »Der Paria« (1823) stellte Beer am Beispiel des indischen Parias Gadhi die unterdrückte Menschenwürde gesellschaftlicher Außenseiter dar – ein maskierter Protest gegen die Diskriminierung der Juden. Ludwig Robert, eigentlich Liepmann Levin (1778–1832), der Bruder Rahel Levins, hatte sich 1800 taufen lassen und den Namen Robert angenommen. Er war der erste Jude, dessen Dramen in Deutschland gespielt wurden. Wie auch für seine Schwester wurde für diesen begabten Dichter das Judentum trotz Taufe und Assimilation zum Gleichnis für Zerrissenheit und Qual. Karl Isidor Beck (1817–1879), ein gebürtiger Ungar, Teilnehmer an der ungarischen Revolution von 1848, war ein bekannter politischer Lyriker, der in seinen Gedichten für die ausgebeuteten Proletarier und die unterdrückten Juden eintrat. Am bekanntesten wurde seine Gedichtsammlung »Lieder vom armen Mann« (1848). Oft verband sich sein Engagement für die armen Leute mit pathetischen Anklagen gegen das jüdische Großkapital und dessen Repräsentanten.

Ludwig August Frankl (1810 bis 1894), in Böhmen geboren, schrieb als Revolutionsteilnehmer 1848 in Wien das Studentenlied »Die Universität«; es war das erste Gedicht, das nach der Abschaffung der Zensur in Österreich gedruckt wurde. Es war in über 100000 Exemplaren verbreitet. Frankl war Generalsekretär der Wiener jüdischen Gemeinde und wurde 1876 für sein philanthropisches Blindenwerk in den Adelsstand erhoben (Ritter von Hochwart). Als kurz nach der Niederlage Österreichs gegen Preußen bei Königgrätz auf einem Fest des Wiener Männer-Gesangvereins gesungen und getanzt wurde, empörte er sich, »weil trotz des Unglücks, das die Monarchie getroffen hatte, ...gefeiert wurde, als wäre nichts geschehen. In einem Artikel nannte er die Wiener ein ›elendes Gesindel‹, das kein besseres Schicksal verdient habe. Staatsmoralische Entrüstung eines jüdischen Literaten, der sich in seinem Deutschtum zutiefst getroffen fühlte« (Hellmut Andics).[21]

Er empfinde sich als »ein Blatt, das im Winde fliegt«, sagte Moritz Hartmann (1821–1877), Schriftsteller und radikaler Deomkrat von sich selbst. Er stammte aus einem kleinen Dorf in Böhmen, studierte in Prag und Wien und debütierte 1845 mit dem Gedichtband »Kelch und Schwert«. 1847 verfaßte er einen freiheitlichen Prolog für eine Schiller-Feier und wurde verhaftet. 1848 stand er an der Spitze des deutschen Nationalkomitees in Prag, zog als Abgeordneter in das Paulskirchen-Parlament ein und nahm später an den Kämpfen in Wien und am Aufstand in Baden teil. Danach führte er zwei Jahrzehnte lang das Dasein eines politischen Flüchtlings und hielt sich in vielen Ländern und Städten Europas auf. Erst 1868 wurde er begnadigt, kehrte nach Wien zurück und übernahm die Feuilleton-Redaktion der »Neuen Freien Presse«. Hartmann, von dem Heinrich Heine sagte, er sei »ein schöner Mann, alle Frauenzimmer seien in ihn verliebt, nur die neun Musen nicht«[22], fand großen Anklang mit seiner »Reimchronik des Pfaffen Maurizius« (1849). In polemisch-satirischen Versen hat er darin seine Erfahrungen als Abgeordneter in der Nationalversammlung verarbeitet. Sein Spott gilt den Liberalen, die durch ihre Halbherzigkeit die Revolution um ihre Früchte gebracht und sie in endlosen Debatten zerredet hätten.

Zu Unrecht vergessen ist Hartmanns Roman »Der Krieg um den Wald« (1850), der einen Bauernaufstand in einem tschechischen Dorf zur Zeit Maria Theresias zum Thema hat. Bis zuletzt blieb Hartmann seinen demokratischen Idealen treu. Nach dem Sieg

Preußens über Österreich schrieb er ahnungsvoll: »Für mich hat nur der Junker gesiegt und das spezifische Preußentum, welches das Gegenteil ist von allem Lichten und Schönsten in deutschem Wesen und Charakter. Deutschland wird (vielleicht) stärker, aber nur auf Kosten seiner Freiheit, seiner Zukunft und einer edleren Bildung, und die Deutschen werden Chauvinisten, das Schlimmste, was man werden kann.«[23]

Überaus produktiv war Fanny Lewald (1811–1889), in Königsberg geboren, als Mädchen getauft, eine Verwandte des Schriftstellers August Lewald. In ihren Gesellschaftromanen verfocht sie liberale Ideen und schrieb unter dem Einfluß der Theorien Lassalles zahlreiche Romane mit sozialer und frauenrechtlicher Tendenz (»Jenny«, 1843).

Zahllose Anekdoten sind mit der Person des aus Ungarn stammenden und ursprünglich zum Talmudstudium bestimmten Moritz gottlieb Saphir (1795–1858) verbunden, über den Arthur Eloesser abschätzig urteilt, er habe »tatsächlich viel Witz und wenig Gewissen« gehabt.[24] Saphir drang in die höchsten Kreise ein, heimste für seine Witze den Beifall gekrönter Häupter, wie Friedrich Wilhelm IV., Ludwig II. und Napoleon III., ein, hatte mit seinen Zeitschriften durchschlagenden Erfolg und volle Säle bei seinen humoristischen Vorträgen. Seine Witze und Bonmots waren in allen Gesellschaftskreisen verbreitet und wurden eifrig kolportiert. Auch Paul Landau geht hart mit ihm ins Gericht: »Die echte und dämonische Größe des jüdischen Witzes ist von Saphir zur platten Routine erniedrigt, zur banalen und oft gemeinen Alltagsmünze ausgeprägt worden. Der ›privilegierte Spaßmacher der k. u. k. Monarchie‹ machte aus dem Witz, den Börne ›mit dem Blut seines Herzens und dem Safte seiner Nerven‹ genährt hatte, ein einträgliches Geschäft und sorgte als ein ›Genie des Skandals‹ mit journalistischer Betriebsamkeit stets für Sensationen, die er als ›Hanswurst vor seiner Tagesklatsch-Bude‹ ausrief.«[25] Schriftsteller wie Eduard von Bauernfeld und Franz Grillparzer waren seine bevorzugten Objekte. Im Falle Saphirs spricht Hellmut Andics von einem »jüdischen Verhängnis«, das immer wieder zu beobachten sei: »Die negative Figur wurde zum Symbol; so blieb Saphir der bei jeder Gelegenheit herausgestrichene Prototyp des jüdischen Skandaljournalisten.«[26]

Marcel Reich-Ranicki hat über Berthold Auerbach (1812–1882) gesagt, dieser habe keinen Anlaß gehabt, »sich über Erfolglosigkeit beim deutschen Publikum zu beklagen«; Auerbach sei ein Erzähler gewesen, »der von seinen Zeitgenossen mehr geschätzt wurde als Gottfried Keller und den auch heute Nachschlagebücher den ›populärsten deutschen Schriftsteller seiner Zeit‹ nennen«.[27]

Auerbach galt bis zum Ende des Jahrhunderts als Repräsentant einer Literatur, in der das deutsch-jüdische Problem aus einem optimistischen Blickwinkel dargestellt wurde. Erst nach der Jahrhundertwende kam es zu einer Umorientierung auf Heinrich Heine, der die Ambivalenzen und Spannungen des Problems verkörperte. Für viele Juden und Deutsche war Auerbach der Schriftsteller, »der allen liberalen Assimilations- und Akkulturierungstendenzen den seriösesten Ausdruck verliehen hat«. Seine »makellose liberale Haltung, sein Anschluß an das deutsche Nationalbewußtsein... seine von Toleranz, aber auch von Neutralität gekennzeichnete Beziehung zur Religion« waren die Voraussetzungen für diese »Musterrolle«.[28]

Über seine persönliche und kulturelle Identität schrieb Auerbach an den Schriftsteller Max Ring: »Ich bin ein Deutscher und was Anderes könnte ich nicht sein, ich bin ein Schwab' und was Anderes möchte ich nicht sein, ich bin ein Jude und das hat die richtige Mischung gegeben.«[29]

Doch am Ende seines Lebens mußte er an der Tragfähigkeit seines Konzeptes zweifeln. Konfrontiert mit einem wachsenden Antisemitismus, sah er seinen Traum von der Integration der Juden in das Deutsche Reich zerstört. Nach der Reichstagsdebatte über die sogenannte »Antisemiten-Petition« im November 1880[30] erfaßte ihn tiefe Resignation, und er schrieb an seinen Vetter Jakob: »...Vergebens gelebt und gearbeitet! Das ist der zermalmende Eindruck, den ich von dieser zweitägigen Debatte im Abgeordnetenhause habe. Und wenn ich mir auch wieder sage, es ist vielleicht nicht ganz so arg, so bleibt doch die entsetzliche Tatsache, daß solche Rohheit, solche Verlogenheit und solcher Haß noch möglich ist. Und da soll man wieder Tag und Nacht darauf sinnen, ein Reines und Schönes zu gestalten und mit ganzer Seele bei der Arbeit sein, und Abscheu, Ekel erfüllt die Seele. Wie überwindet, wie tilgt man sie? Man muß die Schande des Vaterlandes mittragen und ausharren.[31]

»Vergebens gelebt und gearbeitet...« – »...dieser bewegende Satz bezeichnet recht genau die letztlich vergebliche Anstrengung einer ganzen Generation, eine deutsch-jüdische Lebens- und Kultursynthese auf liberaler Grundlage herbeizuführen.«[32] Ludwig Anzengruber meinte später treffend: »Ich halte den Alten (Auerbach) für das, für was er gehalten werden wollte, für einen Deutschen und finde sein Geschick, das seine Laufbahn in dem antisemitischen letzten Reste unseres Jahrhunderts enden ließ, geradezu tragisch; der Mann fühlt sich einen Deutschen, zählt sich zu den Schriftstellern, die im deutschen Schrifttum etwas geleistet, genoß auch die Anerkennung nach beiden Richtungen hin, dezennienlang. Plötzlich vor seinem Ende bekommt er es zu hören, daß er eigentlich denn doch gar nichts anderes sei, als ein deutschschreibender – Jude, ein Fremder.«[33]

Nach 1900 geriet Auerbach in Vergessenheit, und erst in den letzten Jahren mehren sich die Stimmen, die in ihm den wichtigsten deutsch-jüdischen Schriftsteller zwischen Heine und der Generation Schnitzlers und Wassermanns sehen.

Moses Baruch Auerbacher wurde als Sohn eines Rabbiners in Nordstetten im Schwarzwald geboren. Das verträgliche Zusammenleben von Landjuden und katholischen Bauern in seiner Heimat wurde für ihn zu einem Modell deutsch-jüdischer Harmonie, zur Inkarnation von »Heimat«, die seinem Schreiben nach der Erfahrung der Fremdheit immer wieder Antrieb und Zielrichtung gab. In den 30er Jahren begann Auerbach zu schreiben und veröffentlichte zunächst (unter dem Namen Theobald Chauber) eine Lebensgeschichte Friedrichs des Großen, dann unter seinem (in der Karlsruher Lyzeumszeit geänderten) Namen die Schrift »Das Judentum und die neueste Literatur« (1836) sowie die Romane »Spinoza« (1837) und »Dichter und Kaufmann« (1840).

Bereits in seiner Schrift über das »Judentum« bemühte er sich, die Zugehörigkeit der Juden zur deutschen Kultur und die »Kulturfähigkeit« des Judentums nachzuweisen, beharrte jedoch zugleich auf der Bewahrung der jüdischen Religion. Er verteidigte die deutschen Juden gegen die Anwürfe des Kritikers Wolfgang Menzel, die Anschauungen des »Jungen Deutschland« seien mit denen der Juden überhaupt gleichzusetzen, kritisierte die »Sittenlosigkeit« und den Radikalismus Heines und bemühte sich, das Judentum von jedem moralischen Makel reinzuhalten. Sittlichkeit und Vaterlandstreue nahm er auch für die Juden in Anspruch: »Aber wo ist ein Federzug

Heines, der dem Judentum an sich angehört, wo ein einziges Wort, das er nicht auch als Christgeborener hätte aussprechen können. Wenn er die Kränze deutscher Bildung der Jetztwelt in sich aufgenommen und sie nach eigener Bildung aufgenommen, soll etwa das Judentum dafür solidarisch haften? Selbst die erbittertsten Feinde der Juden anerkannten ihre Zucht und Sitte und ihre Glaubenstreue. Gestützt auf das unveränderliche Palladium unseres Glaubens und auf die in der Nation lebende Sitte, streben und hoffen wir, die Verirrungen der Zeit nach Kräften zu heilen. Wir stützen uns auf die in der Nation lebende Sitte, ja, wir achten in dieser deutschen Sitte und deutsches Herz. Denn es ist auch unsere Sitte, unser Herz. Gebt uns das Vaterland, dem wir durch Geburt, Sitte und Liebe angehören, und treulich legen wir Gut und Blut auf seinen Altar.[34]

In den beiden Romanen desselben Jahrzehnts hat Auerbach am Beispiel zweier historischer Figuren die individuellen Möglichkeiten der kulturellen Integration in Zeiten gesellschaftlicher Umbrüche erörtert. Im Spinoza-Roman schrieb er eine »maskierte Wunsch-Autobiographie«[35]. Spinoza, dessen Philosphie Auerbach stark beeinflußte, verkörperte für ihn den Typus des Intellektuellen, der, aus dem Ghetto stammend, in hart erkämpfter Abgrenzung zur jüdischen Orthodoxie, den Weg zur ungebundenen Humanität beschritt. Für Auerbach war Spinoza »die Probe aufs Exempel, daß auch aus dem Judentum solche Freiheit erwachsen konnte«[36]. Am Beispiel des Schriftstellers Ephraim Moses Kuh zeigt Auerbach in »Dichter und Kaufmann« die Schwierigkeiten auf, die sich einem aufgeklärten und bildungshungrigen Juden in den Weg stellen, der aus dem Ghetto in eine nicht vom Geld, sondern von Geistigkeit geprägte Bürgerlichkeit aufbrechen will. Kuh, Verfechter einer humanen Vernunftreligion, wird zwischen orthodoxem Fanatismus und fehlender Anerkennung durch die nichtjüdische Umwelt zerrieben. Abgestoßen auch vom »Geldgeist« des sich etablierenden jüdischen Bürgertums, wird er zum Entwurzelten, in dessen Zerrissenheit die Existenzkrise des Aufklärungsjudentums ihren Ausdruck findet. Auerbachs Humanitätsbegriff, an dem er sein Leben lang festhielt, ist in »Dichter und Kaufmann« in einem Satz zusammengefaßt: »›Und die Stellung der Juden‹, nahm Ephraim das Wort, ›ist allezeit der Barometerstand der Humanität.‹«[37] In seinen »Studien und Anmerkungen zu Lessings ›Nathan der Weise‹« (1858) wird der Jude als »ein Barometer der Humanität« bezeichnet und behauptet: »Das deutschnationale Ideal ist auch zugleich das Ideal der Humanität.«[38] Hier verbindet er den Humanitätsbegriff als Überwindung der positiven Religion mit dem Deutschnationalen. Auerbach hat sich das Deutsche Reich gewünscht, die Reichsgründung 1871 begrüßt und als Erfüllung seiner Humanitätsvorstellungen betrachtet. Er sah darin keinen Widerspruch zu den klassischen Idealen des deutschen Humanismus.

Seinen beiden »jüdischen« Romanen war kein Erfolg beschieden. Ludwig Geiger, dem Autor ansonsten gewogen, bemerkte, »der gerechte Beurteiler unseres Dichters wird nicht leugnen können, daß die Romane... im großen und ganzen verfehlt sind. Sie leiden an gleichen Mängeln: zunächst daran, daß sie nicht imstande sind, eine vergangene Zeit in voller Treue vorzuführen, sodann daran, daß sie die Persönlichkeiten, denen sie gewidmet sind, nicht charakteristisch zu gestalten wissen.«[39]

Anfang der 40er Jahre beschloß Auerbach, Pläne für einen gegenwartsbezogenen »jüdischen« Roman fallen zu lassen. Er wandte sich dem Genre der »Dorfgeschichte« zu. Mit den ab 1843 veröffentlichten »Schwarzwälder Dorfgeschichten« begann sein Erfolg. Er führte den Durchbruch dieser aus der biedermeierlichen Genre-Idylle hervorgegangenen Kleinform herbei. In der Nachfolge seiner Dorfgeschichten entstanden die »Ghetto-Geschichten«, von denen noch die Rede sein wird. Als »jüdischer« Romancier gescheitert, kehrte Auerbach zur schwäbischen Heimat zurück, die Problematik deutsch-jüdischer Existenz wird also in die Polarität von Fremde und Heimat übertragen: »Während im jüdischen Milieu der frühen Romane zugleich Menschheitsfragen behandelt wurden, wird nun umgekehrt im nichtjüdischen Milieu die Sache der Juden mitverfochten.«[40] Im Schicksal nichtjüdischer Gestalten spiegelt sich auch das der Juden, und es sind gerade die Juden, die, meist als Nebenfiguren, humane Positionen vertreten. Auerbachs Geschichten sind oft weitschweifig, sentimental, aufdringlich moralisierend, süßlich und zeigen eine bedenkliche Tendenz zu unglaubwürdigen Problemlösungen, so daß es gewiß nicht unbegründet scheint, ihm eine Nähe zur Trivialliteratur zu unterstellen. Betrachten wir ihn indessen als einen Autor, der mit der Hypothek eines freidenkenden Juden und liberalen Patrioten leben und arbeiten mußte, wird verständlich, daß er seinen Optimismus auch dann noch in der Fiktion aufrechterhielt, als die soziale Realität eine »Heimkehr« bereits fraglich gemacht hatte. Seine Kommentare zur politischen Entwicklung verlegte er in den Briefwechsel mit Jakob Auerbach. Auf die Bedeutung dieser Korrespondenz hat bereits Ludwig Geiger aufmerksam gemacht: »Diese Briefe sollten wirklich das Hausbuch jüdischer Kreise sein und bleiben. Sie sind nicht bloß eine reiche Quelle für das Anekdotische, ...sondern sie sind – und das ist ihr schönster Ruhmestitel – das ehrliche Bekenntnis eines deutschen Juden.«[41]

Sowohl in den »Dorfgeschichten« als auch in den folgenden Werken behandelte Auerbach keine jüdischen Themen mehr. In seinen Romanen »Neues Leben« (1852), »Auf der Höhe« (1865), »Das Landhaus am Rhein« (1869) und »Waldfried« (1874) kommen nur vereinzelt jüdische Gestalten vor. Das Festhalten an der Form des Reflexionsromans, mit der aktuelle gesellschaftliche Probleme bewältigt werden sollten, ist den Büchern gar nicht gut bekommen. Ludwig Geiger sprach von einem »bunten Durcheinander«, von »außerordentlich vielen und langen Unterhaltungen über die Neger- und Kirchenfrage, über die Bedeutung und das Wesen der Erziehung, über Menschenwürde, über segensreiche und philanthropische Behandlung der Missetäter, Bürgerstolz, Verachtung des Adels, schädliche Herrschaft des Kapitals usw.«.[42] Die pädagogischen Ambitionen des liberalen Moralisten scheinen den Erzähler überlagert zu haben. Auerbachs Anliegen, »als deutsch-jüdischer Autor die Schranken zwischen den jüdischen und nichtjüdischen Bürgern niederzureißen«[43], drängt sich in den Vordergrund.

In seinen letzten Lebensjahren hat Auerbach wiederholt zu den neuen antisemitischen Tendenzen Stellung genommen. So griff er 1876 den Wiener Mediziner Theodor Billroth an, der jüdischen Studenten die Eignung zum Medizinstudium abgesprochen hatte. Er plante Entgegnungen auf Richard Wagners Schrift »Das Judentum in der Musik« und eine Streitschrift gegen den Hofprediger Adolf Stöcker. Die Schriften Heinrich von Treitschkes empfand er als ein »völkerwidriges Explosivgeschoß«, das »ihm das Herz zermarterte«: »Darum als arbeiten wir so lang, um eine solche Barbarei von einem gebildeten ernsthaften Deutschen zu erringen«.[44] Dankbar registrierte der Vereinsamte und Enttäuschte jede Äußerung von Toleranz und Gesprächsbereitschaft. Als der katholische Theologe Ignaz Döllinger in einem Vortrag über die Geschichte der Juden nachdrücklich für dieses Volk eintrat, schrieb er ihm: »Sie haben denen, die das Wort von der Religion der Liebe zu lügnerischen Phrasen mißbrauchten, Sie haben denen, die den Schaden, welchen die deutsche Volksseele erleidet, nicht beachtend in leichtfertiger Frivolität den Fanatismus gewähren ließen und die Judenhetze als einen belebenden Sport betrachteten, Sie haben ihnen allen den Frevelmut ihres Tuns vor Augen gestellt. Sie vollzogen dies entscheidend. Wir deutschen Juden, die wir mit aller Kraft unser deutsches Vaterland lieben und die Mängel und Fehler unserer Angehörigen zu heilen suchen – wir atmen auf. Das danken wir Ihnen. Eine unabsehbare Schar von Christen und Juden reiht sich unter die Fahne, der Sie den Wahlspruch der sophokleischen Antigone gegeben haben: ›Nicht mitzuhassen, mitzulieben bin ich da.‹«[45]

3.

*Die »Ghetto-Geschichte«: Heinrich Heine – Heinrich Schiff –
Leopold Kompert – Jacob Kaufmann – Aaron Bernstein – Leo
Herzberg-Fränkel – Ludwig Börne und Heinrich Heine*

Mit seinen »Schwarzwälder Dorfgeschichten« hat Berthold Auerbach einem Erzähltypus zur Popularität verholfen, »mittels dessen sich dann das deutsche Judentum die Vielfalt jüdischer Lebensweisen außerhalb seines Bereiches vor Augen führen und damit jüdische Solidarität über die Grenzen hinweg aneignen kann«.[46] Um die Mitte des 19. Jahrhunderts kam es zu einer Orientierung der deutschen Juden nach Osten, und das Ostjudentum als ein eigenes soziales und geistiges Phänomen geriet ins Blickfeld. Den Anstoß zu dieser Neubewertung geben zum einen die Bemühungen der seit 1822 bestehenden »Wissenschaft vom Judentum«, zum anderen die weltbürgerlichen Ambitionen des bürgerlichen Liberalismus. Dieser Auseinandersetzung mit ostjüdischer Lebensweise und Kultur lag die Überzeugung zugrunde, daß die deutsch-jüdische Symbiose auch zum Vorbild für das rückständige Ostjudentum werden müsse. Bereits der Titel der Novellensammlung »Aus Halb-Asien« von Karl Emil Franzos zeigt, daß die Befassung mit dem Osten »gleichsam kulturhistorischen *und* missionarischen Charakter« hat.[47] Mit der Ghetto-Geschichte begann die erzählerische Erschließung der östlichen Sektoren jüdischen Lebens. Das böhmische Judentum fand seinen Porträtisten in Leopold Kompert, das polnische in Aaron Bernstein, das galizische in Karl Emil Franzos. Auch Beiträge nichtjüdischer Autoren wie Leopold von Sacher-Masoch (1836–1895) kamen hinzu.

Jetzt wurden das Ghetto und die Judengasse zum Thema. Jenen Bezirk, der dem Knaben Goethe einen so auslöschlichen Eindruck machte, hat auch Ludwig Börne im Jahre 1808 beschrieben, der 1786 als Juda Löw Baruch in der Frankfurter Judengasse zur Welt kam und dort seine Kinderjahre verbrachte:

»Es war 11 Uhr, als wir in die Judengasse traten, und wir hatten den Sabbatvormittag gewählt, als die Zeit, wo sich alles darin in der größten Herrlichkeit zeigt. *Vor* uns eine lange unabsehbare Gasse, neben uns grade soviel Raum, um den Trost zu behalten, daß wir umkehren könnten, sobald uns die Lust dazu ankäme. *Über* uns ist nicht mehr Himmel, als die Sonne bedarf, um ihre Scheibe daran auszubreiten; man sieht keinen Himmel, man sieht nichts als Sonne. Ein übler Geruch steigt überall herauf, und das Tuch, das uns vor Verpestung sichert, dient auch dazu, eine Träne des Mitleids aufzufangen oder ein Lächeln der Schadenfreude zu verbergen dem Blicke der lauernden Juden.«[48]

Das Ghetto[49] war jenes Wohnquartier, in dem die Juden seit dem Mittelalter in den Städten wohnten, entweder weil man sie nirgendwo anders wohnen ließ oder weil sie dort wohnen wollten: Das Ghetto erschien ihnen als der einzige Ort, wo sie unter sich waren und nach ihrem Glauben leben konnten. Dort befanden sich die Schul (Synagoge), die Mikwe (das Badehaus für Frauen), der Cheder (die religiöse Elementarschule) und die Jeschiwa (die Talmudschule). Hier suchten die gehaßten, diskriminierten und verfolgten Juden ihre Identität zu bewahren und nach den traditionellen Vorschriften und Bräuchen zu leben. Je stärker der Druck, den die Außenwelt auf sie ausübte, desto fester klammerten sie sich an ihr Judentum. Für die Frommen war das Ghetto die wirkliche Welt, die weniger Gläubigen empfanden es als Bedrückung und Eingrenzung. Als die Ghettomauern unter dem Einfluß der Aufklärung durchlässiger wurden, begann ein Aufbruch, den die »Freigeister« bejubelten und den die Orthodoxen zu verhindern suchten. Konflikte waren unvermeidlich; sie entwickelten sich vor allem in den Judenvierteln West- und Mitteleuropas, die in größeren Städten lagen, wo sich ein liberales Bürgertum herauszubilden begann, das sich westliche Kultur anzueignen trachtete. In den westlichen Teilen Deutschlands und Österreichs bildete sich eine Schicht von Assimiliationsjuden, die sich dem deutschen Bürgertum anzupassen suchten, während die Ostjuden, zumeist in bitterer Armut lebend, weiterhin an den traditionellen Sitten und Bräuchen festhielten. Die von westlicher Kultur geprägten Schriftsteller, die sich mit dem Ostjudentum auseinandersetzten, empfanden das Ghetto als etwas historisch Veraltetes und sahen ihren Auftrag darin, den Osten für westliche Bildung und westlichen Geist zu gewinnen.

Die erste Ghetto-Geschichte schrieb Heinrich Heine, der nicht aus dem Ghetto stammte. In seiner Erzählung »Der Rabbi von Bacherach«, deren erste Teile 1824 entstanden, gibt Heine ein Kulturbild des deutschen Judentums gegen Ende des 15. Jahrhunderts. Er behandelt den immer wiederkehrenden Vorwurf des Ritualmordes:

Dem Rabbi Abraham wird während des Pessachfestes die Leiche eines christlichen Knaben ins Haus geschmuggelt. Daraufhin flieht er mit seiner Frau nach Frankfurt. Dort, im Ghetto, spielt der zweite Teil der Erzählung, der 1840 verfaßt wurde. In den Vordergrund der satirisch gefärbten Erzählung tritt jetzt Don Isaak Abrabanel, ein Studienfreund Abrahams aus Toledo. Don Isaak ist ein sarkastischer, lebensfroher »Hellene«. Er hat dem Glauben seiner Väter abgeschworen und blickt – wie Heine, der Hellene, auf Börne – verächtlich auf die Judenchristen, die »Nazarener«, herab. Zu Rabbi Abraham sagt er: »Ja, ich bin ein Heide, und ebenso zuwider wie die dürren, freudlosen Hebräer sind mir die trüben, qualsüchtigen Nazarener. Unsre liebe Frau von Sidon, die heilige Astarte, mag es mir verzeihen, daß ich vor der schmerzenreichen Mutter des Gekreuzigten niederknie und bete... Nur mein Knie und meine Zunge huldigt dem Tode, mein Herz blieb treu dem Leben!...«[50]

Heines Beschreibung des Judenviertels, für ihn »ein schauderhaftes Denkmal des Mittelalters«,[51] ist geprägt von Solidarität mit den gedrückten und zusammengepferchten Juden, mag er auch den Freigeist Don Isaak, dem er sich verwandt fühlte, in den Mittelpunkt stellen. Seine Solidarität mit den Leiden des jüdischen Volkes wurde durch die Ereignisse in Damaskus verstärkt: Dort war es 1840 zu der vom französischen Konsul beförderten Folterung von Juden gekommen, die beschuldigt wurden, einen Kapuzinerpater ermordet und sein Blut getrunken zu haben.

Bei Heinrich Schiff (1801–1867) hingegen, der ein Cousin Heines war, kann von Solidarität mit jüdischem Schicksal nicht die Rede sein. Lebensform und Mentalität der Ghettobewohner verwirft er in Bausch und Bogen. Seine Ghetto-Erzählungen »Hundert und ein Sabbat oder Geschichten und Sagen des israelitischen Volkes« (1842) bezeugen eine Haltung, die »jedes Festhalten an älteren Religionsformen, ob nun christlichen oder jüdischen, rücksichtslos verwarf und nur noch einen für alle Menschen gültigen Glauben an Vernunft, Aufklärung und Toleranz gelten ließ«[52]. In seinen Erzählungen, die durch grelle Effekte und polemische Zuspitzungen gekennzeichnet sind, erscheinen sowohl die Christen wie auch die orthodoxen Juden als verbohrte menschenverachtende Fanatiker.

In Schiffs Roman »Schief-Levinche mit seiner Kalle« (1848), der im 18. Jahrhundert angesiedelt ist, wird ein schönes Mädchen ohne sein Wissen von einem Maler als Jungfrau Maria porträtiert. Von der

Christengemeinde als Heilige beansprucht, von den Ghettojuden als Abtrünnige zurückverlangt, wird das Mädchen am Ende ein Opfer des Zwistes zweier fanatischer Gruppen. Heinrich Heine hat dieses Buch sehr geschätzt. Am 9. Juli 1851 schrieb er an Mutter und Schwester, Schiff habe »mehr Talent als unzählige andere, die berühmt sind«, und sein Buch sei »ein Meisterstück, künstlerisch und geistreich«.[53] Seinem Bruder Gustav sagte er im August 1851: »Dieser dumme Kerl ist ein wahres Genie. Er hat mehr plastische Darstellungsgabe als alle neueren Poeten zusammen, die jetzt in Deutschland leben. Es ist kaum zu begreifen, daß er sowenig Anerkennung gefunden hat. Sein Buch ist tiefsinnig, voll sprudelnden Witzes, wahrhaft künstlerisch, und – was die Hauptsache ist – es hat das Verdienst, mich unendlich amüsiert zu haben. Schiff hat jedoch die Schmutzseite des jüdischen Lebens zu grell beleuchtet. Hinter dem Schmutze der gemeinsten Schacherjuden aber ist sehr oft Edelsinn und Großmut verborgen.«[54]

Hermann Schiff (eigentlich David Bär Schiff) hatte Philosophie studiert und promoviert und war anschließend in Berlin und Leipzig als Journalist tätig. 1835 kehrte er in seine Geburtsstadt Hamburg zurück und versuchte sich in vielen Berufen, ohne irgendwo Fuß fassen zu können. Der Vielschreiber (über 100 Titel) war ein unleidlicher Querulant, blieb ein verbummeltes Talent und starb vergessen im Armenhaus.

Nach der Revolution von 1848, die auch den Ghettobewohnern den Weg zu einer gesellschaftlichen und ökonomischen Verbesserung ebnete und das jüdische Bürgertum stärker in die Gesellschaft einband, veränderte sich die Darstellung des Ghettos; es erscheint »nicht mehr als etwas Bedrohliches, Feindliches, kaum Überwundenes, sondern wird mehr und mehr in die Vergangenheit gerückt, historisch distanziert und damit entproblematisiert«[55]. Die Ghetto-Erzählungen nach 1850 schildern folglich eher fröhliche Hausierer, versponnene Talmudisten, verschlagene Schnorrer und lebenskluge Rabbiner, die ein hartes, aber dennoch frommes Leben führen. Die schroffen Gegensätze zwischen Glaubenstreuen und Freigeistern sind eingeebnet oder werden humorvoll entschärft.

Leopold Kompert (1822–1886) gilt als Klassiker dieser Spielart der Ghetto-Geschichte. Er wurde als Sohn eines wohlhabenden Wollhändlers in Münchengrätz in Böhmen geboren, war nach dem Studium Hauslehrer, Journalist und Beamter an einer Wiener Kreditanstalt und schließlich freier Schriftsteller. 1848 erschien sein erster Erzählungsband »Aus dem Ghetto«. Arthur Eloesser bemerkt treffend, es bezeichne Komperts »Einstellung wie die ihm zugekommene Schätzung, daß er am Ende seiner erfolgreichen Laufbahn zugleich an der Spitze des Zweigvereins der Wiener Schillerstiftung und an der der Jüdischen Gemeinde stand«.[56] Kompert vertrat keine Tendenz, bezog weder für die Orthodoxen noch für die Aufgeklärten Stellung, sondern hatte es sich zur Aufgabe gemacht, realistische Bilder von einer Welt zu entwerfen, die er in seiner Kindheit noch kennengelernt hatte. Kompert ist eine Art aufgeklärter Maggid (Erzähler lehrreicher Geschichten), der die versinkende Welt der böhmischen Judengasse noch einmal beschwört, erbaulich, melancholisch, im Märchenton, ein gemüt- und humorvoller Fabulierer, der aus dem Born Judas zu schöpfen versteht. Der Plauderton seiner Geschichten sollte nicht unterschätzt werden: Er kannte die Probleme der böhmischen Dorfjuden, die von den Prager Juden ein wenig spöttisch oder mitleidig betrachtet wurden. Kompert setzte sich immer wieder für Lösungen der Mißstände ein. So gehörte er zu einer Gruppe prominenter Juden, die es befürworteten, daß Juden handwerkliche Berufe ergriffen. Er trat auch für Mischehen ein, die im Ghetto ungewöhnlich waren. Seine Geschichten zeigen eine unpathetische warme Menschlichkeit, und bei aller Kritik zeichnet er seine Glaubensbrüder mit Liebe.

Der Chronist der ostjüdischen Bereiche Preußens ist Aaron Bernstein (1812–1884). Dieser aus Danzig stammende talentierte Schriftsteller, der in Berlin als Schriftsteller und Journalist tätig war, schrieb mit »Vögele der Maggid« und »Mendel Gibor« (1860) zwei Ghetto-Geschichten, die zu klassischen Mustern wurden und jahrzehntelang gelesen wurden. Ihr Schauplatz ist das Städtchen F. (Fordon bei Danzig), und sie sind in einem Ghetto angesiedelt, das noch ganz im Zeichen religiöser Tradition steht, frei von Spannungen zwischen Orthodoxen und Freigeistern. Das bedeutet nicht, daß die enge Bindung an die Tradition kommentarlos hingenommen oder gar verklärt würde, denn ungeachtet einer Tendenz zur Idyllisierung und sentimentaler Harmonisierung haben seine Erzählungen einen humorvollen, zuweilen milde satirischen Unterton. Die Charakterzeichnung Bernsteins ist subtil, und in den Dialogen setzt er den Fundus jüdischer Überlieferung in geschickter Weise ein.

Hans-Peter Bayerdörfer hebt die Subtilität hervor, mit der Bern-

stein die große Zahl hebräischer und ostjiddischer Begriffe »mühe-
los, ohne syntaktischen Zwang und stilistische Verkrampfung dem
hochdeutsch-literarischen Sprachniveau« einfügt.[57] Ohne Zweifel
ist der Horizont dieses Genres begrenzt, denn das Schtetl erscheint
als eine Enklave ohne Verbindung zur übrigen Welt. Doch war es je
etwas anderes? Es ist Bernsteins Verdienst, mit großer Präzision
und Einfühlungskraft einen Bereich altjüdischen Lebens fixiert zu
haben, dessen Auflösung bereits im Gange war. Bayerdörfer nennt
zu Recht Bernsteins »Versuch einer authentischen Wiedergabe des
ostjüdischen Lebens ohne Diskriminierung und Schematisierung
durchweg überzeugend«[58]. Bernstein war nicht nur Schriftsteller:
1848 war er Mitbegründer der Berliner Jüdischen Reformgemeinde
und Redakteur der »Reform-Zeitung«.[59] Später wechselte er das
Genre und widmete sich der populärwissenschaftlichen Darstellung
naturwissenschaftlicher Themen.

Anders als Bernstein, der die jüdische Tradition zwar reformie-
ren, aber nicht aufgeben wollte, nahm Leo Herzberg-Fränkel
(1827–1925) eine strikt antireligiöse Position ein. Er wandte sich
gegen Versuche, den jüdischen Glauben mit deutschen Traditionen
und Lebensformen zu verknüpfen. Herzberg-Fränkel, wie Joseph
Roth in Brody / Galizien geboren, opponierte früh gegen den Chassidismus. Er schloß sich der liberalen Reformbewegung an, die den
orthodoxen Cheder-Unterricht verwarf, wurde Journalist in Wien,
kehrte nach ausgedehnten Reisen 1854 nach Galizien zurück und
wurde in Brody Sekretär der Handelskammer. Seine Ghetto-Geschichten erschienen 1866 unter dem Titel »Polnische Juden«. Die
Bewohner des Ghettos waren für ihn Rückständige, die in einer
Welt der Unwissenheit und des Aberglaubens lebten. Es sei drin-
gend notwendig, sie auf die Höhe der westlichen Bildung und Zivilisation zu heben.

In seiner Erzählung »Der Klausner« wendet er sich nicht ohne
Polemik gegen das streng religiöse Erziehungssystem. Am Beispiel
eines zum Bibelstudium bestimmten Judenknaben malt er in düste-
ren Farben die Folgen jenes »unklugen Erziehungs- und Bildungs-
systems«, das die Zukunft des Knaben morde, »der seine besten
Jahre bei einem Studium verlebt, das er in das praktische Leben nicht
mitnehmen und dort nicht verwerten kann, und wenn er dann in
jenes Alter tritt, in dem die Sorge zu Arbeit mahnt, so weiß er nichts,
vermag er nichts, kann er nichts«.[60]

Über Heinrich Heines literarische Bedeutung braucht hier nicht mehr gesprochen zu werden. Er hat den Olymp längst erklommen; doch das Unbehagen der Deutschen gegenüber diesem Mann, der ihnen in jeder Hinsicht unbequem war, ist keineswegs verschwunden. Während der Dichter und Spötter Heine die Gemüter erregte, Haß und Liebe auf sich zog, hat man den Publizisten und Patrioten Börne lange mit Mißachtung bestraft, eine schmähliche Behandlung für den Mann, der in der Epoche zwischen Georg Forster und Maximilian Harden der größte politische Schriftsteller in Deutschland war.

Heine (1797–1856) und Börne (1786–1837) wurden von den Zeitgenossen lange in einem Atemzug genannt, wie Goethe und Schiller. Als sie sich jedoch entzweiten, sei aus dem »Doppelgestirn«, wie Theodor Mundt schrieb, »eine Constellation des Hasses« geworden.[61] Daß sie sich zerstritten, ändert nichts daran, daß sie vieles gemeinsam hatten: Beide standen in Opposition zur politischen Reaktion, beide traten für demokratische gesellschaftliche Verhältnisse ein, beide liebten Deutschland, das Land, das sie verstieß; beide wurden beschimpft und verfolgt, beide litten unter Einsamkeit und Heimatlosigkeit, beide machte ihr Judentum zu Außenseitern – und beide ließen sich taufen: der Dr. phil. Juda Löw Baruch aus dem Frankfurter Ghetto entschied sich am 5. Juni 1818 für den Katholizismus; der Dr. jur. Harry Heine, Sproß einer Düsseldorfer Kaufmannsfamilie, am 28. Juni 1825 für den Protestantismus. Taufe und Namensänderung haben ihnen nicht geholfen. Börne schrieb 1836: »Seit achtzehn Jahren bin ich getauft, und es hilft mich nichts. Drei Louisdor für ein Plätzchen im deutschen Narrenhause! Es war ein törichte Verschwendung.«[62] Börnes Taufe war keine Konversion, sondern ein Schritt der Vernunft. Er war bereit, sich einzugliedern, und hoffte auf Toleranz der Öffentlichkeit. Vergeblich. Dennoch wurde Börne, der für seine politischen Ambitionen »die Arme frei haben wollte«, freier – »freier, sogar für einen Kampf im Interesse der Juden.« (Ludwig Marcuse)[63] Seine Stellung zum Judentum wurde durch diesen taktischen Akt nicht berührt. Bereits 1808 hatte er geschrieben: »Wenn ich nicht selbst ein Jude wäre, so wollte ich manches zum Lobe der Juden sagen; aber die deutsche Eitelkeit zwingt mich, Bescheidenheit zu affektieren.«[64]

Auch Heinrich Heine, der gehofft hatte, mit dem Taufzettel »das

Entréebillet zur europäischen Kultur«[65] erlangt zu haben, sah sich in seinen konkreten Erwartungen enttäuscht. Am 9.1.1826 schrieb er an Moses Moser: »Ist es nicht närrisch, kaum bin ich getauft, so werde ich als Jude verschrieen.«[66]

Beide mußten die Erfahrung machen, daß der politische Liberalismus nicht hielt, was er versprach, und daß durch die Taufe in den Augen der Umwelt »das tausendjährige Familienübel, die aus dem Niltal mitgeschleppte Plage«[67] (Heine) nicht beseitigt war. Für beide gilt Heines Bekenntnis aus dem Jahr 1850: »Ich mache kein Hehl aus meinem Judentume, zu dem ich nicht zurückgekehrt bin, da ich es niemals verlassen habe. Ich habe mich nicht taufen lassen aus Haß gegen das Judentum.«[68] Beide wußten indessen, daß sie sich vom jüdischen Milieu emanzipieren mußten, wenn sie sich in der deutschen Gesellschaft und Kultur einen Platz erkämpfen wollten. Dabei war für Börne, der im Frankfurter Ghetto aufwuchs, der Bruch mit der jüdischen Tradition ungleich fundamentaler als bei Heine, der in »Der Rabbi von Bacharach« dieses Ghetto distanziert als ein »schauderhaftes Denkmal des Mittelalters« beschrieb.

Heine, den die poetische Substanz und Vitalität jüdischer Sagen, talmudischer Erzählungen und biblischer Gestalten ein Leben lang faszinierte, war von 1821 bis 1823 in Berlin Mitglied des »Vereins für Cultur und Wissenschaft der Juden«, während sich Börne schon 1816 mit seiner Schrift »Die Juden der freien Stadt Frankfurt und ihre Gegner« in den Streit um das Bürgerrecht der Juden einmischte. Die »Judenfrage« geriet ihm früh zu einer politischen Frage. 1821 schrieb er in »Der ewige Jude«:

»Ihr habt die Juden immer verfolgt, aber euer Kopf ist besser geworden, ihr sucht jetzt, was ihr früher nicht getan, eure Verfolgung zu rechtfertigen. Ihr haßt die Juden nicht, weil sie es verdienen; ihr haßt sie und sucht, so gut ihr's könnt, zu beweisen, *daß* sie es verdienen, und ihr haßt sie, weil sie – *verdienen*... Was ihr *Menschenrechte* nennt, das sind nur Tierrechte: das Recht, seine Nahrung aufzusuchen, zu essen, zu verdauen, zu schlafen, sich fortzupflanzen. Diese Rechte genießt auch das Wild auf dem Feld – bis ihr es erlegt, und diese wollt ihr auch den Juden lassen. Die *Bürgerrechte*, diese allein sind Menschenrechte; denn der Mensch wird erst in der bürgerlichen Gesellschaft zum Menschen. Er wird darin geboren, er wird also als Bürger geboren.«[69]

Für ihn bestand zwischen der Emanzipation der Juden und dem Kampf um ihre bürgerliche Gleichstellung und der Befreiung Deutschlands vom Joch der Reaktion kein Unterschied. Er sah Deutschland als das »Ghetto Europas« und die Deutschen gebrandmarkt mit dem »gelben Lappen« der Unfreiheit. Waren die Bürgerrechte für alle Deutschen erst erkämpft, folgte daraus auch die bürgerliche Gleichstellung der Juden. Wie für die späteren Sozialisten von Marx bis Rosa Luxemburg, gab es für ihn keine jüdische »Sonderfrage«. War die einseitige wirtschaftliche Betätigung der Juden beendet und an die Stelle religiöser Fixierung allgemeine Bildung getreten, würden die Unterschiede zwischen Juden und Juden und Nichtjuden verschwinden. 1834 schrieb er in seinen »Briefen aus Paris«:

»Wer für die Juden wirken will, der darf sie nicht isolieren; das tun ja eben deren Feinde, zu ihrem Verderben. Was nützt ein eignes Journal für die Juden? Ihre Freunde brauchen es nicht, denn sie bedürfen keiner Zusprache; ihre Gegner nehmen es gar nicht in die Hand. Um ihnen zu helfen, muß man ihre Sache mit dem Rechte und den Ansprüchen der allgemeinen Freiheit in Verbindung bringen [...]

...die Nationalität der Juden ist auf eine schöne und beneidenswerte Art zugrunde gegangen; sie ist zur Universität geworden. Die Juden beherrschen die Welt, wie es ihnen Gott verheißen; denn das Christentum beherrscht die Welt, dieser schöne Schmetterling, der aus der garstigen Raupe des Judentums hervorgegangen. Die scheinbeherrschte Menge, hier und dort, mag das verkennen, aber der denkende Mann begreift es. Die Juden sind die Lehrer des Kosmopolitismus, und die ganze Welt ist ihre Schule. Und weil sie die Lehrer des Kosmopolitismus sind, sind sie auch die Apostel der Freiheit.«[70]

Heine, der Dichter und Künstler, und Börne, der Volkstribun, waren sich einig in der Anerkennung der Prinzipien von Freiheit, Gleichheit und Brüderlichkeit und in ihrer Solidarität mit dem jüdischen Volk: »Einsicht in die Leidensgeschichte des jüdischen Volkes, Mitleid mit allen Betroffenen und der Wille zur Emanzipation, der Kritik an der überkommenen jüdischen Abgrenzungsbestrebung einschloß, kennzeichnen die stets nicht ohne echtes Pathos vorgetragenen Stellungnahmen Börnes und Heines« (Joseph A. Kruse).[71]

Heine schrieb am 23. August 1823 an Moses Moser: »Ich habe ihnen doch schon den Wahn benommen, daß ich Enthusiast für die jüdische Religion sei. Daß ich für die Rechte der Juden und ihre bürgerliche Gleichstellung enthusiastisch sein werde, das gestehe ich, und in schlimmen Zeiten, die unausbleiblich sind, wird der germanische Pöbel meine Simme hören, daß es in deutschen Bierstuben und Pälasten widerschallt.«[72] Die sogenannte »Bekehrung« des schwerkranken Heine in den 50er Jahren, als er von sich sagte, er sei »jetzt nur ein armer todkranker Jude, ein abgezehrtes Bild des Jammers, ein unglücklicher Mensch«,[73] war eher eine Rückkehr zur literarischen und historischen Tradition des Judentums, zu einem poetisch überhöhten Gottesbild, wie es die Bibel bietet. Leo Löwenthal schrieb, Heines »Geständnisse« (1854) gehörten »zum erschütterndsten Dokument, das jemals dem Munde eines jüdischen Renegaten entströmt ist.«[74] Dort spricht Heine über seine Besinnung auf den »Werkmeister« Moses, der aus einem »armen Hirtenstamm« ein »Volk Gottes« geschaffen habe, das anderen Völkern als »Prototyp« dienen könne:

»Wie über den Werkmeister, hab ich auch über das Werk, die Juden, nie mit hinlänglicher Ehrfurcht gesprochen, und zwar gewiß wieder meines hellenischen Naturells wegen, dem der judäische Ascetismus zuwider war. Meine Vorliebe für Hellas hat seitdem abgenommen. Ich sehe jetzt, die Griechen waren nur schöne Jünglinge, die Juden aber waren immer Männer, gewaltige, unbeugsame Männer, nicht bloß ehemals, sondern bis auf den heutigen Tag, trotz achtzehn Jahrhunderten der Verfolgung und des Elends. Ich habe sie seitdem besser würdigen gelernt, und wenn nicht jeder Geburtsstolz bei dem Kämpen der Revolution und ihrer demokratischen Prinzipien ein närrischer Widerspruch wäre, so könnte der Schreiber dieser Blätter stolz darauf sein, daß seine Ahnen dem edlen Hause Israel angehörten, daß er ein Abkömmling jener Märtyrer, die der Welt einen Gott und eine Moral gegeben, und auf allen Schlachtfeldern des Gedankens gekämpft und gelitten haben.«[75]

Literarisch hat sich diese Rückbesinnung auf die jüdische Tradition besonders in den »Hebräischen Melodien« des »Romanzero« (1851) niedergeschlagen, zum Beispiel in dem Gedicht »Jehuda ben Halevy« mit dem Eingangsvers: »›Lechzend klebe mir die Zunge / An dem Gaumen, und es welke / Meine rechte Hand, vergäß ich / Jemals dein, Jerusalem –‹«.[76]

Jedoch im Nachwort zum »Romanzero« hat Heine nachdrücklich festgestellt, er sei, wenngleich zu »dem alten Aberglauben, zu einem persönlichen Gotte« zurückgekehrt, mitnichten an die »Schwelle irgendeiner Kirche oder gar in ihren Schoß« gelangt: »Nein, meine religiösen Überzeugungen und Ansichten sind frei geblieben von jeder Kirchlichkeit; kein Glockenklang hat mich verlockt, keine Altarkerze hat mich geblendet. Ich habe mit keiner Symbolik gespielt und meiner Vernunft nicht ganz entsagt. Ich habe nichts abgeschworen, nicht einmal meine alten Heidengötter, von denen ich mich zwar abgewendet, aber scheidend in Liebe und Freundschaft.«[77] Wie isoliert, einsam und heimatlos er war, hat er in der berühmten Anfangsstrophe des Gedichtes »Gedächtnisfeier« ausgedrückt: »Keine Messe wird man singen, / Keinen Kadosch wird man sagen, / Nichts gesagt und nichts gesungen / Wird an meinen Sterbetagen.«[78]

Börne kehrte nicht zu seinen Ursprüngen zurück. Er, der Republikaner und Reformer, trachtete, »eine aufgeklärte Religiosität christlich-katholischer Provenienz und damals modernsten Zuschnitts sozialpolitisch zu vermitteln.« Er erstrebte »ein rettendes soziales System für alle und auf Zukunft.«[79] Alles, was Heine als Dichter und Börne als politischer Publizist anvisierten – die Utopie von einer besseren Gesellschaft, die Aufhebung ihrer Heimatlosigkeit und der Durchbruch zur eigenen Identität – empfing seine Impulse und Restriktionen durch jenen »magischen Judenkreis«, den Börne so scharfsichtig beschrieb:

»Es ist wie ein Wunder! Tausend Male habe ich es erfahren, und doch bleibt es mir ewig neu. Die einen werfen mir vor, daß ich ein Jude sei; die anderen verzeihen mir es; der dritte lobt mich gar dafür; aber alle denken daran. Sie sind wie gebannt in diesem magischen Judenkreise, es kann keiner hinaus. [...] Nein, ich weiß das unverdiente Glück zu schätzen, zugleich ein Deutscher und ein Jude zu sein, nach allen Tugenden der Deutschen streben zu können und doch keinen ihrer Fehler zu teilen. Ja, weil ich als Knecht geboren, darum liebe ich die Freiheit mehr als ihr. Ja, weil ich die Sklaverei gelernt, darum verstehe ich die Freiheit besser als ihr. Ja, weil ich in keinem Vaterlande geboren, darum wünsche ich ein Vaterland heißer als ihr...«[80]

In diesem »magischen Judenkreise« bewegten sie sich auch, als sie sich zerstritten. Hans Magnus Enzensberger hat diesen Streit ein »deutsches Zerwürfnis« genannt. Walter Hinck bezeichnet ihn in seinem trefflichen Heine-Buch präziser als ein »jüdisches Zerwürfnis«: »Was die Auseinandersetzung um die richtige politische Strategie der deutschen Opposition und was die wechselseitigen persönlichen Verletzungen so unerbitterlich macht, ist das Element des Bruderhasses zweier jüdischer Außenseiter.«[81] Die Entfremdung der beiden Emigranten in Paris hatte schon früher begonnen, doch 1833 ging Börne zum Angriff über. In Heine bekämpfte er den unzuverlässigen Revolutionär, den Genußmenschen im Lager der Republikaner, den Ästheten, der revolutionäres Ethos und politische Verantwortung um des poetischen Kitzels willen vergaß. Heine sei es gleichgültig, ob er schreibe, die Republik sei die beste Staatsform oder die Monarchie, er werde das wählen, was »gerade den besseren Tonfall macht«. Heine, so Börne in den »Briefen aus Paris«, sei eine »sybaritische Natur«; er könne durch das Fallen eines Rosenblattes im Schlaf gestört werden: »Wie sollte er behaglich auf der Freiheit ruhen, die so knorrig ist? Er bleibe fern von ihr.« Er wirft ihm vor, daß er »an der Wahrheit nur das Schöne liebt.«[82]

Heine antwortete erst nach Börnes Tod mit seinem 1840 veröffentlichten Pamphlet »Heine über Börne«, das zum Teil üblen Klatsch gegen Börnes Freundin Jeanette Wohl enthielt. Heine teilte die Menschen ein in »Nazarener« und »Hellenen«, in »Menschen mit asketischen, bildfeindlichen, vergeistigungssüchtigen Trieben« und »Menschen von lebensheiterem, entfaltungsstolzem und realistischem Wesen«, und er nahm polemisch Partei gegen den Nazarener Börne, dessen »republikanische Tugenden« er lächerlich macht. Doch er war Börne mehr verwandt, als er zugab. Ludwig Marcuse schrieb: »Seine Antipathie gegen Börne war die Antipathie gegen den Heine in ihm, den er nicht überwinden konnte und nicht überwinden wollte – und nicht liebte: in Börne bekämpfte Heine – den Nazarener Heine.«[83] Marcel Reich-Ranicki, der mehrfach versucht hat, Börne als politischen Schriftsteller zu rehabilitieren, schrieb:

»Börne bedauerte, daß Heine an der Wahrheit nur das Schöne liebe. Hein gab zu verstehen, daß Börne am Schönen nur die Wahrheit schätze. Wo Börne l'art pour l'art witterte, da witterte Heine die

Revolution um der Revolution willen. Börne glaubte, Heine suche Schutz in einem Elfenbeinturm. Heine fürchtete, Börne stehe immer auf einer Barrikade. Wer hatte recht? Sie waren, will es mir scheinen, nicht so weit voneinander entfernt – jener Elfenbeinturm Heinrich Heines und jene Barrikade Ludwig Börnes.«[84]

In der Einschätzung der politischen Situation, der realen Chancen der Demokratiebewegung und der Revolutionsbereitschaft der Deutschen, ist Heine weitaus skeptischer als der enthusiastische Börne. Zwar zieht er an keiner Stelle seines Buches Börnes Patriotismus in Zweifel, doch die Erwartungen, die sein Kontrahent in bezug auf Deutschland hegte, teilte er nicht. Im dritten Teil des Börne-Buches zitiert er den Börne'schen Satz: »Deutschland geht schwanger mit großen Dingen; aber das wird eine schwere Entbindung geben. Und hier bedarfs eines männlichen Geburtshelfers, und der muß mit eisernen Instrumenten agieren. Was glauben Sie?« Und Heine fügt seine eigene Erwiderung an: »Ich glaube, Deutschland ist gar nicht schwanger.«[85] Fünf Jahre nach der Veröffentlichung gegen Börne nahm Heine die Verdächtigungen gegen Jeanette Wohl und ihren Gatten zurück. Heine und Börne hatten einander nicht geschont, doch ihr Streit erwies sich als eine der folgenreichsten Kontroversen der deutschen Literatur, denn zum ersten Mal trat der Antagonismus »Künstler«/»Politiker«, »Ästhet«/»Revolutionär« öffentlich in Erscheinung. Walter Hinck hat auf eine weitere Dimension hingewiesen: »Mit Börne und Heine stehen sich zwei jüdische Anwälte des politischen Deutschland gegenüber. An beiden zeigt sich beispielhaft, zu welchen forcierten Äußerungsformen sich emanzipierende, aber zugleich assimilierende deutsche Juden gedrängt werden können, wenn sie die Spannung zwischen der Mentalität einer bisher unterdrückten Minderheit und einem erstarkenden Nationalgefühl auszuhalten haben.«[86] An ihrer deutschen Identität mochten beide keinen Zweifel lassen, doch ihr Judentum trugen sie in sich. Heine hat im »Schnabelewopski« in der Figur des schwächlichen Ghettojuden mit dem großen Namen Simson (Samson) den tapferen jüdischen Geist in einem gebrechlichen Körper, halb parodistisch, halb bewundernd beschworen und schließlich in den Juden ein Volk gesehen, das »der ganzen Menschheit als Prototyp dienen konnte«. Und Ludwig Börne schrieb 1819: »Denn haßt oder liebt die Juden, drückt sie nieder oder erhebt sie, erzeigt ihnen Gutes oder verfolgt sie. Dies alles sei eurer Willkür überlassen. Aber eins sage ich euch: Seht zu, wie weit ihr kommt mit der Freiheit des deutschen Landes, solange die Freiheit nicht sein soll für alle.«[07]

V.
Juden im Zweiten Kaiserreich

1.

Jüdisches Leben und Selbstverständnis – Moritz Goldstein –
Pressewesen und Buchverlage – Theater – Theaterkritik – Der
»Moderne Antisemitismus«: Wilhelm Marr, Otto Glagau, Adolf
Stoecker – Heinrich von Treitschke und der »Berliner
Antisemitismusstreit« – Eugen Dühring

Mit der Gründung des zweiten deutschen Kaiserreichs wurde die rechtliche und politische Emanzipation der deutschen Juden abgeschlossen. Freilich war die »Judenfrage« in der Regierung, im Herrenhaus und im Abgeordnetenhaus bis zuletzt umstritten gewesen. Erst der Norddeutsche Bund schaffte den Durchbruch. Auf Initiative des Reichstags, in dem die liberalen Parteien in der Mehrheit waren, wurden die letzten Barrieren beseitigt. Das Emanzipationsgesetz des Norddeutschen Bundes vom 3. Juli 1869, das im April 1871 als Reichsgesetz übernommen wurde, ließ in den deutschen Staaten keine rechtlichen Unterschiede zwischen Juden und Christen mehr zu: »Alle noch bestehenden, aus der Verschiedenheit des religiösen Bekenntnisses hergeleiteten Beschränkungen der bürgerlichen und staatsbürgerlichen Rechte werden hierdurch aufgehoben.«[1]

Die kommenden Jahrzehnte sollten indessen zeigen, daß die gesetzliche Gleichstellung nicht identisch war mit einer menschlichen und sozialen Aufnahme der Juden in die Gesellschaft. In Deutschland war die Emanzipation der Juden nicht das Ergebnis einer konsequenten liberalen Politik oder einer etablierten aufklärerischen Tradition, sondern sie wurde von einem Obrigkeitsstaat dekretiert, der die Juden für seine aufblühende Wirtschaft brauchte und für sie kein anachronistisches Ständerecht mehr gelten lassen konnte.

Im Jahr der Reichsgründung lebten in Deutschland etwa 500 000 Juden, was 1,2 Prozent der Gesamtbevölkerung entsprach. Bis 1914 war der prozentuale Anteil bei einer Gesamtzahl von 600 000 Juden auf 0,9 Prozent gesunken, eine Folge des Geburtenrückgangs, der Auwanderung und der Übertritte zum Christentum. Zwei Drittel

der Juden lebten in Preußen und konzentrierten sich auf die Groß-
städte. 1914 waren bereits 60 Prozent aller Juden Großstädter, und
jeder vierte Jude hatte seinen Wohnsitz in Berlin. Obwohl sie dort
nur fünf Prozent der Bevölkerung ausmachten, brachten sie mehr
als ein Drittel der gesamten Einkommensteuer auf. Unter den 100
reichsten Preußen waren 30 Juden. Die jüdische Minderheit ran-
gierte also in der Höhe des Einkommens weit über dem Durch-
schnitt. In der sozialen Schichtung bedeutete das, daß vier Fünftel
der deutschen Juden zum oberen und mittleren Bürgertum gehörten; mehr als die Hälfte von ihnen waren Selbständige. Selbst die
jüdische Unterschicht gehörte noch zur unteren Mittelschicht der
Gesamtbevölkerung.[2] 1895 waren 56 Prozent der jüdischen Erwerbstätigen im Handel tätig, während der entsprechende Anteil
der übrigen deutschen Bevölkerung bei zehn Prozent lag. In Hamburg und in Berlin waren die Juden doppelt so stark im Handel vertreten, als ihr Anteil an der dortigen Bevölkerung hätte vermuten
lassen.[3] Jüdische Kaufleute, Industrielle und Bankiers gehörten zu
den Pionieren des wirtschaftlichen Aufschwunges während der
»Gründerjahre«. Man braucht nur an Albert Ballin (1857 bis 1918),
Emil Rathenau (1838 bis 1915) oder Gerson Bleichröder (1822 bis
1899) zu erinnern.

Mit dem rasanten wirtschaftlichen Aufstieg ging eine zuneh-
mende Assimilation der überwiegenden Mehrzahl der deutschen Juden an die deutsche Kultur einher. Die weitaus meisten deutschen
Juden waren davon überzeugt, daß die Assimilation notwendig und
möglich sei. Sie »und ihre geistigen und politischen Repräsentanten
wollten glauben an die Assimilation, an die Verschmelzung mit
einer Umgebung, die ihnen im großen und ganzen gleichmütig bis
wenig wohlwollend gegenüberstand« (Gershom Scholem).[4] Dieser
Wille zur Assimilation, der die Auflösung des traditionellen Judentums in Kauf nahm oder forcierte, führte zu einer Säkularisierung
der jüdischen Religion. Sie hörte auf, das Leben von Grund auf zu
prägen, und wurde zu einer Konfession. Nach 1871 nahm die innere
Entfremdung vom jüdischen Glauben immer mehr zu: »Indifferenz
und Unbildung in jüdischen Dingen herrschte in den weitesten jüdischen Kreisen«, schreibt Heinz Mosche Graupe.[5] Der traditionelle
Gottesdienst in der Synagoge wurde reformiert und glich sich
christlichen Gottesdienstformen an. Reformjuden und Orthodoxe
standen sich gegenüber. Die große Mehrheit der deutschen Juden

bekannte sich zu den liberalen, reformierten Richtungen. Monika Richarz schreibt: »Die meisten größeren Gemeinden waren im 19. und 20. Jahrhundert in Liberale und Orthodoxe gespalten, wobei die Liberalen schon im Kaiserreich die große Mehrheit stellten und in der Weimarer Republik der Orthodoxie schätzungsweise nur noch zehn Prozent der Juden anhingen. Dennoch bildeten beide Richtungen gemeinsam die für Deutschland typischen Einheitsgemeinden, wenn auch die einzelnen Synagogen entweder liberal oder orthodox waren.«[6] Die führenden Theologen auf liberaler Seite waren Abraham Geiger (1810–1874), Gründer der Hochschule für die Wissenschaft des Judentums in Berlin, und Samson Raphael Hirsch (1808–1888), Begründer der modernen Orthodoxie. Esriel Hildesheimer (1820–1899), Vertreter der Ultraorthodoxen und Rabbiner der Separatgemeinde »Adass Jisroel« in Berlin, gründete dort 1873 ein orthodoxes Rabbinerseminar.

Ludwig Marcuse (1894–1971) schreibt in seiner Autobiografie über seine Kinderjahre in Berlin: »Die festtäglichen Unternehmungen waren schon bei meinem Vater nicht mehr Glaube, Gebundenheit, nur noch Pietät – Anhänglichkeit an das Elternhaus, dem er mit der Wiederholung des Rituals auch im hohen Alter noch kindlichen Respekt erwies. In seiner letzten Stunde schrie er laut und innig das ›Schmah Jisroel‹; er wird, während er die uralte Formel gewaltsam herausstieß, ganz gewiß nicht von Angesicht zu Angesicht mit Jehova gewesen sein – eher zurückgesunken in die früheste Vergangenheit, als der Zauber-Spruch Wurzel gefaßt hatte. Für mich gewann diese Welt nie eine Realität.«[7]

In den meisten Familien reduzierte sich das Religiöse auf das Brauchtum an hohen Feiertagen. In vielen Familien wurde darauf geachtet, daß alles Jüdische, besonders jiddische oder hebräische Ausdrücke, vermieden wurden. Der Schriftsteller Paul Mühsam (1876–1960) erinnert sich, wie unangenehm ihm die Angewohnheit seiner Eltern berührte, sich jiddischer Jargonausdrücke zu bedienen: »Wenn ich aus solcher Oppositionsneigung heraus die Jargonausdrücke meiner Eltern absichtlich ablehnte, so geschah das in Verfolg einer Assimilationsbestrebung, die in anderen Familien bereits die vorige Generation verwirklicht hatte. Sie war der Ausdruck eines Wunsches, in einer Gemeinschaft zu leben, was nur durch das Abstreifen jeder Andersartigkeit möglich war.«[8]

Charakteristisch für das Selbstverständnis dieses jüdischen Bürgertums war seine Auffassung von der jüdischen Religion als einer Konfession, seine geistige und politische Orientierung am Liberalismus und seine Identifikation mit der deutschen Nation. Der Romanist Victor Klemperer (1881–1960) schreibt über seinen Vater, den Rabbiner Dr. Klemperer: »Er fühlte sich ganz als Deutscher, als Reichsdeutscher. Er hatte politische Interessen und war von den Ergebnissen des sechsundsechziger und des siebziger Krieges tief befriedigt.« Klemperer schreibt weiter, die jüdische Religion sei seinem Vater lieb gewesen, »weil sie keinen Wunderglauben von ihm forderte. Was sie ihm aber an äußeren Bindungen, als Festriten und Speisegesetze, auferlegte, das empfand er als sinnlos gewordene Überbleibsel eines früheren Menschheitsstadiums und als lästige Fessel.« [9]

Da das auf Akkulturation gegründete jüdische Selbstbewußtsein stabil war, hat sich nur eine Minderheit der deutschen Juden von seinen Bindungen an das Judentum losgesagt. Selbst viele religiös gleichgültige Juden, wie zum Beispiel Walther Rathenau, lehnten die Taufe als opportunistisch ab. Um die Jahrhundertwende war die Zahl der Taufen am größten, doch die mit der Taufe verbundene Hoffnung, sozial aufzusteigen, erfüllte sich meist nicht. Man schätzt, daß sich etwa 22000 Juden im Lauf des 19. Jahrhunderts zum Christentum bekehrten. Wie groß die Bereitschaft zur völligen Assimilation war, belegen die ständig zunehmenden Mischehen. Ihre Zahl stieg von acht Prozent im Jahr 1900 auf 20 Prozent im Jahr 1930. Wie stark die Religion für die Identitätsfrage an Bedeutung verlor, zeigen auch die zahlreichen Austritte, nachdem es 1876 in Preußen den Juden erlaubt wurde, aus ihrer Gemeinschaft auszutreten, ohne einen anderen Glauben anzunehmen. Freilich war, was viele jüdische Schriftsteller und Künstler erkannten, die Wirksamkeit der Konversion begrenzt. »Es dauerte normalerweise mehrere Generationen und erforderte mehrere Mischehen und vielleicht einen Namens- und Wohnungswechsel, bevor die Vergangenheit des neuen Christen ausgelöscht war. Im allgemeinen verachteten die Juden ihre getauften Brüder als Renegaten, die Christen lehnten sie als Opportunisten ab; und so verloren sie, wenn sie von einem Lager ins andere wechselten, den Halt in beiden.« [10]

Mochten viele nichtreligiöse Juden ihre jüdischen Ursprünge auch nicht verleugnen, hindert sie das indessen nicht daran, sich ganz und gar als Deutsche zu betrachten. Eine überragende Bedeutung für das Identitätsgefühl dieser akkulturierten Juden hatte die deutsche Sprache und Literatur, besonders Aufklärung und Klassik. Sie hegten die Erwartung, gerade im deutschen Kulturraum die ihnen angemessene Aufnahme finden zu können. Im »Liebesroman der Juden mit der deutschen Kultur«[11] ist die Verehrung für Lessing, Kant, Goethe und Schiller ein besonders bedeutungsvolles Kapitel. In ihrer Bewahrung der deutschen Kulturtradition ließen sie sich von den deutschen Kulturwächtern nicht übertreffen, wobei sie freilich diese »Klassiker« aus der gesamten deutschen Geistesgeschichte herauslösten und Strömungen anderer Observanz aus den Augen verloren. Graupe stellte fest: »Schon einmal hat es in der jüdischen Geschichte eine ähnlich fruchtbare Begegnung zweier Kulturströme gegeben, als zur Blütezeit des spanischen Judentums jüdische und arabische Kultur zusammentrafen. Jetzt wurde das deutsche Judentum zu einer Erscheinung eigentümlicher Prägung durch die Begegnung jüdischer Tradition mit einem Zweig der deutschen Kultur, zu dem die Juden eine besondere Affinität empfanden: der deutschen Klassik. Sie identifizierten diesen Zweig mit dem Ganzen, was sich später als tragisches Mißverständnis erwies.«[12]

Im Zusammenhang mit dieser Orientierung auf die deutsche Klassik und dem Stolz auf die deutsche Sprache, die jetzt »nicht mehr als eine kostbare Neuerwerbung, sondern als ein kulturelles Erbe, das sie mit anderen Deutschen teilten«[13], empfunden wurde, ist die zentrale Bedeutung zu sehen, die die deutschen Juden der Bildung beimaßen: »Die Betonung der Bildung war schon früh ein hervorragendes Merkmal der Juden im deutschen Kaiserreich.«[14] In den neunziger Jahren gab es an manchen Berliner humanistischen Gymnasien bis zu 25 Prozent jüdische Schüler. Die Gruppe der jüdischen Kinder, die mehr als Volksschulbildung aufwiesen, war in Preußen achtmal so hoch wie die ihrer nichtjüdischen Altersgenossen. Shulamit Volkov sieht darin, neben der Tendenz, die Größe der Familie zu reduzieren, einen zweiten »Indikator für die Einzigartigkeit jüdischer privater Kultur im Wilhelminischen Deutschland«.[15] Hans-Günther Zmarzlik hat darauf hingewiesen, »welches intellektuelle Potential die Juden einsetzten, welche Aufstiegsenergien in dieser Minderheit frei wurden – mit der Folge auffälliger Asymmetrien zwischen Bevölkerungsanteil und gesellschaftlicher Stellung.«[16]

Von seiten des Staates wurde der Aufstieg der Juden in allen Berufen hingenommen, die außerhalb der staatlichen Sphäre lagen. Offiziell wahrte er Neutralität, garantierte Freiheit und Eigentum, doch erlaubte er nicht, daß Juden im Staat Führungspositionen einnahmen. Höhere Richterämter blieben Juden unerreichbar, bei den Gymnasiallehrern war die Berufschance extrem niedrig. Und in Preußen konnte ein Jude noch nicht einmal Leutnant der Reserve werden. Auf der einen Seite errangen die Juden Wohlstand und öffentliches Ansehen, sahen sich jedoch auf der anderen Seite von allen Berufen ausgeschlossen, in denen obrigkeitliche Autorität sich verkörperte, eine Erfahrung, die ihnen ihre Minderheitssituation erneut vor Augen führte. Trotzdem ließen sich die meisten Juden nicht in ihrer Überzeugung beirren, daß sich diese Widerstände und Kränkungen würden überwinden lassen: wenn sie sich als Deutsche benähmen, würde man sie auch wie Deutsche behandeln. »Die Geringschätzung«, schreibt Gay, »die viele deutsche Juden damals erfuhren, bedeutete ihnen weniger als die deutsche Kultur, in der sich die meisten wie in ihrem eigenen Element bewegten.«[17]

In ihrer Studie über »Jüdische Assimilation und Eigenart im Kaiserreich« kommt Shulamit Volkov zu dem Schluß, am Vorabend des Ersten Weltkriegs seien die Juden in Deutschland »in mancher Hinsicht gut integriert und kulturell stark angepaßt« gewesen; sie hätten die Integration als Individuen erlebt, seien jedoch »als *Gruppe*« nie völlig integriert gewesen und ebensowenig »zu einem ununterscheidbaren Bestandteil deutscher Kultur geworden«, sondern hätten eine »spezifische ›intime Kultur‹« entwickelt.[18] Jacob Katz spricht von einer »besonderen Physiognomie« der jüdischen Gruppe.[19] Die Assimilation und der soziokulturelle Wandel hatten nicht das ganze jüdische Wesen zum Verschwinden gebracht. Unbewußte Haltungen und Attitüden hatten sich erhalten. Nach wie vor spielte die Familie eine große Rolle, und im gesellschaftlichen Verkehr blieben Juden häufig unter sich. Ihre »Eigenexistenz als besondere Gruppe«[20] haben sie nicht eingebüßt. Während auf der einen Seite jüdische Traditionen und Bräuche zurückgedrängt wurden oder verschwanden, bildete sich nach Volkov eine »neue ›Tradition‹, eine gemeinsame Art der Wahrnehmung der Umwelt und der Reaktion auf sie... Zwischen 1870 und 1914 war die jüdische Assimilation ungleichmäßig vorangeschritten. Die Juden nahmen energisch teil an der Schaffung der ›hohen‹ Kultur in Deutschland. Gleichzeitig aber und oft unbeabsichtigt entwickelten sie eine eigene, intime und häusliche Kultur.«[21]

Im Gegensatz zu Scholem, der den Verlust jüdischer Identität beklagt, und zu Gay, der die soziale Integration der Juden für vollzogen hält, gelangt Shulamit Volkov zu dem Befund, die Juden seien zwar »im Hinblick auf einige wichtige Aspekte ein integraler Bestandteil der Wilhelminischen Kultur« gewesen, hätten aber »gleichzeitig eine neue, gemeinsame jüdische Identität« entwickelt, eine »andere, besondere soziokulturelle Existenz, die modern, nicht traditionell, aber trotzdem jüdisch war«.[22] Auf jeden Fall hatte die jüdische Minderheit nicht die Züge angenommen, welche die Bejaher einer vollständigen Verschmelzung mit der christlichen Gesellschaft erwartet hatten. Sie hatte sich zwar verändert, aber nicht völlig aufgelöst – Grund genug für die Feinde der Juden, alte Vorurteile wieder neu zu beleben.

In den Jahrzehnten bis zum Ausbruch des Ersten Weltkriegs waren die meisten deutschen Juden der Überzeugung, die Chancen für eine jüdische Integration in die deutsche Kultur seien noch nie so günstig gewesen. Trotz fortgesetzter antijüdischer Ressentiments im gesellschaftlichen Leben schien die deutschjüdische Symbiose, »ein zartes Pflänzchen«[23], Wurzeln zu schlagen. Robert Weltsch schreibt: »Die Verflechtung der jüdischen Existenz mit der deutschen Umwelt erreichte in diesen Jahren einen Höhepunkt.«[24] Bis auf wenige Skeptiker waren die meisten Juden sich einig, daß die Eingliederung in die deutsche Kultur in der Praxis gelingen werde. Viele Äußerungen von Künstlern und Wissenschaftlern belegen, daß die deutschen Juden dachten und handelten wie Deutsche. Der Sozialpsychologe Moritz Lazarus (1824–1903) nannte die »jüdische Frage« eine »deutsche Frage«, die Deutsche und Juden gemeinsam lösen müßten: »Überall und immer ist die Frage der Humanität und Gerechtigkeit wichtiger für den, der sie zu gewähren, als für den, der sie zu empfangen hat. Aber wir sind Deutsche, als Deutsche muß man reden.«[25] In ihrem Selbstverständnis empfanden sie sich als legitime Erben der deutschen Kultur und waren stolz darauf, an der klassischen Tradition des deutschen Humanismus teilzuhaben. Doch sie sahen sich nicht nur als Hüter und Bewahrer deutscher kultureller Werte, sondern nahmen in großer Zahl am aktuellen Kulturleben teil. Um die Jahrhundertwende war die überdurchschnittliche Beteiligung der Juden am Kulturleben eine unübersehbare Tatsache: »Als habe ein lange zurückstauender Damm nachgegeben, so traten mit einem Mal auf fast allen Gebieten der Literatur, der Lyrik, der Novelle, des Romans, des Essays, der Dramatik Juden hervor mit Leistungen, die zumindest von einer gewissen Schicht geistiger Menschen als Merkmale der Epoche empfunden wurden.«[26] Dieser Befund trifft auch für Musik, Theater, Presse- und Verlagswesen zu. Angesichts dieser »Talentexplosion«, schreibt Peter Gay, könne sich der »Historiker der Wilhelminischen Ära nicht ganz des Eindrucks jüdischer Betriebsamkeit erwehren.«[27] Für Nationalisten und Antisemiten war der starke jüdische Anteil am Kulturbetrieb nichts weniger als der Ausdruck jüdischen Strebens nach kultureller Vormacht.

Es war ein Jude, der Germanist und Publizist Moritz Goldstein (1880–1977), der, ohne es zu wollen, den Antisemiten Schützenhilfe gab. Er veröffentlichte 1912 in der national-konservativen Zeitschrift »Kunstwart« einen Aufsatz unter dem Titel »Deutsch-jüdischer Parnaß«, in dem er die Dominanz der Juden in Presse, Kritik, Theater und Literatur hervorhob. Er zielte freilich nicht auf Unterstützung der Assimilation, sondern rief vom nationaljüdischen Standpunkt aus die Juden zur Selbstbesinnung auf. Er polemisierte gegen die allgemeine Neigung, sich bedingslos zu assimilieren, weil die Toleranz der Deutschen nur eine scheinbare sei. Im Grunde seien sie nicht bereit, den Juden einen gleichberechtigten Platz einzuräumen, ungeachtet der Verdienste, die sich die Juden um die deutsche Kultur erworben hätten: »Auf allen Posten, von denen man sie nicht gewaltsam fernhält, stehen plötzlich Juden; die Aufgaben der Deutschen haben die Juden zu ihren eigenen Aufgaben gemacht, immer mehr gewinnt es den Anschein, als sollte das deutsche Kulturleben in jüdische Hände übergehen. Das aber hatten die Christen, als sie den Parias in ihrer Mitte einen Anteil an der europäischen Kultur gewährten, nicht erwartet und nicht gewollt. Sie begannen sich zu wehren, sie begannen wieder, uns fremd zu nennen, sie begannen, uns im Tempel ihrer Kultur als eine Gefahr zu betrachten. Und so stehen wir denn jetzt vor dem Problem: *Wir Juden verwalten den geistigen Besitz eines Volkes, das uns die Berechtigung und die Fähigkeit dazu abspricht.*«[28]

Für sich selbst sieht Goldstein angesichts dieser Situation als einzige Rettung den »Sprung in die neuhebräische Literatur«. Schlimmer als die »deutsch-christlich-germanischen Dummköpfe« erscheinen ihm die auf Assimilation fixierten Juden – »die Juden, die nichts merken, die unentwegt deutsche Kultur machen, die so tun, als ob, und die sich einreden, man erkenne sie nicht.«[29] In der folgenden öffentlichen Diskussion seiner Thesen waren es, wie nicht anders zu erwarten, die antisemitischen Blätter, die in Goldsteins provokativen Überlegungen die Bestätigung ihrer antijüdischen Vorurteile sahen. Der Nationalist und fanatische Antisemit Adolf Bartels stellte 1921 in seiner Literaturgeschichte »Die deutsche Dichtung der Gegenwart. Die Jüngsten« fest: »Das war die offene Proklamation der geistigen Herrschaft des Judentums in Deutschland...«.[30] Goldstein, seit 1918 Redakteur und Gerichtsberichterstatter der »Vossischen Zeitung«, mußte 1933 emigrieren. Zwei Jahre später wurde sein Aufsatz unter dem Titel »Die Juden als Verwalter der deutschen Kultur« in einem der ersten offiziellen antisemitischen Werke (»Die Juden in Deutschland«) vollständig wieder abgedruckt.

Bereits in den neunziger Jahren waren protestantische und katholische Gruppierungen gegen die angebliche jüdische Dominanz im Pressewesen zu Felde gezogen. In der Tat waren die führenden liberalen Blätter des Kaiserreichs an jüdische Verlagshäuser gebunden. Die »Frankfurter Zeitung« war seit 1856 in jüdischem Besitz. Ihr Gründer war der Bankier, liberale Politiker und Reichstagsabgeordnete Leopold Sonnemann (1831–1909). Dieses Blatt, bis 1943 die wohl angesehenste deutsche Zeitung«, wurde, wie Peter Gay schreibt, »nur von den hartnäckigen Antisemiten ›jüdisch‹ gescholten, denn sie behandelte jüdische Interessen und Themen nur am Rande.«[31] Leopold Ullstein (1826–1899), der seinen Zeitungsverlag 1867 gründete, kaufte 1877 die insolvente »Berliner Zeitung«, gründete 1887 die »Berliner Abendpost« und 1894 die »Berliner Illustrierte Zeitung«. Seine fünf Söhne, die beim Aufbau des Unternehmens mitwirkten, verließen das Judentum oder ließen sich taufen. 1907 kam ein Buchverlag hinzu, und 1914 erwarb das Haus Ullstein die »Vossische Zeitung«.

Der zweite führende Zeitungsverleger war Rudolf Mosse (1843–1920). Er gründete zunächst ein Annoncenbüro und 1872 das »Berlinder Tageblatt«, das unter der Leitung seines Neffen Theodor Wolff (1868–1943) zu einem Weltblatt wurde. Außerdem verlegte Mosse die »Berliner Volkszeitung«, das »8-Uhr-Abendblatt« und die Berliner Morgenzeitung«. »Frankfurter Zeitung«, »Vossische Zeitung« und »Berliner Tageblatt« gehörten aufgrund ihres hohen Niveaus und ihrer Auflagenstärke zu den führenden liberalen Blättern, die ein internationales Renommee genossen. Das darf aber nicht darüber hinwegtäuschen, »daß die Bevölkerung der Klein- und Mittelstädte Deutschlands sich ausschließlich an regionalen Zeitungen orientierte, daß diese meist konservativen Zuschnitts waren und antisemitischen Tendenzen offenstanden«[32].

Der wichtigste Verlag für Belletristik war der S. Fischer Verlag, 1886 von Samuel Fischer (1859–1934) gegründet, der um 1880 aus der ungarischen Slowakei nach Berlin gekommen war. Man hat ihn zu Recht als den »Cotta des Naturalismus« bezeichnet, denn er verhalf dieser »Rinnsteinkunst« eines Ibsen und Gerhart Hauptmann zum Durchbruch. Zusammen mit Otto Brahm, Maximilian Harden und Theodor Wolff gehörte er zu den Gründern des Vereins »Freie Bühne«. Sein Beitrag war »das verlegerische Wagnis einer gediegenen Kulturzeitschrift, die zunächst als ›Freie Bühne für Modernes Leben‹ seit dem 29. Juni 1890 wöchentlich, dann als »Neue Deutsche Rundschau« monatlich fortgesetzt wurde und seit 1904 bis heute als ›Neue Rundschau‹ erscheint«[33]. Fischer verlegte Thomas Mann, Hermann Hesse, Richard Dehmel, Hans Carossa, Hugo von Hofmannsthal, Arthur Schnitzler, Stefan Zweig, Jakob Wassermann und Peter Altenberg. Immer wieder hat man ihm und seinem Verlag den absurden Vorwurf gemacht, er bevorzuge jüdische Autoren. Vor allem in der Weimarer Republik findet sich bei den Antisemiten und Völkischen die »Identifizierung des S. Fischer Verlags und der meisten seiner Autoren mit der ›Judenrepublik‹ und ihrer Kultur«[34]. Doch Samuel Fischer wäre nicht zu dem bedeutenden und erfolgreichen Verleger geworden, wenn er sich von anderen Gesichtspunkten als denen der literarischen Qualität und dem Urteil von Lektoren wie Moritz Heimann und Oskar Loerke hätte leiten lassen. Er blieb Individualist, der das Verlagsprogramm in der Mitte »zwischen einer literarischen Linken und der (sogenannten) nationalen Rechten« (Kurt Sontheimer)[35] zu halten suchte. Er war der Freund und Förderer seiner Autoren: »Diese haben mit seiner Hilfe das juste milieu von Weimar vorbereiten helfen und zur Blüte gebracht – mochte dessen Kultur auch von links als individualistisch, antisozial und bourgeois, von rechts aber als liberalistisch-gleichmacherisch und jüdisch verteufelt werden. Was heute noch Positives davon nachwirkt, ist zum guten Teile von S. Fischer entdeckt und eindeutig unterstützt worden. Das war seine Leistung, und darin war er manchen anderen Juden ähnlich.«[36]

Eine zweite überragende Verlegerpersönlichkeit war der mütterlicherseits aus einer jüdischen Familie stammende Kurt Wolff (1887–1963). Sein 1913 in Leipzig gegründeter Verlag brachte die Bücher der Avantgarde heraus. Allein mit der Buchreihe »Der jüngste Tag« (bis 1921 erschienen 86 Nummern) schuf er gleichsam eine Basisbibliothek des Expressionismus.

Dem anitsemitischen Klischee von der jüdischen Vorherrschaft schien besonders das Theater zu entsprechen. In der Tat spielten jüdische Regisseure und Schauspieler, vor allem in den Großstädten, eine repräsentative Rolle. Die Theatergeschichte der neunziger Jahre wurde geprägt von Otto Brahm (Abrahamsohn; 1856–1912), dem Direktor des Theatervereins der »Freien Bühne« und später des Deutschen Theaters. Er brachte die Stücke der damals unbekannten Ibsen, Strindberg und Gerhart Hauptmann auf die Bühne und war der vehementeste Kämpfer für die neue Richtung des Naturalismus. Brahm hatte als Theaterkritiker begonnen, ehe er 1889 das Theater »Freie Bühne« mit Ibsens »Gespenstern« eröffnete, denen er Hauptmanns »Vor Sonnenaufgang« folgen ließ. Sein Schüler und Nachfolger am Deutschen Theater, Max Reinhardt (1873–1943), »der erste Jude aus Österreich, der Berlin eroberte«[37], war auch sein Antipode: Er schuf ein antinaturalistisches Theater von hohem ästhetischem Anspruch. Es waren also zwei Regisseure deutsch-jüdischer Herkunft, die gegensätzliche Strömungen und Stilrichtungen verkörperten: »Brahm war ein Neuerer gewesen, indem er das Publikum gezwungen hatte, Realitäten, die es vorher noch nicht auf der Bühne erblickt hatte, ins Auge zu sehen; Reinhardt wurde ein Neuerer, weil er dem Publikum eine Traumwelt bot, die es sich bislang nicht hatte vorstellen können.«[38]

Auf den im Kaiserreich häufig zu hörenden Vorwurf, die angebliche Vorherrschaft der Juden im Kulturbetrieb gründe sich auf die Literatur- und Theaterkritik, bezog sich Walter Kiaulehn und überschrieb seine Studie über die Berliner Theaterkritik lakonisch: »Die Berliner Kritik war jüdisch.« Er betont den »tatsächlich überragenden Anteil der Juden an der Berliner Theaterkritik zwischen 1871 und 1933« und nennt die Namen Julius Bab, Arthur Eloesser, Norbert Falk, Manfred Georg, Fritz Engel, Maximilian Harden, Monty Jacobs, Siegfried Jacobssohn, Alfred Kerr, Purt Pinthus und Alfred Polgar. Die Unterstellung, ihnen sei auch eine »jüdische« Ideologie zu eigen, weist er zurück: »Die jüdischen Theaterkritiker von Berlin waren deutsch, dachten deutsch und schrieben deutsch. Sie jagten einer Idee aus dem achtzehnten Jahrhundert nach, und diese Idee liebten sie, und für sie stritten sie. Die Idee hieß: Das Deutsche Nationaltheater!«[39]

Es ist hier nicht der Ort, die eminente Bedeutung zu untersuchen, die jüdischen Philosophen wie Hermann Cohen (1842–1918), Edmund Husserl (1859–1938), Georg Simmel (1858 bis 1918) in der deutschen Geistesgeschichte zukommt. Jürgen Habermas, der 1961 einen Überblick über jüdisch-deutsches Philosophieren gab, berichtet von einem renommierten Philsophieprofessor, der seinen jüdischen Kollegen schöpferische Kraft und Produktivität absprach, ganz im Sinne der Äußerung von Ernst Jünger: »Der Jude kann überhaupt in nichts, was das deutsche Leben anbetrifft, weder im Guten noch im Bösen, eine schöpferische Rolle spielen.« Würde man indessen, so Habermas, die deutsche Philosophie des 20. Jahrhunderts in Stücke brechen, nach Anteilen scheiden und auf Waagschalen legen, »so müßte sich gerade in der, angeblich dem deutschen Tiefsinn vorbehaltenen Domäne das Übergewicht derjenigen herausstellen, die das gleiche Vorurteil als die bloß kritischen Talente in die Vorhöfe des Genialen verweisen möchte«.[40] Habermas prägt mit einem Ausblick auf Theodor Adorno, Walter Benjamin, Max Horkheimer und Herbert Marcuse den Satz: »Gäbe es nicht eine deutschjüdische Tradition, wir müßten sie heute um unseretwillen erfinden.«[41]

Was die deutschen Juden zwischen 1871 und 1914 zur deutschen Kultur beitrugen, taten sie nach Peter Gay »weitaus mehr als Deutsche denn als Juden«.[42] Das feste Vertrauen breiter Schichten in die Zukunft der Assimilierung drückt sich schon im Namen des »Centralvereins deutscher Staatsbürger jüdischen Glaubens« aus. Er bekundet einen zweifachen Stolz: den auf die Staatsbürgerschaft und den auf die religiöse Zugehörigkeit. Doch so sehr sie sich auch durch Leistung Ansehen zu erwerben, durch Angleichung sich einzuwurzeln trachteten, je »deutscher« sie wurden, desto mehr Neid und Haß riefen sie bei den Deutschen hervor. Gordon Craig, ein Kenner der Deutschen und ihrer Geschichte, schrieb in seinem Buch »Über die Deutschen«: »Es war das tragische Dilemma der deutschen Juden, daß sie die Feindseligkeit ihrer Mitbürger um so mehr anfachten, je ähnlicher sie ihnen wurden. Ihre frühen Widersacher hatten von ihnen verlangt, sie sollten wahrhafte Deutsche werden. Sie waren begeistert darauf eingegangen, und ihre vielfältigen Beiträge zur deutschen Kultur gaben ihnen zweifellos das Recht, sie als die ihre zu betrachten. Denn waren nicht Marx und Freud und Einstein deutsche Denker, Mahler und Schönberg deutsche Komponisten? Waren nicht Sternheim und Wassermann deutsche Schriftsteller und Max Liebermann und Emil Orlik deutsche Maler? [...] Und doch brachten ihre Leistungen und ihre Hingabe ihnen nicht die erstrebte Anerkennung ein; und Wohlhabenheit und Bildung, die die Aufklärung als die Schlüssel zur Integration betrachtet hatte, nützten ihnen nichts.«[43]

Die Ausbreitung des modernen Antisemitismus zwischen 1871 und 1918 kann hier mit allen Implikationen, Verzweigungen und Mechanismen nicht detailliert dargestellt werden. Dieses Phänomen ist unter anderen von Léon Poliakov, Eva Reichmann, Reinhard Rürup und in jüngster Zeit von Helmut Berding, Jacob Katz und Shulamit Volkov beschrieben und analysiert worden.[44]

Die Bezeichnung »moderner Antisemitismus« hat sich mittlerweile für die antijüdischen Bewegungen im Kaiserreich eingebürgert. Der Begriff »Antisemitismus« tauchte im Herbst 1879 zum erstenmal auf. Er wurde von Anhängern des antisemitischen Schriftstellers Wilhelm Marr (1819–1904) in Umlauf gebracht und war bereits im Jahr darauf allgemein geläufig. Der inhaltlich völlig unbestimmte Begriff wurde zu »einem Schlagwort, das unterschwellig vorhandene antijüdische Einstellungen emotionalisierte und politisierte«[45]. Dieser Antisemitismus war insofern »modern«, als er alle Aspekte der traditionellen Judenfeindschaft vereinigte und auf eine neue Weise rechtfertigte.

Am Ende wurden für alle wirtschaftlichen und politischen Fehlentwicklungen im Kaiserreich die Juden verantwortlich gemacht. Nach dem »Gründerkrach« von 1873 kam es zu einer Phase wirtschaftlicher Depression und zu einer Verschärfung der sozialen Spannungen. 1874 begann der Journalist Otto Glagau (1834–1892) in der Zeitschrift »Die Gartenlaube« eine Serie von Artikeln mit dem Titel »Der Börsen- und Gründungsschwindel in Berlin«, die den Lesern suggerierte, die Juden seien an der Depression schuld. Die »Gartenlaube« war mit einer Auflage von mehr als 300 000 Exemplaren die meistgelesene Wochenzeitschrift. Ihr Gründer, Ernst Keil, hatte zwar Glagaus schlimmste Ausfälle gegen die Juden aus der Serie gestrichen, ließ jedoch in seinem Blatt vulgäre antisemitische Beiträge und Karikaturen in den 70er Jahren immer häufiger zu. In der Einleitung zur Buchausgabe seiner Artikel (1876) gelangt Glagau dann zu einer totalen Verdammung der jüdischen Präsenz in der deutschen Gesellschaft: »Nicht länger dürfen wir's dulden, daß die Juden sich überall in den Vordergrund, an die Spitze drängen, überall die Führung, das große Wort an sich reißen. Sie schieben uns Christen stets beiseite, sie drücken uns an die Wand, sie nehmen uns die Luft und den Atem. Sie führen tatsächlich die Herrschaft über uns... Die ganze Weltgeschichte kennt kein Beispiel, daß ein heimatloses Volk, eine physisch wie psychisch entschieden degenerierte Rasse bloß durch List und Schlauheit, durch Wucher und Schacher über den Erdkreis gebietet.«[46] Jacob Katz kommentiert: »Hier haben wir auf kleinstem Raum alle antisemistischen Phobien, Ängste und Anklagen, die noch ausgeführt werden sollten, um dann die antisemitische Bewegung zu beherrschen.«[47]

Als sich die Indifferenz gegenüber den Juden in Haß und Feindseligkeit verwandelte, geschah das im Zusammenhang mit einer wirtschaftlichen Krise und einer politischen Wende. Der »Kulturkampf«, die Verfolgung der Sozialdemokratie und der offene Ausbruch der Judenfeindschaft zeigen die Erosion des Liberalismus; gegen Ende der siebziger Jahre hatte sich die Wende zum Konservatismus vollzogen.

Auf politischer Ebene nahm der Antisemitismus organisierte Formen an. Es entstanden radikale Antisemitenparteien wie die »Christlichsoziale Partei« des protestantisch-ultrakonservativen Hofpredigers Adolf Stoecker (1835–1909). Im September 1879 stellte er auf einer Veranstaltung seiner Partei in einer Rede über »Unsere Forderungen an das moderne Judentum« zum erstenmal den Antisemitismus in den Mittelpunkt seiner Agitation. Stoecker vertrat einen religiös gefärbten Nationalismus. Er wollte aus dem Antisemitismus politisches Kapital schlagen und die Arbeiter der Sozialdemokratie abspenstig machen. Trotz beträchtlicher Erfolge in den Mittelschichten gelang es Stoecker jedoch nicht, seine Partei zu einer konservativen Massenpartei zu machen. Auch den folgenden radikalen Antisemitenparteien mißlang der Versuch, »die konservativen Parteien für den Antisemitismus zu gewinnen und mit ihrer Hilfe die Judenemanzipation wieder rückgängig zu machen«[48].

Die Stimme, die öffentlich verkündete, was andere Konservative nicht auszusprechen wagten, kam aus dem akademischen Bereich. Die einprägsame und später immer wieder aufgegriffene Formulierung »Die Juden sind unser Unglück!« findet sich in einem Aufsatz »Unsere Aussichten«, den der prominente Historiker Heinrich von Treitschke (1834–1896), einer der einflußreichsten Gelehrten der Zeit, im November 1879 veröffentlichte.

Sein Aufsatz löste den »Berliner Antisemitismusstreit« aus, eine Debatte, an der sich jüdische Wissenschaftler, wie Heinrich Graetz und Harry Breßlau, Philosophen, wie Hermann Cohen, und Politiker, wie Ludwig Bamberger, beteiligten. Im Kreis seiner Kollegen an der Berliner Universität sah sich Treitschke zwar isoliert, doch nur der Althistoriker Theodor Mommsen (1817–1903) trat ihm öffentlich entgegen.[49]

Treitschkes Einstellung zu den Juden war ambivalent: Zwar wollte er weder an ihrer Rechtsstellung rütteln noch sie zur Taufe zwingen, doch wiederholte er andererseits die landläufigen Vorurteile über die angebliche Machtstellung der Juden in der deutschen Gesellschaft. Er verlangte die raschere Unterwerfung der jüdischen Minderheit unter die Nationalkultur. Sie galt ihm »als Fremdkörper und damit als permanente Bedrohung des jungen Kaiserreichs, dem die innere Festigkeit noch mangelte«[50].

Mommsen dagegen hielt die rechtsstaatlichen Prinzipien und die Prämissen des Liberalismus für unverletzlich. Für ihn rangierten sie über dem Modell eines deutschen Nationalstaates, an das auch er glaubte.

Walter Boehlich hat die Kontroverse zwischen Treitschke und Mommsen, dem Bismarck-Anhänger und dem Bismarck-Gegner, dem Nationalisten und dem liberalen Demokraten, treffend kommentiert: »Wie auch immer, die Entwicklung folgte Treitschke, aber sie gab Mommsen Recht. Es waren in diesen Männern die beiden an der Berliner Universität denkbaren Extreme aneinandergeraten: ein verstockter Konservativer und ein unbestechlicher Liberaler, ein Empfinder und ein Denker, ein verschwommener Phrasendrescher und ein glänzender Stilist, ein Moralredner und ein Moralist. Der Liberale, der Denker, der Stilist, der Moralist, hat für den Augenblick den Sieg davongetragen, aber nur für den Augenblick.«[51]

Im letzten Drittel des 19. Jahrhunderts veränderte sich der ideologische Charakter des Antisemitismus, und rassistische Begründungen gewannen an Bedeutung. Es entwickelte sich ein Antisemitismus, der auf dem Prinzip der Rasse basierte und die natürliche Ungleichheit und Ungleichwertigkeit der Menschen postulierte: Das Judentum wird zur Kontrastfigur eines deutsch-germanischen Idealtypus. Da die Erbsubstanzen unveränderlich sind, so die Rassisten, sei jede Assimilation unmöglich. Als Begründer der Rassenlehre und biologischen Geschichtsbetrachtung gilt der Graf Arthur Gobineau (1816–1882). Das klassische Werk des Rassenantisemitismus schrieb 1881 der Berliner Privatdozent Eugen Dühring (1833–1921). In seiner Schrift »Die Judenfrage als Rassen-, Sitten- und Kulturfrage« stellt er die Juden als eine einzigartige menschliche Art mit erkennbaren (allesamt negativen) physischen und moralischen Eigenschaften dar. Er schrieb also den Juden eine unveränderbare Minderwertigkeit zu, an der Taufe oder erzieherische Maßnahmen nichts ändern könnten. Da man die Juden nicht »loswerden« könne, so Dühring in seinem pathologischen Judenhaß, müßten »energische Maßregeln« getroffen werden, wie Beschlagnahme ihrer Banken und Firmen, totaler Ausschluß von staatlichen Ämtern und vom kulturellen Leben. – Ein weiterer »Klassiker« des Antisemitismus ist der Orientalist und Kulturphilosoph Paul de Lagarde (eigentlich Paul Anton Bötticher; 1827–1891). Hinter allem, was er bekämpfte – Kapitalismus, Industrialismus, Materialismus, Intellektualismus –, sah er die Liberalen und die Juden am Werk, welche die völkisch-germanische Gemeinschaft zersetzten.

Jacob Katz hat das Jahr 1879 als einen »Wendepunkt in der jüdischen Geschichte unserer Zeit«[52] bezeichnet, als den Beginn des modernen Antisemitismus.

Weder die Wirtschaftskrise noch die Erosion des Liberalismus hätten die Judenfeindlichkeit geschaffen: »Der entscheidende Faktor für den antisemitischen Ausbruch war das Versagen, die Bedingung zu erfüllen, die für das Verlöschen von nichtjüdischen Verdächtigungen gegen Juden gestellt war, nämlich das Verschwinden der engverbundenen jüdischen Gemeinschaft. Diese Gemeinschaft verschwand nicht, sondern nahm nur eine neue Gestalt an, die nicht in allem von den Nichtjuden gutgeheißen wurde.«[53]

Der »Centralverein« – Raphael Löwenfeld – Wissenschaft vom
Judentum – Jüdisches Pressewesen
Der Zionismus: Zwi Hirsch Kalischer – Moses Hess – Juda Löb
Pinsker – Nathan Birnbaum – Theodor Herzl – Achad Haam –
Martin Buber – Die Ostjuden
Juden im 1. Weltkrieg

Wie reagierten die deutschen Juden auf den Antisemitismus? Da sie
weder ökonomisch und sozial noch politisch oder kulturell eine
Einheit darstellten, fielen ihre Reaktionen unterschiedlich aus: Die
assimilierten Juden riefen nach Selbstverteidigung, die radikalen unter ihnen nach Selbstauflösung des Judentums; die Orthodoxen plä-
dierten für Verzicht auf Widerstand, und die Zionisten sahen sich in
ihren nationaljüdischen Plänen bestärkt. Bis zum Ende der 80er
Jahre schwiegen die meisten assimilierten Juden, zogen sich zurück
und vermieden öffentliche Stellungnahmen. In ihren Augen war der
Antisemitismus eine zwar gefährliche, aber im Grunde überwind-
bare Erscheinung, und sie beharrten darauf, Juden und Deutsche
zugleich zu sein. Erst nach 1890 mehrten sich die Stimmen, die Ab-
wehrmaßnahmen forderten. Hatten sie als deutsche Staatsbürger
nicht das Recht und die Pflicht zur Selbstverteidigung?

Der Schriftsteller Ralphael Löwenfeld (1854–1910), Gründer des
Berliner Schiller-Theaters, veröffentlichte 1893 seine Streitschrift
»Schutzjude oder Staatsbürger«. Darin zog er gegen die unzeitge-
mäße »Schutzjuden-Mentalität« der deutschen Juden zu Felde und
rief sie auf, ihre verfassungsmäßigen Rechte offensiv zu verteidigen.

Löwenfelds Schrift wurde zur Grundlage des Programms des
Centralvereins deutscher Staatsbürger jüdischen Glaubens (CV),
der am 26. März 1893 gegründet wurde. Der Centralverein wurde
rasch zur größten jüdischen Organisation. 1893 hatte er 2000, bei
Ausbruch des Ersten Weltkrieges 40000 Mitglieder. Die große
Mehrheit der assimilierten, religiös-liberalen, deutsch empfinden-
den Juden des Kaiserreichs sah in ihm die ihr gemäße Vertretung.
Der Verein verfolgte den Zweck, »die deutschen Staatsbürger jüdischen Glaubens ohne Unterschied der religiösen und politischen
Richtung zu sammeln, um sie in der tatkräftigen Wahrung ihrer
staatlichen und gesellschaftlichen Gleichstellung sowie in der un-

beirrbaren Pflege deutscher Gesinnung zu bestärken«[54]. Im Grunde war der CV eine Bürgerrechtsorganisation, die ihre Hauptaufgabe in der Bekämpfung des Antisemitismus sah und mit Hilfe ihrer Publikationsorgane eine intensive Aufklärungsarbeit betrieb. Ausländische Juden konnten nicht Mitglieder werden. Bei seinen Versuchen, jüdischen Bürgern gegen Diskriminierungen Rechtsschutz zu bieten, hatte der CV in einzelnen Fällen Erfolg, scheiterte jedoch mit seinen Bemühungen, »kollektive Verunglimpfungen des Judentums strafrechtlich zu verfolgen und auf diese Weise der antisemitischen Agitation wirksamer entgegenzutreten«[55]. Ideologisch wandelte sich der Verein von einer kaisertreuen zu einer republikanischen Organisation, die sich in zunehmendem Maße weniger als ein Instrument der Abwehr, sondern mehr als Gesinnungsgemeinschaft verstand. Die nationaljüdischen Ideen der Zionisten lehnte der CV ab. Die Zionisten sahen im Antisemitismus kein Phänomen, das vorübergehen werde und überwunden werden könne. Das Leben in der Diaspora und der Antisemitismus seien nicht zu trennen. Sie traten offen für den jüdischen Nationalgedanken ein und bekannten sich zur Begründung eines jüdischen Staates in Palästina. Die Orthodoxen hingegen deuteten den Antisemitismus religiös als Strafe Gottes; darum müsse man auf Widerstand verzichten und sich in sein Schicksal fügen.

Indessen hatte der feindliche Druck von außen nicht nur zur Folge, daß die deutschen Juden sich zum Abwehrkampf organisierten. Das erstarkte Selbstbewußtsein, relativ frei von Rückgriffen auf die religiöse Tradition, drängte zu einer Selbstbestimmung durch historisch-kulturelle Tradition. In der eigenen Geschichte, deren Verständnis jetzt nicht mehr vom Talmud geprägt war, erkannte man die Chance, jüdische Ebenbürtigkeit zu begründen und ein historisches Selbstbewußtsein zu definieren. Ansätze zu dieser »Historisierung« fanden sich bereits in den ersten Jahrzehnten des 19. Jahrhunderts. 1819 hatten sich in Berlin junge Akademiker und Gelehrte zu einem Verein für Cultur und Wissenschaft der Juden zusammengeschlossen, der vier Jahre lang existierte. Zu ihnen gehörte der Jurist Eduard Gans (1798–1839), der Philosoph Moses Moser (1796–1838) und der Literaturwissenschaftler Leopold Zunz (1794–1886). Zu den Mitarbeitern des Vereins gehörte auch Heinrich Heine. Zunz wurde durch seine Arbeiten über die jüdische Kultur des Mittelalters und den Bibel- und Talmudkommentator Raschi zum Begründer der »Wissenschaft des Judentums«. Diese hat in der Folge weite Bereiche jüdischer Geschichte und Kultur wieder ins Bewußtsein gerückt. 1872 wurde die Lehranstalt (seit 1922 Hochschule) für die Wissenschaft des Judentums in Berlin gegründet, die bis 1942 bestand. Forschungsergebnisse wurden in der »Monatsschrift für Geschichte und Wissenschaft des Judentums« (1851–1939) veröffentlicht. Werke wie die elfbändige »Geschichte der Juden« (1853–1875) von Heinrich Graetz (1817–1891) haben dazu beigetragen, Verzerrungen der jüdischen Geschichte entgegenzuwirken und grassierende Unwissenheit bei Nichtjuden abzubauen. Das Jüdisch-Theologische Seminar, 1854 von Zacharias Frankel (1801–1875) in Breslau gegründet, war Forschungs- und Ausbildungsstätte der Orthodoxen.

Diesen vielfältigen Bestrebungen im wissenschaftlichen entsprechen die regen Aktivitäten im publizistischen Bereich. Es entwickelte sich eine fazettenreiche jüdisch-deutsche Zeitschriftenlandschaft. Die jüdische Presse, die 1806 mit dem Monatsblatt »Sulamith« begann und die 1938 von Nationalsozialisten gewaltsam beendet wurde, ist ein aufschlußreicher und bedeutsamer Aspekt deutsch-jüdischer Beziehung, gleichsam ein Spiegel, in welchem dem Deutschen das Bild des Juden erscheint, doch darüber hinaus auch das Bild, das die Juden von den Deutschen hatten. Um so befremdlicher ist es, daß in neueren pressegeschichtlichen Publikationen Hinweise auf jüdische Zeitungen und Zeitschriften fast ganz fehlen. Barbara Suchy hat dem Thema eine aufschlußreiche Studie gewidmet.[56]

Die renommierteste und am längsten bestehende Zeitschrift war die »Allgemeine Zeitung des Judentums«. Mit diesem dezidiert liberalen Blatt, 1837 von dem Magdeburger Rabbiner Ludwig Philippsohn (1811–1889) gegründet, nahm die moderne jüdische Presse ihren Anfang. In ihrer Haltung »verbanden sich Engagement für die politische und gesellschaftliche Gleichstellung der deutschen Juden mit programmatischen Vorstellungen über gemäßigte religiöse Reformen«[57].

Bis 1889 erschien die Zeitung in Leipzig; im selben Jahr wurde sie nach dem Tod Philippsohns von Gustav Karpeles (1848–1909) übernommen und erschien jetzt im Mosse Verlag. Karpeles, der eine »Geschichte der jüdischen Literatur« und ein Buch über Heinrich Heine schrieb und europäischen Bildungstraditionen verpflichtet war, verstärkte die Tendenz zur Akkulturation. Seit 1905 lag die Leitung des Blattes bei dem Literaturhistoriker Ludwig Geiger (1848–1919). Das Blatt trat jetzt mit dem Anspruch auf, »ein geistiger Sammelpunkt für alle entschieden liberalen gebildeten Juden zu sein«[58]. Einen breiten Raum nahmen Literaturkritik und Belletristik ein.[59] Die Ausweitung des Begriffs »jüdische Literatur« zeigt die kulturelle Neuorientierung. Anfangs bezog sich diese Bezeichnung ausschließlich auf talmudische und rabbinische Literatur; jetzt subsumierte man darunter alle Werke über Probleme und Geschichte des Judentums und alle von deutsch-jüdischen Autoren verfaßten Bücher. Für zionistische Modelle war in diesem auf »deutsche Kultur und jüdische Religiosität« fixierten Programm kein Platz.

Das wichtigste Blatt auf orthodoxer Seite war »Der Israelit« (1860–1938), das im Kampf gegen religiöse Reformen unerbittlich, politisch jedoch liberal war. – Ein sehr beliebtes Unterhaltungsblatt war das »Hamburger Israelitische Familienblatt« (1898 bis 1938), dessen Auflage 1902 12300 Exemplare betrug. Das Organ des Centralvereins war »Im deutschen Reich« (1895–1921), anschließend unter dem Namen »C.V.-Zeitung« bis 1938 weitergeführt. 1922 wurde die »AzJ« übernommen und deren Name bis 1938 im Untertitel geführt. Das Organ der Zionisten war die 1895 gegründete »Israelitische Rundschau«, die seit 1902 unter dem Titel »Jüdische Rundschau« bis 1938 weitergeführt wurde.

In erlesenem Jugendstil-Layout präsentierte sich die »Illustrierte Monatsschrift für Modernes Judentum – Ost und West«, 1901 von Leo Winz in Berlin gegründet, die sich die Vermittlung zwischen Ost- und Westjudentum zur Aufgabe gemacht hatte. Das Blatt erschien bis 1923. Von 1916 bis 1924 erschien die von Martin Buber begründete Zeitschrift »Der Jude«, für die so bekannte Autoren wie Achad Haam, Herman Cohen, Gustav Landauer, Felix Weltsch, Robert Weltsch, Max Brod, Franz Kafka, Franz Rosenzweig, Arnold Zweig schrieben.

Die höchste Auflage aller deutsch-jüdischen Blätter erreichte bis 1918 das »Gemeindeblatt der Jüdischen Gemeinde zu Berlin« mit etwa 40000 Exemplaren. Barbara Suchy schreibt: »Von Nichtjuden wurde diese Presse insgesamt so gut wie gar nicht wahrgenommen. Nur die berufsmäßigen Antisemiten lasen sie, wie auch umgekehrt die Mitarbeiter der jüdischen Zeitungen (allen voran diejenigen von ›Im deutschen Reich‹) sich durch Berge antisemitischer Blätter hindurchlasen.«[60]

Es war vor allem der Antisemitismus, in unterschiedlichen Ausprägungen und Erscheinungsformen das 19. Jahrhundert durchziehend, der, im Verein mit den nationalen Bewegungen in Europa, die Möglichkeit einer Assimilation in den Augen vieler jüdischer Intellektueller problematisch erscheinen ließ. Vor allem die entwürdigenden und ungesicherten Bedingungen, unter denen die Juden in Osteuropa, besonders im Zarenreich, leben mußten, ließen Vorstellungen von sozialer Befreiung und politischer Organisation aufkeimen. Besonders dort war die Sehnsucht nach einer Heimkehr in das verheißene Land lebendig geblieben.

Nach 1850 gab es immer wieder Stimmen, welche die Möglichkeit der Assimilation verneinten und ein volksbewußtes Judentum forderten. So veröffentlichte der Rabbiner und Talmudgelehrte Zwi Hirsch Kalischer (1795–1874) aus Posen 1861 sein Buch »Drischat Zion« (»Sehnsucht nach Zion«), in dem er die Notwendigkeit einer Besiedlung Palästinas durch jüdische Bauern proklamierte. Für ihn war ausgemacht, daß die messianische Verheißung der Bibel nichts anderes meinte als die Wiedergeburt der jüdischen Nation im »Heiligen Land«.

Unter dem Eindruck der Pogrome in Rußland (1881) verfaßte Juda Löb (Leon) Pinsker (1821–1892), Arzt aus Odessa, seine Flugschrift »Autoemanzipation« (1882). Er forderte die Juden auf, sich selbst zu emanzipieren, anstatt sich zu assimilieren. Sie sollten sich aus den Verhältnissen einer unterdrückten Minderheit lösen, ihr Schicksal selber in die Hand nehmen und einen eigenen Nationalstaat gründen, wobei Pinsker gar nicht unbedingt an Palästina dachte. Sein »Mahnruf an seine Stammesgenossen von einem russischen Juden« (Untertitel) hatte eine große Breitenwirkung. Auf Konferenzen in Kattowitz und Wilna wurde über die Kolonisation Palästinas debattiert. Es entstanden »Chowewe Zion« (Zionsfreunde) genannte Gesellschaften. Idealistische Pioniere zogen nach Palästina und gründeten dort das erste jüdische Dorf »Rischon le Zion« (»Erste in Zion«). So begeistert man Pinsker in Osteuropa zujubelte, so entschieden lehnte man seine Ideen in Deutschland ab. Trotzdem begannen zionistische Anschauungen auch im Westen immer mehr Anhänger zu gewinnen. 1882 wurde in Wien die erste nationaljüdische Verbindung »Kadimah« (»Nach Osten«) gegründet. Zu den Gründern gehörte der Schriftsteller Nathan Birnbaum (1864–1937), der die Zeitschrift »Autoemanzipation« redigierte. In seiner Schrift »Die nationale Wiedergeburt des jüdischen Volkes in seinem Lande« (1893) trat er für die völkerrechtliche Gleichstellung des jüdischen Volkes ein. Darin prägte er auch den Begriff »Zionismus«. Den Ursprung der politischen und religiösen Bezeichnung bildete der Hügel Zion im Südosten Jerusalems, auf dem Davids Burg gelegen haben soll. Später hieß auch der Tempelberg und ganz Jerusalem »Zion«. Als »Tochter Zion« (Jesaja 1,8) galt das Volk Israel.

Aber erst der charismatischen Persönlichkeit von Theodor Herzl (1860–1904) gelang die Zusammenfassung der bisherigen national-jüdischen Bestrebungen. Mit seinem 1896 erschienenen Werk »Der Judenstaat« schuf er die Grundlage dessen, was wir heute unter politischem verstehen.

Herzl wurde als Nachkomme einer aus der Türkei stammenden Familie in Budapest geboren, deutsch-assimilatorisch erzogen und kam 1878 nach Wien. Er schloß sich der Burschenschaft »Albia« an und vertrat deutsch-nationale Ansichten. Er wurde Journalist und verfaßte erfolgreiche Theaterstücke, ohne besonderes Interesse an jüdischen Dingen zu entwickeln. 1891 ging er als Korrespondent des Wiener Blattes »Neue Freie Presse« nach Paris, wo er über den Prozeß gegen Alfred Dreyfus zu berichten hatte. Der Prozeß gegen den ersten Juden im französischen Generalstab, der der Spionage für Deutschland für schuldig befunden und zu lebenslänglicher Deportation verurteilt wurde, vor allem aber der sich daran anschließende Antisemitismus in der französischen Gesellschaft wurden für Herzl zum Schlüsselerlebnis. Er gelangte zu der Überzeugung, daß die Juden immer wieder als Sündenböcke würden herhalten müssen. Für ihn stand fest, daß die Emanzipation keine Chance hatte und das Bemühen der Juden um Assimilation zum Scheitern verurteilt war. Herzl dachte politisch und war vom religiös legitimierten Zions-Gedanken nicht beeinflußt: Er verlangte von den Großmächten nicht mehr und nicht weniger als ein Territorium als Heimstätte für das jüdische Volk: »Man gebe uns die Souveränität eines für unsere gerechten Volksbedürfnisse genügenden Stückes der Erdoberfläche, alles andere werden wir selbst besorgen.«[61] Für ihn war die Judenfrage wie schon für Hess ein nationales Problem: »Ich halte die Judenfrage weder für eine soziale, noch für eine religiöse, wenn sie sich auch noch so und anders färbt. *Sie ist eine nationale Frage*, und um sie zu lösen, müssen wir sie vor allem zu einer politischen Weltfrage machen, die im Rate der Kulturvölker zu regeln sein wird. – *Wir sind ein Volk, ein Volk.* – Wir haben überall ehrlich versucht, in der uns umgebenden Volksgemeinschaft unterzugehen und nur den Glauben unserer Väter zu bewahren. Man läßt es nicht zu. Vergebens sind wir treue und an manchen Orten sogar überschwengliche Patrioten, vergebens bringen wir dieselben Opfer an Gut und Blut wie unsere Mitbürger, vergebens bemühen wir uns, den Ruhm unserer Vaterländer in Künsten und Wissenschaften, ihren Reichtum durch Handel und Verkehr zu erhöhen. In unseren Vaterländern, in denen wir ja auch schon seit Jahrhunderten wohnen, werden wir als Fremdlinge ausgeschrien; oft von solchen, deren Geschlechter noch nicht im Lande waren, als unsere Väter da schon seufzten. Wer der Fremde im Lande ist, das kann die Mehrheit entscheiden; es ist eine Machtfrage, wie alles im Völkerverkehre.«[62]

Da Herzl die religiösen und kulturellen Aspekte der »Judenfrage« ausklammerte, konnte er die unterschiedlichsten politischen und religiösen Gruppierungen für seine Sache gewinnen und sie zu einer internationalen Organisation vereinigen. H. G. Adler schrieb über ihn: »Herzl war aber nicht nur ein Schriftsteller und guter Redner, er war ein Tatmensch und vorzüglicher Diplomat, der in den acht Jahren bis zu seinem frühen Tod 1904 allen Schwierigkeiten, Rückschlägen, selbst Protesten und Mißgriffen zuwider den politischen Zionismus so erfolgreich förderte, daß er zu einer mitentscheidenden Bewegung für das Schicksal der Juden wurde.«[63] Die stärkste Zustimmung erfuhr sein »Judenstaat« in Rußland und Rumänien, während sich in Deutschland zunächst fast nur Studenten dazu bekannten. Strenggläubige feindeten Herzl als Ketzer an, der sich die Rolle des Messias anmaße; der Großteil der assimilierten deutschen Juden, die den Antisemitismus für überwindbar hielten, betrachtete die Etablierung eines jüdischen Nationalstaates als unmöglich und überflüssig. Das politische Fernziel einer Auswanderung nach Palästina lief ihren Interessen auf restlose Eindeutschung zuwider.

Gleichwohl wurde auf dem ersten Zionistenkongreß in Basel 1897 ein Programm verabschiedet, das zur Grundlage aller weiteren zionistischen Aktivitäten wurde:

»Der Zionismus erstrebt für das jüdische Volk die Schaffung einer rechtlich gesicherten Heimstätte in Palästina. Zur Erreichung dieses Ziels nimmt der Kongreß folgende Mittel in Aussicht:

1. Die zweckdienliche Förderung der Besiedlung Palästinas mit jüdischen Ackerbauern, Handwerkern und Gewerbetreibenden.

2. Die Gliederung und Zusammenfassung der gesamten Judenschaft durch geeignete örtliche und allgemeine Veranstaltungen nach Landesgesetzen.

3. Die Stärkung des jüdischen Volksgefühls und Volksbewußtseins.

4. Vorbereitende Schritte zur Erlangung von Regierungszustimmungen, die nötig sind, um das Ziel des Zionismus zu erreichen.«[64]

Bis 1914 brachte es die Zionistische Vereinigung lediglich auf 9000 Mitglieder; zu stark war der Widerstand der Orthodoxen und des Centralvereins, der in der Besiedlung Palästinas nicht mehr als ein philanthropisches Unternehmen zur Rettung der bedrohten Juden in Osteuropa sah. Noch in der Weimarer Republik blieb das deutsche Bürgertum ablehnend: 1930 zählen die Zionisten 17500 Mitglieder.

Nach dem Baseler Kongreß hatte Herzl am 3. September 1897 in sein Tagebuch geschrieben: »Fasse ich den Baseler Kongreß in ein Wort zusammen – das ich mich hüten werde, öffentlich auszusprechen –, so ist es dieses: in Basel habe ich den Judenstaat gegründet. Wenn ich das heute laut sagte, würde mir ein universelles Gelächter antworten. Vielleicht in fünf Jahren, jedenfalls in fünfzig wird er es einsehen.«[65] Er sollte recht behalten: 50 Jahre später, am 29. November 1947, schlug die Vollversammlung der Vereinten Nationen die Teilung Palästinas in einen jüdischen und in einen arabischen Staat vor. Die arabischen Staaten stimmten geschlossen dagegen. David Ben Gurion rief am 14. Mai 1948 den Staat Israel aus.

Der Zionismus, wie ihn Herzl konzipierte, war ein stark säkulares Modell, in dem die geistig-kulturelle Tradition des Judentums keinen Platz hatte. Bereits auf den ersten Kongressen, die auf den Baseler folgten, erhoben sich kritische Stimmen, die auf eine geistige und kulturelle Neubesinnung des Judentums drängten. Für sie war der Zionismus nicht nur oder nicht mehr eine politische, sondern eine weltanschauliche Frage.

Die schärfsten Kritiker der offiziellen Politik und engagiertesten

Befürworter einer jüdischen Neuerungsbewegung waren Achad Haam und Martin Buber. Sie sind die Begründer des »Kulturzionismus«, einer Strömung, der es zwar nicht gelang, den Zionismus messianisch oder chassidisch zu fundieren, die jedoch eine fruchtbare Diskussion über das Selbstverständnis des Zionismus in die Wege leitete.

Ascher Ginzberg (1856–1927), der aus der Ukraine stammte und den hebräischen Namen Achad Haam (»Einer aus dem Volk«) annahm, war ein herausragender Vertreter der Pioniergeneration und der führende Publizist des damaligen Palästina. Die letzten fünf Lebensjahre verbrachte er in Tel Aviv als Ehrenbürger der Stadt. Für ihn war Palästina in erster Linie ein kulturelles und geistiges Zentrum, das der Reaktivierung jüdischer Tradition und Kultur dienen sollte. Er vertrat die These, daß »jenes einmalige geschichtliche Experiment der Rückkehr eines Volkes in die alte Heimat nach nahezu zweitausendjähriger Verbannung von einem erst zu schaffenden kollektiven Bewußtsein begleitet werden müsse«[66]. Er schrieb in der wieder erlernten, neuzeitlichen Erfordernissen angepaßten hebräischen Sprache, Iwrit, heute die offizielle Sprache des Staats Israel. Sie wurde von Elieser Ben Jehuda (1858–1922) eingeführt, der 1881 nach Palästina gekommen war und mit seinem »Thesaurus totius Hebraitatis« (1908 f.) als ihr Wiederentdecker gilt. Achad Haam schuf einen neuen hebräischen Stil für Publizistik und Wissenschaft. Immer wieder wies er darauf hin, daß der nationale Wiederaufbau weniger *in Zion* als *durch* Zion erfolgen müsse. »Die Gründung einer Hochschule für Kunst und Wissenschaft in Palästina, einer Akademie für Sprache und Literatur«, erklärte er 1902 auf dem Kongreß der russischen Zionisten in Minsk, »sind Werke, die uns unserem Ziel näher bringen als hundert Bauernkolonien.«[67]

Achad Haams zentrales Anliegen war die nationale Erziehung und Bildung der Juden sowohl in der Diaspora als auch in Palästina. Er vertrat seine Thesen mit beträchtlicher Rigorosität: Jüdische Literatur in fremden Sprachen, selbst in der jiddischen, erkannte er nicht als Teil der nationalen Kultur an. Er wollte nicht zulassen, daß die utopische Substanz des Zionismus im diplomatisch-politischen Aktivismus verlorenging.

Ähnlich argumentierte auch Martin Buber (1878–1965), dessen Anschauungen auf einen neuchassidischen Kulturzionismus hinausliefen. Buber, in Wien geboren, kam in früher Jugend bei seinem in Galizien lebenden Großvater, dem Talmudgelehrten Salomon Buber, mit dem ostjüdischen Chassidismus in Berührung. Diese um die Mitte des 18. Jahrhunderts in der Ukraine entstandene religiös-mystische Bewegung wurde in Polen, Rumänien und in der Ukraine zur herrschenden Form jüdischer Frömmigkeit. Im Chassidismus ist der Wertunterschied zwischen dem Rabbiner und dem einfachen Volk aufgehoben: Der Fromme (Chassid) jeden Standes kann aufgrund aufrichtiger Gläubigkeit die Stufe eines »Gerechten« (Zaddik) erreichen und die religiös-sittliche Führung der Gemeinschaft übernehmen. Der Vermittlung des ostjüdischen Chassidismus an das Westjudentum ist ein großer Teil von Bubers Werk gewidmet. Der Zionismus ist durch ihn entscheidend vertieft worden, und er gab ihm vor allem durch seine »Reden über das Judentum« (1911–1923) starke religiöse und ethische Impulse. 1924 wurde Buber auf den neugeschaffenen Lehrstuhl für jüdische Religionswissenschaft und Ethik an der Universität Frankfurt am Main berufen. Seit 1926 arbeitete er zusammen mit Franz Rosenzweig an der Übersetzung der Bibel ins Deutsche. Er verließ Deutschland erst 1938, emigrierte nach Palästina und wurde dort Professor für Soziologie an der Hebräischen Universität Jerusalem.

Buber wurde in Europa bekannter als in Israel und gewann besonders nach dem Zweiten Weltkrieg auch bei Nichtjuden hohes Ansehen. Da er die geistige Welt anderer abendländischer Völker nicht ausklammerte, sondern als europäischer Gelehrter wirkte, wurde er zum Vermittler zwischen Judentum und Christentum. Er ist, wie Franz Rosenzweig am 10. Mai 1922 an Hugo Sonnenfeld schrieb, »ohne es zu wollen, *der* von dem geistigen Deutschland anerkannte *deutsche* Jude geworden«[68]. Ob als Gelehrter, Publizist, Übersetzer, Philosoph, Mitbegründer des Jüdischen Verlags (1902) oder Mitarbeiter des Jüdischen Lehrhauses in Frankfurt am Main seit 1922 – Bubers Schlüsselrolle für das deutsch-jüdische Verhältnis ist, wenn sie auch nur einen Aspekt seiner umfassenden Tätigkeit darstellt, kaum zu überschätzen.

Martin Buber war es auch, der die wichtigsten Impulse für die Wiederentdeckung der geistigen und kulturellen Tradition der Ostjuden gab, die dem assimilierten Westjudentum ganz entrückt war. Als gegen 1880 ein Zustrom von Juden aus Osteuropa nach Deutschland einsetzte, wurden diese von den deutschen Juden zunächst mit Mißtrauen oder unverhüllter Abneigung betrachtet.

Ausgelöst wurde diese Wanderung nach Westen durch die Pogrome im zaristischen Rußland. Doch auch in Rumänien wurden die Juden verfolgt und wanderten in großer Zahl aus.

Die meisten Auswanderer – zwischen 1880 und 1914 waren es über 2,5 Millionen – zogen weiter nach Amerika, doch ein Teil blieb in Deutschland. Dort wurde ihnen der ständige Aufenthalt schwergemacht. Den wenigsten gelang es, die Naturalisation zu erreichen, fast alle mußten Ausländer bleiben. 1890 gab es in Deutschland etwa 22 000 Ostjuden, die 3,9 Prozent der Juden in Deutschland ausmachten (1910: zirka 79 000 = 12,8 Prozent). Während des Ersten Weltkrieges wurden in den von deutschen Truppen besetzten Gebieten Rußlands Juden als Arbeitskräfte angeworben. Das führte zu einer erhöhten Einwanderung, so daß in der Weimarer Republik die Ostjuden etwa 20 Prozent der in Deutschland lebenden Juden ausmachten – überwiegend Kleinhändler, Handwerker und ungelernte Arbeiter, die Jiddisch sprachen und in der Regel religiös orthodox lebten. Die meisten lebten in Berlin, in Sachsen und im Ruhrgebiet.

Ganz im Sinne des berüchtigten Treitschke-Wortes von den »hosenverkaufenden Jünglingen«, die über »unsere Ostgrenze« drängen, gehörte die Ostjudenfrage zu den zugkräftigsten Themen der antisemitischen Agitation. Für die assimilierten Juden des Kaiserreichs, national und der Tradition entfremdet, schien mit den »caftan jews« das Ghetto wiedergekehrt zu sein, dem sie, die »cravat jews«, ein für allemal entflohen waren.[69] Der liberale Ludwig Geiger schrieb: »Wir sind Deutsche, fühlen und handeln deutsch... Wir streben in Sprache und Gewohnheit, in Sitte und Lebensführung nach dem Ziel, alle Absonderheiten und Unarten, Gebrechen und Fehler des alten Ghetto loszuwerden.«[70]

Als ein solches wiederauferstandenes Ghetto erschien ihnen, zum Beispiel, das Scheunenviertel in Berlin, dessen exotische Sonderexistenz inmitten einer Weltstadt dazu geeignet war, alte antijüdische Klischees wiederzubeleben und die angestrebte Integration zu gefährden.

Der fromme Ostjude erscheint als komplettes Gegenbild zum aufgeklärten Westjuden. Als jedoch dessen Hoffnungen auf eine Verschmelzung mit dem Deutschtum im Zuge des sich ausbreitenden Antisemitismus gedämpft wurden, trat das Bild des unbekümmert selbstbewußten, fest in der Tradition verwurzelten Ostjuden allmählich immer positiver hervor. Vor allem der Zionismus trägt dazu bei, daß sich die traditionelle Typisierung zusehends verwischt. Bei den Ostjuden, die in Ghettos zusammengepfercht, in elenden Umständen, der Landessprache meist nicht kundig, Pogromen und Vertreibungen ausgesetzt, als eine verachtete Minderheit lebten, fanden die nationaljüdischen Parolen naturgemäß ein stärkeres Echo als bei den Westjuden. Ostjuden stellten einen beträchtlichen Teil der Mitglieder der Zionistischen Vereinigung. Für die Westjuden, deren Zionismus oft philanthropisch motiviert ist und als Hilfe für die armen ostjüdischen Brüder aufgefaßt wird, verändert sich die Einschätzung der Ostjuden: »Um die Jahrhundertwende gibt es daher das Gegenbild auch schon als positives Wunschbild.«[71] Sander Gilman stellte fest: »Um die Jahrhundertwende suchten zahlreiche Persönlichkeiten aus Deutschland angesichts der Unsicherheit des Westjudentums Zuflucht bei ihrem Ideal, der gefestigten Welt des ›Ostjuden‹.«[72] In den Jahren 1916/17 gibt es durch die direkte Berührung mit dem Judentum in den besetzten Ostgebieten neue Impulse: Die kulturelle und geistige Eigenart des Ostjudentums wird jetzt vollends sichtbar. In den 20er Jahren erreichte dieser Prozeß, obgleich die traditionellen Abwehrhaltungen der deutschen Juden weiterbestanden, eine neue Qualität. Eine wichtige Rolle spielt dabei der Prager »Bar Kochba-Kreis«, eine zionistische Studentenverbindung, die 1899 aus dem Studentenverein »Makabäa« hervorging. Der Sammelband »Vom Judentum«, herausgegeben vom Verein Bar Kochba, erlebte mehrere Auflagen und ist ein Standardwerk geworden. Mit der Geschichte des Vereins sind vor allem Martin Bubers in Prag erstmals gehaltene »Drei Reden über das Judentum« verbunden. Buber gehörte auch zu den Beiträgern zum Sammelband, an dem außerdem Hans Kohn, Hugo Bergmann, Oskar Epstein, Hugo Hermann, Robert Weltsch, Nathan Birnbaum, Max Brod, Moritz Goldstein, Moritz Heimann, Erich Kahler, Gustav Landauer, Ludwig Strauss, Margarete Susman, Jakob Wassermann, Karl Wolfskehl und Arnold Zweig mitarbeiteten.

In Kovno bemühte sich eine Gruppe von Künstlern und Intellektuellen um Sammy Gronemann (1875–1952) um direkten Kontakt zum Ostjudentum. Gronemann war als Dolmetscher für Jiddisch beim Oberkommando Ost in enge Berührung mit Ostjuden gekommen. Der Gruppe gehörte auch der Maler und Radierer Hermann Struck (1876–1944) an. Er veröffentlichte 1920 50 Steinzeichnungen unter dem Titel »Das ostjüdische Antlitz«, zu denen Arnold Zweig Texte schrieb. Fritz Mordechai Kaufmann (1888 bis 1921) kümmerte sich in Berlin um die Eingliederung ostjüdischer Einwanderer und gab im Jüdischen Verlag die »Schönsten Lieder der Ostjuden« heraus. Gegen Ende des Krieges erscheinen dann die ersten Sammelbände ostjüdischer Erzähler, übersetzt von Alexander Eliasberg (1878–1924): »Ostjüdische Erzähler« (1917) und »Ostjüdische Novellen« (1918). Namen wie Isaak L. Perez, Scholem Alejchem oder Scholem Asch sind mit dieser Renaissance jiddischer Literatur verbunden. Mischa Josef Bin Gorion (1865–1921) gab unter dem Titel »Der Born Judas« (1926f.) Legenden, Märchen und Erzählungen heraus. Nach 1920 ist eine »Aufgeschlossenheit für hebräische und jiddische Literatur, für Theater aus dem Osten, für ostjüdische Folklore und Tradition zu verzeichnen wie nie vorher«[73].

Bei Ausbruch des Ersten Weltkrieges riefen nichtzionistische und zionistische Organisationen gleichermaßen ihre Mitglieder dazu auf, sich freiwillig zu den Waffen zu melden. In einem Aufruf des Centralvereins hieß es: »Daß jeder deutsche Jude zu den Opfern an Gut und Blut bereit ist, die die Pflicht erheischt, ist selbstverständlich. Glaubensgenossen! Wir rufen Euch auf, über das Maß der Pflicht hinaus Eure Kräfte dem Vaterlande zu widmen! Eilt freiwillig zu den Fahnen!«[74] Die deutschen Juden folgten diesen Aufrufen in großem Ausmaß. Während des Krieges dienten 100 000 Juden (17 Prozent aller deutscher Juden) und 12 000 fielen.

Als mit der Fortdauer des Krieges die Begeisterung in Enttäuschung und Unzufriedenheit umschlug, lebte der Judenhaß in Militär und Gesellschaft wieder auf.

Im Laufe des Jahres 1915 häuften sich im Kriegsministerium die Eingaben, Beschwerden und Denunziationen, die beklagten, eine unverhältnismäßig große Zahl wehrpflichtiger Juden sei vom Wehrdienst befreit oder drücke sich davor. Diese von antisemitischen Kreisen gesteuerte Kampagne nahm das Kriegsministerium im Oktober 1916 zum Anlaß, eine statistische Untersuchung über die Dienstverhältnisse der deutschen Juden im Krieg anzuordnen.

Angeblich sollte diese »Judenzählung« die Haltlosigkeit dieser Vorwürfe belegen. »In Wirklichkeit gaben antisemitische Beweggründe den Ausschlag. Hiervon ließ sich das preußische Kriegsministerium auch leiten, als es sich weigerte entsprechend jüdischen

Forderungen die Ergebnisse der Erhebungen zu veröffentlichen.«[75]
Diese Geheimhaltung hatte die absurdesten Gerüchte zur Folge und
lieferte der antisemitischen Agitation neues Material. Die »Judenzählung« markierte einen »tiefen Einschnitt in den deutsch-jüdischen Beziehungen«[76]. Unter den deutschen Juden breitete sich Er-
nüchterung, Erbitterung und Verzweiflung aus.

Als die militärische Niederlage des Kaiserreichs besiegelt war,
mußte der Mythos vom internationalen Judentum, von den Juden
als Drahtzieher der »Verzichtpolitik« herhalten, um das Versagen
der politischen und militärischen Führung zu bemänteln. Für die
»Alldeutschen« und ihren Vorsitzenden Heinrich Claß war klar,
daß die Juden dem Heer den »Dolchstoß« versetzt hatten.

3.

*Paul Heyse – Karl Emil Franzos – Jakob Julius David – Julius
Rodenberg – David Kalisch – Julius Stettenheim – Hedwig Dohm
Ludwig Jacobowski – Jacob Löwenberg – Zionistische Literatur –
Belletristik der Orthodoxen Der »George-Kreis« – Maximilian
Harden*

Arthur Eloesser meint, es sei Paul Heyse gewesen, der die »hervor-
ragendste Rolle unter den Autoren jüdischer oder zum Teil jüdischer Abstammung in dieser ganzen Zeitspanne bürgerlicher Befrie-
dung in Deutschland vor Anbruch des Naturalismus« gespielt
habe.[77] Heyse (1830–1914), den die Literaturgeschichten inzwischen nur am Rande erwähnen, präsentiert sich mit seinem umfangreichen Werk, das acht Romane, rund 150 Novellen, über 60 Dramen und mehrere Bände Übersetzungen umfaßt, als Typus des
bürgerlichen Großschriftstellers, der, beim Bildungsbürgertum angesehen, erfolgreich und integer, sein Schaffen 1910 mit dem Nobel-
preis für Literatur gekrönt sah. Seine Zeitgenossen sahen ihn – im
positiven wie im negativen Sinn – als Exponenten jener Epoche
an, die vom Ende der Klassik bis zum Ausbruch des Weltkrieges
reicht.

Heyse stammte aus dem Berliner Bürgertum. Sein Vater war Professor der klassischen Philologie, über seine Mutter, Marianne Saa-
ling, war er mit der Familie Mendelssohn-Bartholdy verwandt. 1854
wurde der promovierte Romanist von König Maximilian nach
München gerufen, erhielt ein Gehalt, ohne eine andere Verpflichtung als die, zu schreiben. Heyse wurde in München heimisch,
führte ein großes Haus, wurde jedoch nie ein »Hofpoet«. Er war ein
unermüdlicher und sorgsamer Arbeiter, dessen Werk kaum eine
Entwicklung und schon gar keine Brüche aufweist. Sein Ruhm
gründet sich auf seine Novellen, für die er auch eine bekanntgewor-
dene Theorie entwarf. Seine Novellen, psychologisch grundiert, va-
riieren sein Hauptthema, die Liebe, die ohne Prüderie beschrieben
wird, jedoch ohne je die Grenzen der Konvention zu überschreiten.
Auch als der Modedichter hinter der literarischen Entwicklung
längst zurückgeblieben war, blieb sein Publikum ihm treu. Herwarth Walden hat ihn treffend »Der Meisterepigone« genannt. Jüdische Stoffe und Motive tauchen in Heyses Werk kaum auf. Aus sei-

nem Halbjudentum hat er, wie seine »Jugenderinnerungen und Bekenntnisse« (1900) bezeugen, indes keinen Hehl gemacht; dort
zeichnet er, wie der Antisemit Adolf Bartels hämisch bemerkt,
»seine jüdische Verwandtschaft mit höchst charakteristischen Stri-
chen«.[78]

Aus heutiger Sicht scheint das Werk von Karl Emil Franzos
(1848–1904) mehr literarische Substanz aufzuweisen. Zu seinen
Lebzeiten war Franzos ein vielgelesener Autor. Von seinem Erzählungsband »Die Juden von Barnow« (1877) erschien 1928 die
16. Auflage. Sein bedeutendster Roman »Der Pojaz«, ein jüdischer
Bildungsroman von großer epischer Kraft und sprachlicher Virtuosität, ist immer noch nicht seinem Rang entsprechend gewürdigt
und sein Autor zu Unrecht ins Abseits gedrängt worden.

In seinem Werk kam die von Heinrich Heine initiierte und von
Bernstein und Kompert aufgeformte Ghetto-Geschichte zur Voll-
endung. Als 1876 seine »Kulturbilder aus Galizien, der Bukowina,
Südrußland und Rumänien« unter dem programmatischen Titel
»Aus Halb-Asien« erschienen, regte sich in Deutschland und in
Osteuropa ein neuer Chauvinismus und Antisemitismus; es entstand ein Klima, das es fraglich erscheinen ließ, ob die Integrations-
konzepte sich je würden realisieren lassen. Die Mehrheit der deutschen Juden reagierte zurückhaltend auf diese Entwicklung,
forcierte nach außen ihre Bürgerlichkeit und stellte ihr Judentum
nicht mehr so offen heraus, aus Furcht, die errungenen Positionen
möglicherweise wieder einzubüßen. Ghetto-Geschichten wurden
kaum noch geschrieben. Zu den Ausnahmen gehörte Franzos, »der
weiterhin die Erinnerung an Lessings ›Nathan‹ sowie an Herder,
Schiller, Börne, Heine und Büchner wachzuhalten versuchte und
auch seinen ostjüdischen Brüdern empfahl, lieber solchen Leitster-
nen nachzufolgen, als sich der mittelalterlichen Orthodoxie der ört-
lichen Rabbiner zu unterwerfen«[79]. In seinen Geschichten »Die Juden von Barnow« (1877) und in seinem (aus dem Nachlaß 1905 veröffentlichten) Bildungsroman »Der Pojaz« hat er die Ideale der
westlichen Kultur der traditionsgeprägten Welt des galizischen
Judentums gegenübergestellt: Aufklärung, Toleranz und Humanität gegen religiösen Fanatismus, starrsinnige Beschränkung und
Aberglauben.

Franzos wurde 1848 im galizischen Czortków (dem »Barnow«
seiner Erzählungen) als Sohn eines liberalen Bezirksarztes geboren.

Er besuchte das Gymnasium in Czernowitz, studierte in Graz und Wien Rechtswissenschaften, wandte sich dann dem Journalismus zu und war Mitarbeiter zahlreicher Zeitungen. Von 1883 bis 1886 war er Herausgeber der »Neuen Illustrierten Zeitung« in Wien, siedelte dann nach Berlin über, wo er von 1886 bis 1904 die Zeitschrift »Deutsche Dichtung« herausgab. Er war der Herausgeber der ersten Ausgabe der Gesammelten Werke von Georg Büchner (1879) und des »Deutschen Dichterbuchs aus Österreich« (1883). Der Sammelband »Die Geschichte des Erstlingswerkes«, die er 1894 herausgab, enthält 19 autobiographische Aufsätze, in denen Autoren wie Ludwig Fulda, Paul Heyse und Theodor Fontane ihre literarischen Anfänge beschreiben. Franzos' eigener Beitrag ist für sein Leben und Werk sehr aufschlußreich.

Aus dem umfangreichen Werk Franzos' ragt der Roman »Pojaz« heraus, ein Buch, das Jost Hermand, der sich bereits vor 20 Jahren für Franzos' Werk einsetzte, zur »unbequemen Literatur« rechnet: »Das Unbequeme dieses Buches liegt vor allem darin, daß es im Hinblick auf die Judenfrage sowohl den Teutonismus als auch den Zionismus verdammt und zwischen diesen beiden Extremen einen dritten Weg einzuschlagen versucht: den der kulturellen Assimilation. Da man sich zu diesem Weg nicht entschließen konnte, mußte der ›Pojaz‹ für Juden und Deutsche gleichermaßen ein Ärgernis bleiben, wodurch ein wahrhaft großer Roman in die Kategorie der totgeschwiegenen Literatur verwiesen wurde.«[80]

Franzos' Vater erzog seinen Sohn im Geist der Aufklärung, den er in Mendelssohn und Lessings »Nathan« verkörpert sah. Franzos berichtet in einem Vorwort für den »Pojaz«, 1893 geschrieben, sein Vater habe ihm gesagt: »Du bist deiner Nationalität nach kein Pole, kein Ruthene, kein Jude, du bist ein Deutscher. Deinem Glauben nach bist du ein Jude.«[81] Diese Erziehung bewirkte, daß sich Franzos von Kindheit an von der Umgebung isoliert fand: »Ich wuchs wie auf einer Insel auf. Von meinen (christlichen) Mitschülern schieden mich Glauben und Sprache, und genau dasselbe schied mich von den jüdischen Knaben. Ich war ein Jude, aber von anderer Art als sie, und ihre Sprache war mir nicht ganz verständlich.«[82] Dennoch hielt Franzos am jüdischen Glauben fest wie sein Vorbild Mendelssohn. Gerade weil es ihm im Berufsleben und im Privaten »schadete«, begann es ihn zu interessieren, weil er ihm ein solches Opfer wie den Verzicht auf die juristische Karriere hatte bringen müssen: »Ich wurde kein Frommer im Lande, aber mein Interesse für das Judentum, das Gefühl meiner Zusammengehörigkeit mit den armen Kaftanjuden aus der Czernowitzer ›Wassergasse‹ wurde ungleich stärker als bisher.«[83] In seinem Werk hat Franzos die Judengassen geschildert, in ihrer »ganzen sozialen Enge und Beschränkung durch die nichtjüdische Welt von außen und die Orthodoxie von innen«[84]. Gegen die kulturfeindliche Absonderung und den starrsinnigen Glaubenshochmut setzt er die Ideen der Aufklärung. Es ist das Ziel aller seiner Arbeiten, »die ›halbasiatischen‹ Völker durch allmähliche ›Annäherung an die europäischen Sitten‹ endlich auf jene Bewußtseinsebene (zu) heben, wo sie den Fatalismus ihrer Messiashoffnung durch ein Programm der Selbsttätigkeit und Selbstentwicklung ersetzen und somit ihr Geschick in ihre eigenen Hände nehmen«[85]. Nicht nur seine stilistische Meisterschaft verleiht Franzos' Ghetto-Geschichten eine neue Qualität, sondern er bricht auch mit allen verklärenden Klischees, schreibt schärfer und direkter als seine Vorgänger. Er schildert nicht nur den Druck von außen, sondern prangert ebenso die innerjüdischen Unterdrükkungsmechanismen an, die in früheren Zeiten vielleicht gerechtfertigt, ihm jetzt lediglich archaische Relikte sind. Er will das Judentum des östlichen Ghettos weder verherrlichen noch verspotten, sondern es zeigen, wie es wirklich ist. Freilich nimmt er nicht nur Rabbiner, Chassidim und intolerante Schwärmer aufs Korn, sondern auch die brutalen polnischen Feudalherren oder die Beamten der österreichischen Verwaltung. Seine »Juden von Barnow« sind keine »menschenfreundlichen Moses-Mendelssohn-Typen« (Hermand), sondern unbelehrbare Antiaufklärer, die zäh an einem längst überholten Traditionalismus und Regelzwang festhalten. Im »Shylock von Barnow« zieht die Tochter des reichen Moses mit einem Fremden davon und wird von ihrem Vater verflucht. Als sie später zurückkehrt, läßt sie der Vater vor seiner Haustür sterben. Die schöne »Esterka Regina« wird von den Eltern gezwungen, gegen ihren Willen einen Rechtgläubigen zu heiraten und ihrer Liebe zu einem getauften Juden zu entsagen. Sie geht daran zugrunde.

In »Der Pojaz« erzählt Franzos die tragische Geschichte des Sender (= Alexander) Glatteis, wobei bereits der Name Heroismus und Gefährdung verkörpert. Sender, der junge galizische Ghettojude, wegen seiner Spaßmachertalente »Pojaz« (= Bajazzo) genannt, erfährt sein entscheidendes Erlebnis, als er der Welt des Theaters begegnet. Diese Faszination ist so stark, daß er versucht, aus der Welt des Ghettos auszubrechen, um Schauspieler zu werden. Sein Konflikt mit der Orthodoxie ist unvermeidlich, denn den Glaubensstrengen gilt jeder als Abtrünniger, der deutsch lesen kann oder sich mit westlichen Ideen beschäftigt. Sender führt einen Kampf gegen Widerstände und Verfolgungen, nimmt ein mühsames Wanderleben auf sich und kehrt schließlich, von Krankheit gezeichnet, doch immer noch voller Hoffnung, sein Ziel zu erreichen, in seine galizische Heimat zurück, wo er stirbt.

Das Buch liest sich wie ein galizischer »Wilhelm Meister«, und gelegentlich fühlt man sich auch an den »Anton Reiser« erinnert, doch fehlt dem Buch der Optimismus des klassischen Bildungskonzeptes. Hatte der geschundene und umhergestoßene Sender, der nicht an die Bibel, sondern an die Werke der deutschen Klassik glaubt, von Anfang an keine Chance? Jost Hermand meint, am Ende erweise sich »Glatteis sei doch stärker als der Rabbi mit seinem Gemeindebann, weil er der ›Geistigere‹ ist, in dem sich der Fortschritt der Menschheit manifestiert.«[86] Für Hermand ist es einleuchtend, daß Franzos auf die Veröffentlichung des »Pojaz« verzichtete, weil er erkannte, daß die »noblen Konzepte der Aufklärung... längst in den Hintergrund gedrängt« waren und ihm die »Möglichkeit einer totalen Integration plötzlich in einem höchst problematischen Licht erscheinen mußte.[87] So ist denn der »Pojaz«-Roman zu Franzos Lebzeiten nur auf Russisch erschienen (1893).

Als der Roman ein Jahr nach Franzos' Tod auf den Markt kam, waren die Spannungen zwischen Deutschen und Juden noch größer geworden. Der Dreyfus-Prozeß und die Pogrome in Weißrußland im Anschluß an die erste russische Revolution von 1904/05 hatten die Vehemenz des Anitsemitismus aufgezeigt; der politische Zionismus war in der politischen Öffentlichkeit zu einem wichtigen Faktor geworden – die literarische Situation hatte sich von Grund auf verändert. So blieb dieser Roman relativ unbeachtet. Es war nicht die Zeit für dieses Buch, das einen dritten Weg propagierte; ein Modell beschrieb, das schon damals auf beiden Seiten nur von Minoritäten begrüßt oder praktiziert wurde.

Einer ganz anderen Welt entstammt Jakob Julius David (1859–1906), dessen Werke zwar bis zum Ersten Weltkrieg

Beachtung fanden, der aber heute nahezu ganz in Vergessenheit geraten ist. Dabei ist dieser sperrige, formal oft schwerfällige, nie um Gefälligkeit bemühte Erzähler des Vor-Naturalismus eine durchaus interessante Figur in der Literatur des 19. Jahrhunderts.

David, in Mährisch-Weißkirchen geboren, entstammte dem jüdischen, deutscher Sprache und Kultur assimilierten Kleinbürgertum, das mit der überwiegend tschechischen bäuerlichen Bevölkerung harmonisch zusammenlebte. Die Emanzipationsprobleme eines Emil Franzos hatte er nicht. David, von Kind an kränklich, lebte, als er 1877 nach Wien kam, um dort zu studieren, zeitweilig wie ein Clochard. Mit Privatunterricht und journalistischen Gelegenheitsarbeiten hielt er sich über Wasser. Auch nach seiner Promotion 1889 war er weiterhin zu journalistischer Brotarbeit gezwungen. 1883 debütierte er mit zwei Erzählungen in dem von Karl Emil Franzos herausgegebenen Sammelband »Deutsches Dichterbuch aus Österreich«.

In seinen im Wiener Milieu spielenden Erzählungen und Romanen behandelt David das Phänomen des für Wien um die Jahrhundertwende typischen sozialen Umschichtungsprozesses. Er beschreibt, wie Menschen aus den Randgebieten der Monarchie in den Sog der Hauptstadt geraten und darin untergehen. Das Elend eines »akademischen Proletariats«, und damit sein eigenes, schildert er in dem Roman »Am Wege sterben« (1899). Das Buch vermittelt das Gegenbild zu dem eines glänzenden, eleganten Wien, es beleuchtet die Schattenseiten: Armut, moralische und geistige Verwahrlosung und Entwurzelung. Die Personen sind desillusionierte Studenten und fragwürdige Existenzen, bereit, alles für den Erfolg preiszugeben. Die einzige moralisch integre Figur ist der jüdische Arzt Simon Siebenschein, der in der allgemeinen Verworfenheit seine Würde bewahrt.

David übt nicht pauschale Kritik an der »Verstädterung«, sondern spürt den Symptomen nach, die den Untergang der bürgerlichen Gesellschaft bezeichnen. Die Hoffnung auf einen Übergang zum Humanen und Guten hat er in seinem Roman »Der Übergang« (1902) ausgedrückt. Das Buch, in der Anlage den im Jahr zuvor erschienenen »Buddenbrooks« ähnlich, schildert den Verfall einer reichen Kaufmannsfamilie. Davids Buch über Bankrotteure, Selbstmörder, skrupellose Karrieremacher und heruntergekommene Söhne und Töchter ist ein österreichisches Epos von Verwandlung,

Verfall und Untergang, ein früher Abgesang auf die bürgerliche Epoche. In ähnlicher Breite wird dieses Thema, wenn auch nicht mit einer so pessimistischen Grundstimmung, erst wieder 1920 in Otto Stoessls Roman »Das Haus Erath oder der Niedergang des Bürgertums« behandelt.

Nach der Jahrhundertwende bevorzugte David Stoffe aus seiner mährischen Heimat. Seine »Mährischen Dorfgeschichten« (1910) vermeiden Idealisierung und Idyllisierung und sind in einer knappen und spröden Sprache geschrieben. Mit der nationalistischen »Heimatkunst« des Kaiserreichs haben sie nichts zu tun. David, ein eigenwilliger, versponnener Einzelgänger, stand den Feingeistern des »Jungen Wien« fern. Albert Soergel hat ihn recht gut charakterisiert: »Ein Landkind wie Rosegger, wie Ebner-Eschenbach, ein Mensch der neuen Zeit mit dem Zuge nach der Weltstadt, aber ohne rechte Freude an der Weltstadt, immer ein einsam verschlossener Bauernsohn mit der nie schwindenden, immer innerlicher ihn durchglühenden Erinnerung an die melancholische Weite seiner Heimat.«[88] In den Jahren 1908/09 erschienen Davids »Gesammelte Werke« in sieben Bänden im Piper Verlag. Heute ist er bedauerlicherweise vergessen.

Weniger als produktiver Schriftsteller (er veröffentlichte insgesamt 54 Bücher), sondern als Kritiker und Begründer und erster Herausgeber der »Deutschen Rundschau« ist Julius Rodenberg, eigentlich Julius Levi aus Rodenberg in Hessen (1831–1914), von Bedeutung. Die »Deutsche Rundschau«, 1874 von Rodenberg begründet, war bis zum Ersten Weltkrieg neben der »Neuen Rundschau« des S. Fischer Verlags die führende Kulturzeitschrift für das gehobene Bürgertum. Rodenberg erstrebte hohes Niveau, moderate Urteile, politische Zurückhaltung und Unparteilichkeit. In literarischen Fragen war er konservativ. Bis 1890 erschienen unter anderem Novellen von Fontane, Keller, Meyer und Storm, Essays von Bölsche, Dilthey und Hillebrand. »Die Kontinuität und Programmtreue blieb bis 1914 durch die Persönlichkeit Rodenbergs – später durch Rudolf Pechel – gewahrt.«[89]

Nimmt man zur Rodenbergschen die »Rundschau« von Samuel Fischer, Siegfried Jacobsohns »Schaubühne«, Herwarth Waldens »Sturm«, Alfred Kerrs »Pan«, Maximilian Hardens »Zukunft« und die »Fackel« von Karl Kraus hinzu, wird die Bedeutung klar, die jüdische Herausgeber und Redakteure für den literarischen Journalismus hatten. Fritz Schlawe weist zu Recht auf den »schöpferischen Beitrag der jüdischen Geistigkeit« hin.[90]

In den Jahrgängen dieser Zeitschriften, schrieb Arnold Zweig, finde man, »für immer festgehalten, alles, was seit 1890 zwischen Berlin und Wien als geistiges Leben flutet... und jeden bedeutenden Deutschen, gerade auch die Nichtjuden von schöpferischer Potenz, finden wir in diesen Heften begeistert propagiert, mit schöpferischer Liebe kritisiert, gescholten, vorwärts getrieben... Alle jene Juden, die Deutschland besessen liebten, das demokratische, das wahre, das ewige Deutschland, sind in ihnen zu finden, von Walter Rathenau, Paul Schlesinger (Sling) bis zu Ernst Toller, Kurt Tucholsky, Julius Bab. Eine ganze Literatur, eine ganze Kunst- und Theaterkritik, eine ganze Geschichte der politischen Entwicklung ist in ihnen zu finden...«[91]

Auch das erste politische illustrierte Witzblatt in Deutschland ist eine jüdische Gründung. Die Erfinder und Hauptstützen des »Kladderadatsch«, populärstes und einflußreichstes Berliner Witzblatt, 1848 von David Kalisch (1820–1872) und Ernst Dohm gegründet, waren Juden. Zu den Mitarbeitern zählte Julius Stettenheim (1831–1916), der Erfinder des Kriegsberichterstatters »Wippchen«, einer geschwätzigen Type, mit deren Redefluß Stettenheim den geschwollenen und blumigen Feuilletonstil parodierte. Er »exzellierte in der tollsten Vermengung von Redensarten und mythologischen Anspielungen, in der komischen Kombination von falschen Bildern und Stilentgleisungen«[92].

Die Gattin des ersten Chefredakteurs Ernst Dohm, Hedwig Dohm (1833–1919), war die Tochter des Fabrikanten Gustav Adolph Gotthold Schlesinger, der sich 1817 taufen ließ. Nach ihrer Heirat mit Dohm 1852 wurde ihr Berliner Haus zu einem beliebten Treffpunkt; dort verkehrten Alexander von Humboldt, Ferdinand Lassalle, Fanny Lewald, Karl Varnhagen, Theodor Fontane. Als Schriftstellerin trat sie zunächst mit Lustspielen hervor. Seit 1872 veröffentlichte sie radikale theoretische Schriften zur Frauenfrage, in denen sie für die Selbständigkeit der Frau eintrat. Themen der Frauenemanzipation vertrat sie auch in ihrem erzählerischen Werk, zum Beispiel in der Romantrilogie »Sibilla Dalmar« (1896), »Schicksale einer Seele« (1899) und »Christa Ruland« (1902).

In der literarischen Szene der Jahrhundertwende, gekennzeichnet von der Rebellion der Jungen gegen die Alten, hat der frühverstorbene Ludwig Jacobowski (1868–1900) eine wichtige Rolle gespielt. Seit 1898 Redakteur und Herausgeber der Zeitschrift »Die Gesellschaft« hat er als Anreger, Förderer und Vermittler eine intensive Tätigkeit entfaltet. »Die Gesellschaft« war die führende Zeitschrift der jungen literarischen Generation, in der als Mitarbeiter nahezu alle Autoren von Peter Altenberg bis Stefan Zweig, die um 1900 einen Namen hatten, vertreten waren. Hier erschienen unter anderem Erstdrucke von Max Halbe, Gerhart Hauptmann, Else Lasker-Schüler oder Thomas Mann und Aufsätze von Hermann Bang, Richard Dehmel, Otto Flake, Arno Holz, Karl Kraus, Fritz Mauthner, Oskar Panizza und Johannes Schlaf. Auch als Literat war Jacobowski überaus produktiv. Er veröffentlichte zwei Romane, fünf Bände Erzählungen, vier Dramen, zwei literaturwissenschaftliche Schriften, eine kulturpolitische Studie neben mehr als 100 Beiträgen, die er für eine große Zahl von Zeitungen und Zeitschriften schrieb.

Am bekanntesten wurde sein Roman »Werther, der Jude« (1892), der noch 1912 in der achten Auflage erschien und in mehrere Sprachen übersetzt wurde. Dennoch hat sich Jacobowski in der Literaturgeschichte keinen festen Platz sichern können. Als 1967 eine 2300 Stücke umfassende Korrespondenz Jacobowskis von Fred B. Stern 1974 ediert wurde, mußte der Herausgeber konstatieren: »Heute gehört Jacobowski zu den Verschollenen und Vergessenen der deutschen Literatur. Es ist fast wörtlich so, wie er einmal in einer dunklen Ahnung gesagt hat: ›Ich weiß, wenn all mein / Tun zu Ende geht, / daß meines Namens / Spur wie Rauch verweht…‹«[93] In jüdischen Kreisen wurde sein Roman derzeit viel diskutiert; in letzter Zeit hat Itta Shedletzky sich mit der Rezeption des Buches und der Identitätsproblematik seines Verfassers beschäftigt.[94]

Ludwig Jacobowski wurde in Strelno (Posen) als Sohn eines Handlungsreisenden geboren und wuchs in ärmlichen Verhältnissen auf. Er wurde in Berlin erzogen, studierte Literatur, Philosophie und Geschichte in Berlin und Freiburg und promovierte 1891 mit einer Arbeit über »Klinger und Shakespeare«. Innerhalb kurzer Zeit verlor er seine Eltern, einen Schulfreund, zwei seiner Brüder und seine Braut. Wirtschaftlichen Sorgen zwangen ihn, eine Stellung in dem Büro des ›Vereins zur Abwehr des Antisemitismus‹ anzunehmen, die er auch beibehalten mußte, als er 1898 Herausgeber und Redakteur der Zeitschrift ›Die Gesellschaft‹ geworden war. Jacobowskis rege Tätigkeit als Herausgeber, seine Bestrebungen zur

Hebung der Volksbildung, seine Tätigkeit in der Berliner Volksbühnenbewegung können hier nur erwähnt werden.

Jacobowskis Leben und Werk bezeugen exemplarisch die qualvoll-prekäre Doppelexistenz als Deutscher und Jude, den Versuch, das Jude-Sein in deutscher Umgebung zu definieren, vergleichbar nur den lebenslangen Bemühungen Jakob Wassermanns, als deutscher Jude anerkannt zu werden. Jacobowski strebte nach einem Aufgehen im Deutschtum. Im Geleitwort zur dritten Auflage seines Romans »Werther, der Jude« heißt es 1898: »In meinen Anschauungen über die Judenfrage aber bin und bleibe ich derselbe, der ich gewesen. Sie zeigen immer nur die eine Wegrichtung: Restloses Aufgehen in deutschen Geist und deutsche Gesittung.«[95] Das nationalstaatliche Modell der Zionisten akzeptierte er nur als mögliche Lösung für die Juden in Osteuropa, für die deutschen Juden lehnte er es ab. Fred B. Stern bezeichnet als Jacobowskis »tiefste Identitätskrise«, die ihn zermürbte, »die Zwitterstellung zwischen seinem Bewußtsein als Jude und seinem Gefühl der Zugehörigkeit zum deutschen Kulturkreis. Er fühlte sich als Deutscher und mußte doch innewerden, daß in seinem Wesen das jüdische Erbe nach Erfüllung strebte. Dieser Bruch zwischen seinem Jude-Sein und seinem Deutschtum, in das ihn das Schicksal gestellt hat, durchzieht sein ganzes Leben. Bis er eines Tages aus ihm hervorbricht in dem schmerzlichen Ausruf: »*Siehe, o Herr, nur das eine hab' ich / Kämpfend erstrebt und schluchzend erfleht. / Erst ein Deutscher und dann ein Jude, / Erst ein Charakter und dann ein Poet!*«[96]

In Jacobowskis Roman »Werther, der Jude« studiert die Hauptfigur, Leo Wolff, Sohn eines Bankiers, in Berlin, ist Mitglied einer Burschenschaft und mit Helene liiert, einem Mädchen aus einer kleinbürgerlichen Familie, das von ihm schwanger wird. Als kontrastierende Nebenfiguren erscheinen Leos antisemitischer Korpsbruder Max von Horst und der Pfarrersohn Richard, Leos bester Freund. Als Leo erfährt, daß aufgrund der skrupellosen Geschäftspraktiken seines Vaters der Pfarrer und der von ihm verehrte Direktor seiner Schule ihre Ersparnisse verloren haben, fährt er, ohne von Helenes Schwangerschaft zu wissen, nach Hause und erkrankt dort, verzweifelt über seinen Vater, dessen Verhalten ihm antisemitische Beschuldigungen berechtigt erscheinen läßt. Nach seiner Genesung erfährt er durch Max von Horst, daß Helene sich aus Verzweiflung über ihre von einem Juden verursachte Schwangerschaft das Leben genommen hat. Darauf erschießt er sich. Leo, der seinem Ideal von einer ethischen Neubegründung des Judentums zuwiderhandelte, sah keinen anderen Ausweg mehr »aus dem Labyrinth der Verfolgung der Juden«. Für Ludwig Geiger, der den Roman in der »Allgemeinen Zeitung des Judentums« rezensierte, war der Protagonist Leo Wolff »ebensowenig ein Vertreter des Deutschtums wie des Judentums, und mit seinem Untergang wird die Lösung der brennenden Frage mit keinem Schritte gefördert«.[97] Die scharfe jüdische Selbstkritik des Romans hat Peter Gay in die Nähe des jüdischen Selbsthasses gerückt, wenn er von einer »Empfindlichkeit« spricht, für welche dieser Roman typisch sei: »Juden fühlten sich beschämt und abgestoßen, wenn sie mit ansahen, was sie als ›jüdische Angeberei‹ in der Öffentlichkeit, bei geschäftlichen Verbindungen, in politischen Auseinandersetzungen und in der Boulevardpresse zu erkennen glaubten.«[98] Itta Shedletzky hat darauf hingewiesen, daß die zionistische Literaturkritik diesen »radikalen Kritiker der jüdischen Diasporaexistenz« ungeachtet seiner dezidierten antizionistischen Position »zum potentiellen Nationaljuden« erklärt hat.[99] Für sie ist Leos Selbstmord die Bestätigung ihrer eigenen These, daß das Streben nach Assimilation vergeblich sei und eine jüdische Existenz in einer feindlichen Umwelt keine Chance habe. So wurde Jacobowskis Roman von den assimilierten Juden, denen er sich zugehörig fühlte, abgelehnt und von den Zionisten, deren Modell er ablehnte, für sich in Anspruch genommen.

Fred B. Stern hat Jacobowski treffend als »Phänotyp des jungen deutschen Juden« charakterisiert, »der auf der Grenzlinie zwischen der Assimilation und der zur gleichen Zeit beginnenden Wiedergeburt des jüdischen Menschen entlangschreitet und sich vergebens darum bemüht, eine Plattform zu finden, auf der die Ideologien des Deutschtums und des Judentums vereinigt werden konnten.«[100] Bitter war das Fazit, das Jacobowski 1900 zog: »*Was gibt du mir, du deutsches Land, / Für meine reichen Gaben? / ... Zum Leben eine Handvoll Sand / Und Sand auch zum Begraben.*«[101]

Einige Gemeinsamkeiten mit Jacobowski weist Jacob Löwenberg (1856–1929) auf. Löwenberg wurde in dem westfälischen Dorf Niederntudorf geboren, wuchs in ärmlichen Verhältnissen auf und kam nach dem Studium und den Jahren der Lehrtätigkeit als dreißigjähriger nach Hamburg. Er genoß dort als Schuldirektor großes Ansehen und galt »in weiten jüdischen Kreisen..., besonders nach Erscheinen seiner Gedichte ›Aus jüdischer Seele‹ als Autorität auf dem Gebiet der jüdischen Belletristik und Jugenderziehung«.[102] Von der traditionellen Frömmigkeit hat Löwenberg sich früh gelöst. Er gründete in Hamburg zusammen mit Otto Ernst, Gustav Falke und Detlev von Liliencron die »Literarische Gesellschaft« und gab 1902 die mehrfach wiederaufgelegte Lyriksammlung »Vom goldenen Überfluß« heraus.

Nach dem »Jüdischen« in seinem Werk befragt, gab Löwenberg 1925 unter Bezug auf seinen Roman »Aus zwei Quellen« (1914) die Antwort: »Die zwei Quellen – das sind Judentum und Deutschtum –. Aus ihnen beiden strömt dem Träger der Handlung (Dr. Lennhausen, der an der Cholera stirbt) sein Fühlen und Denken. Was er äußert, ist mein eigenstes Bekenntnis. Niemals habe ich einen Zwiespalt zwischen dem Juden und dem Deutschen in mir gefühlt... Und wenn ich jemals auf etwas stolz war, so war es darauf: Deutscher und Jude zu sein.«[103]

Aus dieser Überzeugung lehnte Löwenberg den Zionismus als Lösung für die deutschen Juden entschieden ab: »Nie kann mir eine Zeder werden, was mir eine deutsche Buche war.«[104] Kein Wunder, daß die Gedichte des Autors, der seine Zugehörigkeit zum Deutschtum so entschieden postulierte, für die zionistischen Kritiker ohne jüdisches Empfinden waren. Seine Gedichte »Lieder eines Semiten« (1892), in der zweiten Auflage unter dem Titel »Aus jüdischer Seele« erschienen, waren ihnen nicht jüdisch genug, drückten nichts weniger als »Centralvereinsgefühle« aus.

Jacobowski und Löwenberg – zwei individuell verschiedene »Assimilations-Modelle«. Itta Shedlitzky hat von »Jude-und-Deutscher-Sein« im Fall des ersteren und von »Deutsch-jüdischer-Herkunft-Sein« im Falle des zweiten gesprochen, von »zwei Varianten der Assimilation, eines ebenso komplexen Phänomens wie ihr Gegenpol: der Zionismus...«[105]

Was haben nun die Zionisten ihrerseits zur deutsch-jüdischen Literatur beigetragen?

Die zionistische Literatur, wie sie sich im Gefolge der zionistischen Bewegung entwickelte, konzentrierte sich auf dem Gebiet der Belletristik vor allem auf das Genre des Zeitromans, das den geeigneten Rahmen bot, sich kritisch mit dem deutsch-jüdischen Verhältnis auseinanderzusetzen.

Ganz im Sinne der »Jüdischen Renaissance« wird in Robert Jaffes

Roman »Ahasver« (1900) die Assimilation ebenso abgelehnt wie eine deutsch-jüdische Symbiose. Jaffe, 1870 in Gnesen als Sohn eines Kaufmanns geboren, studierte zunächst Jura und lebte dann als Schriftsteller und Journalist in Berlin. Nicht zuletzt unter dem Eindruck des Antisemitismus, mit dem er auf der Universität konfrontiert wurde, kam er zum Zionismus von Theodor Herzl, den er auch persönlich kennenlernte. Hanni Mittelmann nennt ihn »den Typus des frühen national-jüdischen Künstlers«.[106] Freilich blieb er das nicht: Er konvertierte, wurde ein Judenhasser und Mitarbeiter der antisemitischen Zeitschrift »Hammer«. Wie Ludwig Jacobowski in seinem »Werther« stellt auch Jaffe die Zerrissenheit des modernen deutschen Juden dar, doch anders als bei Leo Wolff, der an der Abwehrhaltung der deutschen Umwelt zugrunde geht, wird das jüdische Selbstbewußtsein des Jaffeschen Helden dadurch gefestigt. Der Student Emil Zlotnicki sucht durch völlige Verleugnung seines Judentums die Aufnahme in die deutsche Gesellschaft geradezu zu erzwingen. Gleichwohl fühlt er sich durch ein ihm unerklärliches Gefühl an seine jüdische Herkunft gefesselt. Am Ende wird Emil sein Selbstbetrug bewußt: Trotz seiner Liebe zum Deutschtum, trotz aller Anstrengung, das jüdische Problem durch bedingungslose Assimilation zu lösen, weist die deutsche Gesellschaft ihn zurück. Er bekennt sich zum Leben in der jüdischen Gemeinschaft: »Die Alternative der nationaljüdischen Lösung läßt ihn am Ende sein seelisches Gleichgewicht wiederfinden.«[107] Aber auch diese Lösung unter zionistischen Vorzeichen stellt sich erst am Ende eines langen und qualvollen Prozesses ein. Dieser tragische Aspekt, der bei Jacobowski dominiert und bei Jaffe aufscheint, ist neu. »Die Stellung des Juden in seiner deutschen Umwelt war bis zu diesem Zeitpunkt kaum als tragisch empfunden worden«, stellte Hanni Mittelmann fest. »Erst der deutsche Zionismus hatte den Begriff der ›geistigen Judennoth‹ geprägt und die jüdische Zwischenstellung als das ›seelische Unbehagen‹ bewußt gemacht«, das der Jude in der feindlichen Umwelt empfand.[108]

Hanni Mittelmann hat auch darauf hingewiesen, daß die zionistische Literatur zur Geschichte Deutschlands gehöre und gleichwohl in Ihrer Zeit spärlich rezipiert worden und heute völlig unbekannt sei; eben das, meint sie, weise darauf hin, »daß die deutsch-jüdische Symbiose die Illusion gewesen sein könnte, die diese Literatur aufzudecken versucht hat«.[109]

Hinzuweisen ist auch auf einige utopische zionistische Romane, vor allem auf Theodor Herzls »Altneuland«. Nach der Veröffentlichung von »Der Judenstaat« (1896) gab Herzl seiner politischen Theorie in diesem 1902 erschienenen Roman eine literarische Form. Stark beeinflußt wurde er durch Edward Bellamys Roman »Looking Backward 2000–1887« (1888; deutsch 1889).

Obgleich der Begriff »Belletristik« der Welt des traditionellen Judentums fremd ist, haben sich auch orthodoxe Schriftsteller auf diesem Gebiet versucht. Freilich hatte sich diese Belletristik zum Ziel gesetzt, mit Hilfe einer »fesselnden und ergreifenden Erzählung das Bekenntnis zur Tradition im Bewußtsein ihrer Leser zu stärken. Sie war von Grund auf engagiert.«[110] So Mordechai Breuer, der in seinem umfangreichen Werk über die jüdische Orthodoxie auch diesen Aspekt behandelt hat.

Salomon Kohn (1825–1904), ein Vertreter der traditionstreuen Ghetto-Geschichten, hat in mehr als 60 erzählenden Werken das Leben in den altjüdischen Gemeinden der österreichischen Monarchie beschrieben. Anders als Karl Emil Franzos, für den das Ghetto des Ostens ein mittelalterliches Relikt war, neigte der fromme und gesetzestreue Kohn bei aller Authentizität seiner Schilderung zur Idyllisierung.

Mit seinem umfangreichen Werk, das drei Romane und mehr als 20 größere Erzählungen umfaßt, ist Markus Lehmann (1831–1890) der Hauptvertreter der Neuorthodoxie in der Erzählkunst. Lehmann war Rabbiner und begründete 1860 die Zeitschrift »Der Israelit«. Er schrieb vor allem historische Romane, denen zum Teil umfassende wissenschaftliche Recherchen vorangingen, zum Beispiel »Rabbi Joselmann von Rosheim« (1879/80). Die literarischen Qualitäten seiner Werke wurden selbst von orthodoxen Parteigängern sehr kritisch beurteilt. Breuer vermutet, daß Lehmann selbst wohl kaum künstlerische Ambitionen hatte: »Er wollte auf seine Art für die jüdische Tradition werben und Herzen gewinnen, was ihm auch in nicht geringem Maße gelang.«[111]

Auf einem völlig anderen Terrain bewegten sich deutsch-jüdische Schriftsteller und Gelehrte, die sich dem »George-Kreis« anschlossen, der wohl exklusivsten poetischen Gruppierung vor dem Ersten Weltkrieg. In dem esoterisch-elitären Kreis, den Stefan George (1868–1933) um sich versammelte, gab es mehrere Juden, freilich auch Antisemiten wie Ludwig Klages oder Alfred Schuler. Zu nennen sind der Historiker Ernst Kantorowicz (1895–1963), der Philosoph Georg Simmel (1858–1918), der Zeichner und Karikaturist Thomas Theodor Heine (1867–1948), der Literaturwissenschaftler Friedrich Gundolf (eigentlich Gundelfinger; 1880–1931), der jung verstorbene Lyriker Richard Perls (1873–1898), die Lyrikerin und Erzählerin Margarete Susman (1874–1965) und der im Exil gestorbene Karl Wolfskehl (1869–1948). Stefan George genoß bei vielen Juden eine ähnliche Verehrung und Hochschätzung wie Goethe, und seine Gedichte fanden vor allem in der jüdischen Jugendbewegung ein starkes Echo. Sein sprachlicher Purismus und seine Formstrenge mögen dabei eine Rolle gespielt haben. Die Publikationen des George-Kreises verlegte übrigens der 1895 von dem Juden Georg Bondi (1865–1935) in Berlin gegründete Verlag, der dafür eine nach einem Vorschlag Georges speziell geschaffene Drucktype verwendete.

Der neben Karl Kraus bedeutendste Publizist vor dem Ersten Weltkrieg war Maximilian Harden (1861–1927). Sein Hauptwerk sind die 30 Jahrgänge der Wochenschrift »Die Zukunft« (1892 bis 1922), eine Chronik der wilhelminischen Ära, die ein unbestechlicher und scharfsinniger Einzelgänger schrieb, nach dem Wort Kurt Tucholskys ein »Gulliver unter Pygmäen«. Als Verehrer und Freund Otto von Bismarcks kritisierte er nach der Entlassung des Kanzlers die imperialistische Politik des Reichs, den Größenwahn der Außenpolitik wie die repressive Innenpolitik und nicht zuletzt Wilhelm II. und die Berliner Hofclique. Seine Prozesse gegen Kuno Moltke und Philipp zu Eulenburg machten Justizgeschichte. Nach 1918 bekannte sich Harden zu Pazifismus und Sozialismus und trat gegen Antisemitismus und Chauvinismus auf. Sein Plädoyer für die Fortsetzung der Rapallo-Politik und bessere Beziehungen zur Sowjetunion machten ihn in den Augen der Völkisch-Nationalen zum »Vaterlandsverräter« und »jüdischen Zivilisationsliteraten«. Mit antisemitischen Anwürfen hatte ein so exponierter und umstrittener Mann wie Harden zeitlebens zu kämpfen. Für die Nazis wurde er dann zu einem »jüdischen Schmierfinken«, zu einem der »gemeinsten und niederträchtigsten Individuen, die Deutschland an den Rand des Abgrundes gebracht haben... Wir bedauern an dem Tode dieses Mannes nur, daß es uns die Möglichkeit genommen hat, auf unsere Art mit Isidor Witkowski abzurechnen« (Joseph Goebbels im »Angriff«, November 1927).[112]

Harden hieß niemals Isidor und doch hat sich diese Fiktion auch in vielen Lexika festgesetzt. Er wurde als Felix Ernst Witkowski in Berlin geboren, war Schüler des Französischen Gymnasiums in Berlin und nach einer Kaufmannslehre Schauspieler an Provinztheatern. 1876 ändert er seinen Namen in Maximilian Felix Ernst Harden, 1878 konvertierte er zum Protestantismus. Er wollte nicht aus Tradition einem Glauben verbunden bleiben, der ihm nichts bedeutete. Er konnte nie begreifen, warum ihm Nationalisten und Antisemiten den Namenswechsel vorwarfen. In seinem Harden-Porträt schrieb Paul Mayer: »Mochte er sich als Juden empfinden oder nicht, für die anderen war er Witkowski, dessen Wunsch, seine Begabung in den Dienst deutscher Staatsmannskunst zu stellen, als Aufdringlichkeit und Anmaßung erschien. Des deutschen Juden Schicksal ist das seine.«[113]

Am 3. Juli 1922 wurde Harden das Opfer nationalistischen und antisemitischen Fanatismus – wie vor ihm Kurt Eisner, Matthias Erzberger, Walther Rathenau, Rosa Luxemburg und Karl Liebknecht. Der im Auftrag der Organisation »Consul« gedungene frühere Oberleutnant Ankermann fiel ihn hinterrücks an und schlug ihn mit einer Eisenstange nieder. Harden überlebte, erholte sich aber nie wieder von den Folgen und starb fünf Jahre später.

Beim Prozeß gegen die Helfer des (flüchtigen) Ankermann hielt Harden am dritten Verhandlungstag, dem 14. Dezember 1922, eine Rede, die sein letzter öffentlicher Auftritt war. Es ist eine Rede, die in die Lesebücher gehört, über deutschen Ungeist, Nationalismus, Antisemitismus und jüdische Würde, gehalten von einem Mann, mit dem nach Tucholsky »noch einmal eine verklungene Welt aufstand... Repräsentant einer fast verschollenen Epoche, einer, der noch an Recht, an fair play, an Sitte und Anstand auch im Kampf der Meinungen glaubte«[114]: »Ich hatte keine Macht als die, die mir mein bißchen Verstand und Fleiß gab. Ich ließ ein kleines braunes Heft erscheinen, für das keine Reklame gemacht wurde, das sich nicht der Gunst der Presse erfreute, auch nicht der Presse, die jene Herren die Judenpresse nennen. Und trotzdem mußte ich niedergeschlagen werden in der barbarischsten Weise... Es ist mir ganz unbegreiflich, wie ein so starkes, in seiner Phantasie so herrliches und in seiner Arbeitsleistung so bewundernswertes Volk wie das deutsche sich selbst so herabsetzen kann. Daß es beständig in die Welt hineinbläst: Wir werden von den Juden (die noch nicht ein Prozent der

150

deutschen Volkszahl ausmachen) zugrunde gerichtet! Man darf doch nicht ebenso blind sein gegen das, was schließlich die Judenheit für die Welt und auch für Deutschland getan hat und heute noch tut.«[115]

VI.
Anbruch der Moderne

1.

Die Juden und die Moderne – Die Expressionisten: Ernst Blass –
Albert Ehrenstein – Carl Einstein – Iwan Goll – Jakob van Hoddis
– John Höxter – Alfred Lichtenstein – Mynona – Arthur Silbergleit
– Alfred Wolfenstein – Ludwig Rubiner – Rudolf Leonhard –
Walter Hasenclever

Kaum hatte sich Mitte der 80er Jahre die »Moderne« als Gegenbe-
wegung gegen die Kunst und die Gesellschaft des Kaiserreichs zu
formieren begonnen, als das konservative Lager auch schon wieder
auf antisemitische Ressentiments zurückgriff. Hier bereits tauchte
jene ebenso bösartige wie unsinnige Behauptung auf, das literarische
Leben Berlins sei »verjudet« und es herrsche ein jüdischer Klüngel,
der es nur Juden erlaube, Karriere zu machen. Jüdische und moderne Literatur werden in den Augen ihrer Gegner zu Synonymen.
50 Jahre später konnten sich die Nationalsozialisten aus dem Arsenal der Diffamierungen, Unterstellungen und literarhistorisch verbrämten Lügen bedienen, um die sogenannte »Asphaltliteratur« zu
brandmarken.

Der erste wichtige Beitrag zur modernen deutschen Literatur
stammt von den Naturalisten. Sie vollzogen die Abkehr von der
affirmativen und harmonisierenden Kunst der Kaiserzeit und richteten ihr Augenmerk auf die soziale Realität. Den Begriff »die Moderne« prägte 1886 der naturalistische Programmatiker Eugen
Wolff. 1887 erschienen die »Thesen zur literarischen Moderne«, in
denen unter anderem proklamiert wurde, die moderne Dichtung
solle »den Menschen mit Fleisch und Blut und mit seinen Leidenschaften in unerbittlicher Wahrheit zeichnen, ohne dabei die durch
das Kunstwerk selbst gezogene Grenze zu überschreiten, vielmehr
um durch die Größe der Naturwahrheit die ästhetische Wirkung zu
erhöhen... Unser höchstes Kunstideal ist nicht mehr die Antike,
sondern die Moderne.«[1] Als Naturalisten wie Arno Holz oder Gerhart Hauptmann diese radikale Theorie in die Praxis umsetzten und
als »niedrig« empfundene Inhalte thematisierten, handelten sie sich

den Ruf von »Revolutionären« ein. Die Uraufführung des Haupt-mann-Dramas »Vor Sonnenaufgang« 1889 durch die Freie Bühne Berlin wurde zu einem Skandal.

Als Skandal empfanden es nationale und völkische Kritiker jedoch auch, daß an der Durchsetzung und Etablierung dieser »Rinnsteinkunst« in starkem Maße Juden beteiligt waren. In der Tat waren der wichtigste Verleger der neuen Richtung Samuel Fischer, ihre bedeutendsten Regisseure Otto Brahm und Max Reinhardt, eine Vielzahl von Schauspielern und fast alle führenden Kritiker von Alfred Kerr bis Siegfried Jacobsohn jüdischer Abstammung. Wirft man einen Blick auf das erste Mitgliederverzeichnis des Vereins Freie Bühne vom 30. Juni 1889, wird man feststellen, daß jüdische Namen dominieren.[2] Für die Vertreter der ideologischen Reaktion wurden die Juden zum Inbegriff aller ästhetischen Innovationen, die im Widerspruch zu den traditionellen Werten standen. Jener Umbruch, der sich im wilhelminischen Staat ankündigt, der auf das 20. Jahrhundert verweist, noch ehe es begonnen hat, wird in vielen Bereichen von deutsch-jüdischen Intellektuellen initiiert und von einem Teil des liberalen jüdischen Bürgertums getragen. Hans Otto Horch meint, der »Prozeß der Moderne« sei »immer schon auf besonderes jüdisches Interesse gestoßen«, da sich nur durch ihn, wie man glaubte, die gesellschaftliche Stellung der Juden verbessern konnte.[3] So ist es nicht verwunderlich, daß wir in den Jahren des ausgehenden Kaiserreichs den jüdischen Intellektuellen »vorwiegend in jenen Lagern finden, die, ob nun bürgerlich-demokratisch oder sozialistischradikal, doch immer auf ein Aufheben von nationalen Unterschieden bedacht sind. Sein Kennzeichen ist die entscheidende Bedeutung des Allgemein-Menschlichen, des von Bedingungen Unabhängigen«[4].

In der Tat war die überdurchschnittliche Beteiligung der Juden am kulturellen Leben nach 1880 nicht mehr zu übersehen. Es ist bereits dargelegt worden, daß sie stärker »verbürgerlicht« waren als die übrige Bevölkerung. Ihr Anteil an allen kommerziellen, akademischen und freien Berufen war überproportional. Ihr Bildungsniveau, ihre intellektuelle Beweglichkeit und ihr Liberalismus »qualifizierten sie zugleich zur vorrangigen Trägerschicht für die künstlerischen Bestrebungen der Moderne«[5]. Das gilt sowohl für die Berliner wie für die Wiener Moderne und wird in der Phase des Expressionismus nach 1910 besonders deutlich. Peter Gay stellte fest, der

»Historiker der Wilhelminischen Ära« könne sich »nicht ganz des Eindrucks jüdischer Betriebsamkeit erwehren«.[6] Die bedeutende Rolle jüdischer Autoren in der literarischen Avantgarde macht allein schon eine bloße Aufzählung der wichtigsten Vertreter des literarischen Expressionismus deutlich: Fast jeder zweite Name von Rang verweist auf jüdische Herkunft. So ist es nicht verwunderlich, daß immer wieder die »Frage der spezifisch avantgardistischen *Innovationskraft* jüdischer Autoren«[7] gestellt worden ist. Antisemiten fiel es nicht schwer, in der Moderne ein ausgesprochen jüdisches Element zu erkennen; sie faselten von der intellektuellen Gerissenheit der Juden, von ihrer Wurzellosigkeit und ihrer Gier nach Experimenten. Für Peter Gay ist dieser Vorwurf »größtenteils ein Mythos«: »Es gab natürlich deutsche Juden in der kulturellen Avantgarde, aber auch im mittleren Glied und in der Nachhut. Viel weniger Kulturrevolutionäre und weitaus mehr Kulturreaktionäre, als die Historiker erkannt haben, waren Juden. Die deutschen Juden schwammen im Hauptstrom der deutschen Kultur mit, soweit es ihnen erlaubt war.«[8] Im großen und ganzen dürften die meisten jüdischen Schriftsteller die Probleme der Zeit ähnlich verarbeitet haben wie die Mehrheit der nichtjüdischen. Die Kunstrevolte des Expressionismus, die starke aktivistische, utopische und ekstatische Züge aufwies, war ganz gewiß keine jüdische Erfindung. Freilich nannten schon zeitgenössische Kritiker die übersteigert-utopischen Proklamationen eines neuen Messias, wie sie sich in den Gedichten Ludwig Rubiners finden, »Expreß-Zionismus«[9]. Doch die durch diese Unterstellung suggerierte »jüdische Komponente« gibt es nicht: denselben Utopismus findet man auch beim nichtjüdischen Autor Ernst Wilhelm Lotz, um nur ein Beispiel zu nennen. In einer umfangreichen Materialsammlung zum deutschen Expressionismus wird festgehalten: »Zwar unterscheidet sich der Expressionismus jüdischer Schriftsteller nicht substantiell von den literarischen Themen, Motiven und Darstellungsweisen nicht-jüdischer Autoren, doch belegen zeitgenössische Publikationen die besondere Affinität des Jüdischen zum Expressionismus, die bei Produzenten wie im Publikum festgestellt werden konnte.«[10] Man darf nicht vergessen, daß die meisten expressionistischen Dichter davon überzeugt waren, existentielle Außenseiter zu sein, eine Erfahrung, die ihnen die jüdischen Autoren in ihrer Rolle als gesellschaftliche Außenseiter voraus hatten. Sie hatten ein besonders scharfes Gespür für Phänomene der Entfremdung, Isolation und Diskriminierung. »Das intentionelle Außenseitertum des von seiner Gesellschaft mißachteten oder ignorierten Künstlers ist dem existentiellen Außenseitertum des um gesellschaftliche Integration gebrachten jüdischen ›Fremdlings‹ analog.«[11] Vielleicht liegen hier die Ursachen für die besondere »Affinität« jüdischer Künstler zum Expressionismus, die bereits von Zeitgenossen bemerkt wurde. 1918 meinte Alfred Lemm (1889–1918), einer der vergessenen jüdischen Expressionisten, ein talentierter Erzähler und Essayist: »Noch mehr als wie vor 25 Jahren von der naturalistischen sind die Juden heute von der expressionistischen Strömung ergriffen.«[12] Doch Peter Gay hat mehrfach darauf hingewiesen, »daß die Juden auf dem modernen Flügel des literarischen Deutschland nicht allein und auch nicht dominierend waren«.[13] Immerhin teilten Autoren wie Lemm und andere Juden das Schicksal nichtjüdischer poetae minores, im Schatten dreier überragender Gestalten zu stehen: Gottfried Benn, Georg Heym und Georg Trakl – allesamt keine Juden. Allenfalls Else Lasker-Schüler war ein ähnlicher Nachruhm beschieden.

Auffallend gering ist der Anteil der Juden am Expressionismus in der Musik und in der bildenden Kunst. Hier wäre lediglich der Maler und Schriftsteller Ludwig Meidner (1884–1966) zu nennen. Keiner der wirklichen Rebellen in der Malerei – Max Beckmann, Ludwig Kirchner, Paul Klee, Franz Marc oder Emil Nolde – war Jude. Andererseits setzten sich der Maler Max Liebermann und der Kunsthändler Paul Cassirer für die moderne französische Malerei ein, die in Deutschland als suspekt galt. Kaiser Wilhelm II. sagte anläßlich der ersten 1901 von Cassirer veranstalteten Cézanne-Ausstellung, Cassirer versuche, »die Dreckskunst aus Paris zu uns zu bringen«[14]. Viele Juden waren alles andere als avantgardistisch und standen der revolutionär-experimentellen Literatur des Expressionismus ablehnend gegenüber. Auf die beträchtliche Zahl von Juden, die sich, zum Beispiel, zu Stefan George hingezogen fühlten, ist bereits hingewiesen worden. Ein Romancier wie Georg Hermann (1871–1943), der mit seinen Romanen »Jettchen Gebert« (1906) und »Henriette Jacoby« (1909) ein Genrebild jüdischen Bürgertums der Vormärzzeit zeichnete, blieb immer auf Distanz zu modernen Strömungen. Unübersehbar bleibt gleichwohl der große Anteil der Juden an »den Neuerungen im Theater und in der Literatur, die so manche als Symptome des Verfalls fürchteten. Aber es war ein deutscher ›Verfall‹, den auch viele Nichtjuden förderten, und es gab mehr Juden, die sich ihm widersetzten, als solche, die ihn begrüßten«[15].

Auf einen wesentlichen Gesichtspunkt hat Hans Tramer hingewiesen, wenn er den jüdischen Autoren »ein beinahe untrügliches Gefühl für die schwankende und brüchige Existenz ihrer Umgebung« zusprach. Eine besondere Sensibilität also, die in ihrer eigenen unsicheren Existenz begründet war. Auch das Phänomen der Großstadt sei, so bemerkt Tramer zutreffend, »wenn auch nicht ausschließlich, so doch zu einem beträchtlichen Teil durch Juden in den Vordergrund gerückt« worden.[16]

Zu diesen »Großstadtdichtern« gehörte Ernst Blass (1890–1939). Sein Gedichtband »Die Straßen komme ich entlang geweht« (1912) ist eine der wichtigsten lyrischen Veröffentlichungen des Expressionismus. Darin beschreibt er die Großstadt Berlin, den Autoverkehr, Straßen und Parks, Nachtleben, Kokotten und Spießbürger, Ausschweifung, nervöse Unruhe und Tagträume. Mit intellektueller Skepsis, die ihn vor Selbsttäuschung und Rührseligkeit bewahrt, registriert er die Einsamkeit und Isolation der Großstadtmenschen. Er verwendet Fremdwörter, Slang und Berliner Jargon und mischt daraus ein saloppes Parlando, das neben ihm in ähnlicher Virtuosität wohl nur noch Ferdinand Hardekopf beherrschte. Alfred Wolfenstein schrieb 1922: »Die neue Dichtung wuchs in der Stadt auf. Das ist der Raum für diese Zeit. Die Architektonik unserer Einsamkeit und unserer Zusammengehörigkeit. Straßen und Maschinen der großen Stadt, ihr Lärm und ihre Verschlossenheit, ihre Zeitungen und ihre Mauern, ihre Dichtigkeit und ihre Ferne bilden die Ausdrucksmittel einer neuen Lebensselbstverständlichkeit aus.«[17] Ernst Blass starb nach mehrwöchigem Aufenthalt im Jüdischen Krankenhaus 1939 an Tuberkulose. Die Deportation wäre ihm sicher gewesen. Der deutschen Öffentlichkeit wurde sein Tod nicht mitgeteilt, nur in einer Exilzeitschrift und in einem jüdischen Mitteilungsblatt erschienen kurze Nachrufe.

Albert Ehrenstein (1886–1950), in Wien geboren und im New Yorker Exil gestorben, machte sich zuerst mit seinem kleinen Roman »Tubutsch« (1911) einen Namen, einer faszinierenden Parabel über den Zerfall von Ich und Wirklichkeit. Die Mittelpunktsfigur löst sich am Schluß bis zur Substanzlosigkeit auf. 1912 erschien seine Novelle »Selbstmord eines Katers«; seine Gedichtbände »Die weiße Zeit« und »Die rote Zeit« folgten 1914 und 1917. Ehrenstein schloß sich in Berlin dem »Sturm«-Kreis an und war als Literaturkritiker tätig. Er unternahm viele Reisen in Europa, Afrika und Asien und übersetzte aus dem Chinesischen. 1932 siedelte er in die Schweiz über und ging 1941 nach New York. 1949 unternahm er den Versuch der Rückkehr. Oskar Maurus Fontana schrieb: »Er suchte eine Möglichkeit, eine literarische Existenz, sei es in der Schweiz, in Österreich, in Westdeutschland. Aber nirgendwo bot sich ihm eine Chance. Es blieb nichts anderes übrig, als in die USA zurückzukehren. Wieder einmal sah er, der in Amerika nicht festen Fuß hatte fassen können, sich in Europa ohne Heimat. Wieder einmal war er ›Nicht da, nicht dort‹.« [18] Ehrensteins Freund Ernst Weiß hatte Tubutsch mit Ahasver verglichen: »Er ist der ewige Jude, aber nicht in ein ewiges Gewand gekleidet, sondern in den schillernden, geflickten Bettelrock zerstörter Illusionen, überallhin spielenden Witzes eingekleidet, und es fehlt auch nicht der wehmütige Zauber des guten jüdischen Herzens.« [19]

Carl Einstein (1885–1940), als Sohn eines frommen jüdischen Lehrers in Neuwied geboren, wurde durch seinen 1912 in der »Aktion« veröffentlichten experimentellen Roman »Bebuquin oder die Dilettanten des Wunders« berühmt. Die traditionelle Romanform ist aufgelöst, an die Stelle realistischer Beschreibung und psychologischer Durchdringung tritt eine Art Collage aus Wirklichkeitsfragmenten – ein Vorgriff auf den essayistischen Roman, wie ihn später Musil und Broch projektierten. Einstein, der auch mit Büchern über afrikanische Kunst hervortrat, siedelte 1928 endgültig von Berlin nach Paris über. 1936 nahm er als Mitglied der anarchistischen »Kolonne Durruti« auf republikanischer Seite am Spanischen Bürgerkrieg teil. 1939 floh er mit den Resten der republikanischen Armee nach Frankreich, wurde interniert, im Sommer wieder freigelassen, 1940 nach dem deutschen Angriff im Westen erneut interniert und nach dem Waffenstillstand freigelassen: Als Jude konnte er nicht im besetzten Frankreich bleiben, als Republikaner nicht über die Pyrenäen fliehen. Aus Furcht, der Gestapo in die Hände zu fallen, wählte er den Freitod. Nach dem Einmarsch der Nazis hatte er geschrieben: »Ich sehe, immer werde ich allein sein, jude, deutschsprechend, in frankreich, jude ohne gott und ohne kenntnis unserer vergangenheit, deutschsprechend, doch gewillt, die deutsche sprache nicht wie meine landsleute und gleichzungigen faul und müde versacken zu lassen... nie werde ich in französischer dichtung zu hause sein; denn ich träume und sinniere deutsch, also nun bin ich durch Hitler zu völliger heimatlosigkeit und fremdheit verurteilt.«[20]

Iwan Goll (1891–1950) schrieb für die Anthologie »Menschheitsdämmerung« (1920) die folgende autobiographische Notiz: »Iwan Goll hat keine Heimat: durch Schicksal Jude, durch Zufall in Frankreich geboren, durch ein Stempelpapier als Deutscher bezeichnet. Iwan Goll hat kein Alter: seine Kindheit wurde von entbluteten Greisen aufgesogen. Den Jüngling meuchelte der Kriegsgott. Aber um ein Mensch zu werden, wie vieler Leben bedarf es. Einsam und gut nach der Weise der schweigenden Bäume und des stummen Gesteins: da wäre er dem Irdischen am fernsten und der Kunst am nächsten.«[21] Goll wurde in St. Dié geboren, besuchte das deutsche Gymnasium in Metz und promovierte 1912 in Straßburg. Von 1914 bis 1919 lebte er in der Schweiz, dann siedelte er zusammen mit Claire Goll dauernd nach Paris über. Seit 1930 schrieb er fast nur noch französisch. 1939 emigrierten die Golls nach New York. 1950, drei Jahre nach seiner Rückkehr nach Frankreich, ist Goll in Paris gestorben. Die Bedeutung Golls als moderner Lyriker, Romancier, Dramatiker, Literaturvermittler, Herausgeber, Volksliedsammler und Theoretiker des Surrealismus scheint immer noch nicht ausreichend gewürdigt. Goll hat das expressionistische Pathos bald hinter sich gelassen und war zum Surrealismus vorgestoßen, ehe er zum Mythos des Unbehausten fand, den er in seinem Zyklus »Jean sans Terre / Johann Ohneland / John Lackland«, 1940 begonnen, zu gestalten suchte. Die Gestalt des mythischen französischen Königs verschmilzt er mit dem jüdischen Ahasver-Mythos vom ewigen Exil.

Kurt Pinthus (1885–1975), Literaturwissenschaftler, Publizist und Lektor der Verlage Rowohlt und Kurt Wolff, eröffnete seine berühmt gewordene Anthologie »Menschheitsdämmerung« (1920) mit dem Gedicht »Weltende« des 24jährigen Jakob van Hoddis (1887–1942). Diese acht Zeilen wurden zu einem der berühmtesten Gedichte des Expressionismus, von den expressionistischen Zeitgenossen bejubelt und immer wieder nachgedruckt und zitiert.

Der Autor wurde als Hans Davidsohn als Sohn eines Arztes in Berlin geboren. Als Student in Berlin gründete er dort mit Kurt Hiller (1885–1972), Erwin Loewenson (1888–1963), Ernst Blass und

Simon Ghuttmann den »Neuen Club«, eine Debattiergruppe, aus der sich das »Neopathetische Kabarett« entwickelte, wo junge Schriftsteller, unter ihnen auch Georg Heym, ihre Werke vortrugen. 1912 zeigten sich bei Hoddis Spuren einer Geisteskrankheit. Es folgten freiwillige und unfreiwillige Aufenthalte in Sanatorien. Im April 1914 las er zum letztenmal auf einem Autorenabend, ehe seine Schizophrenie eine Einweisung in eine Heilanstalt bei Jena notwendig machte. 1933 kam er in die jüdische Heil- und Pflegeanstalt Sayn bei Koblenz. Am 30. April 1942 wurde er von den Nazis deportiert und in einem Massenvernichtungslager in Polen ermordet. Nur wenige seiner Texte sind zu seinen Lebzeiten veröffentlicht worden, und es kam nur zu einer Buchausgabe (1918 im Verlag der »Aktion«). Leben und Werk dieses »Erfinders der Simultaneität in der Lyrik« (Paul Raabe) sind erst 1987 in einer mustergültigen Edition erschlossen worden.[22]

Eine skurrile und tragische Figur war der Bohemien, Schauspieler, Schriftsteller und Grafiker John Höxter (1884–1938), der an der »Aktion« mitarbeitete und 1919 die Zeitschrift »Der blutige Ernst« herausgab. Das Leben dieses begabten Mannes, der sich in den Berliner Literatencafés das Nötigste zusammenschnorrte, war von drei Merkmalen geprägt: von seiner Außenseiterexistenz, seiner Morphiumsucht und seinem Judentum. Sein Leben war zu zersplittert und gefährdet, als daß dieser »Ahasver des Café Größenwahn«[23] aus seinem Talent hätte Kapital schlagen können. Seine Verse, eine Mischung aus Hardekopf und Ringelnatz, überspielen im Bänkelsängerton seine bodenlose Verzweiflung. Über Höxters letzte Lebensjahre berichtet Herbert Günther: »Das Romanische Café war seine Welt. Als nach 1933 Juden verboten wurde, öffentliche Lokale zu betreten, war sie ihm versperrt. Höxter emigrierte nicht. Wo hätte er sich einleben sollen und wie? Einige Zeit strich er noch sehnsüchtig an der Tür und an den Fenstern vorüber. Nicht lange. Er fuhr in den Grunewald, nahm Gift und erhängte sich. Eines allein war ihm nicht sicher genug.«[24]

Alfred Lichtenstein (1889–1914) war neben Hoddis, Stadler und Blass einer der wichtigsten frühexpressionistischen Lyriker. Als Sohn eines Textilfarikanten in Berlin geboren, veröffentlichte er 1910 seine erste Prosaskizze im »Sturm«. Verzweiflung und Spott über die Absurdität des Daseins projizierte er in die Figur des »Kuno Kohn«, die zur zentralen Gestalt seines Werkes wurde:

»Der Name dieses moribunden, mit extremen Leidensattributen ausgestatteten Dichters wurde für Lichtenstein... zur Chiffre des eigenen Ich. Die häßliche, vereinsamte Gestalt geriet zum Zerrspiegel,
der Todes- und Erlösungszüge, physischen Verfall und geistiges
Überleben, Realität und Phantasie in grotesker Kombination reflektierte.«[25]

Lichtenstein blieb ein Außenseiter, der sich in der bürgerlichen
Welt nicht einfinden konnte und wollte. Daß er sich bei der Figur des
Kuno Kohn eines verbreiteten jüdischen Namens bediente, ist gewiß
auch ein Reflex auf die Außenseiterrolle des Juden in der Gesellschaft.
Als Lichtenstein am 25. September 1914 in Flandern fiel, hinterließ er
nur ein schmales Werk.

Nach Karl Otten war es Mynona, der den Begriff des Grotesken
schuf, »um seinen Protest gegen die Zeit und das zeitgenössische
Denken abzureagieren«.[26] Hinter diesem Pseudonym – der Umkehrung von anonym – verbirgt sich Salomo Friedlaender (1871–1946),
der als philosophischer Schriftsteller in Berlin lebte. Er war indessen
als Kaffeehausoriginal und Bummler, der von sich behauptete, der
einzige zu sein, »der eine gewisse Synthese aus Kant und Clown
(Chaplin) darstellt«[27], weitaus bekannter. Seine erste Sammlung von
Grotesken, »Rosa, die schöne Schutzmannsfrau« (1913), machte ihn
berühmt. Bis 1930 veröffentlichte Friedlaender mehr als ein Dutzend
Bücher, »in denen das Unmögliche, das Paradoxon, die Groteske den
Lauf der Welt bestimmten; Bücher, die den Widersinn der damaligen
Zeit, das Absurde in Staat und Gesellschaft widerspiegeln«.[28] 1933
emigrierte Mynona nach Paris. Im Laufe des Krieges erkrankte er
schwer und starb 1946 in Paris.

Mynonas Vetter, Ernst Samuel (1878–1943), war ebenfalls Philosoph, der eine Max-Stirner-Biographie schrieb und zu den engsten
Mitarbeitern Franz Pfemferts zählte, der in der »Aktion« zahlreiche
Beiträge von ihm druckte. Samuel schrieb unter dem Pseudonym
Anselm Ruest, einem Anagramm seines bürgerlichen Namens.

Arthur Silbergleit (1881–1943), in Gleiwitz geboren, seit 1908 in
Berlin, stand mit Martin Buber, Max Brod und Stefan Zweig in Verbindung und schrieb für den »Sturm« und die »Aktion«. Sein erster
Gedichtband erschien 1915, sein letzter wurde 1935 unter dem Titel
»Der ewige Tag« von der Künstlerhilfe der jüdischen Gemeinde zu
Berlin herausgebracht. 1943 wurde Silbergleit, fast völlig erblindet,
nach Auschwitz deportiert.

Alfred Wolfenstein (1883–1945), Lyriker, Erzähler und Essayist, bekämpfte den deutschnationalen Antisemitismus, der die Juden aus der deutschen Gemeinschaft ausschließen wollte, aber auch den nationaljüdischen Thesen von der Bewahrung des »jüdischen« Wesens trat er entgegen. In einem großartigen Aufsatz, den er 1922 in der Zeitschrift »Der Jude« veröffentlichte, beschwor er mit einem geradezu verzweifelten Pathos die kulturelle Symbiose von Deutschen und Juden: »Wie zum Sinnbild einer späten Vereinigung begegnen sich im neuen Gedicht jüdisches Wesen und deutsche Sprache. – Unter den westeuropäischen Sprachen scheint sich die deutsche anders als die übrigen zum jüdischen Wesen zu verhalten: In ihr bewahrt es sich selbst, es bleibt lebendig, in die romanischen Sprachen eher spurlos aufgelöst. Hier bewegt es sich souverän, ihr verbunden wie ein Schwimmer seinem Element. So geschieht es nicht deshalb, weil die deutsche Sprache nachgiebiger und freier ist und über die feststehenden Dinge weicher hinwegströmt. Wir sehen, an allen Unterschieden vorbei, in eine seltsame Verwandtschaft. – Manchmal, wenn Gegensatz und Liebe zwischen ihnen hervortritt, erscheint der Jude wie ein Doppelgänger des Deutschen.«[29]

Wolfenstein, in Halle geboren, verbrachte Kindheit und Jugend in Berlin und gehörte seit 1912 zu den Mitarbeitern der »Aktion«. 1914 erschien sein erster Gedichtband »Die gottlosen Jahre«. 1918 folgte sein erster Novellenband. Besondere Bedeutung haben die beiden von ihm herausgegebenen Jahrbücher »für neue Dichtung und Wertung«, die unter dem Titel »Erhebung« 1919/20 im S. Fischer Verlag erschienen. Wolfenstein blickte auf ein umfangreiches Werk zurück, als er 1933, 50jährig, nach Prag und 1939 nach Paris flüchten mußte. Er überstand eine dreimonatige Gestapo-Haft und war in den nächsten Jahren ständig auf der Flucht vor den Deutschen. 1922 hatte er, der mehr als zehn Jahre lang vor deutschen Häschern fliehen mußte und sich 1945 das Leben nahm in seinem Aufsatz »Das neue Dichtertum der Juden« von seiner »seltsamen Verwandtschaft oder Doppelgängerschaft« zwischen Deutschen gesprochen, die »Ausdruck der deutschen Ruhelosigkeit eines Wesens der Bewegung« sei: »Maßloses Volk, das um seiner Besten willen lebt: sein Reich ist von der Welt der Musik, hier findet es sein Maß. Und der Jude gleicht dem Deutschen der Wanderung und der Musik. (So gibt es, als den vor der eigenen Rastlosigkeit ungläubig

Fliehenden, wie den ewigen Juden den ewigen Deutschen.)«[30] Ludwig Rubiner (1881–1920), der einer ostjüdischen Familie aus Galizien entstammte, wurde von Kurt Hiller der »Rhapsode des Aktivismus«[31] genannt. Er schrieb die berühmt gewordenen Texte »Der Dichter greift in die Politik« und »Maler bauen Barrikaden« für die »Aktion«. 1919 wurde er Lektor des Verlags Gustav Kiepenheuer in Potsdam. Er war Herausgeber des Sammelwerkes »Kameraden der Menschheit. Dichtungen zur Weltrevolution« (1919).

Rudolf Leonhard (1889–1953), in Lissa/Posen geboren, meldete sich als Student in Berlin 1914 freiwillig zum Kriegsdienst, wandelte sich aber zum Kriegsgegner und kam wegen pazifistischer Gesinnung vor ein Kriegsgericht. 1918/1919 nahm er als Anhänger Liebknechts an der Revolution teil und wurde Mitglied des Rates der geistigen Arbeiter in Berlin. In den 20er Jahren war er Lektor des Verlags Die Schmiede, seit 1927 Korrespondent in Paris. 1933 war er an der Gründung des Schutzverbands deutscher Schriftsteller im Ausland beteiligt. 1939 wurde er im Lager Le Vernet interniert. Nach einem Fluchtversuch kam er in das Gefängnis Castres. Nachdem er 1943 von dort geflohen war, lebte er illegal in Marseille und war in der französischen Untergrundbewegung tätig. 1950 kehrte er nach Ost-Berlin zurück.

Walter Hasenclever (1890–1940) wurde in Aachen von einer jüdischen Mutter geboren, studierte in Leipzig und schloß dort Freundschaft mit Kurt Pinthus, Franz Werfel, Ernst Rowohlt und Kurt Wolff. Er begann als Lyriker, dessen erster Gedichtband 1913 unter dem Titel »Der Jüngling« bei Kurt Wolff erschien, hatte jedoch seine größten Erfolge als Dramatiker. 1916 wurde sein Drama »Der Sohn«, ein Schlüsseltext des Expressionismus, mit Ernst Deutsch in der Titelrolle in einer geschlossenen Aufführung in Dresden gespielt. 1917 erhielt er den Kleist-Preis für sein Antikriegsstück »Antigone«, das nach der Uraufführung von der Zensur verboten wurde. Seit 1924 war Hasenclever Korrespondent in Paris. Nach seiner Ausbürgerung 1933 lebte er in Nizza, Dubrovnik, London und Cagnes-sur-Mer in Südfrankreich. Beim Einmarsch der deutschen Truppen wurde er im Mai 1940 im Lager Les Milles interniert, wo er sich am 21. Juni das Leben nahm. Von seinen geistreichen Komödien wurden besonders bekannt »Ehen werden im Himmel geschlossen« (1928) und »Münchhausen« (1948 uraufgeführt). Hasenclever war der vierte Vertreter der expressionistischen Generation, der im Exil Hand an sich legte: Ernst Toller hatte sich 1939 in New York erhängt, Carl Einstein schied 1941 und Alfred Wolfenstein 1945 freiwillig aus dem Leben.

Else Lasker-Schüler – Herwarth Walden – Wieland Herzfelde –
Carl Sternheim – Ludwig Strauss – Margarete Susman – Simon
Kronberg – Arno Nadel
Antisemitische Literaturkritik: Adolf Bartels
Juden in der Revolution 1918/19: Gustav Landauer – Erich
Mühsam – Ernst Toller
Walther Rathenau

Den bedeutendsten jüdischen Beitrag zum literarischen Expressionismus hat Else Lasker-Schüler geleistet, eine Dichterin, die schon zu ihren Lebzeiten hohe Verehrung genoß, die mit emphatischem Lob überschüttet wurde und deren Ruhm bis heute andauert. Über sie sagte ihr Freund, Förderer und Verehrer, der Katholik Peter Hille: »Else Lasker-Schüler ist die jüdische Dichterin... Der schwarze Schwan Israels, eine Sappho, der die Welt entzweigegangen ist.«[32] Walter Mehring nannte sie »die Psalmistin der deutschen Avantgarde«[33] und für Gottfried Benn, den sie als »Giselheer« besang, war sie »die größte Lyrikerin, die Deutschland je hatte«.[34]

Else Lasker-Schüler wurde 1876 als Tochter des Privatbankiers Aron Schüler in Elberfeld (Wuppertal) geboren. Sie war in erster Ehe mit dem Arzt Berthold Lasker und von 1903 bis 1912 mit dem Musiker und Komponisten George Levin verheiratet, dem sie den Namen Herwarth Walden gab. Nach ihrer Trennung von Walden lebte sie in Berlin unter schwierigen äußeren Verhältnissen. Sie war unter anderem mit Gottfried Benn, Peter Hille, Karl Kraus, Franz Marc, Georg Trakl und Franz Werfel befreundet. 1899 erschienen ihre ersten Gedichte in der von Ludwig Jacobowski redigierten Zeitschrift »Gesellschaft«, 1943 ihre letzten Gedichte unter dem Titel »Mein blaues Klavier« in Jerusalem. 1919 wurde ihr Drama »Die Wupper« am Deutschen Theater in Berlin uraufgeführt, 1919/20 kamen im Verlag von Paul Cassirer ihre »Gesammelten Werke« in zehn Bänden heraus, 1932 erhielt sie den Kleist-Preis. Im April 1933 floh sie nach Zürich. Von dort reiste sie dreimal nach Palästina. Von der dritten Reise 1939 konnte sie nicht mehr zurückkehren, da sie für die Schweiz keine Aufenthaltsgenehmigung mehr erhielt, und der Ausbruch des Krieges ihre Rückkehr nach Europa unmöglich machte. Am 22. Januar 1945 ist sie in Jerusalem gestorben.

Wie für Gertrud Kolmar oder Nelly Sachs gilt auch für Else Lasker-Schüler, daß »ihr Judentum nicht nur der Wurzelgrund ihrer Existenz, sondern auch ein Thema ihrer Dichtung ist«[35]. Es ist freilich bei einer so exzentrischen Persönlichkeit nicht verwunderlich, daß sie eine in hohem Maße eigenwillige Anschauung vom Judentum hatte. Sie hielt sich von allen jüdischen Organisationen fern und stand ihr Leben lang in entschiedener Opposition zur Orthodoxie. Ihr ging es um die Versöhnung der Religionen und Völker. 1942 schrieb sie aus Palästina an Martin Buber: »Ich bin keine Zionistin, keine Jüdin, keine Christin... Wenn wir nur von seiner (Jesus) einfachen Lehre wüßten, gäbe es heute noch Judenchristen und das wäre eine Brücke zwischen Juden und Christen.«[36] Für Peter Gay ist ihr Judentum »mit Poesie durchtränkt... und zutiefst unorthodox. In eklatantem Gegensatz zu allen jüdischen Lehren sah sie in Jesus den Messias, der einmal erschienen war und wiederkommen würde... Dieses eigenwillige Judentum war ein wesentlicher Aspekt im Denken der so unabhängigen Dichterin. Aber sie hatte noch eine andere Seite, ihr Deutschtum.«[37] Es war nicht nur das Alte Testament, das ihre poetische Phantasie inspirierte, sondern auch die Tradition der deutschen Romantik. Beides ging in ihre unverwechselbare und individuelle expressionistische Bilderwelt ein. 1913 veröffentlichte sie ihre »Hebräischen Balladen«, die von Gestalten des Alten Testaments bevölkert sind, von Kain und Abel, Isaak und Rebekka, David und Saul, Jakob und Esau und die zugleich Liebesgedichte sind.

Diese Gedichte stellen, wie Sigrid Bauschinger bemerkt hat, »etwas ganz Neues in ihrem Werk, der deutsch-jüdischen und darüber hinaus in der gesamten deutschen Literatur dar. Wenn jemals eine deutsch-jüdische Symbiose stattgefunden hat, dann in dieser vollkommenen Vereinigung biblischer Bilder und deutscher Sprache.«[38]

Als Else Lasker-Schüler aus Deutschland floh, war sie 56 Jahre alt und eine berühmte Dichterin. Die Realität Palästinas war für sie schwer zu ertragen. Arm, krank und verzweifelt verbrachte sie dort ihre letzten Jahre im permanenten Leiden am Exil. Und doch hat sie in ihrem Gedichtband »Mein blaues Klavier« noch einmal zu grandiosem lyrischen Ausdruck gefunden. Das Titelgedicht lautet: »Ich habe zu Hause ein blaues Klavier / Und kenne doch keine Note. / Es steht im Dunkel der Kellertür, / Seitdem die Welt verrohte. / Es spielen Sternenhände vier / – Die Mondfrau sang im Boote – / Nun tanzen die Ratten im Geklirr. / Zerbrochen ist die Klaviatür… / Ich beweine die blaue Tote. / Ach liebe Engel öffnet mir / – Ich aß vom bitteren Brote – / Mir Lebend schon die Himmelstür – / Auch wider dem Verbote.«[39] Dem Gedichtband stellte sie die Widmung voran: »Meinen unvergeßlichen Freunden und Freundinnen in den Städten Deutschlands – und denen, die wie ich vertrieben und nun zerstreut in der Welt, in Treue!«

Käte Hamburger schreibt über das Begräbnis der Dichterin: »Am Grabe sprach (etwas Einzigartiges bei einem Begräbnis in Jerusalem, berichtet Werner Kraft) der Rabbiner Kurt Wilhelm ein deutsches Gedicht, ihr Gedicht: ›Ich weiß, daß ich bald sterben muß‹, dessen letzte Strophe lautet: Mein Odem schwebt über Gottes Fluß – / Ich setze leise meinen Fuß / Auf den Pfad zum ewigen Heime.«[40]

Else Lasker-Schülers zweiter Ehemann Herwarth Walden hatte 1910 in Berlin die Zeitschrift »Der Sturm« gegründet und war bis 1932 als unermüdlicher Vermittler moderner Kunst, als Verleger und Kunsthändler in Berlin tätig. Der »Sturm« wurde zum Forum für die neue Kunst, Dichtung und Musik. Künstler wie Klee, Kokoschka, Marc, Macke, Kandinsky, Feininger, Chagall, Schrimpf und Muche wurden von Walden durch Mappenwerke und Ausstellungen in Deutschland bekannt gemacht. In den 20er Jahren wandte sich Walden dem Kommunismus zu. 1932 verließ er Deutschland und lebte als Sprachlehrer in Moskau. 1941 wurde er verhaftet und ist am 31. Oktober 1941 im Lager Saratow / Wolga gestorben.

Else Lasker-Schülers Roman »Der Malik« stand Pate bei der Gründung des Malik Verlags, der aus der von Wieland Herzfelde (1896–1988) Mitte 1916 gegründeten Monatschrift »Neue Jugend« hervorging. Als die Zeitschrift verboten wurde, gelang es Herzfeldes Bruder, John Heartfield, »nur zum Zweck der Veröffentlichung dieses Romans« eine Verlagskonzession zu erhalten. Das war der Beginn des Malik Verlags. Herzfelde, frühes Mitglied der KPD, an der Berliner Dada-Bewegung beteiligt und selbst Schriftsteller, leitete den Verlag bis 1933, nach seiner Emigration nach Prag und später in London. 1939 ging Herzfelde nach Amerika. Dort gehörte er 1944 zu den Mitbegründern des Aurora Verlags. 1949 wurde er Professor für Literatur und Soziologie in Leipzig. Unter Herzfeldes Leitung wurde Malik, dessen Markenzeichen die Umschläge von Heartfield (1891–1968), Herzfeldes älterem Bruder, wurden, mit seinem literarisch-politischen Programm zum wichtigsten Verlag der Linken vor 1933.[41]

Der Dramatiker Carl Sternheim (1878–1942) ist dem Expressionismus nur bedingt zuzurechnen. Er begann seine Satiren auf die Wert- und Moralvorstellungen des wilhelminischen Bürgertums 1911 mit seiner Komödie »Die Hose«, die die Komödienreihe mit dem Titel »Aus dem bürgerlichen Heldenleben« einleitete. Elemente des expressionistischen Sprachstils sind indes sicherlich in seine knappe, konzentrierte, Artikel und Adjektive fortlassende Sprache eingegangen. Sternheim, Sohn eines jüdischen Vaters und einer evangelischen Mutter, empfand völlig unjüdisch, ja er hat seine jüdischen Figuren durchweg unsympathisch gezeichnet. Die Juden hatten sich, meinte er, der gemeinen, verlogenen und gewinnsüchtigen Welt des *juste milieu* untergeordnet, einer Welt der Heuchelei, der sein ganzer Haß galt. Er nahm ihnen übel, daß sie Deutsche geworden waren. Arnold Zweig hat Sternheims Position wohl zutreffend umschrieben, wenn er vermutet, Sternheim sehe das »Jüdische rein funktionell und in einer einzigen Sphäre: nämlich in seiner Rolle als kapitalistischer und literarischer Faktor, und kann aus diesem Grunde den bösen Mut herleiten, auch antisemitisch zu schreiben in einer Zeit, die fast nur antisemitisch ist«[42]. 1933 wurden seine Werke in Deutschland verboten. Verarmt und deprimiert, siedelte er 1934 nach London über und ging 1935 nach Brüssel, wo er unglücklich und vergessen gestorben ist.

Aus dem Expressionismus hervorgegangen ist Ludwig Strauss (1892–1953). In Aachen geboren, studierte er Literaturwissenschaft und Philosophie in Berlin und München und debütierte 1916 mit dem Novellenband »Der Mittler«, dem 1918 der Gedichtband »Wandlung und Verkündigung« folgte. Er war zunächst Dramaturg und freier Schriftsteller und unterrichtete dann bis zu seiner Emigration nach Palästina 1935 Literaturgeschichte an der Technischen Hochschule in Aachen. In Israel war er als Lehrer und Erzieher tätig. An der hebräischen Universität Jerusalem hielt er Vorträge über Weltliteratur.

Werner Kraft hat ihn wie folgt charakterisiert: »Er war unter den jüdischen Dichtern seiner Generation der einzige, der bei stärkster Bindung an die deutsche Kultur nicht nur jüdische Motive in seine Dichtung übernahm, sondern als deutscher Dichter natürlich als Jude lebte, den großen neuhebräischen Dichter Bialik und jiddische

Volkslieder ins Deutsche übersetzte und Bibeltöne in seine Dichtung hineinklingen ließ wie auch den altgermanischen Stabreim.«[43]

Strauss ist ein zu Unrecht in Vergessenheit geratener Dichter. Um so erfreulicher ist es, daß jüngst ein Band mit Erzählungen erschienen ist, die geeignet sind, Strauss zu widerlegen, der sich in erster Linie als Lyriker sah.[44]

Margarete Susman (1872–1966), Lyrikerin und Essayistin, veröffentlichte erste Gedichte schon vor 1900. Sie studierte Philosophie bei Georg Simmel und stand zeitweise dem George-Kreis nahe. Sie war eng befreundet mit Ernst Bloch, Franz Rosenzweig, Gustav Landauer und Karl Wolfskehl. Seit 1933 lebte sie in Zürich; weithin galt sie als noble Verkörperung deutsch-jüdischer Symbiose. In ihrer Autobiografie »Ich habe viele Leben gelebt« (1964) schrieb sie über ihre Jugend: »Wir waren Deutsche, sonst wäre nicht alles, was später kam, so furchtbar, so niederschmetternd gewesen. Wir sprachen die uns teure Sprache, im wahrsten Sinn die Muttersprache, in der wir alle Worte und Werte des Lebens empfangen hatten, und Sprache ist ja fast mehr als Blut. Wir kannten kein anderes Vaterland als das deutsche, und wir liebten es mit der Liebe zum Vaterland, die später so verhängnisvoll wurde.«[45] Im Denken und im Werk dieser Autorin kreuzen und verbinden sich viele widersprüchliche Traditionen. Alfred Kantorowicz schreibt: »Sie bezeugt dem aristokratischen Geist Stefan Georges die gleiche Ehrerbietung wie dem revolutionären Impetus Rosa Luxemburgs, den Religionsphilosophen Spinoza und Buber ... die gleiche Bewunderung wie dem freigläubigen Sozialisten Gustav Landauer oder dem streitbaren Pazifisten Moritz von Egidy.«[46] In ihrem Buch »Das Buch Hiob und das Schicksal des jüdischen Volkes« (1945) hat sie die Bilanz des Verhältnisses zwischen Deutschen und Juden nach der Katastrophe gezogen und die Deutschen zur Rückverwandlung ins Humane gemahnt: »Die Vergebung ist dessen, dessen das Gericht ist; unser ist nur die grenzenlose, unauslöschliche Trauer. Aber nur als wirklich unauslöschliche ist diese Trauer eine wahrhaftige Antwort auf das Ungeheure des Geschehenen. Nichts von dem, was auf deutschem Boden, von deutschen Händen oder von ihnen geführt jüdischen Menschen widerfahren ist, darf vergessen werden; das ist das strenge Vermächtnis der Opfer an die Überlebenden.«[47]

Die expressionistischen Vorstellungen von einer gewaltlosen Revolution und die ekstatisch-messianischen Visionen berühren sich eng mit der jüdischen Geisteswelt. Kaum ein Autor hat die expressionistische Entfremdungsproblematik und Selbstanalyse so unmittelbar mit der jüdischen Gedankenwelt verknüpft wie Simon Kronberg (1891–1947). Als Sohn eines Rabbiners in Wien geboren, wurde er Schauspieler und Chorleiter und wechselte in der Folgezeit häufig den Beruf, um das Notwendige zum Leben zu verdienen und schreiben zu können. Seine ersten Arbeiten erschienen während des Ersten Weltkrieges in den Zeitschriften »Die Aktion« und »Die Dichtung«.

1921 erschien Kronbergs Prosadichtung »Chamlam« (= Dummkopf), in welcher der Held als die Verkörperung des jüdischen Leidens unter dem Gesetz und an der Umwelt erscheint. Oskar Loerke meinte, für dieses Buch müsse »die große Trommel gerührt, das vielgewundene Bombardon um den Hals gelegt werden«[48], und Karl Otten urteilte, es sei »vielleicht das Vollendetste, was der existentiell gerichtete Expressionismus hinterlassen hat«[49]. Kronberg hat den Umkreis jüdischer Mystik nie verlassen, und so ist sein Held weniger eine Person, denn ein Bezugspunkt in einem metaphysischen System. Loerke hatte treffend geurteilt, Kronberg mühe sich, Chamlam als einen Menschen zu geben, »der nicht sich selbst als den Mittelpunkt seiner Welt empfindet, sondern auf den seine Welt als den Mittelpunkt sieht«.[50] Kronberg war ein spröder, zerquälter Dichter, der nur aus »dem Geist des jüdischen Volkes und seiner ehernen Tradition«[51] schreiben konnte. 1934 wanderte er nach Palästina aus, wo er sich seinen Lebensunterhalt als Schuster, später als Stimmbildner verdiente. Kronbergs Thematik ist jüdisch, doch der Sprache nach ist er ein deutscher Dichter. Doch ebensowenig wie Arno Nadel oder Siegfried Einstein hat er, trotz der Bemühungen Karl Ottens, in die deutsche Literatur Aufnahme gefunden.[52]

Über Arno Nadel, 1978 in Wilna geboren und 1943 in Auschwitz ermordet, schrieb Hans Tramer, sein lyrisches Werk sei vielleicht als »eine der großen, aus jüdischem Geist geborenen Privatkosmologien« zu bezeichnen.[53] Nadel, »der kleine, polnische, rotbäckige, leise lächelnde jüdische Kantor«[54], war Schriftsteller, Komponist, Maler und seit 1916 Chordirigent der Berliner Jüdischen Gemeinde am Cottbusser Ufer. Seine ersten Gedichte erschienen 1909. Sein Hauptwerk »Der Ton«, das auf mehr als 700 Seiten mehr als 2000 Gedichte enthält, erschien 1921, ein schwer zugängliches, kolossales »religiöses Gedichtwerk«, das in immer neuen Anläufen um »Die

Lehre von Gott und Leben« (Untertitel der zweiten Auflage von 1926) kreist. Diesem einzigartigen Buch wurde, so Felix Stößinger, »die Paradoxie zuteil...«, an sichtbarster Stelle des deutschen Verlagswesens, nämlich in einer Dünndruckausgabe des Insel-Verlages, völlig unsichtbar zu werden und zu bleiben«.[55] Ein ähnliches Schicksal hatte das von Friedhelm Kemp aus dem Nachlaß edierte Gedichtwerk »Der weissagende Dionysos« (1959). Eine Zeile aus dem Gedicht »Winter« von Arno Nadel, geschrieben 1920, hat einer erschütternden Anthologie über die »Judenverfolgung des Dritten Reiches im Gedicht« den Titel gegeben: »Welch Wort, in die Kälte gerufen!«[56].

Die reaktionäre und völkische Literaturkritik begann bereits zwischen 1910 und 1920 den Expressionismus als »entartet« und »jüdisch« zu diffamieren: »Die ›Entartungskampagne‹ gegen die vom Expressionismus mitgeprägte moderne Kunst und der Genozid am jüdischen Volk im nationalsozialistischen Deutschland standen in einer Tradition des Ungeistes, der in der Zeit des Expressionismus Konturen annahm.«[57] Als eifrigster Hetzer betätigt sich schon bald nach 1900 der Schriftsteller und Privatgelehrte Adolf Bartels (1862–1945), der Hauptvertreter einer völkisch-rassistischen, manisch antisemitischen Literaturgeschichtsschreibung. Der Einfluß seiner »Geschichte der deutschen Literatur« (1901/02) und seiner »Geschichte der deutschen Dichtung von Hebbel bis zur Gegenwart« (1922) auf breite Kreise darf nicht unterschätzt werden. Zwar distanzierten sich liberale Kritiker von seinen pauschalen Verdammungsurteilen, und Kurt Tucholsky verspottete ihn 1922 als »im Irrgarten der deutschen Literatur herumtaumelnder Pogromdepp« und »Hakenkreuzpolichinell«, doch machte er sich über die Wirkung der Bartelsschen Tiraden keine Illusionen: »Das wird gekauft; daraus schöpfen Hunderttausende ihre Kenntnis von der Literatur des eigenen Landes; ein solch liederliches, törichtes und unwissenschaftliches Geschmier vertreibt der Verlag H. Haessel, der die Ehre hat, Conrad Ferdinand Meyer verlegen zu dürfen; zu solch einem Tropf schauen Tausende empor.«[58] Die Revolution von 1918/19, an der sich verhältnismäßig viele jüdische Sozialisten und Schriftsteller beteiligten, lieferte Bartels und seinen Gesinnungsgenossen weitere Argumente für ihre These von den Juden als Drahtziehern des »Umsturzes« und Unterwanderern des deutschen Kulturlebens. 1921 schrieb Bartels: »Die deutsche Revolution vom 9. November

1918 ist, wie jetzt feststeht, von den unabhängigen Sozialdemokraten, unter größtenteils jüdischer Führung mit russischem Gelde gemacht worden… Die literarischen Zustände in Deutschland entsprechen natürlich im ganzen den staatlichen und gesellschaftlichen. Die mächtige Weltkriegsdichtung erscheint heute schon historisch geworden, die nationalistische Richtung ist zwar noch vorhanden, wirkt aber nur in engeren Kreisen, der Expressionismus erscheint völlig verjudet.«[59]

Zu den jüdischen Vorkämpfern einer sozialistischen Republik gehörten Hugo Haase, Vorsitzender der USPD und Mitglied des Rats der Volksbeauftragten (1919 ermordet); Kurt Eisner, bayerischer Ministerpräsident (1919 ermordet); Gustav Landauer, Volksbeauftragter für Volksaufklärung (1919 ermordet); Rosa Luxemburg (1919 ermordet); Hugo Preuß (1860–1925), Staatsrechtler und 1919 Innenminister, war einer der Väter der Weimarer Verfassung. Aus antisemitischer Hetze auf dem Papier war blutiger Mord geworden. »Pogromluft weht durch Berlin«, schrieb das »Israelitische Gemeindeblatt« in Köln. Der Centralverein antwortete 1919 mit einem Flugblatt »Die Juden sollen an allem schuld sein« auf die antisemitische Agitation, in dem es unter anderem hieß: »Wir sollen schuld sein an allen Übeln des Kapitalismus und *zugleich* an den Leiden der Revolution, die diese Übel beseitigen will. Was ein paar Führer jüdischer Herkunft gewirkt haben zum Guten und zum Bösen, haben sie selbst zu verantworten, *nicht die jüdische Gesamtheit*. Wir lehnen es ab, die *Sündenböcke* abzugeben für alle Schlechtigkeit der Welt.«[60]

Der Schriftsteller, Kultur- und Sozialphilosoph Gustav Landauer (1870–1919) vertrat einen anarchistisch gefärbten ethischen Sozialismus unter Ablehnung des Marxismus. Während zum Beispiel Kurt Eisner keine Bindung an das Judentum spürte, fühlte sich Landauer, der mit Martin Buber befreundet war, dem Judentum eng verbunden. 1913 schrieb er: »…mein Deutschtum und mein Judentum tun einander nichts zuleid und vieles zulieb. Wie zwei Brüder, ein Erstgeborener und ein Benjamin, von einer Mutter nicht in gleicher Art, aber im gleichen Maße geliebt werden, und wie diese beiden Brüder einträchtig miteinander leben, wo sie sich berühren und auch, wo jeder für sich seinen Weg geht, so erlebe ich dieses seltsame und vertraute Nebeneinander als ein Köstliches und kenne in diesem Verhältnis nichts Primäres oder Sekundäres.«[61] Auch der Nationalökonom Eugen Leviné (1883–1919), einer Familie des russisch-jüdischen Großbürgertums entstammend und Mitglied des Viererkomitees der zweiten Münchner Räterepublik, wurde 1919 ermordet. Der Schriftsteller und Anarchist Erich Mühsam (1878–1934), Mitglied der USPD und aktiver Revolutionsteilnehmer, wurde durch ein Standgericht zu 15 Jahren Festung verurteilt und verbrachte sechs Jahre im Kerker. 1934 wurde er im Konzentrationslager Oranienburg ermordet.

Zu fünf Jahren Kerker wurde auch der Schriftsteller Ernst Toller (1893–1939), Kriegsfreiwilliger, dann Kriegsgegner, Mitglied der USPD und Mitarbeiter Eisners und Kommandant der »Roten Armee«, verurteilt. Während Toller im Gefängnis war, wurde die Aufführung seines Stückes »Die Wandlung« am 30. September 1919 in Berlin zu einem großen Erfolg. Im Gefängnis schrieb er »Masse – Mensch«, »Die Maschinenstürmer« und »Hinkemann«. Später löste sich Toller von den mit der Revolution verbundenen Erlösungshoffnungen und wurde zum Zeitkritiker. Unter seinen späteren Werken ragt das von Erwin Piscator inszenierte Zeitstück »Hoppla, wir leben!« (1927) heraus, eine Abrechnung mit dem politischen Opportunismus. Im Exil geriet Toller in eine Schaffenskrise und beging, über die persönliche und politische Situation deprimiert, in New York Selbstmord.

Das Verständnis des Judentums als »Leidensgemeinschaft« habe Toller »um so empfänglicher... für die Leiden seiner Mitmenschen« gemacht, schreibt Michael Ossar in einer Toller-Studie.[62] In seinen Reifejahren sei Toller »zu einer Art Verallgemeinerung des anarchistischen Sozialismus ins Revolutionäre« vorgedrungen, »wobei die apokalyptisch-messianische Strömung des Judentums ein wesentliches Moment darstellt«[63]. Diese Übertragung jüdischen Geisteserbes in sozialistische Theorien sei weder eine Flucht »in eine klassenlose, schrankenlose Welt der allgemeinen Verbrüderung« noch ein »verzweifelter Versuch, Selbstachtung zu erlangen«, gewesen. Sie war vielmehr Ausdruck einer zunehmenden »Besinnung auf eigene Wurzeln« bei gleichzeitiger »Identifizierung mit revolutionären Utopien freiheitlichen Charakters«.[64] Ähnliche Positionen lassen sich bei Martin Buber, Ernst Bloch, Gustav Landauer und Walter Benjamin ausmachen. In seiner Autobiografie »Eine Jugend in Deutschland«, erschienen 1933 im Exilverlag Querido, beschrieb Toller sein Leben zwischen 1893 und 1924. Sein Buch gehört zu den eindrucksvollsten Zeugnissen deutsch-jüdischer Existenz.

Am Schluß des Buches spricht Toller von seinem leidenschaftlichen Wunsch, im Ersten Weltkrieg »durch den Einsatz meines Lebens zu beweisen, daß ich Deutscher sei« und wie er aus dem Feld die Behörden gebeten habe, man »möge mich aus den Listen der jüdischen Gemeinschaft streichen«. Doch da er trotz allen Bemühens in die deutsche Gesellschaft nicht aufgenommen wird, setzt bei Toller wie bei vielen anderen Juden eine Besinnung auf die eigenen Wurzeln ein: »Aber bin ich nicht auch Jude? Gehöre ich nicht zu jenem Volk, das seit Jahrtausenden verfolgt, gejagt, gemartert, gemordet wird, dessen Propheten den Ruf nach Gerechtigkeit in die Welt schrieen, den die Elenden und Bedrückten aufnahmen und weitertrugen für alle Zeiten, dessen Tapferste sich nicht beugten und eher starben, als sich untreu zu werden? Ich wollte meine Mutter verleugnen, ich schäme mich. Daß ein Kind auf den Weg der Lüge getrieben wurde, welch furchtbare Anklage gegen alle, die daran teilhatten. Bin ich darum ein Fremder in Deutschland? Hat allein die Fiktion des Blutes zeugende Kraft? Nicht das Land, in dem ich aufwuchs, die Luft, die ich atmete, die Sprache, die ich lebe, der Geist, der mich formte? Ringe ich nicht als deutscher Schriftsteller um das reine Wort, das reine Bild? Fragte mich einer, sage mir, wo sind Deine deutschen Wurzeln, und wo Deine jüdischen, ich bliebe stumm.«[65]

Am Beginn der Weimarer Republik standen Morde an jüdischen Revolutionären und Sozialisten. In den kommenden Jahren haben Verunsicherung, soziale Deklassierung und Verarmung vieler Millionen Menschen durch die Inflation der Parole »Die Juden sind unser Unglück« ein gewaltiges Echo verschafft. 1922 konnte man an Hauswänden in Berlin lesen »Knallt ab den Walther Rathenau, die gottverfluchte Judensau!« Walter Rathenau, 1867 als Sohn des Industriellen und AEG-Gründers Emil Rathenau in Berlin geboren, übernahm 1915 die Leitung der AEG, wurde Mitglied der im Ersten Weltkrieg auf seinen Vorschlag hin eingerichteten Kriegsrohstoffabteilung im Kriegsministerium und war von Mai bis November 1921 Reichsminister für Wiederaufbau. Seit dem 31. Januar 1922 war er Reichsaußenminister und vertrat Deutschland auf der Konferenz von Rapallo. Er war eine der auffälligsten und exponiertesten jüdischen Persönlichkeiten der Republik und trat mit zahlreichen kulturphilosophischen und zeitkritischen Schriften hervor. Der Zionismus war für den deutschen Juden Rathenau keine Lösung. Am

16. November 1918 schrieb er: »Wir wollen, wie unsere Väter, in Deutschland und für Deutschland leben und sterben. Mögen andere ein Reich in Palästina begründen –: uns zieht nichts nach Asien.«[66] Der Ausweg der Taufe kam für ihn nicht in Frage. Trotz seiner Loyalität zur Republik blieb er sich seiner Außenseiterstellung immer bewußt. 1917 hatte er an Frau von Hindenburg geschrieben: »Wenn auch in und meine Vorfahren nach besten Kräften unserem Lande gedient haben, so bin ich, wie Ihnen bekannt sein dürfte, als Jude Bürger zweiter Klasse...«[67] Am 24. Juni 1922 wurde der Mann, der geglaubt hatte, daß die Judenfrage nur »durch allgemeines Fortschreiten der Sittlichkeit der Welt und ihrer Einrichtungen« lösbar sei[68], nach einer systematischen antisemitischen Hetzkampagne in Berlin von rechtsradikalen Offizieren ermordet.

VII.
Das jüdische Wien

1.

Hugo Bettauer – Joseph von Sonnenfels – Fanny von Arnstein –
Der Antisemitismus Luegers und Schönerers
Das »Junge Wien«: Leopold von Andrian – Felix Dörmann – Felix
Salten – Peter Altenberg – Richard Beer-Hofmann – Hugo von
Hofmannsthal
Alfred Polgar – Anton Kuh – Egon Friedell – Leo Spitzer

Im Jahre 1922 veröffentlichte der in Wien geborene jüdische Schriftsteller Hugo Bettauer (1872–1925) einen Roman mit dem provozierenden Titel »Die Stadt ohne Juden«. Die »Hinaus-mit-den-Juden«-
Schmierereien an Pissoirwänden, schrieb Bettauer, hätten seine
Phantasie zu spielerischen Gedanken darüber angeregt, »wie dieses
Wien sich wohl entwickeln würde, wenn die Juden tatsächlich einmal
der höflichen Aufforderung folgten und die Stadt verließen... Also,
wie gesagt, ich habe ein amüsantes Buch geschrieben, das in einer
durch eine harmlose Romanhandlung zusammengehaltenen Skiz-
zenreihe ein kinematographisches Bild des Wien zeigt, wie es ohne
Juden aussehen würde... Ängstlich mühte ich mich, nicht den Glauben zu wecken, als hielte ich die Juden für einen absolut wichtigen
Bestandteil jeder Großstadt. O nein! Nicht jeder Großstadt, sondern
nur für die von Wien, weil eben die Eigenart dieser höchst liebens-
würdigen, kulturell hochstehenden, aber reichlich denk- und
aktionsfaulen Menschen absolut ungroßstädtisch ist...«[1]
Unter der Ägide eines fiktiven Bundeskanzlers namens Schwert-
feger wird Wien von allen Juden »gesäubert«, sie verschwinden aus
dem wirtschaftlichen und kulturellen Leben der Stadt.

Diese Gesera (Vertreibung) führte Bettauer den Wiener Antisemiten vor; seine Satire erfüllte die Wünsche der Christsozialen und
Großdeutschen. Hatte nicht der berühmt-berüchtigte Bürgermeister Karl Lueger (1844–1910) den Tag herbeigewünscht, an dem
man den letzten Juden als Kuriosität im Prater ausstellen würde?
Doch die »judenfreie« Stadt in Bettauers Roman erweist sich als ein
nicht lebensfähiges Gebilde.

Kulturell ist die Metropole Wien rasch zu einem Provinznest herabgesunken und wirtschaftlich ruiniert. So empfängt denn der Bürgermeister den ersten Heimkehrer vor dem Rathaus mit den Worten: »Mein lieber Jude!«

Bettauer erzählt diese Geschichte mit den Mitteln des Kolportageromans und unter reichlicher Verwendung trivialer Elemente. Er erzählt sie als Burleske, was heute – nach dem Holocaust – kein Schriftsteller mehr wagen würde. Sein Roman wurde ein Erfolg: 1926 erschien die 13. Auflage (61.–64. Tausend). Insgesamt wurden 250 000 Exemplare verkauft. Robert Musil schrieb: »Impulsiv, empfänglich, hatte er die Gabe, das auszusprechen, was Tausende fühlten. Er sprach es genau in der Weise und mit den Mitteln aus, die man heute anwenden muß, um zu wirken...«[2] Diese Sätze stehen freilich in einem Entwurf für einen Nachruf. Am 10. März 1925 hatte der junge Nationalsozialist Otto Rothstock auf Bettauer fünf Schüsse abgegeben; Bettauer starb 16 Tage später.

Die »Neue Freie Presse« nannte den Mörder einen »Rächer der beleidigten Moral« und einen »Mörder aus tiefverletzter innerer Keuschheit«. Das Gericht sprach ihn frei. Der österreichische Literaturwissenschaftler Josef Nadler schrieb in seiner »Literaturgeschichte des deutschen Volkes«: »Hugo Bettauer hat schließlich in seinen Wochenschriften nur die eine Aufgabe, jede Scham zu zerstören, jedem Gelüst das Wort zu reden und die wahllose Vermischung aller Rassen und Hautfarben mit verruchtem Behagen auszukosten. Sein Roman ›Die Stadt ohne Juden‹ 1922 malte sehr unbedacht seinen Gesinnungsgenossen den Teufel an die Wand: Wien, das sich von den Juden befreit; und er jagte die Gegenbeschwörung hinterher: Wien, das durch diese Tat desto unwiderruflicher in die Macht der Juden gerät.« Nadler schließt mit dem Satz: »Es war eine sinnvolle Handlung, als Hugo Bettauer 1925 seines schmutzigen Handwerks wegen von einem jungen Mann erschossen wurde.«[3]

Wien ohne Juden? Der erste historisch nachweisbare Jude in Wien war Schlom, Münzmeister des babenbergischen Herzogs Friedrich I., der 1196 von durchziehenden Kreuzrittern ermordet wurde. Acht Jahrhunderte haben Juden in Österreich gelebt. 1938, im Jahr des »Anschlusses«, lebten in Wien etwa 170 000 Juden. 1985 registrierte die Wiener Israelitische Kultusgemeinde 6000 Mitglieder. Zwischen 1938 und 1945 haben die Nationalsozialisten mehr als 65 000 österreichische Juden umgebracht.

Die Geschichte Wiens vom Ende des 17. Jahrhunderts bis 1938 ist von der Geschichte der Wiener Juden nicht zu trennen. Die »Ringstraßenzeit«, die – heute weithin verklärte – »Wiener Moderne« und die kulturelle Blüte der Ersten Republik sind ohne den Beitrag der Juden nicht denkbar. Mehr als ein Jahrhundert lang haben sie die Physiognomie Wiens geprägt. »Man nehme die Juden aus der Wiener Geschichte – was bleibt, ist ein Torso«[4], schreibt Hellmut Andics in seinem umfangreichen Buch über die Juden in Wien.

Wien, die europäische Metropole und Hauptstadt eines Vielvölkerstaates, dessen Hymne in 13 Sprachen gesungen wurde, übte auf die Juden in den Kronländern eine magnetische Anziehungskraft aus.

Seit dem Josephinischen Toleranz-Edikt (1781) kamen jüdische Kaufleute aus allen Landesteilen in die Residenz, um dort ihr Glück zu machen. Später folgten ihnen Vertreter einer jungen Intelligenz, die der Enge der Provinz entflohen und in Wien ihre Chance suchten. Sie kamen aus Böhmen und Mähren, aus Galizien, aus der Bukowina oder aus der Ukraine. Das Genie Wiens, schrieb Stefan Zweig, habe von jeher darin bestanden, »daß es alle volkhaften, alle sprachlichen Gegensätze in sich harmonisierte, seine Kultur war eine Synthese aller abendländischen Kulturen; wer dort lebte und wirkte, fühlte sich frei von Enge und Vorurteil.«[5]

Am Anfang der jüdischen Assimilation in Wien stand nicht wie in Deutschland mit Moses Mendelssohn ein Philosoph, sondern ein Professor der »Kameral- und Polizeiwissenschaft«, der in Nikolsburg / Mähren geborene Joseph Freiherr von Sonnenfels (1733 bis 1817). Er war der Sohn des 1746 geadelten Sprachlehrers Lipman Berlin und Enkel eines Rabbiners. Als Dreijähriger war er getauft worden. 1763 wurde er Professor, 1779 Hofrat, 1797 in den Freiherrenstand erhoben, 1811 wurde er Präsident der Akademie der bildenden Künste. Er war die Gegenfigur zu Maria Theresia, deren 40 Regierungsjahre durch eine repressive Judenpolitik gekennzeichnet waren. Sonnenfels, die markante Verkörperung der Aufklärung in Österreich, lebte und handelte weder als Jude noch als Christ, sondern nach einer Maxime, die er zum Titel einer von 1765 bis 1775 von ihm herausgegebenen Zeitschrift machte: »Der Mann ohne Vorurteil«. Er reformierte das Polizeiwesen, schaffte die Folter ab, begründete die moderne Finanzwissenschaft und verjagte den »Hanswurst« von der Wiener Bühne. Er war der Berater einer

Kaiserin und dreier Kaiser. Als Kronjurist war er an dem berühmten »Toleranz-Patent« Josefs II. beteiligt, welches das Datum des 2. Januar 1782 trägt: »Da nun mit dieser Unserer gnädigsten Absicht die gegen die jüdische Nation überhaupt in Unseren Erbländern und insbesondere zu Wien und in Niederösterreich bestehenden Gesetze und sogenannten Judenordnungen nicht durchaus zu vereinbaren sind, so wollen wir dieselben kraft gegenwärtigen Patentes in so ferne abändern, als es die Verschiedenheit der Zeit und Umstände nötig macht.«

Für Hellmut Andics war »das Toleranzpatent von 1782 ein Durchbruch zum Fortschritt. Von da an ging es nicht mehr um weitere Einschränkungen des jüdischen Lebensraumes, sondern um die Lockerung der Ghettosituation. Daß das Toleranzpatent weder alle Erwartungen des Kaisers noch die Erwartungen aller Juden erfüllte, lag weder allein an Josef II. noch allein an den Juden.«[6] Zu dieser Zeit lebten in Wien etwa 1000 Juden, Mitglieder von 33 tolerierten Familien. 1789 waren es bereits 77 Familien, zumeist privilegierte Großhändler, Bankiers oder Fabrikanten. Auch der erste Wiener Baron Rothschild, Salomon Mayer (1774–1855), war ein »k.k. priv. Großhändler«. Jetzt begannen einzelne jüdische Familien ihren Aufstieg in die Wiener Gesellschaft, wie etwa die Wertheimers oder die Oppenheimers. Zwischen 1782 und 1848 wurden über 100 reiche Juden geadelt, dies vor allem wegen ihrer Verdienste als Heereslieferanten und Hofbankiers. Eine Reihe von ihnen heiratete in die alte österreichische Aristokratie. Andere formierten mit Vertretern des aufsteigenden christlichen Mittelstandes ein neues kultiviertes Bürgertum.

Ähnlich wie in Berlin bildeten sich auch in Wien Salons geistreicher jüdischer Frauen. Einer der ersten war der von Fanny von Arnstein (1757–1818), Tochter des Münzmeisters Friedrichs II, Daniel Itzig, verheiratet mit dem Bankier Nathan von Arnstein, der 1798 als erster ungetaufter Jude in Österreich die Baronie erhielt. Fanny empfing in ihrem Hause Lord Nelson und Lady Hamilton, die Brüder Schlegel und Karl August von Varnhagen und während des Wiener Kongresses die Staatsmänner Humboldt, Hardenberg, den Herzog von Wellington und den Fürsten Metternich.[7] Ihr einziges Kind, Henriette, heiratete den jüdischen Baron Pereira und trat mit ihm zusammen zum Katholizismus über. In ihrem Biedermeiersalon verkehrten Grillparzer, Stifter und Franz Liszt.

Während die Aristokratie sich allmählich aus dem öffentlichen Leben zurückzog, wurden jüdische Familien zunehmend zum Rückgrat und zum belebenden Element der Wiener Gesellschaft. Als die Juden nach 1848 auch Zutritt zu akademischen Berufen erhielten, konnten es sich viele Mitglieder wohlhabender Familien leisten, ihren intellektuellen und künstlerischen Neigungen nachzugehen. Harry Zohn bezeichnet es als die »charakteristische Familienkonstellation« dieses Intellektuellentyps, daß er »den geschäftlichen Interessen und der oft minimalen Religiosität des als *Selfmademan* auftretenden Vaters frühzeitig den Rücken kehrte und sich der Literatur zuwandte, ohne aber den finanziellen Zuwendungen des Elternhauses zu entsagen«.[8]

Dieses jüdische Bürgertum war durchweg dem Geist des Liberalismus verpflichtet, der ihre Position der Gleichstellung zu garantieren schien, und stand loyal zur Monarchie. Andererseits läßt sich nicht leugnen, daß diese Juden, »nun einmal integriert in den deutschsprachigen Teil der Völker Österreichs, für die österreichischen ›Deutschen‹ in deren arrogantem Anspruch auf politische und kulturelle Hegemonie im Habsburgerreich Partei ergriffen«.[9]

Bis zur Jahrhundertwende war ihre gesellschaftliche Stellung nicht gefährdet. »Das kaiserliche Wien«, schreibt Friedrich Heer, »um die Mitte des Jahrhunderts, im letzten Drittel des 19. Jahrhunderts dann, ist weder im Hause Habsburg noch in den Häusern des Hochadels, der sich gelegentlich mit reichen Jüdinnen vermählt, antisemitisch. Die Villa Wertheimstein, in der österreichische Dichter wie Ferdinand von Saar und noch der junge Hofmannsthal eine innere Heimstatt finden, mag als Symbol für jene patrizische jüdische Patronanz von Dichtung, Bildung und Kultur gelten...«[10] Auch Kaiser Franz Joseph war tolerant. Für ihn waren die Juden treue Untertanen, und da ihm nationalistische Tendenzen in seinem Reich ein Dorn im Auge waren, mißfiel ihm auch der Zionismus: »Er hätte es lieber gesehen, wenn sie den Weg so vieler alter jüdischer Familien in seiner Hauptstadt genommen hätten – vom orthodoxen Glauben und der Leopoldstadt zur Assimilation und Integration, und in den ersten Bezirk.«[11]

In der Leopoldstadt, im Volksmund auch gehässig »Mazzesinsel« genannt, dem Zweiten Wiener Bezirk, lebten Ostjuden. Dort hatte der Großvater des Kaisers Leopold I., Ferdinand II., 1625 den Juden die Niederlassung gestattet. Das zweite Wohnviertel war das »Fetzenviertel« zwischen Salzgries und Franz-Josefs-Kai. Dorthin strömten im letzten Viertel des 19. Jahrhunderts die Juden aus den östlichen Provinzen des Reiches, arme, eingeschüchterte, strenggläubige Menschen, die aus dem Schtetl in die Residenz gekommen waren. Die assimilierten Juden mußten diesen Zustrom als bedrohlich empfinden, sie sahen sich mit ihren Wurzeln konfrontiert und das Gespenst eines Antisemitismus aufziehen, der sich an diesen »exotischen« Zuwanderern entzünden konnte, die so hartnäckig an ihren alten Sitten und Riten festhielten. Als Theodor Herzl, den spitzzüngige Zeitgenossen als »extrem assimilierten jüdischen Dandy« beschrieben, mit seinen Vorstellungen von einem Judenstaat hervortrat, fand er gerade bei den Ostjuden starken Widerhall und nicht beim liberalen jüdischen Bürgertum. Dort wollte man die Zeichen der Zeit nicht wahrhaben. 1888 hatte Karl Lueger mit einigen Gesinnungsgenossen die Christlich-soziale Partei gegründet. 1897 wurde er Bürgermeister. Lueger machte Politik im Namen des »kleinen Mannes« gegen das gehobene Bürgertum und bediente sich dabei antisemitischer Ressentiments. Dagegen beruhte das Programm der »deutschnationalen« Bewegung unter der Führung des Judenhassers Georg von Schönerer auf dem Begriff der Rasserneinheit. Luegers Antisemitismus hatte vorwiegend wirtschaftliche Gründe. Er zielte auf Handwerker und Gewerbetreibende, die sich durch die überwiegend mit jüdischem Kapitel arbeitenden Großbetriebe in ihrer Existenz bedroht fühlten. Bis dahin hatte es, ein Wienerisches Spezifikum, einen sozusagen »gesellschaftsfähigen Antisemitismus gegeben, der nichts mit Luegers wahltaktischen Judenbeschimpfungen und schon gar nichts mit Schönerers Rassenhaß zu tun hatte. Eine Mixtur aus übernommenen Vorurteilen, gesellschaftlichen Ressentiments gegen Neureiche, Ablehnung der hochgekommenen Zuwanderer und einer gehörigen Portion katholisch-religiöser Distanziertheit«.[12]

Das geistige Wien zwischen 1880 und 1914 und sein einzigartiges kulturelles Niveau sind undenkbar ohne den Anteil, den das jüdische Bürgertum als innovierendes, produktives und promovierendes Element daran genommen hat. Stefan Zweig, der wie kaum ein zweiter Schriftsteller von dieser Ära geprägt und in ihr verwurzelt war, hat in melancholischem Rückblick diese »Welt von Gestern« nach ihrer Zerstörung noch einmal Revue passieren lassen: »Sie (die Juden) waren das eigentliche Publikum, sie füllten die Theater, die

Konzerte, sie kauften die Bücher, die Bilder, sie besuchten die Ausstellungen und wurden mit ihrem beweglicheren, von Tradition weniger belasteten Verständnis überall die Förderer und Vorkämpfer alles Neuen. Fast alle großen Kunstsammlungen des neunzehnten Jahrhunderts waren von ihnen geformt, fast alle künstlerischen Versuche nur durch sie ermöglicht; ohne das unablässige stimulierende Interesse der jüdischen Bourgeoisie wäre Wien dank der Indolenz des Hofes, der Aristokratie und der christlichen Millionäre, die lieber sich Rennställe und Jagden hielten, als die Kunst zu fördern, in gleichem Maße künstlerisch hinter Berlin zurückgeblieben wie Österreich politisch hinter dem deutschen Reich. Wer in Wien etwas Neues durchsetzen wollte, wer als Gast von außen in Wien Verständnis und ein Publikum suchte, war auf diese jüdische Bourgeoisie angewiesen (...) – überall, als Gelehrte, als Virtuosen, als Maler, als Regisseure und Architekten, als Journalisten behaupteten sie im geistigen Leben Wiens unbestritten hohe und höchste Stellen. Durch ihre leidenschaftliche Liebe zu dieser Stadt, durch ihren Willen zur Angleichung hatten sie sich vollkommen angepaßt und waren glücklich, dem Ruhme Österreichs zu dienen.«[13]

Harry Zohn, der in einem bio-bibliografischen Handbuch die literarischen Beiträge von mehr als 400 Wiener Juden erfaßt hat, schreibt, diese Beiträge seien »schon darum quantitativ eindrucksvoll«, weil die Juden nie mehr als acht bis elf Prozent der Bevölkerung dieser Stadt ausgemacht hätten. Vor dem Ersten Weltkrieg wies Wien nach Warschau die zweitgrößte jüdische Bevölkerung auf. 1880 waren es noch 72000 gewesen. »Dieser Bevölkerungszuwachs«, schreibt Zohn, »war neben dem virulenteren Antisemitismus im Osten und dem schon erwähnten Zug zur deutschen Sprache der Tatsache zuzuschreiben, daß Wien den Juden der Monarchie größere Entfaltungsmöglichkeiten, mehr Kultur und – trotz des ihnen feindlich gesinnten Bürgermeisters Lueger – ein milderes soziales Klima bot. Die Juden waren die treuesten Österreicher.«[14]

Stefan Zweig spricht von der »leidenschaftlichen Liebe« der Juden zu dieser Stadt und ihrem »als Mission vor der Welt« verstandenen Österreichertum. Zweig, selbst die beste Verkörperung eines österreichischen Europäers, stellt fest: »Neun Zehntel von dem, was die Welt als Wiener Kultur des neunzehnten Jahrhunderts feierte, war eine vom Wiener Judentum geförderte, genährte oder sogar schon selbstgeschaffene Kultur.«[15]

Der zeitgenössischen Öffentlichkeit stellte sich die Literatur der Wiener Moderne im wesentlichen als die Literatur des sogenannten »Jung-Wien« dar. Diesem Dichterkreis gehörten unverhältnismäßig viele jüdische Autoren an; sein kritischer Wortführer und Vordenker war jedoch der Nichtjude Hermann Bahr (1863–1934), von Karl Kraus »Hermann Bahr-Kochba« genannt. Seine ab 1890 unter dem Titel »Zur Kritik der Moderne« herausgegebenen Aufsätze legen das theoretische Fundament einer ästhetisch ausgerichteten impressionistischen, vom Naturalismus abgesetzten Kunst. Poetisch zur Sprache gebracht wurde dieses Programm einer subjektiven Sinnen- und Seelenkunst in der Lyrik Hugo von Hofmannsthals und Felix Dörmanns, in der Prosa Leopold Andrians, Richard Beer-Hofmanns und Peter Altenbergs. In der Essayistik kulminiert diese »monologisch-assoziative Analytik« (Wunberg)[16] in den Arbeiten des jungen Hofmannsthal.

Die Literaten des »Jung-Wien« versammelten sich im Café Griensteidl, 1847 eröffnet, in dem schon Laube und Grillparzer verkehrt hatten und das später als »Café Größenwahn« bezeichnet wurde.

Bis zum Abbruch des Cafés im Jahr 1897 traf sich dort die literarische Welt Wiens. Außer Hermann Bahr waren die meisten Autoren Juden oder jüdischer Abstammung: Arthur Schnitzler, Stefan Zweig, Hugo von Hofmannsthal, Peter Altenberg, Richard Beer-Hofmann, Felix Salten, Leopold Andrian, Felix Dörmann – eine aus verschiedenartigen Talenten und Persönlichkeiten bestehende Gruppe ohne übermäßig starken Zusammenhalt.

Als Karl Kraus 1896 seine Satire »Die demolirte Literatur« veröffentlichte, übergoß er die Literaten des Café Griensteidl mit polemischem Spott und äußerte zugleich die »sinistre Prophezeiung, daß mit dem Ende des Cafés auch das Ende jener Literatur gekommen sei, die in der Betriebsamkeit des geselligen Caféhauslebens ihre soziologische und geistige Voraussetzung gehabt hatte«.[17] Die dort versammelten Autoren vergleicht er mit Motten, die sich zum Exodus aus ihrem Schlupfwinkel gezwungen sehen: »Aus dumpfer Ecke geholt, scheuen sie vor dem Tag, dessen Licht sie blendet, vor dem Leben, dessen Fülle sie bedrücken wird.«[18]

»Eine der zartesten Blüthen der Decadence«, heißt es bei Kraus, »spross dem Café Griendsteidl in einem jungen Freiherrn, der, wie man erzählt, seine Manieirtheit bis auf die Kreuzzüge zurückleitet.« Gemeint ist Leopold Reichsfreiherr von Andrian zu Werburg

(1875–1951). Sein Vater war ein angesehener Gelehrter und Begründer der Anthropologischen Gesellschaft in Wien, seine Mutter war die Tochter des Komponisten Giacomo Meyerbeer. Andrian studierte Jura und war bis 1918 im diplomatischen Dienst tätig. Er gehörte zum Freundeskreis um Bahr und Hofmannsthal. Nach 1919 lebte er zurückgezogen, emigrierte 1939 nach Brasilien und kehrte 1946 nach Europa zurück. Mit Hofmannsthal verband Andrian eine lebenslange Freundschaft.

Andrians Hauptwerk ist die kurze Erzählung »Der Garten der Erkenntnis« (1895), von Karl Kraus »Der Kindergarten der Unkenntnis« genannt. Andrian behandelt in seiner Novelle eine Grunderfahrung seiner Generation. Wer die Welt als ästhetisches Phänomen erlebt, sieht sich der Wirklichkeit entfremdet. Ihm bleibt die Sehnsucht nach dem wahren Leben, er sucht nach dem Augenblick der Wahrheit. Andrians Held ist das Leben einzig als ästhetischer Genuß zugänglich, er ist unfähig, am Leben anderer teilzuhaben. Hugo von Hofmannsthal hatte 1896 in einem Vortrag gesagt: »Es führt von der Poesie kein direkter Weg ins Leben, aus dem Leben keiner in die Poesie.«[19] In diesem Satz hat er das Kernproblem der Wiener Moderne – Möglichkeiten und Grenzen eines rein ästhetischen Daseins – auf den Punkt gebracht.

Aus anderem Holz war Felix Dörmann (1870–1928) geschnitzt, der mit bürgerlichem Namen Biedermann hieß. 1890 erschien seine Gedichtsammlung »Neurotica«, die dreiviertel Jahre später von der Staatsanwaltschaft konfisziert wurde, da man fürchtete, die »pikante Lektüre« der zum Teil schwül-erotischen Gedichte könne zur »Entsittlichung des Volkes« beitragen. Die Gedichtbände »Sensationen« (1892) und »Gelächter« (1895) folgten. Dörmann schrieb mit wechselndem Erfolg und verfaßte auch Lustspiele und Libretti (»Der Walzertraum«).

Kraus' Intimfeind war Felix Salten (eigentlich Siegmund Salzmann), der hingegen von Schnitzler, Hofmannsthal und Beer-Hofmann geschätzt wurde. Salten (1869–1945), ein umtriebiger und vielseitiger Schriftsteller und Kritiker, Verfasser der Bestseller »Bambi« und »Josephine Mutzenbacher«, wurde 1891 Mitarbeiter an der »Allgemeinen Kunst-Chronik«, später Feuilletonredakteur der »Zeit« und Theaterreferent der »Neuen Freien Presse«. 1938 emigrierte er und lebte nach seiner Rückkehr nach Europa in der Schweiz.

Karl Kraus hat diesen Schriftsteller als »Parvenu der Gesten«, als einen Mann verspottet, der »immer das schrieb, woran seine Freunde gerade arbeiteten«, doch im Falle Salten sollte man seiner pauschalen Verdammung nicht ohne Nachprüfung folgen. Salten gelang mehr »als die Verwechslung des Dativs mit dem Akkusativ«. Er war zumindest ein zwar oft gefälliger, aber gleichwohl klarblickender Feuilletonist.

Peter Altenberg (1859–1919), als Richard Engländer in Wien geboren, war Poet, Exzentriker, Schnorrer und Bohemien und verbrachte seine Tage meist im Café, das er im »Kürschner« auch als seine Adresse angab. Ansonsten logierte er im Hotel.

Mit seinen hingetuschten, skizzenhaften Schilderungen alltäglicher Ereignisse, Stimmungen und Gefühlslagen ist er einer der wichtigsten Vertreter des literarischen Impressionismus. Er macht nicht den Versuch, die Totalität des Lebens einzufangen; melancholisch auf die flüchtige Zeit fixiert, hält er in Momentaufnahmen immer nur den Augenblick fest, in dem zuweilen das Glück für kurze Zeit aufleuchtet und dann verfliegt.

Ein sensibler Anarchist und Träumer, entzieht er sich allen Attributen bürgerlichen Lebens, wie Haus, Familie oder Beruf. Hofmannsthal, Hesse oder Thomas Mann waren von seinen Skizzen bezaubert. Karl Kraus hielt ihm ein Leben lang die Treue, kümmerte sich um die Veröffentlichung seiner Werke und unterstützte ihn finanziell. An Altenbergs Grab hielt er eine bewegende Rede.

Richard Beer-Hofmann (1866–1945) erschien im Café Griensteidl, nachdem er sein Jurastudium abgeschlossen und sich geweigert hatte, in die Kanzlei seines Vaters einzutreten. Sein Doppelname setzt sich aus dem seines Vaters, Beer, und dem seines Onkels und Adoptivvaters, Alois Hofmann, zusammen. Von allen Mitgliedern des »Jung-Wiener«-Kreises war er sich seines Judentums am stärksten bewußt; er hat das Schicksal und die religiöse Sendung seines Volkes zum Thema gemacht. Er schrieb Novellen, den Roman »Der Tod Georgs« und Dramen (»Jaakobs Traum«, »Der Graf von Charolais«), doch er lebt vor allem als Verfasser des Gedichtes »Schlaflied für Miriam« weiter, das er 1897 für seine Erstgeborene schrieb.

Für Harry Zohn ist das »Schlaflied« »das schönste jüdische Gedicht in deutscher Sprache... typisch für das Lebensgefühl der österreichisch-jüdischen Symbiose... voll jüdischer Frömmigkeit und Gottergebenheit«.[20]

»Meiner Substanz nach bin ich durchaus Jude«, sagte Beer-Hofmann von sich selber, »funktionell durchaus Österreicher.«[21] Er war geprägt von europäischem Erbe, deutscher Sprache und seiner österreichischen Heimat, doch das jüdische Schicksal war sein zentrales Thema: »Wenn ich nicht mehr bin und wenn die, die dann Deutsch lesen, mich zu den Ihren zählen wollen, dann werde ich eben ein deutscher Dichter gewesen sein. Eines aber werde ich vor vielen anderen voraushaben: daß ich mich anlehnen kann an eine so lange Reihe von Vorfahren, die unter Bedrängnissen aller Art ihren Gott nie preisgegeben haben.«[22]

Beer-Hofmanns enger Freund Hugo von Hofmannsthal (1874 bis 1929), der 1890 als »Loris« im Café Griensteidl auftauchte, gilt heute als die glanzvolle Verkörperung des Mythos Österreich. 1922 sagte er in einer Rede über Grillparzer, diesem sei »unter besondersten Bedingungen das fast Unglaubliche gelungen: den historischen Gehalt einer vergangenen, im wesentlichen aber noch fortwirkenden Epoche ganz zu geben, und ihn in Gestalten zu geben«.[23] Das trifft auch auf Hofmannsthal zu. Er war der Urenkel des Kultusvorstehers und Seidenfabrikanten Isaak Löw Hofmann, der aus Mähren stammte und 1835 mit dem Prädikat »von Hofmannsthal« geadelt worden war. Sein Sohn August heiratete 1839 eine katholische Patriziertochter – der erste Schritt zur Assimilation. Hofmannsthals Vater, der Rechtsanwalt Dr. Hugo Hofmann von Hofmannsthal, war bereits katholisch erzogen. Sein Sohn scherte aus der Familie aus und wurde Schriftsteller, »vielleicht weil die Erbmasse der vier Großeltern, schwäbisch und österreichisch, italienisch und jüdisch eine besonders glückliche… Mischungsqualität darstellte«, wie Hermann Broch in seiner Studie »Hofmannsthal« und seine Zeit« (1947/48) vermutete.[24]

Mit seinem Kunstbegriff war Hofmannsthal der Dichter einer untergegangenen Gesellschaft, der letzte Repräsentant der Kultur des habsburgischen Österreich. Die von ihm kultivierte Vorstellung vom Künstler trägt religiöse Züge. Der Dichter kündet von der Einheit der Dinge, die er zwar fühlen, aber nicht mehr mitteilen kann. Sein berühmter »Brief des Lord Chandos« (1902) legt von dieser fundamentalen Sprachskepsis Zeugnis ab. So steht Hofmannsthal, obwohl sein Werk schon in der Weimarer Republik vielen unzeitgemäß erschien, an der Schwelle der Moderne. Hermann Broch, hat Hofmannsthal ein achtungsvolles und würdiges Epitaph geschrieben:

»Allzugenau war es ihm sichtbar, daß er allüberall auf verlorenem Posten stand: aussichtslos war der Weiterbestand der österreichischen Monarchie, die er geliebt hatte und nie zu lieben aufhörte; aussichtslos war die Hinneigung zu einem Adel, der nur noch ein karikaturhaftes Scheindasein führte; aussichtslos war die Einordnung in den Stil eines Theaters, dessen Größe nur mehr auf den Schultern einiger überlebender Schauspieler ruhte; aussichtslos war es, all das, diese schwindende Erbschaft aus der Fülle des maria-theresianischen 18. Jahrhunderts, nun im Wege einer barock-gefärbten großen Oper zur Wiedergeburt bringen zu wollen. Sein Leben war Symbol, edles Symbol eines verschwindenden Österreichs, eines verschwindenden Adels, eines verschwindenden Theaters – Symbol im Vakuum, doch nicht des Vakuums.«[25]

Für Hermann Broch war das Österreich um 1900 in der leeren Kaiserloge symbolisiert, die in allen Theatern der Monarchie für einen eventuellen Kaiserbesuch bereitgehalten wurde, doch nahezu immer leer blieb: Der Mittelpunkt fehlte. »Die habsburgische Weisheit war im Grunde nur die Kunst, das Ende hinauszuschieben, sich im Untergang einzurichten und für Augenblicke selbstvergessen in seinen von der Geschichte gewährten Pausen jedes erreichbare Vergnügen zu genießen.«[26] Es waren nicht zuletzt die Dichter des »Jungen Wien«, die diese Leere ästhetisch verbrämten und idealisierten und die gesellschaftliche Wirklichkeit ignorierten oder verachteten. Diese Flucht in eine selbstproduzierte Scheinwelt warf Karl Kraus ihnen vor, der Zerstörer jeglicher Mystifikation, und in diesem Punkt hat er recht. In der »Demolirten Literatur« hatte Kraus bereits den Ton seiner späteren Polemiken fixiert. Drei Jahre später, 1899, erschien das erste Heft der »Fackel mit einem programmatischen Vorwort«, in dem es hieß: »Das politische Programm dieser Zeitung scheint somit dürftig; kein tönendes ›Was wir bringen‹, aber ein ehrliches ›Was wir umbringen‹ hat sie sich als Leitwort gewählt.«[27]

Doch erst nach 1911, als sie von Karl Kraus allein bestritten wurde, entwickelte sich die »Fackel« zu »einem einzigartigen Instrument für ein unzweifelhaftes Genie – mit all den Launen, Irrtümern und Idiosynkrasien, die einem solchen eignen«[28]. Dort, in der »Fackel«, ließ sich Karl Kraus auch dazu herab, einen »jungen Kritiker« (Kraus war übrigens ein Jahr jünger) zu loben, zog dieses Lob freilich später wieder zurück. Inzwischen war der erwähnte Autor freilich bereits als Theaterkritiker und Feuilletonist anerkannt: Alfred Polgar (1873–1955).

Polgar, als Sohn des Klavierlehrers Josef Polak in Wien geboren, trat 1895 in die Redaktion der »Wiener Allgemeinen Zeitung« ein, begann Theaterkritiken zu schreiben und veröffentlichte sein erstes Feuilleton. Später war er Mitarbeiter an der »Schaubühne«, der »Weltbühne«, am »Berliner Tageblatt« und an anderen Zeitungen. Sein Weg von der Lepoldstadt, dem zumeist von armen, nichtassimilierten Juden bewohnten Wiener Bezirk, in den vornehmen Ersten Bezirk und seine Integration in die bürgerlich-intellektuelle Sphäre der Stadt vollzog sich rasch und konsequent. Er stieg »nicht nur zu Ruhm und Ansehen auf, wo immer man Deutsch sprach und las, sondern wurde schließlich für einen typischen österreichischen *Grandseigneur* gehalten«[29]. Erst die Werkausgabe hat das Werk dieses Autors in seiner ganzen Vielseitigkeit und stilistischen Brillanz erschlossen.[30] Die unvergleichlichen Präzision, Eleganz und Treffsicherheit, mit der er seine Skizzen, Feuilletons, Kritiken, Parodien und Satiren zuschliff, haben seinem Stil die treffende Bezeichnung »Filigranit« (Franz Blei) eingetragen. Das Wiener Feuilleton, von Ferdinand Kürnberger begründet, von Daniel Spitzer und Ludwig Speidel fortgeführt, eine Gattung, in der Juden wie Nichtjuden gleichermaßen brillierten, hat in Polgar seinen Meister gefunden. 1906 hat er dieses Genre (und seine eigene Schreibweise) wie folgt charakterisiert: »Ein ganz besonderes Charakteristikum des Wiener Feuilletons ist die jokose Mischung von Urjudentum und Urariertum. Von synagogaler Wehmut und Grinzinger Alkohollaune. Ist der Kummer über die tausendjährige Diaspora am besten in Wiener Heurigen zu ersäufen? Es scheint so. Das Drah'n, das ist mein Leben – so wahr ich lebe! Die Mischung zeigt sich durchaus in Bau und Art des Wiener Feuilletons. Es hat einen gefühlvollen Intellekt und ein bemerkenswert intelligentes Gefühlsleben. Es übt verschnörkelte logische Denkspiele mit Empfindungen und hat andererseits immer eine Portion Rührung weich im Gehirn sitzen. Das Wiener Feuilleton hat eine resignierte Weltanschauung, wo ihm die Gedanken fehlen, und cerebrale Geschäftigkeit, wo es mit der Empfindung nicht nach kann.«[31]

Von seinem Kollegen Anton Kuh (1890–1941) erhielt Polgar den verehrungsvollen Beinamen »Marquis Prosa«. Auch Kuh war ein Meister der Pointe und des Aphorismus, ein witziger Causeur und

begnadeter Stegreifredner, was ihm den Beinamen »Sprechsteller«
eintrug. Einer seiner Vorfahren war der Mendelssohn-Freund
Ephraim Moses Kuh. Als glänzender Rhetoriker vermochte Kuh
spontan über jedes verlangte oder selbstgewählte Thema geistreiche
Diskurse zu halten. Sein Glanzstück war seine 1925 gehaltene Steg-
reifrede »Der Affe Zarathustras«, eine Abrechnung mit Karl Kraus.
Hilde Spiel war bei einer der Wiederholungen dieser Rede anwesend
und schreibt, es sei Kuh gelungen, »die Autorität, die Kraus als
selbsternannter Lehrmeister der intellektuellen Jugend Wiens genoß, nicht nur ins Lächerliche zu ziehen, sondern ernsthaft zu un-
tergraben. Es war eine Glanzleistung voll Ironie und Spott, von
messerscharfer Beobachtung und mit einigen unschlagbaren Argumenten.«[32]

Wie der von ihm verehrte Alfred Polgar mußte auch Anton Kuh
1938 aus Österreich flüchten. Polgar kam über die Schweiz 1940 in
die USA, Anton Kuh ließ sich 1938 in New York nieder, wo er als
Ghostwriter und Mitarbeiter am »Aufbau« tätig war. Polgar verfaßte in seinen Anfangsjahren eine Reihe von Sketches und kurzen
Stücken gemeinsam mit Egon Friedell (1878–1938). Dieser war der
Sohn des wohlhabenden Tuchfabrikanten Moritz Friedmann, promovierte 1904 und lebte als Theaterkritiker, Conférencier, Dramatiker und Schauspieler in Wien. 1927/28 erschienen die beiden
Bände seiner »Kulturgeschichte der Neuzeit«. Friedrich Torberg
hat über ihn geschrieben: »Er war – man muß sich das immer wieder
vergegenwärtigen – von einer schier unglaublichen Vielseitigkeit, er
war ein durchaus ernstzunehmender Kulturphilosoph und ein bril-
lanter Essayist, ein Liebhaber und Kenner des Theaters, für das er
auch geschrieben und auf dem er sich als Schauspieler betätigt hat, er
konnte mit seinen kabarettistischen Improvisationen, die denen
eines Anton Kuh in nichts nachstanden, den mieselsüchtigsten
Menschen zum Lachen bringen…«[33]

1938 drängten Freunde Friedell vergebens zur Flucht. Als er im
März durch das Fenster seinr Wohnung SA-Leute anrücken sah, die
ihn abholen wollten, stürzte er sich aus dem Fenster.

Den jüdischen Witz in seiner klassischen Wiener Form kreierte
eine Generation vor Karl Kraus Leo Spitzer (1835–1893). Ihn
nannte man das »böse Gewissen Wiens«, denn seine Feuilletons ba-
sierten auf einem hohen Ethos und zielten, bei aller Leichtigkeit und
Eleganz des Stils, darauf ab, Heuchelei und Schwindel zu entlarven.

Spitzer, der von mährischen Juden abstammte, studierte zunächst Jura, schrieb jedoch schon als Student Beiträge für die »Fliegenden Blätter« und den »Kladderadatsch«. Seit 1857 arbeitete er für das humoristische Wiener Wochenblatt »Figaro«, für das er eine Vielzahl komischer Typen erfand, darunter auch den Börsianer Itzig Kneipeles aus Nikolsburg, der seine Schmäh mauschelnd vortrug, wenn er gesellschaftliche Ereignisse reflektierte. Freilich war Spitzers jüdische Type keine Ausgeburt jüdischen Selbsthasses. Zwar hatte Spitzer »keine Bedenken, das Komische und Groteske etlicher seiner Stammesgenossen lachend hervorzukehren«, doch ebenso klar »bekannte er sich zum Judentum und prangerte den versteckten oder fanatischen Judenhaß seiner Zeit an« (Hermann Hakel).[34]

Spitzer verstand sich meisterlich auf die Kunst, in der Person die Sache zu treffen, und war damit der wahre Vorläufer von Karl Kraus. Internationale Berühmtheit errang er mit seinen Feuilletons, die unter dem Titel »Wiener Spaziergänge« seit 1865 in drei Wiener Zeitungen erschienen. 1871 ging er zur »Deutschen Zeitung« und 1873 zur »Neuen Freien Presse«, an der Ludwig Speidel, der führende Wiener Kritiker, Redakteur war.

Spitzer konnte Kalauer entbehren, er vermochte ironisch zu plaudern, war aber auch fähig, seinen Gegner zu »erledigen«. Wenn er im Nekrolog eines seiner von ihm verspotteten Opfer schreibt: »Ach, sie gehen alle dahin, einer nach dem anderen, sie sterben und geben meinen Geist auf!«, fühlt man sich an Karl Kraus erinnert. Kraus hat Spitzer sehr geschätzt und ihm bis zum Ende seines Lebens die Treue bewahrt. Bevor er »Die Fackel« gründete, hatte Kraus ein Angebot der »Neuen Freien Presse« erhalten, Nachfolger Spitzers zu werden.

Friedell, Polgar, Kuh waren »Kaffeehausliteraten« – in den Augen der Nazis eine verachtenswerte Kaste. Nach einer Definition Anton Kuhs war ein Kaffeehausliterat ein Mensch, »der Zeit hat, im Kaffeehaus über das nachzudenken, was die anderen draußen nicht erleben«.[35] Zu Anton Kuhs Zeit waren einige frühere »Griensteidl«-Gäste zusammen mit einer neuen Generation von Journalisten, Schriftstellern und Künstlern bereits im Café »Central« ansässig, das bis zum Ende des Ersten Weltkriegs der führende Literatentreffpunkt war, dann aber vom Café »Herrenhof« abgelöst wurde.

Der Haß der Nazis auf die Kaffeehausliteraten kam nicht von ungefähr, denn diese waren meist jüdischer Herkunft; doch das gilt auch für die meisten der renommierten Autoren vor 1938. An den jüdischen Wiener Schriftstellern war jene »Paarung von jüdischem Geist mit Wiener Gemüt, von intellektueller Subtilität mit seelischer Sensitivität, von uralter Leidensfähigkeit mit naiver Lebensfreude und nicht zuletzt von Witz mit Humor« zu beobachten, die nach Hilde Spiel zu »einer einzigartigen, unwiederholbaren Mischung« geführt hat.[36]

2.

Stefan Zweig – Arthur Schnitzler – Karl Kraus

Die Literaten des Café Griensteidl waren die ersten Schriftsteller jüdischer Herkunft, die in die Wiener Literatur Eingang fanden. Die Züge der Dekadenz, des Eklektizismus, der ästhetischen Überfeinerung und Nervosität, welche viele Kritiker so abstießen, waren freilich keine dem Judentum immanente Attitüde. Vielmehr hatten die Wiener Impressionisten ihre Vorbilder in Paris in Maurice Barrès, Paul Bourget und Paul Verlaine gefunden. Auch die vielberufene »Moderne« ist mitnichten eine jüdische »Erfindung« – aber ohne den Anteil der Wiener Juden ist sie nicht vorstellbar. Auch die Bahnbrecher hatten ihre Vorgänger wie Schnitzler in Edouard Dujardin, der vor ihm den »inneren Monolog« verwendete. Doch das geistige Klima Wiens erwies sich als starkes Stimulans: »Nirgendwo anders als in Wien vereinigten sich die von außen stammenden Detailwahrheiten zu einem solch einzigartigen Gesamtkunstwerk der Moderne.«[37]

Von den Wiener jüdischen Schriftstellern der »Griensteidl«-Generation haben es neben Hugo von Hofmannsthal in erster Linie Stefan Zweig, Arthur Schnitzler und Karl Kraus zu dauerhaftem Ruhm gebracht. Eine detaillierte Würdigung ihres Werkes wird man in diesem Zusammenhang kaum erwarten, wohl aber einige Anmerkungen zu ihrem jüdischen Selbstverständnis und dessen literarischer Spiegelung.

Stefan Zweig (1881–1942) schuf ein umfangreiches Werk aus Gedichten, Dramen, Romanen, Novellen, Essays, Biographien und Übersetzungen, das ihm Popularität und weltweite Anerkennung eintrug. Unter dem Einfluß von Emile Verhaeren und Romain Rolland entwickelte er sich zum humanistisch-pazifistischen Schriftsteller und empfand sich als einen der letzten Protagonisten der bürgerlich-europäischen Kultur. Seit 1919 lebte er, finanziell unabhängig, in Salzburg. 1934 emigrierte er nach England, 1940 in die USA und 1941 nach Brasilien, wo er sich in Petropolis 1942 zusammen mit seiner Frau das Leben nahm.

Zweig wuchs in einer assimilierten Familie ohne religiöse Erziehung auf. Gleichwohl empfand er seine Identität als Jude als etwas Selbstverständliches, »ebenso wie ich meinen Herzschlag fühle, wenn ich daran denke, und ihn nicht fühle, wenn ich nicht daran denke«.[38] Für ihn waren die Juden international; ihre Rolle als Weltbürger befähigte sie dazu, dem Nationalismus als kulturfeindlicher Macht entgegenzuwirken. Die Juden sind aber auch das Volk der Besiegten und Verfolgten, das sich jedoch gegenüber den durch die Macht korrumpierten Siegreichen am Ende als das geistig überlegene Volk erweist. In seinem Drama »Jeremias« (1917), einem Stück, das mitten im Krieg für die Niederlage plädierte, hat diese Idee Gestalt angenommen. Das Schicksal der Juden steht hier paradigmatisch für das Schicksal aller Verfolgten, »deren Ideen dem Leben dienen und damit den Horizont der jeweiligen Machthaber transzendieren. Durch Leiden erwächst ihnen neue Kraft und bestärkt sie in ihrer Mission, die im Fall des jüdischen Volkes darin besteht, die Ideale der völkerübergreifenden Humanität weiterzutragen und bei allen Menschen wirksam werden zu lassen.«[39] Die Juden sieht Zweig also als Träger und Bewahrer der Humanität, ja, er spricht ihnen eine geheime Sehnsucht zu, »durch Flucht ins Geistige sich aus dem bloß Jüdischen ins allgemein Menschliche aufzulösen«.[40] Zweig möchte seine jüdische Identität in etwas Allgemeineres verwandeln. Er empfand sich zuerst als Weltbürger, dann als Europäer, als Österreicher und dann als Jude. Für ihn gehörte die Diaspora notwendig zum Judentum. Die Mission der Juden sah er darin, der Welt humane Ideale zu schenken, selbst aber staatenlos zu bleiben. Am 24. Januar 1917 hieß es in einem Schreiben an Martin Buber: »Nie habe ich mich durch das Judentum in mir so frei gefühlt als jetzt in der Zeit des nationalen Irrwahns – und von Ihnen und den Ihren – trennt mich nur dies, daß ich nie wollte, daß das Judentum wieder Nation wird und damit sich in die Concurrenz der Realitäten erniedrigt. Daß ich die Diaspora liebe und bejahe als den Sinn seines Idealismus, als seine weltbürgerliche allmenschliche Berufung. Und ich wollte keine andere Vereinigung als im Geist, in unserem einzigen realen Element, nie in einer Sprache, in einem Volke, in Sitten, Gebräuchen, diesen ebenso schönen als gefährlichen Synthesen.«[41]

Zweigs Vorbild war Erasmus von Rotterdam, über den er 1934 ein Buch verfaßte. Erasmus war für ihn der Prototyp des geistigen Menschen, des Humanisten und Verfechters der Toleranz, ein Mann, der in einer geistigen Sphäre lebte und nicht Stellung beziehen oder Partei ergreifen durfte. Auch Zweig glaubte an die Kraft der Ideen und hielt sich von politischen Aktionen fern. Noch als der

Nationalsozialismus die humanen Werte besudelte, Europa zerstörte und die Juden verfolgte, hielt er an seiner Überzeugung fest, daß die Vernunft am Ende triumphieren werde. Die Tragödie des jüdischen Volkes, so schwer sie ihn traf, empfand er letztlich nur als Teil der größeren europäischen Katastrophe. Am deutlichsten hat Zweig seine Position als deutsch-jüdischer Schriftsteller in einem Brief umrissen, den er am 4. Februar 1937 aus Neapel an Alfred Wolf schrieb: »Ich glaube nicht, daß wir eine ›jüdische‹, eine nationale Literatur zu gründen haben, sondern nur das zu schreiben, was es uns drängt. Und da wir eben Juden sind und es nicht verleugnen, so wird in sich schon dies Werk einen jüdischen Charakter annehmen. Alles Gewaltsame dagegen und bewußt Akzentuierte scheint überflüssig.«[42]

Wie Stefan Zweig stammte auch Arthur Schnitzler (1862–1931) aus einer assimilierten Familie. Sein Vater war ein bekannter Arzt und Universitätsprofessor, die Mutter Pianistin. Schnitzler war dem jüdischen Brauchtum weitgehend entfremdet und hatte kaum eine Beziehung zum Glauben seiner Väter. Doch den wachsenden Antisemitismus seiner Zeit, vor allem an der Universität, hat er aufmerksam und akribisch registriert und in seinen Tagebüchern festgehalten. Dabei interessierten ihn weniger die politischen oder sozialen, sondern mehr die psychologischen Aspekte des Antisemitismus. Als scharfsichtiger Beobachter und kühler Diagnostiker scheint er sich diesem Phänomen manchmal wie ein Arzt zu nähern. Seine besondere Sensibilität für die »Judenfrage« wurde noch dadurch verstärkt, daß er ein Autor war, der sich sein Leben lang vehementen Angriffen gegenübersah, die sich vorgeblich gegen die Unmoral seiner Stücke (»Der Reigen«) richteten, im Grunde jedoch antisemitischer Natur waren.

In einigen seiner Werke hat sich Schnitzler am Rande auch mit der Judenfrage und antisemitischen Tendenzen beschäftigt, doch in seinem Drama »Professor Bernhardi« (1912) und in seinem Roman »Der Weg ins Freie« (1908) steht dieses Thema im Mittelpunkt. Beide Werke gehören zu den eindringlichsten Auseinandersetzungen mit dem Phänomen des Antisemitismus, welche die deutsche Literatur kennt. In beiden Fällen bietet Schnitzler keine Lösung an, er analysiert vielmehr ein Problem, beleuchtet es von allen Seiten und führt ein Panorama der deutsch-jüdischen Lebenswelt vor, in der die scharf konturierten Figuren agieren.

Dr. Bernhardi verweigert einem Priester den Zutritt zum Krankenzimmer eines jungen Mädchens, das nach einer Abtreibung im Sterben liegt und sich im Zustand der Euphorie befindet. Die Erteilung der Letzten Ölung hält er für unbarmherzig. Seine Auffassung vom »Gnadentod« wird ihm als »religiöse Obstruktion« ausgelegt, und im Klima eines offenen Antisemitismus kommt er vor Gericht und wird zu einer Gefängnisstrafe verurteilt. Für Hans-Peter Bayerdörfer ist dieses Stück »nicht nur eine rasante Verlaufsstudie über Anlaß, Kräfte und Dynamik einer antisemitischen Kampagne«, sondern darüber hinaus »die vielseitigste und daher problemintensivste Bestandsaufnahme jüdischen Verhaltens, im Umkreis des bürgerlich-intellektuellen Berufsbildes Arzt, welche das deutsche Drama überhaupt besitzt«.[43] Bernhardi handelt in Schnitzlers Stück als Arzt und nicht als Jude. Seine Feinde greifen in ihm aber nicht den Arzt, sondern den Juden an. Beinahe überflüssig zu sagen, daß, ungeachtet der Bereitschaft Schnitzlers zu maßvollen Streichungen, die österreichische Zensur das Stück verbot. Die Uraufführung erfolgte am 28. November 1912 am Kleinen Theater in Berlin. Die Berliner Zensur hatte offenbar nichts gegen die Schärfe einzuwenden, mit der österreichisches Milieu gezeichnet wurde. Das Spektrum der Charaktere ist überaus nuanciert; es umfaßt bei den Antisemiten völkisch-nationale und klerikale Typen; auf jüdischer Seite, nicht weniger scharf gezeichnet, finden sich der Assimilierte ebenso wie der um der Karriere willen Konvertierte oder der areligiöse Intellektuelle, der auf seinem Judentum beharrt.

In seinem Roman »Der Weg ins Freie«, an dem Schnitzler von 1902 bis 1907 arbeitete, gibt es mit der Figur des Josef Rosner nur noch eine antisemitisch eingestellte Figur, einen Vertreter christsozialer Thesen. Die Juden dieses Buches sieht der Leser zumeist aus der Perspektive der Zentralgestalt, und diese ist der Musiker Georg von Wergenthin, von Adel und Nichtjude, der mit dem jüdischen Schriftsteller Heinrich Bermann befreundet ist. Wergenthin ist der liberale, kultivierte, sensible Wiener, der sich jedoch bei allem Wohlwollen Juden gegenüber eine gewisse Reserviertheit bewahrt, die nicht selten in Befremden umschlägt: »Schon wieder einer, den man beleidigt hat! Es war wirklich absolut ausgeschlossen, mit diesen Leuten harmlos zu verkehren.«[44]

Bayerdörfer meint, hier werde mit »unübertrefflicher Diskretion... das Grundproblem der bürgerlich-jüdischen Schichten um die Jahrhundertwende... formuliert«, die Verhaltensweise einer gebildeten Gesellschaft nämlich, »die vermeint, Toleranz zu üben, während sie in den Falten ihrer Empfindungen die uneingestandene Aversion und die kaum beschönigte Abneigung überleben läßt«.[45]

Doch noch frappierender ist Schnitzlers Kunstgriff, sich eines nichtjüdischen Helden zu bedienen, um in die »Falten der Empfindungen« einzudringen: Der versierte Psychologe und Anatom der Gefühle versucht nichts weniger als eine Umkehrung der Perspektive, er will aus der Haut des Juden herausschlüpfen, um aus dem Inneren seines potentiellen Feindes argumentieren zu können. Er will denken und fühlen wie ein Nichtjude – um ihn verstehen, seine Empfindungen nachvollziehen zu können. So ist es dann auch Wergenthin, mit dem sich Schnitzler bis zu einem gewissen Grad identifiziert, der den Schlußstrich unter ein Gespräch zieht, das der Zionist Leo Golowski und der Anti-Zionist Bermann führen, übrigens eine für Schnitzlers Selbstverständnis als Jude zentrale Stelle: »Eine Ahnung von dieses Volkes geheimnisvollem Los dämmerte in ihm auf, das sich irgendwie in jedem aussprach, der ihm entsprossen war; nicht minder in jenen, die diesem Ursprung zu entfliehen trachteten wie einer Schmach, einem Leid oder einem Märchen, das sie nichts kümmerte – als in jenen, die mit Hartnäckigkeit auf ihn zurückwiesen wie auf ein Schicksal, eine Ehre oder eine Tatsache der Geschichte, die unverrückbar feststand.«[46]

Schnitzlers Roman bietet einen Querschnitt durch das jüdische Wien, eine kritische Typologie und ein Arsenal von Psychogrammen. Der alte Fabrikant Ehrenberg betont sein Judentum, zum Leidwesen seiner Gattin und seiner Töchter, die ein großes Haus führen, während der Sohn, Oskar, nur noch durch die Furcht vor Enterbung von der Konversion zurückgehalten wird. Andere bekennen sich wie Bermann trotz ihrer Verbundenheit mit der Monarchie zu ihrem Außenseitertum, wieder andere suchen in der Sozialdemokratie oder im Zionismus ihr Heil. Alle Gestalten sind freilich übersensibel und sich ihrer problematischen Existenz bewußt. Das gilt auch für Wergenthin, den finanzielle Nöte zwingen, den standesgemäßen Müßiggang aufzugeben.

Schnitzlers Roman, angefüllt mit Gesprächen und Diskussionen, ist sehr lang und zum Teil langatmig, ein über weite Strecken analytisches und »theoretisches« Buch; doch es bezieht seine Spannung aus der intellektuellen Zuspitzung und Differenzierung eines Problems, das auf subtile Weise in die Gestalten aufgefächert ist.

Am 15. März 1909 äußerte Schnitzler gegenüber Eduard Goldbeck, der in der »Zukunft« eine positive Rezension des Romans veröffentlicht und sich betrübt gezeigt hatte, daß Schnitzler an seiner jüdischen Abstammung so schwer leide: »Ich leide nicht im geringsten unter meiner jüdischen Abstammung; ja ich bin so fern von diesem Gefühl, als es einer nur sein kann, der es am Ende auch dumm fände, auf sein Judentum oder auf sonst irgend etwas stolz zu sein. Wenn ich unter etwas leide, so ist es höchstens das Judentum mancher andern Leute, oder richtiger die klägliche Art, in der sich so viele Juden gerade innerhalb unerer Kultur zu der Tatsache ihrer Abstammung verhalten. Der Widerwille gegen diese Leute mag in meinem Roman da und dort sehr lebhaft durchleuchten. Ja mit solcher Deutlichkeit will mir scheinen, daß ich eher glauben möchte, Sie hätten sich nicht ganz richtig ausgedrückt, als mich nicht ganz richtig verstanden.«[47]

Obwohl Schnitzler das Judentum weder im religiösen noch im nationalen Sinn etwas bedeutet hat, verachtete er jene, die ihm durch würdelose Anbiederung an die Zeitstimmung in der Gesellschaft oder durch einen Schwenk ins katholische Lager zu entkommen suchten. Dem als Katholik geborenen Hofmannsthal warf er Snobismus vor. In der Tat wäre Schnitzler nie auf die Idee gekommen, sich – wie Hofmannsthal – in einer Franziskanerkutte begraben zu lassen. Karl Kraus, der zum Katholizismus übergetreten war, machte er den Vorwurf des Renegatentums.

Dieser Vorwurf ist nur einer unter vielen, die man dem Herausgeber der »Fackel« machte. An Karl Kraus (1874–1936) scheiden sich noch heute die Geister, nicht nur was seine Haltung dem Judentum gegenüber angeht. Die Sekundärliteratur zu Kraus umfaßte 1970 bereits rund 2300 Nummern.[48] In den 37 Jahrgängen der »Fackel« mit 922 Nummern in 415 Heften, in den Buchpublikationen und den Briefen finden sich die verschiedenartigsten und widersprüchlichsten Äußerungen zum Judentum, so daß Caroline Kohn zuzustimmen ist, wenn sie ihren Aufsatz »Karl Kraus und das Judentum« mit dem Satz beginnt: »Über Karl Kraus und das Judentum zu schreiben ist ungefähr ebenso schwer wie ein Urteil über seine Stellung zum Sozialismus zu fällen.«[49] Es wäre vermessen, wollte man in diesem Zusammenhang mehr versuchen als eine Annäherung, als die Erhellung einiger Grundpositionen, die sich im Werk von Karl Kraus abzeichnen.

Als Sohn eines Fabrikanten in Jicin in Böhmen geboren, brach er aus der kommerziellen väterlichen Welt aus, der er ein relativ gesichertes Leben verdankte, begann nach dem Abitur in Wien ein Studium, suchte vergeblich, Schauspieler zu werden (1893 fiel er als »Franz Moor« durch), trat jedoch erfolgreich als Vorleser (Hauptmanns »Die Weber«) auf. Dann erfolgte die Wendung zur Literatur und zum Journalismus. 1896 erschien die »Demolirte Literatur«. 1898 wurde er »Chroniqueur« der Zeitschrift »Die Wage«. 1899 erhielt er ein Angebot der »Neuen Freien Presse«, Nachfolger Daniel Spitzers zu werden. Doch er entschloß sich, von der Familie finanziell und von Maximilian Harden moralisch unterstützt, zur Herausgabe einer eigenen Zeitschrift: Am 1. April 1899 erschien die erste Nummer der »Fackel«. Seit Dezember 1911 schrieb er alle Beiträge allein. Diese roten Hefte sind sein Lebenswerk. Bis 1936 hat er, unbeirrt von Konfiskationen, Prozessen, Verleumdungen, Parlamentsdebatten und tätlichen Angriffen gegen seine Person, als Satiriker und Polemiker gegen den oberflächlichen Kulturbetrieb, gegen korrupte Politiker, gegen die Presse und gegen den Krieg gekämpft. Es war der gigantische Kampf eines einzelnen, der Kreuzzug eines Monomanen. Der einzige Kritiker, den er gelten ließ, war er selbst.

Das einzige, woran er glaubte, war die Sprache. Sie galt ihm als das einzige Kriterium für die Wahrheit im Bereich des Geistigen und Menschlichen. Er konzedierte, daß dieses Kriterium täuschen konnte. Doch er nahm das Recht auf Irrtum für sich in Anspruch. So war sein Kampf manchmal inkonsequent und in seiner Maßlosigkeit tragikomisch. Doch Karl Kraus führte, um mit Kurt Wolff zu sprechen, den Kampf des biblischen Gerechten, der viel leiden muß: »Ein Gerechter zu sein, ist Schicksal, vielleicht Fluch. Der als Gerechter Geborene hat keine Wahl. Er *muß* die Wahrheit aussprechen, wie *er* sie erkennt, er *muß* geißeln, was ihm unrecht und ungerecht erscheint. Damit verletzt er notwendig andere, und unter dieser Notwendigkeit wird er ebensosehr leiden, wie er Leiden verursacht.«[50]

Kraus hat sein Judentum nie verleugnet, wenngleich er bereits 1899 aus der Israelitischen Kultusgemeinde austrat und konfessionslos wurde. Auf einen entsprechenden Vorwurf Felix Saltens erwiderte er: »Mein Haß gegen das Judentum – man soll nicht generalisieren – erstreckt sich vornehmlich auf die jüdischen Parasiten und Journalisten, ohne daß ich je meine Abneigung gegen die christlichen Assimilanten verleugnet hätte.«[51] 1911 trat Kraus zum Katholizismus über. Pate bei der Taufe war sein langjähriger Freund, der Architekt Adolf Loos. 1923 trat er jedoch wieder aus. Er erklärte diese Wendung unter anderem damit, die Kirche habe im Krieg die Waffen gesegnet und aus finanziellen Interessen Theateraufführungen im Salzburger Dom gestattet.

Bereits in der ersten Nummer der »Fackel« fragte Kraus, wie lange das Publikum »sich bis ins neue Saeculum hinein eine Presse gefallen lassen wird, die den Antisemitismus besser zu erzeugen als zu bekämpfen vermag«. Er beklagte sich jedoch auch über eine »organisierte politische Radautruppe«, die Zionisten, die wegen einer »kleinen Satire... ein rotes Meer von Beschimpfungen« über ihn ausgegossen hätten.[52] Die »kleine Satire« war seine Broschüre »Eine Krone für Zion« (1898), die viel Aufsehen erregt hatte. Die Satire weist noch nicht die Schärfe seiner späteren Arbeiten auf, doch sie läßt keinen Zweifel an seiner entschiedenen Ablehnung jeglicher nationalistischen Strömung; Völkerverschmelzung sei wünschenswerter als Absonderung: »Der unumstößliche Glaube«, schreibt er, »an die Anpassungsfähigkeit des jüdischen Charakters ist die beste Orthodoxie.« Diese Ablehnung nationalstaatlicher Lösungen der Judenfrage und das Vertrauen auf die Assimilation finden sich freilich bei vielen seiner Zeitgenossen, zum Beispiel bei Arthur Schnitzler und Stefan Zweig. Doch Herzl selbst wurde von Kraus nicht angegriffen, er achtete ihn ebenso wie auch jeden Juden, dem seine Gläubigkeit die Assimilation verbot. Ein Autor wie Richard Beer-Hofmann, der sich zu seinem Glauben bekannte, blieb von ihm unangetastet.

In den folgenden Jahren wurden die antijüdischen Attacken in der »Fackel« schärfer. Immer betonte er, es bestehe ein Unterschied zwischen Angriffen auf die jüdische Religion und solchen auf die jüdische Korruption. Er war ein Anti-Dreyfusard, setzte sich aber für den von der Presse diffamierten Gustav Mahler ein. Wenn er gegen die Wiener Presse und gegen den Krieg kämpfte, nahm er immer einzelne jüdische Pressezaren oder jüdische Schieber und Kriegsgewinnler aufs Korn. So bekämpft er konsequent und unerbittlich den Herausgeber der ihm verhaßten »Neuen Freien Presse«,

Moritz Benedikt (1849–1920). Noch in einem der letzten »Fackel«-Hefte wetterte er gegen eine »käufliche Presse«, die Lobgesänge auf Max Reinhardt anstimme, der sich für die Proben zu Werfels »Weg der Verheißung« drei Monate ausbedungen habe, »also annähernd die Zeit, die die Juden für den Weg der Verheißung vormals gebraucht haben. Alles das vollzieht sich ohne Ahnung, daß es auch so etwas wie Antisemitismus gibt, ja daß nicht weit von Salzburg unschuldige und wertvolle Glaubensgenossen, um solcher Schuld und solchen Unwerts willen, entehrt und zertreten werden.«[53]

Während des Ersten Weltkriegs kritisiert er zugleich den Krieg und ein gewisses Judentum, mauschelnde Schieber, chauvinistische Journalisten, Finanzgauner und Wucherer, deren Jargon er mit grandiosem Sprachempfinden zu gestalten weiß. 1917 schreibt er: »Finanzgauner, deren Sprache kaum zur Verständigung über die notwendigsten Berufspraktiken reicht, tragen das Kleid vorzeitlicher Ehre; Cafetiers nehmen mit Veteranen den Appell ab; Judenbuben sind die Dichter der Nation, der sie nicht angehören.«[54]

Die ganze Wucht seiner Polemik richtete sich gegen die jüdische Kriegsberichterstatterin Alice Schalek, gegen Alfred Kerr, der infame Scharfmacherverse unter dem Pseudonym »Gottlieb« veröffentlicht hatte, und gegen den Zeitungsboß Imre Békessy (»Hinaus aus Wien mit dem Schuft!«). Ein »abgefeimter Budapester Seifenagent, der Jude Békessy, (treibe) sein Geschäft mit dem Kapital der Wiener Indolenz«, schrieb er. Nach mehreren Jahren polemischen Dauerbeschusses hatte Kraus ihn wirklich aus Wien vertrieben. Ohne Zweifel finden sich bei Kraus Spuren übersteigerter, ja zwanghafter Judenkritik, und sein Gerechtigkeitsfanatismus verführte ihn dazu, jüdische Gegner einseitig und schneidend zu überzeichnen. Es ist bei dieser Art jüdischer Selbstkritik schwierig, sich vor der Übernahme von Klischees zu hüten, die aus dem Lager des Gegners stammen könnten. Dieser Versuchung ist Kraus in seinem in jeder Hinsicht monströsen Drama »Die letzten Tage der Menschheit« erlegen, wo er das von völkischen Antisemiten entworfene Klischee vom »Mauscheljuden« inflationär einsetzt.

Es ist nicht verwunderlich, daß, zum Beispiel, Theodor Lessing ihn als das »leuchtende Beispiel des jüdischen Selbsthasses« darstellte; für den Kraus-Verehrer Berthold Viertel war Kraus hingegen ein »Erzjude«.

Als Adolf Hitler an die Macht gelangte, trat im Erscheinen der

»Fackel« zunächst eine längere Pause ein. Erst im Oktober 1933 erschien ein schmales Heft, das neben einer Grabrede für Adolf Loos nur Kraus' letztes Gedicht enthielt, das mit den Zeilen beginnt: »Man frage nicht, was all die Zeit ich machte.«[55]

Gleichwohl arbeitete Kraus, dessen Freunde sein Schweigen enttäuschte, an einem umfangreichen, »Die dritte Walpurgisnacht« betitelten Pamphlet gegen den »Unhold« und seine Helfershelfer, das er jedoch, obwohl der Text bereits gesetzt war, zurückhielt.[56] Jedoch im Juli 1934 erschien unter dem Titel »Warum die Fackel nicht erscheint« ein »Fackel«-Heft, in das Teile der »Walpurgisnacht« eingearbeitet waren. Dieses Heft ist über 300 Seiten stark. Die »Walpurgisnacht« ist erst 1952 publiziert worden und beginnt mit dem berühmt gewordenen Satz: »Mir fällt zu Hitler nichts ein.«[57] Was ihm zu Hitler indes einfiel, umfaßt in der Buchausgabe fast 300 Seiten! Als das »Fackel«-Heft erschien, war Kraus bereits ein kranker Mann, der seinen baldigen Tod ahnte. Dort hat er (in der »Er«-Form) über sich geschrieben, er fühle »sich zu dem Bekenntnis gedrängt, daß er, wiewohl er das Werk dieser Kritik, die sogenannten ›eigenen Schriften‹, bei weitem nicht so hoch stellt wie die noch aktiven Verehrer, doch in der freien Verfügung geistigen Hohns, in der Ehrerbietung für das geschändete Leben und die besudelte Sprache die Naturkraft eines unkompromittierbaren Judentums dankbar erkennt und über alles liebt; als etwas, das von Rasse und Kasse, von Klasse, Gasse und Masse, kurz jeglichem Hasse zwischen Troglodyten und Schiebern unbehelligt in sich beruht«.[58]

Marcel Reich-Ranicki hat angemerkt, daß es falsch sei, in diesen Sätzen »bloß eine gegen den Nationalsozialismus gerichtete Manifestation zu sehen«.[59] Verbirgt sich hinter ihnen nicht auch ein Bekenntnis zu seinem gleichsam »abstrakten« Judentum, zu den Juden als Volk der Verfolgten, das nun den Hitler-Schergen ausgeliefert war? So wie Karl Kraus in den langen Jahren der »Fackel«-Zeit jüdische Wucherer, Schieber und Journalisten unnachsichtig verfolgt hatte, so rückhaltlos trat er jetzt in der »Dritten Walpurgisnacht« für die geschundenen deutschen Juden ein. So heißt es dort an einer Stelle über die Nazis: »Sie schreiten über Leichen. Alles ist da, nur was wie ein Bissen Brot fehlt, ist ein Bissen Brot. Sonst kann man sie getrost beim Wort nehmen; sie halten es. Die Lesart freilich, daß ›keinem Juden ein Haar gekrümmt wurde‹, konnte sich behaupten, weil es nachweislich die einzige Form von Behandlung ist, die nicht geübt ward, während bei manchem die Kopfhaut mitging und mancher geschoren wurde, zwecks Einbrennung des Zeichens, in dem die Idee gesiegt hat.«[60]

In der »Walpurgisnacht« unternahm Kraus den Versuch, dem Phänomen Hitler von der Sprache her beizukommen, also von »diesem, durch Hitler nie zu erobernden Gebiet zurückzuschlagen« (Friedrich Dürrenmatt).[61] Ob das im Fall Hitlers und seiner Spießgesellen das taugliche Instrumentarium war, ist eine andere Frage. Aber es läßt sich gewiß sagen, daß dieser grandiosen satirischen Abrechnung mit dem Nationalsozialismus zu diesem Zeitpunkt nichts Vergleichbares an die Seite zu stellen ist.

Am 12. Juni 1936 ist Karl Kraus an einem Herz- und Gehirnschlag gestorben. So blieb es ihm erspart, mitzuerleben, wie die Nazis wenige Jahre später darangingen, Wien zu einer »judenfreien« Stadt zu machen. 1938 begannen die Diskriminierungen und Verfolgungen. 1939 setzte der Kriegsausbruch der legalen Auswanderung ein Ende. Mitte September 1939 ging der erste Transport in das Konzentrationslager Buchenwald ab. 60 000 Juden kamen dort um. Hugo Bettauers Vision war Realität geworden. In den 20 Jahren zwischen 1918 und 1938 hatte die Generation der Autoren aus dem »Café Herrenhof« Literaturgeschichte gemacht: Joseph Roth, Hermann Broch, Franz Werfel, Elias Canetti, Leo Perutz, Robert Neumann, Friedrich Torberg, Theodor Kramer, Berthold Viertel, Albert Drach und viele andere. Manche fanden ihr Grab in fremder Erde. Von ihnen wird noch zu sprechen sein, aber auch von jenen, denen die Flucht nicht gelang, wie dem hochbegabten Jura Soyfer (gestorben 1939 in Buchenwald) oder dem brillanten Kabarettisten Fritz Grünbaum, der 1940 in Buchenwald ermordet wurde. 1938 löschten die Nationalsozialisten den unvergleichlichen Glanz des jüdischen Wien aus und vertrieben die Dichter, die ihn verbreitet hatten. »Niemand weint um sie im heutigen Wien«, schrieb Hilde Spiel 1987, und die letzten Sätze aus ihrem Buch über Glanz und Untergang Wiens sollen am Ende des Kapitels über die Juden in Wien stehen: »Es wäre mir lieber gewesen, in diesem Bericht über eine große Kulturepoche nicht in jedem einzelnen Fall hinzufügen zu müssen, welche der Männer und Frauen, die sie mitbewirkt hatten, jüdischer Herkunft waren. Sie selbst hätten vorgezogen, ganz einfach als österreichische Dichter, Maler, Komponisten oder Wissenschaftler angesehen zu werden. Das war und ist immer noch ein utopischer Wunsch. Deshalb mag es nötig sein, der kollektiven Erinnerung aufzuhelfen und ausdrücklich hervorzuheben, daß Wiens Glanzzeit einem einzigartigen Augenblick der Geschichte, einer unwiederholbaren Symbiose zu verdanken war.«[62]

VIII.
Das jüdische Prag

1.

Prag, Stadt der Juden – Die jüdisch-deutsche Prager Literatur –
Friedrich Adler – Hugo Salus – Auguste Hauschner –
Fritz Mauthner – Oskar Wiener – Camill Hoffmann – Paul Adler –
Oskar Baum – Ernst Weiß – Leo Perutz – Otto Pick
Deutsche und Tschechen
Franz Janowitz

Am 15. März 1939 marschierten deutsche Soldaten in Prag ein. Die
Komitees, die sich um die Emigranten kümmerten, wurden aufgelöst. Die Gestapo durchkämmte alle Stadtviertel nach Juden, Kommunisten und Sozialdemokraten, die aus Nazi-Deutschland geflohen waren und in Prag Zuflucht gesucht hatten. Adolf Eichmann
errichtete im Juli eine »Zentralstelle für jüdische Auswanderung«
aus Böhmen und Mähren, die eine halblegale Ausreise ermöglichte.
Doch »für den Leidensweg der Juden wurde schon bald die Festung
Theresienstadt zu einem Symbol. Sie diente ab 1941 als zentrales
Ghetto für Böhmen und Mähren und immer mehr als Durchgangs-
ort ›in die östlichen Gebiete‹.«[1] Zwischen 1941 und 1945 sind mehr
als 150 000 Juden nach Theresienstadt verschleppt worden.

Die Nationalsozialisten beendeten die fast 1000jährige Geschichte des jüdischen Prag. 995 sollen die Juden das Recht erhalten
haben, in der »kleineren Stadt« (Kleinseite) eine Synagoge zu bauen.
1096 wurden die Prager Juden von Kreuzfahrern überfallen. Im
15. Jahrhundert war das Prager Judenviertel größer als das von
Frankfurt, im 17. Jahrhundert das größte in Europa. 1774 mußten
die Juden auf Befehl Maria Theresias Prag verlassen, konnten aber
später zurückkehren. 1849 erhielt das Judenviertel den Namen Josephstadt, 1861 konnten die Juden ihren Wohnsitz in der Stadt frei
wählen. 1889 begann die »Assanierung«: Bis 1917 fielen ihr die meisten Häuser der Josephstadt zum Opfer.

In Prag entwickelte sich eine glanzvolle Tradition jüdischen Wissens und Lebens. 1512, zum Beispiel, wurde in Prag die erste hebräische Druckerei Mitteleuropas gegründet. Der »Hohe Rabbi«, Juda

Löwe ben Bezalel (etwa 1525–1609), verfertigte, der Sage nach, den Golem (hebräisch »formlose Masse«), einen sprachlosen künstlichen Menschen. Den Krieg und die Zerstörungen überdauerten der Alte Friedhof (1439–1787) mit etwa 20000 Steinen, die Altneuschul (Synagoge, um 1260), das jüdische Rathaus (mit der jüdischen Uhr), die Hochsynagoge (um 1568), die Pinkassynagoge, die Klaus- und die Meislsynagoge.[2]

1850 gab es in Prag ungefähr 10000 jüdische Einwohner. Dieser Anteil wuchs bis zur Jahrhundertwende auf 25000. Im letzten Drittel des 19. Jahrhunderts bestand die deutschsprachige Prager Oberschicht (etwa 10000 Einwohner) etwa zur Hälfte aus Juden. Sie waren die Träger der deutschen Kultur in der »Dreivölkerstadt« Prag, einer Stadt zwischen Ost und West, die von tschechischen, österreichischen und jüdischen Traditionen geprägt war. 1900 lebten hier 415000 Tschechen, 25000 Juden und etwa 10000 Deutsche, das heißt nichtjüdische deutschsprechende Untertanen der österreichischen Monarchie. Darunter gab es keine Arbeiter. Die nichtjüdische deutsche Minderheit bestand zum überwiegenden Teil aus Beamten, Angehörigen des niederen Adels und des Großbürgertums. Kapitalkräftig, gebildet und politisch bevorzugt, besaß sie in Prag zwei Hochschulen, zwei Theater, einen Konzertsaal, neun Schulen und zwei Tageszeitungen.

Es waren also »im ganzen wohl noch keine 22000 Menschen…, die Deutsch als Sprache ihres geistigen Ausdrucks betrachteten, denn gerade im Jahr 1900 hatten sich in Prag mehr als 14000 Juden zur tschechischen Umgangssprache bekannt…«[3] Das hundertttürmige, »goldene« Prag mit seinen Gassen, Durchgängen, Hinterhöfen, Palästen, Klöstern, Kirchen, Synagogen, Brücken und Friedhöfen, längst zu einem Mythos geworden, war »das dreifache Ghetto, das den Prager deutschen Juden innerhalb der deutschen Gemeinschaft, die in der tschechischen isoliert war, in eine Sackgasse sperrte«.[4]

Doch in der Treibhausatmosphäre dieser Enge, auf einer Sprachinsel in einer Stadt voller Magie, einer steingewordenen Chronik, gab es zwischen 1890 und 1939 eine deutsche Literatur von unverwechselbarer Eigenart. Sie wurde geschrieben von vielen jüdischen Schriftstellern und wenigen Prager Deutschen (wie Paul Leppin, Victor Hadwiger oder Johannes Urzidil). Sie brachte nicht nur Franz Kafka hervor, sondern auch Franz Werfel, Max Brod und

Egon Erwin Kisch und darüber hinaus eine Fülle von hochrangigen Schriftstellern, Journalisten und Publizisten, von den vielen, zum Teil zu Recht vergessenen Talenten ganz zu schweigen. Von der Faszination Prags haben sich viele befreit, wie Franz Werfel, Willy Haas oder Egon Erwin Kisch. Doch alle trugen sie, nach einem Wort von Robert Weltsch, Prag mit sich, wo immer sie waren. Am 20. Dezember 1902 schrieb Franz Kafka an seinen Freund Oskar Pollak: »Prag läßt nicht los. Uns beide nicht. Dieses Mütterchen hat Krallen.«[5]

Im »Prager Dunstkreis« – so der Titel eines Romans von Oskar Wiener, erschienen 1920 – »konstituierte die Prager deutsche Literatur eine Versammlung paradoxer Talente und unerhörter Geheimnisse, und doch geschah das alles wie auf einer dahinschmelzenden Eisscholle, welche die Schriftsteller deutscher Sprache auf eine immer geringere Fläche zusammendrängte« (Peter Demetz).[6] Die überwiegende Mehrzahl dieser Autoren war jüdischer Herkunft und entstammte meist dem assimilierten jüdischen Bürgertum. Max Brod kam aus einer gutbürgerlichen Beamtenfamilie, Franz Werfels, Hermann Grabs oder Egon Erwin Kischs Väter waren wohlhabende Kaufleute. Häufig in Prag geboren, waren sie »aber in den meisten Fällen nur um eine Generation von der ländlichen Vergangenheit entfernt«.[7]

Johannes Urzidil schrieb: »Die meisten der Deutschprager Autoren waren Juden, aber sie waren von ihrer jüdischen Zugehörigkeit nur fallweise durchdrungen. Ihr deutsches Sprachbewußtsein bestimmte ihr Geschichtsbewußtsein stärker, als dies etwa ihr Stammesbewußtsein vermochte«.[8]

Die deutsche Literatur Prags hat einen »Enklavencharakter«. Die deutsche Bevölkerungsgruppe bildete einen geschlossenen Block, der sich, trotz mancher deutsch-tschechischer Dialoge und Kooperationen zwischen Künstlern und Schriftstellern, von der tschechischen Mehrheit abgrenzte. Josef Mühlberger schreibt: »Die Deutschen wie die Juden hatten in Prag keinen Wurzelgrund, keinen tragfähigen Humus. Deutsche und Juden lebten zwischen den Tschechen in einem mauerlosen Ghetto.«[9]

Das öffentliche Leben der deutschen Minderheit vollzog sich in geschlossenen Gesellschaften, Zirkeln, Kreisen. Hans Tramer spricht von »einer gewissen Neigung zur Sekten- oder zumindest Gruppenbildung«.[10] Der Sprache fehlte ein offenes und fruchtbares

Verhältnis zur Wirklichkeit, die Literatur hatte eine Aura der Künstlichkeit, die Identität wurde fraglich. Das Gefühl, nicht dazuzugehören, heimatlos zu sein, ist für die Prager Literaten konstituierend. 1918, als das Reich der Habsburger zusammenbrach, endete dieser Schwebezustand. Aus der Ungewißheit wurde die Gewißheit des völligen Verlassenseins. Der Untergang der »Welt von gestern« stürzte die Deutschprager Schriftsteller in eine tiefere Krise als die reichsdeutschen. Die in vielen Werken schon vor 1918 antizipierte Heimatlosigkeit – ein Grundmotiv Franz Kafkas – war Realität geworden.

Oskar Wiener, ein produktiver Schriftsteller, Publizist und Herausgeber, sah nach 1918 seine Aufgabe darin, epigonal das Ererbte, den Glanz des alten Europa zu bewahren. Seine Werke, sagt Claudio Magris, seien »eine einzige ideelle Anthologie des volkstümlichmagischen-geisterhaften-deutschen-übernationalen Erbguts seiner Kultur«: »Wiener fühlte sich als Österreicher, aber aus Böhmen stammend, als Deutscher, aber zu weit entfernt von seiner kraftspendenden Kultur, als Jude, aber nunmehr assimiliert, sicher nicht als Tscheche, aber als ein ›Böhme‹, der nicht ohne die tschechische Welt leben kann, die er sich aber als Deutscher geistig aneignen möchte. Wiener verkörpert beispielhaft den Prager, den Mann der zu vielen Heimaten, der gerade deshalb ohne Heimat bleibt.«[11]

In der ersten Republik waren die Juden gleichberechtigte Bürger und mußten nicht mehr zwischen deutscher und tschechischer Nationalität wählen, da jetzt auch eine dritte, die jüdische, anerkannt war. In dieser Zeit erweiterte sich der engere »Prager Kreis« um Autoren, die nicht in Prag, sondern in Böhmen, Mähren oder Wien geboren waren. Ludwig Winder kam aus Schaffa in Mähren, Ernst Sommer aus Iglau oder Hermann Ungar aus Boscovice. Wilma Iggers bemerkt, daß, »obwohl das Spektrum der Religiosität unter ihnen keine sehr frommen Juden einschloß, keiner, auch nicht der mit dem Katholizismus sympathisierende Franz Werfel, aus der jüdischen Religionsgemeinschaft ausgetreten ist. Auch zögerten sie fast alle die Emigration lang hinaus, die Zionisten unter ihnen bis zur letzten Stunde. Das mag eventuell auch am Optimismus ihrer tschechischen Umgebung und an der Stärke des Magnets Prag gelegen haben.«[12]

Die deutschsprachige Literatur Prags in der ersten Hälfte des 20. Jahrhunderts, »eines der bemerkenswertesten Phänomene der

Weltliteratur«,[13] präsentiert sich als ein irritierendes und schwer überschaubares Terrain mit einer Vielzahl von Gestalten, Strömungen, ideologischen Positionen, Gruppen, Querverbindungen und Antagonismen, die mit den nationalen, politischen, ethnischen und religiösen Konflikten der Zeit unlösbar verbunden sind. In Prag gab es für keinen Schriftsteller einen Elfenbeinturm – auch für Kafka nicht. Wer auf dieser Insel blieb und schrieb, konnte nicht wie ein Einsiedler leben, jeder hatte seinen »Kreis«, und davon gab es viele – nicht nur den von Max Brod sanktionierten »Prager Kreis«. Freilich kann niemand, der sich mit der Prager Literatur befaßt, an Max Brod vorbei, selbst wenn ihm manche seiner harschen Urteile mißfallen. Er war, um mit Peter Demetz zu sprechen, »wie kein anderer dazu berufen, die Geschichte der Prager deutschen Literatur zu schreiben, denn sein Leben und seine Produktivität waren ihrem Aufschwung und ihrem bitteren Ende mit allen Nerven verbunden«.[14]

Die deutschsprachige Prager Literatur ist, um es zugespitzt zu sagen, von jüdischen Autoren geschrieben worden, und die Deutschen haben einen kleinen Beitrag dazu geleistet. Als die 1907 gegründete zionistische Zeitschrift »Selbstwehr« die Sammelschrift »Das jüdische Prag« (zusammengestellt von Siegmund Kaznelson) herausgab, beteiligten sich mit Alfred Paquet, Hermann Bahr und Paul Leppin auch Nichtjuden. Ansonsten enthielt das 56 Seiten starke Heft Beiträge von Brod, Kafka, Pick, Fuchs, Werfel, Lasker-Schüler, Baum, Salus, Adler, Wiener, Weiß, Hauschner, Kornfeld und anderen jüdischen Autoren. Ähnlich war das Verhältnis in dem 1919 von Oskar Wiener herausgegebenen Sammelband »Deutsche Dichter in Prag«.

Vergessen wir nicht, daß die Produktionsbedingungen, unter denen diese reiche und vielseitige Literatur entstand, denkbar ungünstig waren: Es fehlte ein Hinterland und ein breiter Leserkreis, und es gab in Prag keine leistungsfähigen deutschen Verlage mit entsprechenden Werbe- und Distributionsmöglichkeiten. Eine Buchkultur, wie sie in Deutschland von Verlagen wie Kurt Wolff oder Insel gepflegt wurde, fehlte, obwohl zum Beispiel einer der berühmtesten Buchkünstler, Hugo Steiner (1880–1945), viele Jahre in seiner Geburtsstadt lebte. Auch die Grafiker und Illustratoren Emil Orlik (1870–1932) und Walter Trier (1890–1951) waren gebürtige Prager. Dagegen erreichten das Prager Musikleben, das Theater und das

Feuilleton der Prager Zeitschriften – verbunden mit Namen wie Brod, Natonek, Kisch, Pick, Torberg und Winder – ein hohes Niveau.

Gewiß waren die Prager deutschen »Kreise« nicht bloß eine Summierung von Talenten. Bruno Brandl benennt in seinem Buch »Liebe zu Böhmen« einige wichtige Gemeinsamkeiten: »den geschärften Sinn für Geschichte, insbesondere für die Vergangenheit *ihrer* Stadt, deren ›rattenfängerischer Schönheit‹, wie es Paul Leppin ausdrückte, viele geradezu mystisch verfallen waren; die Vorliebe für verschwebende Stimmungen und schwarzen Humor, die Ablehnung nationalistischer und rassischer Vorurteile, den Horror vor allem Lauten, Pompösen und Militanten; die Sorgfalt bei der Verwendung sprachlicher Mittel; das Gefühl, am Ende einer Epoche angelangt zu sein, und dies Jahre, bevor das alte Österreich unterging«.[15] Freilich fehlte es nicht an Differenzen und persönlichen Feindschaften wie der zwischen Max Brod und Karl Kraus, zwischen Brod und Franz Werfel (als Werfel sich dem Katholizismus näherte), zwischen dem Zionisten Brod und dem Kommunisten Kisch.

Die deutsche Dichtung Prags um 1900 wird von zwei Schriftstellern dominiert, die als Lyriker schon in den 80er Jahren hervorgetreten waren: Friedrich Adler (1857–1938), Jurist und Justizbeamter wider Willen, und Hugo Salus (1866–1929), bekannter und beliebter Frauenarzt. Beide waren deutschnationale Juden reinsten Wassers.

Diese starke Tendenz der Prager Juden zum Deutschtum entsprang nicht nur der Liebe zur deutschen Kultur, sondern war auch eine »logische Reaktion auf die den Juden gegenüber eingenommene Haltung der Tschechen und der Deutschen in den entscheidenden Jahren«[16]: Den deutschen Liberalen war die jüdische Unterstützung in ihrer Auseinandersetzung mit der tschechischen nationalen Bewegung willkommen, welche die Juden als »deutschfreundlich« ablehnte.

Doch weder seine deutschnationale Gesinnung noch die ablehnende Haltung der Tschechen hinderte Adler daran, die Lyrik seines Freundes Jaroslav Vrchlický (1853–1912) zu übersetzen. Adler galt als vorzüglicher Übersetzer und übertrug Stücke von Calderon und Tirso de Molina, die in seinen Fassungen am Burgtheater gespielt wurden. Er war bereits 1884 mit Gedichten in der berühmten

»Modernen Dichter-Anthologie« vertreten gewesen, während Salus durch seine Veröffentlichungen in der »Jugend« und im »Simplicissimus« weithin bekannt wurde und bei bürgerlichen Lesern wegen der sanften Idyllik seiner Verse sehr beliebt war. Albert Soergel widmete ihm in »Dichtung und Dichter der Zeit« (1912) immerhin fünf Seiten. Eines der beliebtesten Bücher dieses Autors war das Bändchen »Ehefrühling« (1905), das Heinrich Vogeler illustrierte.

Auguste Hauschner (1851–1924), die Nichte Fritz Mauthners und spätere Freundin Gustav Landauers, schrieb mittelmäßige Dramen, die am Prager Neuen Deutschen Theater unter der Leitung des Dramaturgen und Journalisten Heinrich Teweles (1856–1927) aufgeführt wurden. In ihren von Zola beeinflußten Romanen (»Die Familie Lowositz« und »Rudolf und Camilla«, 1910) entwirft sie ein Bild der jüdischen Bourgeoisie mit starken antitschechischen Untertönen.

Fritz Mauthner (1849–1923) stammte aus Ostböhmen, kam 1855 nach Prag und ging 1876 nach Berlin. Er war Romancier, Journalist, Parodist, Sprachphilosoph und Verfasser des amüsanten und sprachmächtigen Erinnerungsbuches »Prager Jugendjahre« (1918). Mauthner war ein emanzipierter Jude, der sich als deutscher Patriot verstand, die Assimilation der Juden verfocht und den Zionismus scharf ablehnte. Josef Mühlberger hat darauf hingewiesen, Mauthner sei »neben Karl Kraus der zweite Jude aus dem gemischtsprachigen Böhmen, den das Problem der Sprache zeitlebens beschäftigt hat«.[17] Seine »Beiträge zur Kritik der Sprache« erschienen seit 1901. In den »Prager Jugendjahren« schrieb er: »Wie ich keine rechte Muttersprache besaß als Jude in einem zweisprachigen Lande, so hatte ich auch keine Mutterreligion, als Sohn einer völlig konfessionslosen Familie.«[18]

Die Suche nach der eigenen existentiellen und sprachlichen Identität ließ ihn zum Sprachforscher werden. Er sei, als Jude im zweisprachigen Böhmen, »prädestiniert« gewesen, der Sprache seine Aufmerksamkeit zuzuwenden: »Dieses Interesse war bei mir von frühester Jugend an sehr stark, ja, ich verstehe es gar nicht, wenn ein Jude, der in einer slawischen Gegend Österreichs geboren ist, zur Sprachforschung nicht gedrängt wird. Er lernte damals (die Verhältnisse haben sich seitdem durch den Aufschwung der Slawen und durch die bessere Assimilierung der Juden ein wenig verschoben) genaugenommen drei Sprachen zugleich verstehen: Deutsch als die

Sprache der Beamten, der Bildung, der Dichtung und seines Umgangs; Tschechisch als die Sprache der Bauern und der Dienstmädchen, als die historische Sprache des glorreichen Königreichs Böhmen; ein bißchen Hebräisch als die heilige Sprache des Alten Testaments und als die Grundlage für das Mauscheldeutsch...[19]

Von Oskar Wiener (1873–1944) ist bereits die Rede gewesen. 1898 hatte er den verehrten Detlev von Liliencron durch die Stadt Prag geführt und ihre romantischen Winkel und ihre Originale in seinen Novellensammlungen »Haupt der Medusa« (1919) und »Verstiegene« (1921) liebevoll porträtiert. 1903 hatte er einen Band »Balladen und Schwänke« veröffentlicht. Nach Bruno Brandl ist Wiener »irgendwo auf dem Wege in eines der Todeslager im Osten verschollen. ›Es ist unglaublich! Ich habe immer Deutschland aufrichtig geliebt, und jetzt muß ich so elend enden!‹ klagte er seinem Freund Hans Demetz, während er sich zum Transport bereit machte«.[20]

Auch Camill Hoffmann (1878–1944), Verfasser schlichter, volkstümlicher Lyrik, Übersetzer und Diplomat (Attaché der tschechoslowakischen Gesandtschaft in Berlin), wurde ein Opfer der Nazis. Er starb im Konzentrationslager Auschwitz.

Völlig aus dem literarischen Gedächtnis verschwunden ist Paul Adler (1878–1946). Er studierte Jura in Prag, promovierte und ließ sich 1912 in Hellerau bei Dresden nieder; er gehörte zu den Gründern der Gartenstadt, wo sich Künstler und Handwerker zu einer Arbeitsgemeinschaft zusammenfanden. Bis 1916 veröffentlichte Adler im »Hellerauer Verlag« seines Freundes Jakob Hegner drei Prosawerke (»Elohim«, 1914; »Nämlich«, 1915; »Die Zauberflöte«, 1916) und trat dann als Dichter nicht mehr hervor. Er wandte sich dem Sozialismus zu, gründete 1918 die »Sozialistische Gruppe geistiger Arbeiter« im Spartakusbund, wurde 1921 Redakteur der tschechischen »Prager Presse« und kehrte 1923 nach Hellerau zurück. 1933 floh er vor den Nazis nach Prag und überlebte den Krieg in einem Versteck.

Nach Karl Otten, der 1959 zwei der esoterischen, schwer zugänglichen Prosawerke Adlers wieder veröffentlichte,[21] hat erstmals Jürgen Serke in seinem umfangreichen, materialreichen Band »Böhmische Dörfer« auf Adler aufmerksam gemacht. Serkes Buch ruft auch eine Reihe anderere vergessener jüdischer Autoren wieder ins Gedächtnis.[22]

Oskar Baum (1883–1941) gehörte zum »engeren Prager Kreis«, wie Max Brod schrieb: »Als engeren Prager Kreis bezeichne ich die innige freundschaftliche Verbindung von vier Autoren, zu der dann später noch ein fünfter trat. Diese vier waren: Franz Kafka, Felix Weltsch, Oskar Baum und ich. Nach Kafkas Tod kam Ludwig Winder hinzu.«[23] Baum wurde in Pilsen geboren, war seit der Geburt auf einem Auge blind und verlor als Junge bei einer Prügelei das andere Auge.

Baum legte in einem Wiener Blindeninstitut die Lehramtsprüfung für Musik ab, war Musiklehrer und Organist und schrieb Erzählungen, Dramen und Romane. Sein Thema entwickelte er in der Auseinandersetzung mit seiner eigenen Blindheit: die Blindheit und Lieblosigkeit der Sehenden und – auch bei Kafka relevant – das schuldlose Schuldigwerden. In Baums Roman »Die Tür ins Unmögliche«, 1919 bei Kurt Wolff erschienen, nimmt der Beamte Krastik den vermeintlichen Mord einer Büglerin an ihrem verkrüppelten Kind auf sich und weigert sich, nachdem die Unschuld der Frau offenliegt, das Gefängnis zu verlassen. In der Härte, mit der die Frau ihrem Kind begegnet, und in der Kälte, mit der ihr der Mord zugetraut wird, sieht er die allgemeine Schuld: die Lieblosigkeit. Baums Roman »Das Volk des harten Schlafs« (1937), ein breit angelegtes und figurenreiches Buch, spielt im Reich der Chasaren. Diese waren ein tatarisches Volk am Schwarzen Meer, dessen Herrscher Bulan mitsamt der Oberschicht im 8. Jahrhundert die jüdische Religion annahm. Ehe man ihn ins Ghetto Theresienstadt, wo seine Frau umkam, abtransportieren konnte, ist Baum an den Folgen einer Operation in Prag gestorben.

Der bedeutende Erzähler Ernst Weiß wurde 1882 als Sohn eines Tuchhändlers in Brünn geboren. Als er sich 1940 beim Einmarsch der deutschen Truppen in Paris das Leben nahm, hinterließ er ein umfangreiches Werk: 16 Romane, drei Dramen, zahlreiche Erzählungen, je einen Band Gedichte und Essays sowie etwa 200 Aufsätze und Rezensionen.

Der letzte abgeschlossene Roman von Ernst Weiß wurde sein erfolgreichster. Das Manuskript war lange verschollen, und das Buch erschien erst 1963 unter dem Titel »Ich – der Augenzeuge« mit einer Einleitung von Hermann Kesten. Im Zentrum des Buches steht die Heilung des Adolf Hitler von einer hysterischen Blindheit. Es scheint sicher, daß Weiß bei einem Besuch in Paris jenen Arzt kennenlernte, der im November 1918 den angeblich an Giftgas erblindeten Gefreiten Adolf Hitler behandelt hatte. Im Roman, den Weiß im Oktober 1938 abschloß, entschließt sich der Ich-Erzähler und Arzt im Falle des erblindeten A. H. zu einer gefährlichen Therapie: Er will dessen Glauben an sich selbst und an die Berufung der Deutschen zur Weltherrschaft wecken und ihm suggerieren, seine Willenskraft könne die Heilung bewirken. Ergebnis: A. H. kann wieder sehen, doch gewachsen ist auch seine Wahnidee, Deutschland zur Weltherrschaft zu führen. Dem Ich-Erzähler wird klar, daß sein Handeln verantwortungslos und von der Haltung eines »Augenzeugen« bestimmt war, der glaubte, kühl experimentieren und Menschen gottähnlich manipulieren zu können. Er hat jedoch dabei die »Unterseele« entfesselt. Das Werk von Ernst Weiß, obgleich es in einer wohlfeilen Ausgabe vorliegt, kann sich leider immer noch nicht der Resonanz beim Leser erfreuen, die es verdiente.

Der gebürtige Prager Leo Perutz (1884–1957) war ein einfallsreicher und nobler Erzähler, der von Roman zu Roman immer neue Kabinettstücke einer logisch strukturierten phantastischen und spannenden Erzählkunst lieferte. In den 20er Jahren erzielten seine Bücher hohe Auflagen, und es fehlte ihm weder an Lesern noch an namhaften Fürsprechern (Tucholsky, Polgar). Das nicht ganz unzutreffende Bonmot, Perutz sei ein »Fehltritt von Agatha Christie mit Franz Kafka«, stammt von Friedrich Torberg. Perutz suchte sich seine Themen in der Geschichte: Die Cortez-Mission verarbeitete er in »Die dritte Kugel« (1915), den Nordischen Krieg in »Der schwedische Reiter« (1936), Napoleons Spanienfeldzug in »Der Marques de Bolibar« (1920), die Glaubenskriege in Frankreich in »Turlupin« (1924). Er leitete den realen Gang der Geschichte auf Abwege und den Leser in wohlgebaute Labyrinthe. In seinen Büchern herrschen Magie, Zauber und der Glaube ans Okkulte, doch nie wird das Mystische zum Herrn der Geschichte, zum Vehikel der Konfliktlösung. 1951 vollendete Perutz seinen Roman »Nachts unter der steinernen Brücke«, eine Huldigung an das alte Prag. Dieses Buch, eher eine kunstreiche Verknüpfung von selbständigen Novellen, ist eine faszinierende Mischung aus Sage und Legende, Historie und jüdischer Überlieferung, angesiedelt im Prager Ghetto des 17. Jahrhunderts.

1938 emigrierte Perutz nach Palästina und lebte zurückgezogen bis zu seinem Tod in Tel Aviv. Bis heute haftet ihm völlig unverdienter Makel an, zur zweiten Garnitur zu gehören. Hans Harald Müller bemerkt dazu: »Es gibt eine Art literarischen Erfolges, der in der Literaturgeschichte weder Gerechtigkeit noch Gnade findet. Der österreichische Schriftsteller Leo Perutz ist zweifellos einer der meistgelesenen vergessenen Autoren dieses Jahrhunderts...«[24]

Der Prager Otto Pick (1887–1940), Redakteur der »Prager Presse«, Lyriker und Erzähler, Mitarbeiter der »Aktion« und der »Weißen Blätter«, gehörte zusammen mit dem Tschechen Pavel Eisner (1889–1958) und dem Schriftsteller, Literaturkritiker und Herausgeber Rudolf Fuchs (1890–1942) zu den engagiertesten Mittlern zwischen Deutschen und Tschechen. Pick war der Übersetzer von Otokar Březina und Karel Capek, Rudolf Fuchs übersetzte Petr Bezruč.

Die Tätigkeit der beiden unermüdlichen Vermittler Pick und Fuchs kann hier nicht angemessen gewürdigt werden.[25] Dieses Kapitel der deutsch-tschechischen Literaturbeziehungen ist vielleicht nicht so spektakulär, doch es darf in diesem Zusammenhang nicht unterschlagen werden; es gab nicht nur Konfrontation und Haß, sondern auch enge persönliche Kontakte zwischen deutschen und tschechischen Autoren, es gab die auf nationalen Ausgleich bedachten »Herder-Blätter« (1911/12) und die einem Geist der Versöhnung erwachsenen Bücher »Ein tschechisches Dienstmädchen« (1909) von Max Brod, Franz Werfels Gedichtband »Der Weltfreund« (1911) oder Egon Erwin Kischs Reportagen »Aus Prager Gassen und Nächten« (1912).[26] Vermittler waren in erster Linie jüdische Schriftsteller. Im chauvinistischen und antisemitischen Klima der ersten Republik war das nicht leicht. Zwar hatte Präsident Masaryk versprochen, die Juden würden dieselben Gleichberechtigung genießen wie die übrigen Bürger des Landes, doch bereits im Dezember 1918 wurden jüdische Passanten angepöbelt. Im November 1920 kam es zu schweren Ausschreitungen, die durch das Militär niedergeschlagen werden mußten. Man zielte auf die Deutschen und traf die Juden, die sich an der Seite der Deutschen emanzipiert und wichtige Positionen okkupiert hatten. Der durch die Presse aufgehetzte Pöbel stürmte das jüdische Rathaus und verwüstete es. Franz Kafka schrieb an Milena: »Die ganzen Nachmittage bin ich jetzt auf den Gassen und bade im Judenhaß. ›Prašivé plemeno‹ [›Räudige Rasse‹] habe ich jetzt einmal die Juden nennen hören. Ist es nicht das Selbstverständliche, daß man von dort weggeht, wo man so gehaßt wird (Zionismus oder Volksgefühl ist dafür gar nicht nötig)? Das Heldentum, das darin besteht, doch zu bleiben, ist jenes der Schaben, die auch nicht aus dem Badezimmer auszurotten sind.«[27]

Zu diesem Zeitpunkt hatten Schriftsteller wie Franz Werfel, Leo Perutz, Hans Natonek, Paul Kornfeld und Willy Haas Prag bereits verlassen, Egon Erwin Kisch war fast ständig auf Reisen, Auguste Hauschner kehrte nur noch zu Besuchen nach Prag zurück.

Einer der begabtesten Prager Dichter, Franz Janowitz, 1892 in Poděbrad geboren, wurde ein Opfer des Krieges. Er fiel 1917. Seine Gedichte »Auf der Erde« wurden 1919 aus dem Nachlaß veröffentlicht. Karl Kraus hatte ihn geschätzt und nach Janowitz' Tod in der »Fackel« Gedichte von ihm abgedruckt.

2.

Hans Natonek – Ludwig Winder – Ernst Sommer –
Paul Kornfeld – Hermann Ungar – Hermann Grab –
Egon Erwin Kisch – Max Brod – Franz Kafka – Willy Haas

Im Jahre 1932 veröffentlichte der Prager Schriftsteller Hans Natonek (1892–1963) seinen Roman »Kinder einer Stadt«, in dem sich die Lebensgeschichten dreier Prager Jugendfreunde miteinander verschränken. Zu dieser Zeit lebte Natonek nicht mehr in Prag, sondern war bereits seit 15 Jahren als Redakteur an Leipziger Zeitungen und Mitarbeiter der »Schaubühne«, der »Frankfurter Zeitung« und des »Berliner Tageblatts« tätig.

Doch 1933 kehrte der getaufte Jude Natonek in seine Geburtsstadt zurück, auf der Flucht vor den Nazis; die tschechische Regierung repatriierte ihn. 1936 erschien bei Allert de Lange sein Buch »Der Schlemihl. Ein Roman vom Leben des Adalbert von Chamisso«, gewidmet »allen Heimatlosen der Welt«. Im November 1938 floh Natonek von Prag nach Paris, von dort nach Lissabon, von wo ihm Ende 1941 die Überfahrt nach New York gelang. Er sah seine Heimat nie wieder, wie so viele Prager Schriftsteller.

Natonek schrieb zwei Romane über das große Geld, über Finanziers, Bankiers und Industriebosse (»Der Mann, der nie genug hat«, 1929, und »Geld regiert die Welt«, 1930). Diese Bücher sind keine Abrechnungen mit dem Kapitalismus, keine »Enthüllungsgeschichten«, sondern brillante spannende Diskurse über die Psychologie des Geldes und der Macht und derer, die beides im Übermaß besitzen.

In »Kinder einer Stadt« werden alle drei Protagonisten Journalisten: der liberale Großbürgersohn Epp, der verhinderte Dichter und Gottsucher Waisl und der kleinbürgerliche Aufsteiger Dowidal, der später sein Judentum verleugnet und sich Widahl nennt. Dieser abtrünnige Jude ist der eigentliche Held, der, in der Jugend von Epp gedemütigt, den genußsüchtigen Liberalen mit nahezu alttestamentarischem Haß verfolgt und schließlich durch einen inszenierten Sittlichkeitsskandal zu Fall bringt und in den Tod treibt. Natoneks Buch ist ein packender Roman aus der Presseszene und zugleich die Geschichte einer Rache, durch die Dowidal, getrieben vielleicht von jüdischem Selbsthaß, seine Existenz zu retten sucht.

217

Joesph Roth hatte mancherlei Einwände gegen die Form des Buches, erkannte jedoch in Dowidal/Widahl eine »wahrhaftige Shakespeare-Figur«.[28]

Auch Ludwig Winder (1889–1946) hat die Heimat nicht wiedergesehen und starb im englischen Exil. Er stammte aus Schaffa in Südmähren. 1895 zog die Familie nach Holleschau, wo der Vater die Stelle des ersten Kantors bei der dortigen jüdischen Gemeinde antrat. Seine lebenslange Sympathie für das Tschechentum hat Winder wohl von seinem Vater geerbt, der die tschechische Literatur liebte und gegen ihre Mißachtung protestierte. Winders Herkunft, die Kinder- und Jugendjahre in der mährischen Provinz haben Spuren hinterlassen, die sich bis in sein Spätwerk verfolgen lassen. 1914 wurde Winder Feuilletonredakteur der Prager Zeitung »Bohemia« Trotz der deutschnationalen Haltung des Blattes unterhielt der linksliberale Winder enge Kontakte zu tschechischen Autoren. Bis zum Sommer 1939 gelang es ihm, den literarischen Teil der Zeitung auf hohem Niveau zu halten. Er selbst schrieb etwa 3000 Beiträge. Ende Juni 1938 gelang Winder die Flucht nach England. Trotz schwerer Krankheit wollte er nach 1945 sogleich nach Prag zurückkehren. Doch das Jahr 1946, das für die Rückreise in Aussicht genommen war, wurde das Jahr seines Todes.

Winders Werk ist umfangreich: zwölf Romane, vier Erzählungen, drei Dramen, zwei Gedichtbände, ein nachgelassenes Prosafragment, ganz abgesehen von seinem publizistischen Werk. Den Roman »Die jüdische Orgel« (1922) darf man – nicht nur in unserem Zusammenhang – als ein besonders charakteristisches Werk Winders ansehen. Das Thema von der Entfremdung des Menschen ist hier mit der Schicksalhaftigkeit jüdischen Wesens und Daseins verknüpft. Der Vater des Helden ist ein strenger Orthodoxer und Talmudlehrer, der es entrüstet von sich weist, »daß er Kantor in einem Tempel mit einer Orgel werde«, in einer Gemeinde, die »zum Gottesdienst aufspielen ließ wie zum Tanz«.[29] Mit grausamer Rigorosität will er seinen Sohn Albert zum Rabbiner machen. Doch dieser entflieht in Budapest vom Rabbinerseminar, verliebt sich in seine Choristin und folgt ihr nach Wien, wo beide ein Nachtlokal eröffnen. Doch nachdem er der »Dämonie des Fleisches« erlegen ist, vollzieht der Held eine radikale Buße. Er kehrt in die Heimat zurück, wird Kantor und heiratet als Zeichen der Reue ein häßliches und tyrannisches Mädchen. Doch auch dieser Weg ist nicht der richtige; die Kasteiung bringt ihm ebensowenig Frieden wie das Laster. Er endet in Wien als Portier eines Bordells, verhöhnt, weil er die »Reinheit« predigt. Eine andere Orgel als die von seinem Vater verfluchte wird er nicht los: sein Judentum: »Verflucht und verfolgt, tausendmal ausgespien und ausgerottet – immer wieder stehen wir auf, immer wieder beginnt in unserer Brust die Orgel zu brausen, die jüdische Orgel, grauenhaft ist dieser Segen und dieser Fluch!«[30] Die Unerbittlichkeit, mit der Winder das Phänomen des jüdischen Selbsthasses beschreibt, provoziert negative Wertungen des Romans. So schreibt Wilma Iggers: »Durch das ganze Buch sind Bemerkungen verstreut, die in den meisten Fällen keinen Kontext brauchen, um eine Tendenz klarzumachen, die an Otto Weininger erinnert.«[31] Es bleibt zu fragen, ob man Winder, der Selbsthaß und Verzweiflung in einer zerrissenen Romanfigur gestaltet, eine generelle Tendenz zum Selbsthaß, ja zu einer Art Antisemitismus unterstellen darf. Thema des Buches ist der klassische Konflikt zwischen orthodoxem und individuellem Zugang zum Glauben. Der Selbsthaß ist nur ein Moment unter vielen in der Tragödie eines Individuums, das, eingezwängt in eine uralte Tradition, nach einem eigenen Weg zur göttlichen Wahrheit und zur Liebe sucht. Immerhin kehrte Winder mit der unvollendeten »Geschichte meines Vaters« (1945/46), an der er bis zuletzt arbeitete, noch einmal in die kleine Welt einer frommen jüdischen Provinzgemeinde zurück, in der sein Vater verbittert hatte sein Leben beschließen müssen. Es war die Welt der »Jüdischen Orgel«, jetzt auf grauenhafte Weise zerstört, der er ein Denkmal setzen wollte. Winder, der so eindrucksvolle Bücher wie »Die nachgeholten Freuden« (1927), »Dr. Muff« (1931) und »Der Thronfolger« (1938) schrieb, war einer der großen deutschen Erzähler des 20. Jahrhunderts. Zu Lebzeiten war er angesehen, doch nie wirklich populär. Eine angemessene Würdigung seines Werkes steht noch immer aus.

Ernst Sommer (1888–1955) stammte aus Iglau an der böhmisch-mährischen Grenze. Nach Jurastudium, Promotion und Advokatenprüfung ließ er sich 1920 als Anwalt in Karlsbad nieder. Seit seinem Erstlingsbuch »Gideons Auszug« (1912) haben Glaubensprobleme und Fragen des Judentums in Sommers Schaffen immer eine große Rolle gespielt. Obgleich er von seiner »absoluten Irreligiosität« sprach, hat ihn das Gefühl der Zugehörigkeit zum jüdischen Volk nie verlassen und sich in der Zeit der Verfolgung durch die Nationalsozialisten noch verstärkt. Die gründliche Lektüre des jüdischen

Schrifttums habe »einen alten und unverbesserlichen Atheisten zwar nicht gläubig gemacht, aber ihn von dieser Leistung mit einem begeisterten Stolz erfüllt«,[32] schrieb er 1941. Und 1943 bekannte er Johannes Urzidil gegenüber: »Ist es nicht seltsam: ich, der als Anwalt mit Juden niemals zu tun hatte, …, entdecke, daß ich nur noch über die jüdische Psyche verbindliche Aussagen machen kann.«[33] Auch sein bekanntestes Werk, der Roman »Revolte der Heiligen« (1944), hat ein jüdisches Thema: Es ist die Vision eines Judenaufstandes in einer fiktiven polnischen Stadt und eines der wichtigsten Bücher des deutschen Exils. 1938 flüchtete Sommer aus Karlsbad nach Prag und konnte im Oktober nach London gelangen. Nach 1945 wollte Sommer – ebenso wie Ludwig Winder – nach Prag zurückkehren. Doch zwei Besuche in Prag brachten ihm keine Klarheit, ob er in der alten Heimat würde wieder Wurzeln schlagen können. 1924 hatte der Sozialdemokrat Sommer mit Bruno Adler die Zeitschrift »Die Provinz« gegründet, die für eine Verständigung zwischen Tschechen und Deutschen eintrat. Doch jetzt spürte er, daß man ihn nicht wirklich in der Tschechei haben wollte. Zudem zeigten sich bei ihm seit Sommer 1948 deutliche Symptome der Parkinsonschen Krankheit, ein Leiden, das ihm die Arbeit schließlich unmöglich machte.[34]

»Revolte der Heiligen« ist weniger ein Roman im herkömmlichen Sinn als ein erzählender Bericht aus dem Widerstandskampf. Keine der Figuren ist individuell gestaltet, sondern jede steht für einen Typus: Feiglinge, Drückeberger, Fatalisten, weltfremde Fromme, Egoisten und Rebellen – alle versuchen sie mit den grausamen Arbeitsbedingungen und der ständigen Drohung, in ein Todeslager abgeschoben zu werden, fertig zu werden. Doch aus Schicksalsergebenheit und Passivität erwächst der Wille zum Widerstand. Eine in der Nähe stationierte Einheit von Partisanen erhält die Meldung, »daß die Juden – lange beobachtet, vergeblich bearbeitet, in einer Heiligengebärde gleichsam versteinert – endlich zum Leben erwacht seien«.[35] Am Ende werden die Aufständischen, zusammen mit den übermächtigen deutschen Gegnern, von sowjetischen Bomben vernichtet: »Juden und Mörder waren nicht mehr voneinander zu unterscheiden. Die Dinge waren wieder in den Urbeginn versetzt. Missetäter und deren Opfer, Verfolger und Verfolgte waren eins. Das Blut, das anklagend zum Himmel schrie, war von dem Blut der Angeklagten nicht zu sondern.«[36]

Das übrige Werk Sommers steht zu Unrecht im Schatten dieses Romans. Von diesen Werken (zehn Romane, zahlreiche Novellen und Aufsätze) ist besonders der Roman »Botschaft aus Granada« (1937) hervorzuheben, in dem Sommer die gewaltsame Christianisierung oder Vertreibung der spanischen Juden unter der Regierung Ferdinands von Kastilien und Isabellas von Aragonien thematisiert – mit Blick auf die aktuelle Judenverfolgung durch die Nationalsozialisten.

Der in Prag geborene Paul Kornfeld (1889–1942) wurde von Max Brod als Anhänger »der Mode des ›schreienden‹ Expressionismus« hämisch abgetan: »Aber Paul Kornfeld war immer belanglos, er war die Belanglosigkeit in Person. Er versuchte, es auf auffallende Art zu sein. Auch das gelang ihm nicht. Für ihn gilt das Brodsche Gesetz, von mir entdeckt und wiederholt empirisch bestätigt gefunden: ›Je talentloser, desto expressionistischer.‹«[37] Ungeachtet dieses Verdiktes, war Kornfeld neben Toller und Hasenclever der führende Dramatiker des Expressionismus, schrieb gescheite Aufsätze für Leopold Schwarzschilds »Tage-Buch« und einen Roman, aus dem Nachlaß veröffentlicht, der von vielen Kennern gerühmt wird. Kornfeld verließ Prag 1916, ging nach Frankfurt am Main, 1918 nach Berlin, wurde Dramaturg bei Max Reinhardt, war 1927 und 1928 in Darmstadt tätig und kehrte dann nach Berlin zurück. 1932 kam er nach Prag zurück, wohnte in einer Pension in der Vorstadt und begann, während andere ihre Emigration vorbereiteten, die Arbeit an seinem letzten Werk, dem Roman »Blanche oder das Atelier im Garten«. Das Manuskript vertraute er einer tschechischen Freundin an, die es über die Zeit der Besetzung hinwegrettete. 1941 wurde er nach Polen deportiert. 1942 starb er im Konzentrationslager Lodz an Typhus. Der Roman erschien 1957. Im Mittelpunkt dieses zarten, melancholischen und handlungsarmen Buches steht die junge Malerin Blanche Riedinger. Für sie konzentriert sich das Leben auf die kleine abgeschlossene Welt ihres Gartenhauses. Sie verliert sich in den Details des Interieurs und schreibt Briefe an einen imaginären Geliebten. Die Welt außerhalb des Gartenhauses ist ihr fremd und bedrohlich. Nur in ihrem Atelier ist die Welt für Blanche geordnet, schön und friedlich: »Blanche liebte dieses Haus, sie putzte es heraus wie eine närrische Mutter ihr Kind, sie pflegte es wie eine Wärterin einen Kranken, dem die geringste Bewegung den Tod bringen kann, sie hütete es, als könnte es durch ein einziges

Stäubchen zum Einsturz gebracht werden.«[38] In musikalischer, hochsensibler Prosa erzählt Kornfeld die Geschichte von der poetischen Bewahrung des Ich in einer untergehenden Welt, von der selbstgenügsamen Abgrenzung einer Träumerin, die, solange es geht, alles Bedrohliche von sich fernhält. Als Blanche ihr Miniaturparadies verlassen muß, nimmt sie sich das Leben.

Kornfeld hat die Topographie und die Konturen der Stadt, in der das Gartenhaus sich befindet, im Ungewissen gelassen. So hat man denn Berlin oder Frankfurt am Main als Ort der Handlung vermutet. Doch es scheint kaum vorstellbar, daß Kornfeld acht Jahre lang in Prag an einem Buch geschrieben haben soll, das anderswo als in der Stadt, die er liebte, angesiedelt ist. Für Josef Mühlberger ist der Roman »der Epilog und das Requiem für die deutschsprachige Dichtung Prags und die Schicksale ihrer Dichter. Er umfaßt 600 genau gegliederte Seiten und ist in einem unverrückt klaren und zugleich hintersinnigen Deutsch geschrieben. Er mutet als Synthese von Rilke, Musil und Kafka an.«[39]

In eine gänzlich andere Welt führen die Bücher von Hermann Ungar (1893–1929). Ungar entstammte einer wohlhabenden jüdischen Familie aus Boskovice in Mähren, wurde Jurist, hielt sich in bezug auf die Prager Cliquen und Kreise am Rand und blieb ein Einzelgänger. Er suchte weder den Anschluß an den Kreis um Brod und Kafka noch an den der Expressionisten.

1920 – er war Bankbeamter in Prag – debütierte er mit zwei Erzählungen unter dem Titel »Knaben und Mörder«. Darin beschrieb er junge Menschen, die sich aus Angst selbst vernichten und die sich vor der Tat fürchten, die sie gleichwohl zwanghaft begehen müssen. Sie geraten in Psychosen des Selbstekels, der sich in sadistischen Exzessen abreagiert. Diese monströsen Ereignisse sind eingebettet in eine minuziös beschriebene Umwelt.

Dieser schockierende Erstling fand in Thomas Mann einen beredten Fürsprecher, der den Band in der »Vossischen Zeitung« ebenso lobte, wie Berthold Viertel das Buch in der »Weltbühne« pries. Der so gelobte Autor setzte indes auf eine diplomatische Karriere: 1921 ging er als Handelsattaché der tschechoslowakischen Gesandtschaft nach Berlin; später wurde er Legationssekretär am Prager Außenministerium. 1923 erschien sein Roman »Die Verstümmelten«, 1927 der Roman »Die Klasse«. Er hatte sich gerade zu einem Leben als freier Schriftsteller entschlossen, als Ungar am 28. Oktober 1929 einer Blinddarmentzündung erlag. Für ein breites Publikum mußte seine Thematik in der Tat etwas Abschreckendes haben. Der Leser trifft auf Zwangsneurotiker, Psychopathen, Abnorme und Triebtäter, er wird mit Ängsten, Obsessionen, Sexualphantasien und Traumata gequälter Menschen konfrontiert und in Schreckenskammern geführt, deren Düsterheit nur selten von absurder Komik nach Art Kafkas erhellt wird. Die Konsequenz, mit der Hermann Ungar der Nachtseite der menschlichen Psyche nachspürte, hat manche Rezensenten irritiert (wie Stefan Zweig oder Otto Flake), andere freilich fasziniert. Dieser Autor hatte nur zehn Jahre Zeit zum Schreiben, sein Werk ist klein. Er war kein Multitalent wie Max Brod, sondern ein Prosaist, dessen unerbittliche Selbstkritik der schöpferischen Produktion oft genug zuwiderlief.

So kenntnislos und undifferenziert Max Brod über Kornfeld und Ungar urteilte, so vehement trat er für einen anderen Prager Autor ein, für Hermann Grab (1903–1949). Grab war für ihn ein »ganz Großer«, dazu ausersehen, »der Führer der nächsten Prager literarischen Generation zu werden«.[40] Und über Grabs Erzählungen »Der Stadtpark« und »Ruhe auf der Flucht« urteilte er: »Diese beiden Werke – nicht viel, aber es genügt für die Unsterblichkeit. Sie sind von natürlichster Frische, dabei klug inmitten allen poetischen Impaktes, durchdacht, von souveräner Architektur – in jeder Hinsicht non plus ultra.«[41] Vor Brod hatten bereits Hermann Broch, Klaus Mann und Theodor Adorno auf diesen Autor hingewiesen.

Grab, der einer der »reichsten patrizischen Familien Prags« (Brod) entstammte, hat seinen Lebensgang so skizziert: »Biographie skandalös uninteressant. Geboren 6. Mai 1903 in Prag, studierte Philosophie und Musik in Prag, Wien, Berlin, Heidelberg, Dr. phil. in Heidelberg. (Daß ich, um gegenüber meinem Vater freie Hand in der Berufswahl zu haben, aus Gründen einer ›gesicherten Zukunft‹ nebenbei ein Jus-Doktorat machte…, braucht nicht erwähnt zu werden.) Dann einige Jahre Journalist (Musikkritiker) und Musiklehrer in Prag. ›Stadtpark‹, geschrieben 1932, publiziert Neujahr 1935.«[42]

Der »Stadtpark« beschwört die großbürgerliche Welt Prags vor Ausbruch des Ersten Weltkrieges, gespiegelt in einer Kindheitsgeschichte. Diese Welt ist brüchig geworden, ihre Werte und Konventionen sind nur noch bloßer Schein. Das Todesurteil über diese Spätzeit – die sich nur noch als Fassade darstellt – ist bereits gesprochen. Grabs Prosa ist sensibel und musikalisch und wurde nicht zu Unrecht mit der Prousts verglichen (Grab bezeichnete sich als Prousts ersten Leser in Prag)[43]. 1939 ging Grab nach Paris, gelangte unter Schwierigkeiten nach Portugal und von dort in die USA. »In New York«, schrieb er später, »als Musiklehrer tätig, Lehrstelle für Klavier an einem Konservatorium. In der Emigration nur ein paar kleine musikalische Dinge veröffentlicht, einige Novellen geschrieben und Arbeit an einem Roman.«[44] Nach dreijähriger schwerer Krankheit ist Hermann Grab 1949 in New York gestorben. An seinem Grab sprach Adorno einen Nachruf. Grabs schmales Werk, zum Glück wieder zugänglich, seine melancholisch-nuancierte Prosa zwischen Proust und Kafka, ist ein Stück bester Prager Literatur.

Zur Generation Grabs gehörten auch der bedeutende Erzähler, Lyriker, Philosoph und Soziologe H. G. Adler (1910–1988) und die sozialistischen Schriftsteller Franz Carl Weiskopf (1900–1955) und Louis Fürnberg (1909–1957). Auch Oskar Jellinek (1886–1949) und Peter Kien (1919–1944) können hier nur erwähnt werden. Die deutschsprachige Prager Literatur ist weitaus reicher, als dieser gedrängte Abriß vermuten läßt. Jürgen Serke hat in seinem Buch »Böhmische Dörfer« gezeigt, wie vielfältig diese Literatur war.

Viele Autoren sind vergessen, anderen gelang es nicht, aus der Provinzialität und Enge auszubrechen. Autoren wie Franz Werfel, der Weltruhm erlangte, hatten Prag früh verlassen, andere wie Egon Erwin Kisch (1885–1948), die ihre Laufbahn in Prag begannen, waren später in der ganzen Welt zu Hause. Dennoch ist das literarische Werk des weltberühmten »Rasenden Reporters«, dessen Ur-Urgroßvater während des Siebenjährigen Krieges Inhaber der Prager Judenapotheke war, »ohne die spezifisch jüdische Atmosphäre der Prager Altstadt undenkbar«.[45] Kisch hat immer wieder jüdische Themen aufgegriffen (zum Beispiel in seinen »Geschichten aus sieben Ghettos«, 1935), und ungeachtet seiner religiösen Distanz zum Judentum blieben ihm dessen Ethik und Kultur zeitlebens verehrungswürdig.

Walter Grab, der sich sehr kritisch mit dem Judenhaß bei Karl Kraus, Hugo von Hofmannsthal und Ego Friedell auseinandergesetzt hat, attestierte Kisch, »daß er niemals Apologetik für das Judentum trieb, daß er die Juden weder verteufelte, wie etwa Egon

Friedell oder Otto Weiniger, noch auch als Träger der Aufklärung und des Geistes verherrlichte, wie Lion Feuchtwanger. Mit aller Sympathie für sein verfolgtes und gehetztes Volk verschwieg oder verkleinerte er niemals die jüdischen Fehler und Schwächen.[46] Max Brod, 1884 in Prag geboren und 1968 in Tel Aviv gestorben, ist aus der deutschen Literaturgeschichte des 20. Jahrhunderts nicht wegzudenken. Er hat sie miterlebt, mitgeschrieben und durch die Rettung des Kafkaschen Werks unschätzbar bereichert. Er war Erzähler, Lyriker, Dramatiker, Essayist, Kritiker, Kulturhistoriker, Übersetzer und Komponist. Er hat viele junge Talente (wie zum Beispiel Franz Werfel und Friedrich Torberg) gefördert und ihnen den Weg geebnet. Seit 1910 gehörte er dem Kreis des Studentenvereins »Bar Kochba« an und hat die Bestrebungen der zionistischen Bewegung engagiert unterstützt.[47] Brod war der unbestrittene Mittelpunkt des »Prager Kreises«, zugleich poeta doctus und urbaner Literat. In den Umsturzjahren zählte er zu den Mitbegründern des Jüdischen Nationalrats in Prag, in der Republik (die ihn 1930 für seinen historischen Roman »Reubeni, Fürst der Juden« mit dem Staatspreis ehrte) war er im Presseamt des Ministerratspräsidiums tätig. 1925 begann er mit der Edition der Werke seines Freundes Kafka. Von 1929 bis 1939 war er Literatur- und Kunstkritiker des »Prager Tageblatts«. 1939 verließ er mit dem letzten Zug vor dem Einmarsch deutscher Truppen die Stadt und kehrte, wie er betonte, nach Israel heim.

Einen Schriftsteller, dessen vorläufiges Werkverzeichnis 1972 nicht weniger als 852 Nummern (darunter etwa 100 Buchpublikationen) umfaßte, wird man hier schwerlich würdigen können. Die Gestaltung jüdischer Thematik in seinen Romanen »Tycho Brahes Weg zu Gott« (1915) oder »Galilei in Gefangenschaft« (1948) und seine Auffassung von Zionismus und jüdischer Religion waren Gegenstand zahlreicher Untersuchungen. Die Versuche, sein literarisches Werk zu bewerten, wurden durch die von Buch zu Buch wechselnden Formen und Stilhaltungen erschwert. Über seinen Weg zum Zionismus hat Brod an verschiedenen Stellen seines Werkes berichtet.

Martin Bubers drei Reden über das Judentum, 1909/10 im Kreise des Vereins »Bar Kochba« gehalten, seine Begegnung mit dem Ostjudentum und der Einfluß des Religionsphilosophen Hugo Bergmann wiesen Brod den Weg seines Zionismus. Jetzt stand für ihn im

Zentrum jüdischer Religiosität »der Wille zur Tat als religiöses Postulat, nicht mehr der Wille als blinder Drang, unmotivierter Trieb«, schreibt Margarita Pazi.[48] Diese Erkenntnis nahm Brod mit nach Palästina, das für ihn kein Exil, sondern ein Land der Herausforderung war.

In Israel arbeitete Brod als künstlerischer Berater der Theatergruppe »Habimah« und betrieb zehn Jahre lang philosophische Studien, ehe er wieder zu publizieren begann und Vortragsreisen in Europa unternahm. An Ehrungen hat es nicht gefehlt, und er erhielt sie nicht nur als Freund, Entdecker und Herausgeber Kafkas.

Brods Freund Franz Kafka (1883–1924), eine singuläre Figur der Weltliteratur, Inkarnation und Gipfel der Prager Literatur, hat seit seinem Tode jede Generation und jedes ideologische Lager zu neuen Interpretationen herausgefordert. Da seine Parabeln so vieldeutig, seine Formen so offen sind, finden seine Werke ebenso viele Deutungen wie Leser. Bei aller Anerkennung der Kafka-Forschung hat Thomas Anz zu Recht konstatiert, der »Überdruß an der Masse der Kafka-Interpretationen« wachse: »Er ist häufig so groß wie die Faszination, die Kafkas Texte selbst nach wie vor ausüben.«[49] An dieser Stelle soll die Literatur über das Thema »Kafka und sein Judentum« nicht vermehrt werden. Wenngleich die Ich-Bezogenheit seines Werks offenkundig ist (»die Darstellung meines traumhaften innern Erlebens hat alles andere ins Nebensächliche gerückt«[50]), hat, so schrieb Bernd Witte, »das soziale Milieu des wirtschaftlich gesicherten, aber durch sein Judentum und seine deutschen Kulturtraditionen eine Minderheit darstellenden Bürgertums, dem er entstammte, sein Werk ebenso geprägt wie das zugleich großartige und bedrückende Ambiente der Stadt Prag…«[51] Es dürfte unstrittig sein, daß man ohne Rekurs auf Kafkas jüdische Wurzeln in seine geheimnisvolle Welt nicht wird eindringen können, auch wenn in seinem Werk das Wort »Jude« überhaupt nicht vorkommt. Walter Benjamin schrieb bereits 15 Jahre nach Kafkas Tod an Gershom Scholem: »Wie dem auch immer sei – ich denke mir, dem würde der Schlüssel zu Kafka in die Hände fallen, der der jüdischen Theologie ihre komischen Seiten abgewönne.«[52] Und Gershom Scholem seinerseits formulierte 1965 in der »Neuen Rundschau«, Benjamin habe gewußt, »daß wir in Kafka eine Theologia negativa eines Judentums besitzen, das deswegen nicht etwa weniger intensiv ist, weil ihm die Offenbarung als ein Positivum abhanden gekommen ist«.[53]

Marcel-Reich-Ranicki meinte, Kafka habe in seinem Werk vor allem eines zeigen wollen: »exemplarische Situationen, Konflikte und Komplexe von Juden innerhalb der nichtjüdischen Welt... Die in einer spezifischen Prager Konstellation erzählten und zunächst nur auf diese Konstellation zu beziehenden Geschichten vom Schicksal der Ausgestoßenen und Angeklagten erwiesen sich als klassische Parabeln von der Heimatlosigkeit und der Entfremdung. Mit anderen Worten: Die von Kafka dargestellte Tragödie der Juden wurde von späteren Lesern als Extrembeispiel der menschlichen Existenz verstanden«.[54]

Zwischen ihrer prekären Einstellung zum Judentum und ihrer Selbstentfremdung bestand für viele Schriftsteller zwischen 1910 und 1920 ein ursächlicher Zusammenhang. Kafka freilich hat diese Isolation und Vereinsamung zu seinem ausschließlichen Thema gemacht, und kein Autor hat diese existentiellen Probleme so präzise artikuliert wie er. In einem aufschlußreichen Brief an Max Brod (Juni 1921) spricht er von dem »Verhältnis der jungen Juden zu ihrem Judentum« und von »der schrecklichen inneren Lage dieser Generationen«: »Weg vom Judentum... wollten die meisten, die deutsch zu schreiben anfingen, sie wollten es, aber mit den Hinterbeinen klebten sie noch am Judentum des Vaters, und mit den Vorderbeinen fanden sie keinen neuen Boden. Die Verzweiflung darüber war ihre Inspiration.«[55] Kafka hat jahrelang an seinem Judentum gelitten. 1914 schrieb er in seinem Tagebuch: »Was habe ich mit Juden gemeinsam? Ich habe kaum etwas mit mir gemeinsam und sollte mich ganz still, zufrieden damit, daß ich atmen kann, in einen Winkel stellen.«[56] Erst seit 1910 änderte sich das. Es war die Begegnung mit den ostjüdischen Schauspielern, einer »Schmieren«-Truppe, die ihm die Augen öffnete für den »weltenweiten Gegensatz zwischen der westjüdisch-assimilatorischen Gesinnungsart und jener ostjüdischen Mythenträchtigkeit... Hier allein war Poesie und Ursprünglichkeit, Mythos und Kalkül; nur der Osten bewahrte Weisheit und Macht, Sicherheit der Überlieferung, rabulistischen Tiefsinn, Aggressivität und Zuversicht. Hier war nichts von jener Verstörtheit und Angst, die Kafka... als ein Charakteristikum der emanzipierten Juden empfand«.[57] Danach beschäftigte sich Kafka intensiv mit der Geschichte eines Volkes. Er suchte sich eine Überlieferung anzueignen, die vergessen war, er studierte die Thora, die Texte der Gesetze, die Geschichten der Propheten und Chassidim.

In den chassidischen Geschichten fand er »das ihm gemäße, auf Paradoxen basierende Verständnis einer geheimen, sehr leisen, sehr verschlüsselten und erklärungsbedürftigen Zwiesprache zwischen Mensch und Mensch in Richtung auf Gott«.[58]

Kafka war, im Gegensatz zu seinem Freund Brod, kein Zionist, doch er war auch kein gläubiger Jude. Dennoch verdanken sich seine Parabeln von Schuld, Strafe und Erlösung der jüdischen Tradition. Die ostjüdische Frömmigkeit faszinierte ihn, doch er blieb der heimatlose, ausgestoßene, einsame Westjude, irgendwo im Bodenlosen zwischen Verzweiflung und Erlösung: »Ich bin nicht von der allerdings schon schwer sinkenden Hand des Christentums ins Leben geführt worden wie Kierkegaard und habe nicht den letzten Zipfel des davonfliegenden Gebetsmantels noch gefangen wie die Zionisten. Ich bin Ende oder Anfang.«[59]

Er lebte in der Isolation mit der Sehnsucht nach Rückkehr in eine utopische Heimat und nach Aufhebung der Schuld. Über nichts anderes hat Kafka geschrieben. Das jüdische Volk war ihm immer präsent als seine im Glauben erlösten Brüder. Er blieb an der Schwelle, vor dem Gesetz, stehen. Im Juli 1923 schrieb er aus Müritz an Hugo Bergmann: »50 Schritte von meinem Balkon ist ein Ferienheim des Jüdischen Volksheims in Berlin. Durch die Bäume kann ich die Kinder spielen sehn. Fröhliche, gesunde, leidenschaftliche Kinder. Ostjuden, durch Westjuden von der Berliner Gefahr gerettet. Die halben Tage und Nächte ist das Haus, der Wald und der Strand voll Gesang. Wenn ich unter ihnen bin, bin ich nicht glücklich, aber vor der Schwelle des Glücks.«[60]

Zehn Jahre später kam Hitler und mit ihm die Vernichtung des jüdischen Volkes. Kafkas Freundin Milena und Kafkas Schwestern wurden umgebracht, die Prager Juden flohen, emigrierten oder wurden in Ghettos und Konzentrationslager verschleppt. 1939 endete die deutsche Literatur in Prag. Es starb auch das alte Prag, das Oskar Wiener verklärt und das Paul Kornfeld noch einmal hatte aufleuchten lassen. Es starb auch das Prag Kafkas, jene Stadt, die ein großer Schmelztiegel war, in dem sich Deutsche, Tschechen und Juden, wo urbanes Westjudentum und ostjüdische Frömmigkeit sich trafen, hussitische und katholische Tradition, Zionismus und österreichische Dekadenz. Hier mag Kafka die Szenarien für das »Schloß« und den »Prozeß« vorgefunden haben. Zu Gustav Janouch sagte er: »In uns leben noch immer die dunklen Winkel, geheimnisvollen Gänge, blinden Fenster, schmutzigen Höfe, lärmenden Kneipen und verschlossenen Gasthäuser. Wir gehen durch die breiten Straßen der neuerbauten Stadt. Doch unsere Schritte und Blicke sind unsicher. Innerlich zittern wir noch so wie in den alten Gassen des Elends... Die ungesunde alte Judenstadt in uns ist wirklicher als die hygienische neue Stadt. Wachend gehen wir durch einen Traum: selbst nur ein Spuk vergangener Zeiten.«[61]

IX.
Die Weimarer Republik

1.

Jüdisches Leben in der Republik – Krise der Identität: Jakob Wassermann – Assimilanten und Ostjuden – Aufwertung des Ostjudentums – Das »Scheunenviertel«: Walter Mehring

Der Staat von Weimar war, wie bekannt, eine ungeliebte Republik: Für die Sozialisten und Kommunisten war sie viel zu bürgerlich und vom Ideal einer sozialistischen Gesellschaft weit entfernt; für die Konservativen, ob reaktionär oder liberal, war dieses demokratische Experiment nichts weniger als ein hassenswertes »System«.

Der Kampf gegen den demokratisch-parlamentarischen Staat begann, kaum daß die Republik sich etabliert hatte. Die Gegner der Republik, vor allem die von rechts, nutzten jede Möglichkeit, die Demokratie zu unterminieren, und der Beamten- und Justizapparat, aus dem Kaiserreich übernommen, unterstützte sie dabei und diente der Republik nur mit Vorbehalt.

Aus der Sicht der jüdischen Minderheit war die Republik gewiß eine wesentliche Verbesserung. Zum erstenmal konnten Juden im politischen Leben mehr als eine Außenseiterrolle spielen. Der Staatsrechtler Hugo Preuß (1860–1925) war 1919 Innenminister und einer der Väter der Weimarer Verfassung, um nur ein Beispiel zu nennen.

Entsprechend der Verfassung spielten jetzt Geburt und Religion keine Rolle mehr. Doch gerade die aktive Teilnahme der Juden am politischen Leben wurde »von den rechtsorientierten Gegnern der Republik als Beweis für die undeutsche Natur der Republik angesehen. Das antijüdische traf mit dem antirepublikanischen Vorurteil zusammen, und beide verstärkten sich gegenseitig«.[1] Die militärische Niederlage, die Revolution, die einige Juden in vorderster Front gesehen hatte, die politische und wirtschaftliche Instabilität und die Inflation produzierten einen Antisemitismus von bisher unbekannter Aggressivität. Am Ende dieser Republik, zu deren geistiger und kultureller Blüte die Juden auf einzigartige Weise beigetragen hatten, stand nicht nur der Bankrott einer Demokratie, sondern auch die Aufkündigung des deutsch-jüdischen Dialogs. Wie die spätere »Endlösung der Judenfrage« war auch dieser Akt beispiellos: »die Ausstoßung der deutschen Juden aus der nationalen Gemeinschaft, der sie sich seit Generationen zugehörig fühlten, und damit die Selbstverstümmelung einer großen europäischen Kulturnation«.[2]

1925 gab es unter 70 Millionen Deutschen 564 379 Juden. Das waren 0,9 Prozent (1871 waren es 1,25 Prozent gewesen). Diese rückläufige Tendenz hatte ihre Ursachen in Überalterung, Geburtenrückgang und Zunahme der Mischehen. In der Mehrzahl gehörten die Juden dem mittleren Bürgertum an; der großbürgerliche Anteil hatte abgenommen, der kleinbürgerliche und proletarische nahm ständig zu. Zu den wichtigsten Erwerbszweigen gehörten nach wie vor der Konsumgüterhandel (besonders Textilien), das Kreditwesen und die freien Berufe (Ärzte, Rechtsanwälte, Journalisten). Weder in der Schwerindustrie, in den Industrie- und Handelskartellen noch in den Großbanken spielten sie eine bedeutende Rolle.

Die Erfolge großer Banken (Bleichröder, Warburg) oder Warenhäuser (Wertheim, Tietz) blieben Ausnahmen. Gewiß gab es unter den Inflationsgewinnern einzelne Juden, doch waren »die Hauptschuldigen an der Inflation die Nichtjuden Stinnes, Reichsbankpräsident Havenstein und Cunos Finanzberater Helfferich, während die Hauptverluste der Mittelstand, also auch der jüdische Mittelstand trug«.[3] 1925 war fast die Hälfte der jüdischen Erwerbstätigen Lohnempfänger. Ein Drittel aller deutschen Juden lebte in Berlin, 4,3 Prozent der Gesamtbevölkerung der Stadt.

Ungeachtet der demographischen Verluste und der starken Tendenz zur Assimilation (zwischen 1920 und 1930 heirateten 17,5 Prozent der Juden nichtjüdische Partner), blieb die jüdische Minderheit als eigenständige soziale Gruppe sichtbar.

Indessen bildete die kleine jüdische Bevölkerung keine Einheit: Der Antagonismus zwischen Liberalen und Orthodoxen dauerte fort, Zionisten und Antizionisten standen sich weiterhin feindlich gegenüber.

Große Probleme bereitete den Assimilierten das Problem der »Ostjuden«, und überdies schwächte das Verhalten der kleinen Gruppe nationaldeutsch eingestellter Juden die Abwehrfront.

In ihrer Mehrheit empfanden sich die Juden als Deutsche oder deutsche Juden, aber nicht als Angehörige eines jüdischen Volkes. Noch 1932 schrieb Leo Wolff (1870–1958), Präsident des Preußischen Landesverbands jüdischer Gemeinden, daß die »seelische und geistige Physiognomie« der deutschen Juden nicht durch die »Zugehörigkeit zum jüdischen Stamm, sondern durch die zur deutschen Kultur bestimmt« werde.[4] Zu Anfang der 20er Jahre fühlten sich die meisten Juden durch die Deutsche Demokratische Partei (DDP) politisch am besten vertreten; als diese sich in der zweiten Hälfte des Jahrzehnts auflöste, gingen sie zur Deutschen Staatspartei oder zur SPD über. Die überwiegende Mehrheit der deutschen Juden bekannte sich zum »Centralverein« (CV), der 1930 etwa 60 000 Mitglieder zählte (sein Organ, die »C.-V. Zeitung«, hatte 1926 eine Auflage von 73 000). Die »Zionistische Vereinigung für Deutschland« hatte 1929 rund 20 000 Mitglieder, ihr Blatt, die »Jüdische Rundschau«, eine Auflage von 10 000 Exemplaren. Die zweitgrößte jüdische Organisation war der »Reichsbund jüdischer Frontsoldaten«. 1919 gegründet und von patriotischer und konservativer Grundhaltung, der seine Hauptaufgabe darin sah, die antisemitischen Verleumdungen der jüdischen Kriegsteilnehmer zurückzuweisen. Er hatte 1930 etwa 35 000 Mitglieder.

1920 hatte sich unter Führung von Max Naumann (1875–1939) der »Verband nationaldeutscher Juden« vom CV abgespalten, der eine strikt vaterländische und antimarxistische Linie vertrat. Er setzte sich von den Zionisten und Ostjuden ab und begrüßte Ende der 20er Jahre die Hinwendung zum »Volkstum«. Der im Frühjahr 1933 gegründete Kreis »Deutscher Vortrupp. Gefolgschaft deutscher Juden« kämpfte für ein »Deutschtum der Juden«.

Sowohl der CV als auch die nationaldeutschen Gruppierungen fühlten sich mit der deutschen Kultur verbunden. Anders die orthodoxen Juden, seit 1920 im »Bund gesetzestreuer jüdischer Gemeinden Deutschlands« zusammengeschlossen, und die Zionisten; diese propagierten »statt der bisherigen Entjudung der Juden eine bewußte Verjudung der Juden«.[5] Jedoch war ihre Auswanderungspropaganda nicht sehr erfolgreich, denn in den 20er Jahren wanderten lediglich etwa 2000 deutsche Juden nach Palästina aus. Etwa die Hälfte davon kehrte zurück. Jene Intellektuellen und Künstler, die sich der KPD anschlossen, rückten entschieden vom Judentum ab und lehnten den Zionismus ab. Doch für die Behandlung der »Judenfrage« waren die Weichen schon zu Beginn der Republik gestellt, trotz aller Erklärungen der Verfassung. Schon 1919 nahmen die nationalen Parteien keine Juden auf; außer dem Zentrum, den Demokraten und den Linksparteien waren alle Parteien mehr oder weniger judenfeindlich. Nach 1919 kontrollierte der deutschnationale Alfred Hugenberg (1865–1951) über die Hälfte der deutschen Zeitungen, mehr als Ullstein und Mosse zusammen. Schon bei den Wahlen von 1924 kam die NSDAP mit ihrem dezidiert antisemitischen Programm auf fast zwei Millionen Stimmen. 1930, als es an ihren wahren Absichten keinen Zweifel mehr geben konnte, errang sie bei den Wahlen fast sechseinhalb Millionen Stimmen und hatte 600 000 eingeschriebene Mitglieder. »Die Emanzipation der Juden«, schrieb H. G. Adler, »war bereits entwertet, bevor sie offiziell widerrufen wurde. Trotz allem hielt noch ein großer Teil der Judenheit unbeirrbar an der Assimilation fest, wenn auch der Zionismus mehr Anhänger gewann, namentlich unter der Jugend... Ein konsequentes Bekenntnis zum Deutschtum beharrte weiter bei den alten Idealen...«[6]

Es gab indessen nicht wenige Juden, die sich in ihren Assimilationserwartungen getäuscht sahen. Zumal wenn sie sich nicht durch Anschluß an eine zionistische oder sozialistische Organisation Rückhalt verschaffen konnten, fielen sie um so mehr in Verbitterung und Resignation, je weiter eine deutsch-jüdische Synthese in die Ferne rückte. Das bis heute aufwühlendste Beispiel für die Zerrissenheit eines seines Judentums bewußten, dezidiert antizionistischen Assimilanten ist Jakob Wassermann (1873–1934). Er wollte unbedingt Deutscher und Jude zugleich sein und als solcher von der deutschen Umwelt anerkannt werden. Der Weg eines Gerschom Scholem, der 1923 nach Palästina gegangen, oder der Friedrich Wolfs, der 1928 in die KPD eingetreten war, kam für ihn nicht in Frage. Die Selbstachtung verbot ihm sowohl »Überläufertum« wie auch heimliche Anpassung. Die abschließenden Bemerkungen in seiner 1921 erschienenen autobiographischen Schrift »Mein Weg als Deutscher und Jude« bezeugen die tiefen Verletzungen, die er durch die Reaktion der Deutschen auf sich selbst erlitten hat: »Es ist vergeblich, das Volk der Dichter und Denker zu beschwören. Jedes Vorurteil, das man abgetan glaubt, bringt, wie Aas die Würmer, tausend neue zutage.

Es ist vergeblich, die rechte Wange hinzuhalten, wenn die linke geschlagen worden ist. Es macht sie nicht im mindesten bedenklich, es rührt sie nicht, es entwaffnet sie nicht: Sie schlagen auch die rechte [...]

Es ist vergeblich, das Gift zu entgiften. Sie brauen frisches.

Es ist vergeblich, für sie zu leben und für sie zu sterben. Sie sagen: Er ist ein Jude.«[7]

Wassermann litt an »jenem Gefühl, das schmerzlicher sein kann als die Trauer um einen Toten: unerwiderte Liebe. Seine Zugehörigkeit zu den Deutschen empfand er nicht weniger stark, wenn nicht stärker als die zu den Juden, und eher hätte er vielleicht die zweite als die erste in sich auszulöschen vermocht«.[8] Das Jahr 1933 vernichtete Wassermanns letzte Hoffnungen. Seine »Selbstbetrachtungen« sind ein Epitaph auf seine Assimilationshoffnungen: »Als ich vor zwölf Jahren das kleine Buch veröffentlichte, worin ich, mit allzu schwachen Mitteln, wie ich gern gestehe, die unheilvollen Folgen nachwies, die diese welthistorische Schande für mein eigenes Leben gehabt hatte, schrieben mir Menschen aus den verschiedensten Kreisen des deutschen Volkes, Frauen und Mädchen, ehemalige Offiziere, Lehrer, Professoren, Beamte, von all dem hätten sie eigentlich keine Ahnung gehabt, ich hätte ihnen die Binde von den Augen gerissen, und sie gelobten mir, manche in feierlicher Weise, sich in Zukunft dafür einzusetzen, daß es anders werde. Es waren leere Worte. Es ist alles viel schlimmer geworden.«[9]

Kurt Tucholsky, der in Fragen des Judentums um eine Welt von Wassermann getrennt war, schrieb 1924 über ihn: »Man hat ihm vorgeworfen, daß er, der Jude, deutscher sei als die Deutschen – sicher ist, daß er der deutschen Seele zu einem Ausdruck ihrer selbst verholfen hat und daß er so weit fort ist von dem Deutschtum dieser Tage.«[10]

Befremdlicher wirkt das Vokabular, mit dem Wassermann seine Stammesgenossen aus dem Osten belegt. Peter Gay schrieb über ihn: »Wie bei vielen deutschen Juden war seine Identifizierung mit Deutschland zugleich Ursache und Folge dessen, was ich ›selektiven‹ Antisemitismus genannt habe: eine fast angeborene Verachtung für den Juden aus Osteuropa.«[11] Wassermann distanzierte sich von den polnischen und russischen Juden und lehnte sie aus Berührungsangst ab: »Sah ich einen polnischen oder galizischen Juden, sprach ich mit ihm, bemühte ich mich, in sein Inneres zu dringen, seine Art zu denken und zu leben zu ergründen, so konnte er mich wohl rühren oder verwundern oder zum Mitleid, zur Trauer stimmen, aber eine Regung von Brüderlichkeit, ja nur von Verwandtschaft verspürte ich durchaus nicht. Er war mir vollkommen fremd, in den Äußerungen, in jedem Hauch fremd, und wenn sich keine menschlich-individuelle Sympathie ergab, sogar abstoßend.«[12]

Mit dieser Haltung stand Wassermann freilich nicht allein. Zwischen den assimilierten deutschen Juden und den Einwanderern aus dem Osten bestand ein erhebliches kulturelles und soziales Gefälle. Die etablierten deutschen Juden, westlich orientiert und religiös indifferent, behandelten ihre ostjüdischen Brüder mit distanzierter Kühle oder gar Verachtung. Zwischen 1917 und 1920 kamen ungefähr 80 000 Ostjuden nach Deutschland, vorwiegend nach Berlin, wo sie in bestimmten Stadtteilen lebten, von ihren westlichen Glaubensgenossen durch Berufe, Sprache und äußere Erscheinung getrennt: »Tausende von wohlerzogenen Berliner Juden, untadelig deutsch nach Akzent und Überzeugung, fühlten sich diesen Eindringlingen aus dem Osten überlegen und führten einen nicht ständigen, doch immer wieder aufflammenden Bürgerkrieg mit ihnen.«[13]

Wenn die Berliner Juden sich von den Ostjuden distanzierten, appellierten sie dadurch an die deutschen Mitbürger, sie voll anzuerkennen. Sie wollten demonstrieren, daß sie »gute Deutsche« waren. Diese Haltung, unschön und oft genug antisemitische Klischees aufgreifend, war nach Peter Gay die Folge einer Ambivalenz: »das Unbehagen im Deutschtum einerseits, die Identifikation mit Deutschen andererseits. Die Gründe für das Unbehagen liegen auf der Hand: Die jüdische Emanzipation war noch zu jung, die Akkulturation zu schnell erfolgt... Die Berliner Juden wußten wohl, daß sie Deutsche waren, doch hatten sie das Gefühl, daß andere Deutsche es nicht immer wußten«.[14]

Der Westjude war um allgemeine Bildung bemüht und strebte eine Lebensführung an, die ihn unter Deutschen nicht als Juden auffallen ließ, das Berliner »Scheunenviertel« hingegen ähnelte einem polnischen »Stetl«. In dieser ostjüdischen Enklave lebten Menschen, die Jiddisch sprachen, in einer Zeit, da es in besseren jüdischen Kreisen verpönt war, ein jüdisch-deutsches Wort zu gebrauchen. In jiddischer Sprache schreiben auch ihre »Klassiker« – Isaak Leib Peretz (1851–1915), Schalom Asch (1880–1957), Mendele Moicher Sfurim (1835–1917), Schalom Aleichem (1859–1916) – für sie Volksdichter«, deren Werke mit Begeisterung gelesen wurden.

»Der Jude, der das Buch in der Hand hält, das ist der bewaffnete und getröstete Jude; er lebt in Gefilden, die ohne Leid und Sünde sind«, schrieb Arnold Zweig in seinem Buch »Das ostjüdische Antlitz« 1919.[15] Er ist unter den bekannten Autoren derjenige, der sich am engagiertesten für das Ostjudentum einsetzt und dessen Kultur bewahrt sehen will. Diese Begeisterung eines kleinen engagierten Kreises für ostjüdische Kultur kam manchem Kritiker als oberflächliche Schwärmerei vor. Der strenge Gershom Scholem glossierte dieses Treiben als »Bubertät«.[16]

Mittelpunkt des ostjüdischen Kulturlebens war das Jüdische Volksheim in der Dragonerstraße, das im Mai 1916 von dem Arzt Siegfried Lehmann gegründet wurde. Ursprünglich eine Fürsorgeeinrichtung, wurde es bald zu einem Anziehungspunkt für jüdische Intellektuelle. Hier fanden Vorträge und Diskussionen statt.

Unter den Künstlern und Schriftstellern, »deren Ausdrucksmittel zwar aus einem gewissen Kosmopolitismus resultierten, die jedoch ihre Inspiration aus dem Leben der ostjüdischen Gemeinschaft schöpften«,[17] sind zu nennen: der Maler Jankerl Adler aus Lodz (1895–1949), der Illustrator Ephraim Moses Lilien aus Drohobycz/Galizien (1874–1925); der Schriftsteller Moris Rosenfeld stammte aus Boshko/Galizien (1862–1923), Ephraim Frisch (1873–1942) aus Stryj/Galizien, Arno Nadel aus Wilna, Joseph Roth aus Brody. Ernst Toller wurde in Samotschin bei Bromberg geboren, Martin Buber lebte bis zu seinem 14. Lebensjahr in Lemberg.

Ungeachtet aller Unterschiede, die zwischen einer »deutsch-jüdischen Intellektuellen-Kolonie wie beispielsweise im piekfeinen Berliner Westen gegenüber der Zusammenballung ostjüdischer Proletarier und Kleinhändler im erbärmlichen Scheunenviertel des Berliner Ostens«[18] bestanden, wuchs eine Aufgeschlossenheit für jiddische Kultur, Literatur, Theater, für ostjüdische Folklore und Tradition. Trotz traditioneller Abwehrhaltungen der Westjuden, die oft genug Negativklischees und antisemitische Stereotypen (wie Kurt Tucholskys Karikatur des litauischen Juden Awrumele Schabbesdeckel)[19] hervorbrachten, kam es in den 20er Jahren zu einer »Aufwertung des talmudischen Schrifttums, der jüdischen Mystik, zur Wiederentdeckung der mittelalterlichen jüdischen Poesie, zur kontroversen Debatte um den jüdischen Messianismus, sei es in seiner speziellen Form des Sabbatianismus, sei es in seiner all-

gemeineren als ›Prinzip Hoffnung‹; auf diese Weise werden Spann-
weite und Tragweite jüdischer Tradition und jüdischen Geistes gerade für die Moderne erkennbar – in einem vielschichtigen Prozeß
der erneuten Aneignung, ohne die weder Gustav Landauers noch
Ernst Blochs oder Walter Benjamins säkulare geistige Entwürfe
denkbar wären«.[20]

Alfred Döblin, der sich früh von der jüdischen Religion gelöst
hatte und kaum ein Gefühl der Zugehörigkeit zum jüdischen Volk
verspürte (1912 trat er mit seiner Frau aus der jüdischen Gemeinde
aus und ließ seine Söhne protestantisch taufen; 1941 konvertierte er
im Exil zum Katholizismus), unternahm 1924, durch pogromartige
Vorgänge im Scheunenviertel angeregt, im Auftrag der »Vossischen
Zeitung« eine Polenreise (unter dem Titel »Reise in Polen« 1926
erschienen). Später schrieb er darüber: »Nach diesem Besuch wurde
mein Interesse am jüdischen Schicksal rege. Der Plan eines Landes
für die heimatlosen und überall verjagten Reste dieses Volkes leuch-
tete mir ein. Vielleicht konnten die Juden, die von ihrem Boden los-
gerissen waren und seit zwei Jahrtausenden zwischen den Völkern
flottierten, wieder einen Boden finden, auf dem sie sich in eigener
Art, aus eigener Kraft entwickeln konnten. Ich lehnte den nationalistischen Zionismus ab; er war mir zu europäisch und zu bürgerlich. Ich habe mich dann zu den ›Territorialisten‹ geschlagen. Ich
versuchte sogar jiddisch zu lernen.«[21]

Joseph Roth beschrieb in seinem Essay »Juden auf Wanderschaft«
(1927), ein vorweggenommener Epitaph auf das Ostjudentum,
nicht ohne Melancholie und Resignation das Tempo der ostjüdischen Assimilation: »Sie näherten sich vollkommen den westlichen
Unsitten und Mißbräuchen. Sie assimilierten sich. Sie beten nicht
mehr in Synagogen und Bethäusern, sondern in langweiligen Tem-
peln, in denen der Gottesdienst so mechanisch wird wie in jeder
besseren protestantischen Kirche. Sie werden Tempeljuden, das
heißt: guterzogene, glattrasierte Herren in Gehröcken und Zylin-
dern, die das Gebetbuch in den Leitartikel des jüdischen Leibblattes
packen, weil sie glauben, man erkenne sie an diesem Leitartikel weniger als an dem Gebetbuch.

Das nennt man dann: westliche Kultur haben. Wer diese Kultur
hat, darf bereits den Vetter verachten, der, noch echt und unberührt,
aus dem Osten kommt und mehr Menschlichkeit und Göttlichkeit
besitzt, als alle Prediger in den theologischen Seminaren Westeuro-

pas finden können. Hoffentlich wird dieser Vetter genug Kraft haben, nicht der Assimilation zu verfallen.«[22]

In der satirischen Komödie »Der Kaufmann von Berlin« (1929) von Walter Mehring (1896–1981) tritt der Ostjude Simon Chajim Kaftan auf, ein Spekulant, der einen kometenhaften Aufstieg in der zwielichtigen Welt der Spekulanten erlebt und letztlich doch nur dem deutschen Waffenschieber Müller zu einer Bank verhilft. Obwohl Mehrings Ostjude als Werkzeug und Opfer der nationalistischen Reaktion gezeichnet war, blieb Mehring der Vorwurf des Antisemitismus nicht erspart. Am Ende steht freilich die Verwüstung des Scheunenviertels im Jahre 1923. Bei Mehring wird das Viertel so beschrieben: »Aber ringsum, eingekerkert zwischen den neuen, europäisch gestutzten Wolkenkratzern: Giebelhäuschen mit Mansarden vom Beginn des XIX. Jahrhunderts. Galizien grenzt an Berlin, der Altkleiderhandel an die Propaganda. Diese ländlichen Klänge: Scheunenviertel – Hirten-, Grenadier-, Artilleriestraße! So begann in Preußisch-Berlin die Bannmeile, mit Exerzierplätzen statt Klosterhöfen [...] Und im Gewirr lichtarmer Gassenschluchten: ein fremder Trubel in langen, schleppenden Kaftanen; auf und ab, unstet, in beengtem Ghettoschritt; zu Gruppen geronnen, die Oberkörper im Gedankenakte wippend; ›klärend‹, bedächtig und ekstatisch, verschmitzt und düster; Südländer in nordischer Exiltracht. Die griesgrämigen Fassaden bis zum First berankt mit hebräischen Schriften wie verkümmerten Tropenpflanzen. In jedem stinkenden Hinterhof ein Stübel, Schul, Jeschiwa der Frömmsten...«[23]

Das Stück, sprachlich brillant und virtuos, stellt in einer Art Revue jüdisches neben »arisches« Schiebertum und brachte die National-Völkischen in Rage. Die einzige Aufführung des Stückes durch Erwin Piscator im Theater am Nollendorfplatz führte zu einem Skandal. Für die rechte Kritik waren alle vaterländischen Werte verunglimpft, das Deutsche und Preußische in den Schmutz gezogen und das jüdische Machtstreben erbarmungslos zur Schau gestellt worden. Mehring gehörte zu den Gründern des »Politischen Cabarets« in Berlin, schrieb Texte für Max Reinhardts Kabarett »Schall und Rauch« und hatte mit seinen Gedichten, Liedern und Chansons früh Erfolg. Er entging nur knapp der Verhaftung durch die SA, emigrierte und gelangte über Frankreich 1941 in die USA. Mehring verbindet umfassende Bildung mit einer amüsanten Schnoddrigkeit, stilistische Eleganz mit polemischem Witz. 1933 wurde auch das

Scheunenviertel vernichtet, wo nach Mehring Galizien an Berlin grenzte. In seinem lesenswerten Aufsatz »Das Bild des Ostjuden in der deutschen Literatur« kommt Hans-Peter Bayerdörfer zu dem Schluß: »In der Tat, auch in der deutschen Literatur kommt es zu diesem ›Angrenzen‹, nachdem in einem jahrzehntelangen Prozeß den negativen Stereotypen vom Ostjuden eine Mehrzahl von positiven, adäquaten Bildern entgegengestellt worden ist. Für wenige Jahre grenzte Galizien an Berlin. Eine Begegnung wäre denkbar gewesen.«[24]

In Berlin, diesem Brennspiegel der Weimarer Kultur, lebten etwa 190 000 Juden. 43 000 davon waren Ostjuden. Und Berlin sahen sie als ihre Hauptstadt an. Seit den Zeiten Moses Mendelssohns hatte diese Stadt wie ein Magnet auf sie gewirkt, hier bildeten sie sich in der Welt des Handels wie in der des Geistes aus. Erstmals in den Tagen der Berliner Salons der Rahel Varnhagen und der Henriette Herz spielten Juden im Berliner Leben eine bedeutende Rolle. Als Theodor Fontane die Wirkung des Lessingschen »Nathan« auf die »gebildete berlinische Mittelklasse« beschrieb, konstatierte er: »Es war nun mit einem Male das da, was man den berlinisch-jüdischen Geist nennen kann.«[25]

Fontane, wie man weiß, nicht frei von antijüdischen Ressentiments, erkannte das jüdische Element als charakteristisches Ingrediens des spezifisch berlinischen Stils an. Peter Gay, der seine Untersuchung »Der berlinisch-jüdische Geist« mit dem Untertitel »Zweifel an einer Legende« versehen hat, stellte fest, es sei vielleicht eher so gewesen, daß es Juden waren, die dem Flair Berlins, seinem sozialen und geistigen Klima, den intensivsten Ausdruck gegeben haben. Für Marcel Reich-Ranicki ist es keinesfalls ein Zufall, »daß das Berlinische seine deutlichste und stärkste Widerspiegelung in der Prosa von Juden gefunden hat – in den Romanen Georg Hermanns, in den Feuilletons Kurt Tucholskys und, vor allem, in Alfred Döblins Meisterwerk ›Berlin-Alexanderplatz‹«.[26]

Berlin als Moloch oder geheime Geliebte ist auch eingefangen in den Gedichten von Ernst Blass, in den Chansons von Walter Mehring, in Skizzen von Siegfried Kracauer, Franz Hessel und Walter Benjamin oder in den Romanen von Heinrich Eduard Jacob oder Ivan Goll, um nur ein paar Beispiele zu nennen. Hans Mayer schrieb unter dem Titel «Das Gedächtnis und die Geschichte»: »Die jüdisch-deutsche Literaturgeschichte ist weitgehend auch Geistesgeschichte der Stadt Berlin. Die Stadt der Rahel Levin, Walter Benjamins und unseres großen Freundes Gershom Scholem. Er hat genau gewußt, wie er alles zu bedenken pflegte, warum er seinem Erinnerungsbuch den Titel gab: ›Von Berlin nach Jerusalem‹. Am Ende aber standen, auch und gerade in Berlin, die Abtransporte. Die sehr alte Frau in ihrem berühmten Haus am Pariser Platz, die Witwe Max Liebermanns, nahm Gift, um hier in dieser Stadt wenigstens sterben zu können.«[27]

2.

Berlin, Hauptstadt der deutschen Juden – Jüdische Verlage –
Weimar eine »Judenrepublik«? – Gustav Krojanker.
Ferdinand Bruckner – Friedrich Wolf – Arthur Holitscher – Moritz
Heimann – Emil Ludwig – Alfred Neumann – Hermann Kesten –
Ephraim Frisch

Berlin war in der Tat die Hauptstadt der deutschen Juden. Hier befand sich das Hauptbüro des Central-Vereins, hier waren die Hochschule für die Wissenschaft des Judentums (gegründet 1872) und das orthodoxe Rabbiner-Seminar (gegründet 1873). Hier wurde am 24. Januar 1933 in einer Feierstunde das Jüdische Museum eröffnet, das »von Juden geschaffene Kunst« ausstellen sollte. Max Liebermann schenkte dem Museum ein Selbstporträt. Beim Pogrom vom November 1938 wurde das Museum geplündert, und danach hörte der Museumsbetrieb auf. Mehrere hundert Gemälde haben die Zeit der Vernichtung überdauert. Die jüdische Gemeinde in Berlin war mit etwa 140 000 Mitgliedern (Ende 1937) die mit Abstand größte in Deutschland und zählte zu den größten jüdischen Gemeinden überhaupt. Das spiegelte sich in der großen Zahl gemeindeeigener Bauten, vor allem aber in den zwölf großen Synagogen (die größte Synagoge an der Oranienburger Straße hatte 3000 Plätze). »Hinzu kamen viele Dutzend Privatsynagogen, die in Eigeninitiative von privaten jüdischen Religionsvereinen in verschiedenen Stadtteilen gegründet worden waren und denen häufig, entsprechend den Gemeindesynagogen, eine Religionsschule angeschlossen war.«[28] Es gab mehrere jüdische Schulen, Krankenhäuser, Altersheime und Waisenhäuser. Von den traditionellen jüdischen Friedhöfen in Berlin (in der Schönhauser Allee oder in Weißensee) sind nur noch wenige Grabsteine übriggeblieben. Viele bedeutende jüdische Persönlichkeiten sind auf den beiden genannten Friedhöfen bestattet worden.[29]

Berlin war das Zentrum jüdischen Verlagswesens und Buchhandels. 1927 verzeichnete das »Adreßbuch für den Jüdischen Buchhandel« rund 40 jüdische und hebräische Verlage und Buchhandlungen in der Stadt. Der Jüdische Verlag wurde 1902 in Berlin gegründet. Als dort als erster Titel der »Jüdische Almanach« erschien, sprach man von dem ersten Buch der jüdischen Renaissance.

Der Verlag wurde kurz vor dem fünften Zionistenkongreß (1901) von einem Kreis begründet, zu dem unter anderen Martin Buber, Berthold Feiwel, E. M. Lilien und Chaim Waizmann (1873–1952) gehörten. Der Verlag war als »eine Zentralstelle zur Förderung jüdischer Literatur, Kunst und Wissenschaft« konzipiert und wurde »sozusagen der Parteiverlag der Zionistischen Organisation« und, nicht zu seinem Vorteil, »ein Anhängsel der zionistischen Bürokratie«, von der er finanziell abhängig war.[30]

»Mit der Übernahme der Verlagsdirektion durch Siegmund Kaznelson beginnt 1921 eine neue Epoche, in der der Verlag die endgültige Prägung erhält, unter der er der letzten Generation des deutschen Judentums bekannt war.«[31] Kaznelson (1893–1959) hatte in Prag die Redaktion der Wochenschrift »Selbstwehr« geleitet, die Sammelschrift »Das jüdische Prag« (1916) herausgegeben und dann die Redaktion der von Martin Buber herausgegebenen Zeitschrift »Der Jude« in Berlin übernommen. Unter seiner Ägide erschienen die großen Standardwerke, die den Verlag über Deutschland hinaus bekanntmachten: das fünfbändige »Jüdische Lexikon«, die zehnbändige »Weltgeschichte des Jüdischen Volkes« von Simon Dubnow und die Übersetzung des »Babylonischen Talmud« von Lazarus Goldschmidt, die »Geschichte des Chassidismus« von Simon Dubnow und eine fünfbändige Herzl-Ausgabe (Dubnows »Weltgeschichte« erreichte eine Gesamtauflage von 100 000, das »Jüdische Lexikon« von 50 000 Exemplaren).

Nach 1933 wurde der Verlag unter größten Schwierigkeiten weitergeführt, es erschienen noch die Schlußbände von Talmud und Dubnow und das Sammelbuch »Jüdisches Fest/Jüdischer Brauch«; insgesamt bis 1938 noch 22 Titel. Im Dezember 1938 verfügten die Nazis die Auflösung des Verlags. Kaznelson emigrierte nach Jerusalem. Das von ihm fertiggestellte Sammelwerk »Juden im Deutschen Kulturbereich« wurde beschlagnahmt und erschien erst 1959 in der Bundesrepublik. Das Verlagsgebäude wurde durch Bomben zerstört und damit auch viele Bestände und Korrespondenzen des Jüdischen Verlags. Im Februar 1992 erschien das erste Programm des neu etablierten Verlages, der jetzt dem Suhrkamp Verlag angegliedert ist.

Der Philo-Verlag wurde 1919 vom Centralverein gegründet; er verlegte zunächst die Zeitschriften »Der Morgen« und die »Zeitschrift für die Geschichte des Judentums« sowie zahlreiche Bücher und Schriften zur Abwehr des Antisemitismus. Von 1933 bis 1938 erschienen 31 Bücher und Broschüren, darunter das »Philo-Lexikon des jüdischen Wissens«. Am 31. Dezember 1938 wurde der Verlag von den Nazis geschlossen. Lucia Jacoby (1899– ?), seit 1923 Geschäftsführerin des Verlags, wurde Anfang 1942 deportiert und ist vermutlich in Auschwitz ermordet worden. Eine herausragende Stellung unter den jüdischen Verlagen in Deutschland hatte der Schocken-Verlag, der 1931 in Berlin von dem Warenhausbesitzer Salman Schocken (1877–1959) gegründet wurde.[32] Bis 1938 brachte der Verlag über 200 Titel heraus, von denen die Schocken-Bücherei und die jährlichen »Almanache« die größte Verbreitung fanden. Der Verlag leistete im wahrsten Sinne des Wortes einen »jüdischen« Beitrag zur deutschen Kultur; sein Programm wurde im wesentlichen von Martin Buber und Moritz Spitzer bestimmt.

Von Anfang an war Schocken bewußt, daß er nicht nur für ein jüdisches Publikum produzierte: »Er hat im Sommer 1933 davon gesprochen«, schreibt Siegfried Moses, »daß er jüdische Autoren drucken werde, deren Werke den unsichtbaren Titel ›Gastgeschenke eines Juden an Deutschland‹ tragen würden.«[33] Ein solches Gastgeschenk waren die Romane und Erzählungen Franz Kafkas in sechs Bänden, noch in Berlin erschienen; die Tagebücher und Briefe kamen dann bei der Schocken Books Inc. heraus, 1945 in New York gegründet. Nachdem Salman Schocken 1934 nach Palästina eingewandert war, wo er 1936 in Tel Aviv Schocken Publishing House gründete, wurde der Berliner Verlag bis 1938 von dem nichtjüdischen Verleger Lambert Schneider geleitet. Dieser hatte die Judaica seines 1925 gegründeten eigenen Verlags 1931 an Schocken abgegeben.

In Frankfurt am Main entstand 1920 das Freie Jüdische Lehrhaus unter der Leitung von Franz Rosenzweig (1886–1929). Hier fanden Lehrgänge über biblische und talmudische Themen, jüdische Geschichte, Philosophie, über soziale, wirtschaftliche und politische Fragen statt. Zu den Dozenten zählten unter anderem Franz Oppenheimer, Martin Buber und Ernst Simon. 1929 stellte das Lehrhaus den Lehrbetrieb mit Rosenzweigs Tod ein. Erst 1933 wurde es »plötzlich zu jenem existentiellen Ort der Begegnung...«, den Rosenzweig immer erhofft und nie erfüllt gesehen hatte... Fünf Jahre lang, bis Ende 1938, war es das kulturelle Lebens- oder vielmehr Überlebenszentrum der Frankfurter Juden, nicht mehr die esoterische Randerscheinung der zwanziger Jahre, sondern von der ganzen Gemeinde anerkannt und benutzt«.[34]

Die Juden waren eine Bevölkerungsgruppe, die in der Weimarer Republik zahlenmäßig kaum ins Gewicht fiel. Auf kulturellem und wissenschaftlichem Gebiet war der Anteil der deutschen Juden freilich verhältnismäßig groß. Unter den 170 Nobelpreisträgern bis 1933 waren 20 Juden (zwölf Prozent), davon 15 aus dem deutschen Kulturbereich. Zu den prominenten Wissenschaftlern der Weimarer Zeit gehörten etwa Albert Einstein (1879–1955), Max Born (1882–1970), Richard Willstätter (1872–1942), Gustav Hertz (1887–1975); die Musiker Leo Blech (1871–1958), Bruno Walter (1876–1962), Otto Klemperer (1885–1973), Kurt Weill (1900–1950), die Theaterregisseure und Schauspieler Max Reinhardt (1873–1943), Max Pallenberg (1877–1934), Fritz Kortner (1892–1970), Alexander Granach (1890–1945), Ernst Deutsch (1890–1969) oder Elisabeth Bergner (1897–1990) genossen Weltruf.

Dazu kam ein überaus großes Spektrum jüdischer Schriftsteller, das von der Erfolgsschriftstellerin Vicki Baum (1888–1960) bis zum kommunistischen Dramatiker Friedrich Wolf (1888–1953), vom deutschnational-faschistischen Arnold Bronnen (1895–1959) bis zum weltweit renommierten Arnold Zweig (1887–1968) reichte.

Die Völkisch-Nationalen und Antisemiten haben deshalb pauschal von einer »Judenrepublik« und einer »Judenkultur« gesprochen, von einer allgemeinen »Verjudung«, also einer Vorherrschaft des jüdischen Elements. Schon zu Anfang der 20er Jahre wurde die Kultur der Weimarer Republik, wie in der »Secessio Judaica« (1922) von Hans Blüher, als »typisches Judenprodukt« oder in der Schrift »Literaturwissenschaft und jüdische Herkunft« von Adolf Bartels als typisch »jüdisch« diffamiert. Artur Dinter (1876–1948) zeichnete in seinem Roman »Die Sünder wider das Blut« (1917), einer »widerlichen Mischung von Pornographie und Pseudotheosophie«,[35] ein abartig verzerrtes Judenbild, »in dem sich alte stereotype Vorurteile von der abnormen Sexualität der Juden mit neuen, rassenideologischen Angstphantasien vermischten«.[36] Dinters Thesen von der »Vergiftung« der arischen Rasse, im Stil des billigsten Groschenromans vorgetragen, verfehlten ihre Wirkung nicht.

Von Literaturwissenschaftlern wie Adolf Bartels und Josef Nadler wurden Autoren wie Wassermann, Zweig, Döblin, Feuchtwan-

ger, Tucholsky, Vicki Baum oder Emil Ludwig als »undeutsch« angegriffen.[37] Gewiß gehörten diese Schriftsteller zu den meistgelesenen Autoren ihrer Zeit, doch haben nichtjüdische Autoren wie Thomas und Heinrich Mann, Gerhart Hauptmann, Carl Zuckmayer,
Leonhard Frank, Erich Maria Remarque, Ernst Glaeser, Erich Käst-
ner, Hans Carossa, Edwin Erich Dwinger, Ina Seidel, Hans Grimm
und Ernst Jünger gewiß mehr Leser angezogen.

Nimmt man die von konservativer oder völkischer Seite gegen die
»jüdische Literatur« vorgetragenen Einwände unter die Lupe, zeigt
sich, daß künstlerische Argumente meist als Tarnung für ideologische Gründe dienen: »Als literarisch minderwertig wird das Produkt bezeichnet, das eine andere Meinung vertritt. Auf einer pri-
mitiveren Ebene liegt das beliebte Verfahren, das schriftstellerische
Produkt ausschließlich aufgrund der jüdischen Herkunft seines
Verfassers abzuqualifizieren. Die literarischen Scheingründe sind
dann schnell bei der Hand.«[38]

Es sollen hier nicht noch einmal die bekannten Vorwürfe von der
»Dominanz« der Juden innerhalb des Presse-, Verlags-, Theater-,
Film-, Konzert- und Kritikerwesens wiederholt werden, wie sie
zum Beispiel der 1928 von Alfred Rosenberg gegründete »Kampf-
bund für deutsche Kultur« zu propagieren nicht müde wurde, eine
Organisation, die »jede jüdische Kulturäußerung von vornherein als
›undeutsch‹ und damit niederrassig, ja ›entartet‹ verdammte«.[39]
Ebenfalls 1928 veröffentlichte Joseph Goebbels »Das Buch Isidor«,
das die Kultur der »Systemzeit« »verniggert« und »verjudet« nannte
und Berlin als »Eiterbeutel« anprangerte. »Es gibt wohl keine Nazi-
Schrift dieser Jahre«, schreibt Jost Hermand, »in der nicht unentwegt auf die ›Überproportioniertheit‹ der Juden im Kulturleben
hingewiesen und die Gefahr dieser Zustände für die ›deutsche Seele‹
herausgestellt wird. Und zwar wurde den Juden von vorherein jeder
Sinn für echte, organisch gewachsene Kultur abgesprochen. Wahre
Kultur, behaupteten die Nazis, hätten nur Menschen mit Sinn für
Tradition, Verwurzelung, Volkheit und Schollebewußtsein…«[40]
Aus der Retrospektive muß man sagen, daß die Juden in allen genannten Bereichen eine bedeutende Rolle spielten, daß jedoch »die
Legende der jüdischen Vorherrschaft in der deutschen Literatur jener Zeit der echten Berechtigung« entbehrt.[41] Die absolute Zahl der
bedeutenden jüdischen Schriftsteller war relativ gering, die führenden literarischen Gestalten waren Nichtjuden; im Bereich des Thea-

ters und der Musik lassen sich um 1930 lediglich 2,4 Prozent als Juden identifizieren; in der Filmindustrie wurde der Hauptkonzern, die Ufa, von Alfred Hugenberg geleitet, von den Zeitungen waren über die Hälfte konservativ orientiert. Im Hinblick auf die Jahre bis 1933 kann man weder von einer »Judenrepublik« noch von einer »Judenkultur« sprechen: »Beides sind maßlose Übertreibungen. Die Nazis setzten solche Schlagworte vor allem im Rahmen ihrer Sündenbock- und Drahtzieherideologie ein. Die deutschen Juden gebrauchten sie dagegen, um mit beleidigtem Stolz darauf hinzuweisen, auch Deutsche oder zumindest deutsche Kulturträger zu sein.«[42] Was die jüdische Tendenz zur Rechtfertigung betrifft, erwähnt Jost Hermand unter anderem Arnold Zweigs 1933 in Amsterdam erschienenes Buch »Bilanz der deutschen Judenheit«, in dem Zweig den jüdischen Anteil an allen Bereichen des kulturellen Lebens unterstrich und nach Hermands Meinung »alles Nennenswerte aus diesen Bereichen als ein Ensemble jüdischer Leistungen« hinstellte.[43] Unter dem Titel »Die sogenannte Judenfrage« hat Ernst Bloch mit Blick auf gewisse Nachkriegsformen des deutschen Philosemitismus oder deutscher »Judäophilie« ein nüchternes Bild der »goldenen« 20er Jahre gezeichnet: »Daß Reinhardt oder S. Fischer oder auch Bruno Walter und Otto Klemperer oder Josef Kainz Juden waren, Piscator oder Rowohlt oder Furtwängler oder Bassermann keine, das interessierte, außer in schmutzigen Winkeln oder sinistren Organen, überhaupt niemand, die meisten wußten gar nichts davon. Wer auch entdeckte noch in der ›Dreigroschenoper‹ Weills Musik als jüdisch, Brechts Text dagegen als deutsch wie Wildenbruch? Sonst haben erst die Nazis (und im Fall Mahler ihre österreichischen Vorgänger) auch hier ihr Deutschland erwachen lassen; zu welchem Tag, ist jeder Art von Reue bekannt. Also wäre – vor allem in der freundlichen Gewohnheit des alltäglichen Daseins und Wirkens – pathosloses Miteinander erinnerbar.«[44] Dieses »pathoslose Miteinander«, wie es der Zeitzeuge Bloch konstatiert, dürfte der Realität jener Jahre wohl näherkommen als deren Verteufelung von der einen und deren Verklärung von der anderen Seite. Es hat eine einheitliche Weimarer Kultur ebensowenig gegeben wie eine einheitliche Trägerschicht dieser Kultur. Das geistige, künstlerische und literarische Leben der Weimarer Republik stellt sich als eine Vielfalt von Meinungen, Strömungen und Tendenzen dar, als eine kurze Periode von überdurchschnittlichem Niveau, das durch jene kreative Spannung möglich wurde, die aus zahlreichen produktiven Gegensätzen herrührte. Vielleicht hat Peter Gay mit seiner These recht, der Geist der 20er Jahre sei eine Schöpfung von Außenseitern gewesen. Im Vorwort zur Neuausgabe seines Buches »Die Republik der Außenseiter« hat er diese seine These noch einmal bekräftigt: »Die Weimarer Republik gab Außenseitern – Demokraten, Kosmopoliten, Juden – die Möglichkeit, Stellungen in Gesellschaft, Geschäftsleben, Universität und Politik einzunehmen (ich bin versucht zu sagen: zu erobern), die ihnen bislang versagt worden waren. Und dieser Umbruch gab der Republik ihren eigenartigen, einzigartigen Charakter: lebhaft, oft hektisch; produktiv, aber auch gefährdet. Von Anfang an war die Machtposition dieser Außenseiter sehr prekär und wurde ständig prekärer.« [45]

Auch was die Literatur der 20er Jahre betrifft, gilt der Grundsatz: Einer vorurteilslosen Betrachtungsweise ist es unmöglich, eine genuin jüdische Literatur auszumachen, geschweige denn einen bestimmten literarischen Stil rassischen Faktoren zuzuschreiben. Alle einschlägigen Versuche, den »jüdischen Geist« in der Weimarer Literatur zu entdecken und zu definieren, sind jedenfalls gescheitert, oft auf groteske Weise.

Der Anteil von Autoren jüdischer Abstammung an der deutschen Literatur war nie größer als in den Jahrzehnten zwischen 1900 und 1933. Auf dem »Höhepunkt dieser spannungsreichen und belasteten literarischen Koexistenz, zu Beginn der zwanziger Jahre, als Hoffnung und Enttäuschung ein grelles Verhältnis bildeten«,[46] erschien, herausgegeben von Gustav Krojanker, 1922 der Sammelband »Juden in der deutschen Literatur«, der 23 Porträts deutschjüdischer Schriftsteller enthielt, die zum Teil auch von Nichtjuden verfaßt waren: Werfel (R. Kayser), Georg Hermann (H. Kohn), Alfred Kerr (E. Blass), Franz Kafka (M. Brod), Albert Ehrenstein (E. Weiß), Alfred Döblin (E. Blass), Jakob Wassermann (E. Poeschel), Maximilian Harden (Paul Meyer), Alfred Mombert (M. Buber), Otto Weininger (O. Baum), Hugo von Hofmannsthal (W. Haas), Martin Buber (A. Paquet), Else Lasker-Schüler (M. Wiener), Peter Altenberg (A. Ehrenstein), Richard Beer-Hofmann (O. Baum), Arthur Schnitzler (W. Mann), Paul Kornfeld (L. Sborowitz), Rudolf Borchardt (W. Haas), Arnold Zweig (M. Goldstein), Paul Adler (M. Wiener), Moritz Heimann (J. Bab), Carl Sternheim (A. Zweig), Max Brod (M. Georg).

Den Abschluß bildete der Aufsatz »Das neue Dichtertum des Juden« von Alfred Wolfenstein. In Krojankers optimistischer Perspektive war die Abneigung gegen die Juden »wenn auch noch nicht ganz überwunden, heute doch im Begriffe... überwunden zu werden«.[47] Er setzte sich zum Ziel, die besondere jüdische geistige Substanz zeitgenössischer Autoren nachzuweisen und darin den wichtigsten Beitrag der Juden zur deutschen Kultur sichtbar zu machen. Erst wenn »andere Quellen als jüdisch-liberale Apologie und antisemitische Verzerrung ins Bewußtsein der Allgemeinheit dringen«, werde der Deutsche »im Juden den Mitbürger gerade auch wegen seiner Andersartigkeit«[48] schätzen. An diesem Sammelband erwies sich, wie problematisch es ist, sich auf einen Begriff »jüdisch« im nationalspezifischen Sinn einzulassen. Das, was Krojanker »den verständnisvollen Blick der Liebe, das Gefühl für ein Blut, dessen Rhythmus man nahe sein muß, sofern es nicht gar das eigene ist«,[49] genannt hat, ist gewiß kein geeignetes Kriterium. So wird, zum Beispiel, Franz Werfel »Ichzerrissenheit« (S. 21), Hugo von Hofmannsthal »Provisorität und Unerlöstheit« (S. 156f.), Moritz Heimann mehr »gründliche Religiosität« als »fabelhafte Dialektik« (S. 289) attestiert. Inhaltliche mischen sich mit sprachlich-stilistischen Gesichtspunkten, und die wirkliche Kernfrage – wenn sie denn überhaupt zu beantworten ist – bleibt offen. Heute, fast 70 Jahre nach dem Erscheinen dieses Buches, ist Krojankers Erwartung längst in allen Punkten widerlegt. Und eine »Deutsch-jüdische Literaturgeschichte« gibt es bis jetzt allenfalls in Ansätzen.

Unzweifelhaft waren jedoch viele der von Peter Gay als Träger der Weimarer Kultur ausgemachten »Außenseiter« jüdischer Abstammung. Freilich haben sie diese Kultur weder beherrscht noch »verwaltet«, wie die Antisemiten behaupteten. Zu einer echten und wirkungsvollen »Verwaltung«, meint Hans Tramer, gehöre Autorität und das Recht zur Entscheidung. Beides hätten die Juden nicht besessen: »Niemals, zu keiner Zeit war ihre Stellung, weder als Schriftsteller noch auf dem Gebiet des Theaters oder der Presse, unangefochten. Allerdings, gerade im Rückblick wird deutlich, ihr Beitrag zu Geist und Kultur in Deutschland, besonders in den zwanziger Jahren, war bedeutend. Sie haben hellhörig und erfüllt von revolutionärer Dynamik beinahe alles erfaßt, was den Stimmungsgehalt jener Zeit charakterisiert. Sie haben in einer vielleicht entscheidenden Epoche beigetragen zum Ruhme des deutschen

Geisteslebens, sie haben damals, sozusagen in einer einmaligen Sternstunde, Gestaltungsmethoden ausprobiert und ihnen zum Siege verholfen, die heute zur geistigen und künstlerischen Substanz der ganzen Welt gehören. Beschränkt auf das Maß des Geistig-Künstlerischen war ihr Beitrag zu den jetzt sprichwörtlich gewordenen ›goldenen zwanziger Jahren‹ in der Tat außerordentlich.«[50]

Das bestätigt auch Gottfried Benn, nach Peter Gay »wohl kaum ein wohlwollender Zeuge«.[51] In seiner autobiographischen Skizze »Doppelleben« schrieb er 1950: »Die überströmende Fülle von Anregungen, artistischen, wissenschaftlichen, geschäftlichen Improvisationen, die von 1918 bis 1933 Berlin neben Paris rückten, entstammten zum großen Teil der Begabung dieses Bevölkerungsanteils, seinen internationalen Beziehungen, seiner sensitiven Unruhe und vor allem seinem todsicheren Instinkt für Qualität.«[52]

Der jüdische »Beitrag« zur Kultur der Weimarer Zeit war in der Tat so außerordentlich, die Fülle der Begabungen so groß, daß wir uns in diesem Rahmen darauf beschränken müssen, neben den »großen« Namen – Alfred Döblin, Lion Feuchtwanger, Joseph Roth, Kurt Tucholsky, Jakob Wassermann, Franz Werfel, Arnold Zweig – eine gedrängte Übersicht über weitere bemerkenswerte Schriftsteller zu geben. Sie wurden 1933 von den Nazis ins Exil getrieben, einige sahen die Heimat nicht wieder, wurden von den Nazis umgebracht (Georg Hermann, Theodor Lessing), andere konnten nach der Rückkehr nicht wieder Fuß fassen (Karl Jakob Hirsch, Heinrich Eduard Jacob).

Neben Sternheim, Toller, Hasenclever und Kornfeld hat sich Theodor Tagger (1891–1958) unter dem Namen Ferdinand Bruckner als Dramatiker einen Namen gemacht. Er hatte mit dem ersten seiner historischen Schauspiele, »Elisabeth von England«, 1930 einen ungeheuren Erfolg. Bruckner verwendete die »Simultanbühne« und erwies sich als Meister einer psychologisch nuancierten Dialogführung. Franz Molnar (1878–1952) errang mit seiner Tragikomödie »Liliom« (1912) einen Welterfolg; auch Hans José Rehfisch (1891–1960) wurde durch seine Tragikomödie »Wer weint um Juckenack«, die Erwin Piscator 1924 in der Berliner Volksbühne aufführte, über die Grenzen Deutschlands hinaus bekannt. Rehfisch, selbst Jurist, war der meistgespielte justizkritische Autor. In »Die Affäre Dreyfus« (1929) führte er vor, was bei einer

Machtübernahme reaktionärer Kräfte zu erwarten war. Er griff auch als erster Dramatiker die Problematik der Abtreibung und des Paragraphen 218 in seinem Stück »Der Frauenarzt« (1928) auf.

Friedrich Wolf (1888–1953) war neben Brecht der bedeutendste Vertreter der sozialistischen Dramatik in der ersten Jahrhunderthälfte. Seine Stücke sollten in die aktuellen Klassenauseinandersetzungen eingreifen und die Zuschauer zur politischen Entscheidung zwingen (»Kunst als Waffe«, 1918). Die größte Resonanz fanden seine auch im Ausland vielgespielten Stücke »Cyankali« (1929), »Die Matrosen von Cattaro« (1930) und »Professor Mamlock« (1934). Wolf wurde 1928 Mitglied der KPD und des Bundes proletarisch-revolutionärer Schriftsteller und arbeitete mit der »Agitprop«-Bewegung zusammen. 1933 entging er nur knapp der Verhaftung und ging ins Exil. 1943 gehört er zu den Mitbegründern des Nationalkomitees »Freies Deutschland«. Von 1949 bis 1951 war er Chef der Diplomatischen Mission der DDR in Polen. Der »jüdische Arzt und Kommunist« war schon vor 1933 bevorzugtes Angriffsziel der antisemitischen Rassenfanatiker und der Nazipresse gewesen. Nazi-Behörden planten nach 1933 seine Ermordung. Wolf wurde von ihnen verfolgt, weil er Jude, Kommunist und revolutionärer Dramatiker war. Kaum einen zweiten Schriftsteller scheinen sie so gehaßt und gefürchtet zu haben.

Im Gegensatz zu Wolf ist Arthur Holitscher (1869–1941) nicht Mitglied der KPD geworden, obwohl er, wie sein Buch über eine Reise in die Sowjetunion 1920 verrät, auf der Seite dieses neuen Staates stand. Holitscher, einer großbürgerlichen Budapester Familie entstammend, war Journalist, Redakteur beim »Simplicissimus«, Lektor im Verlag von Bruno Cassirer, Mitarbeiter an der »Aktion« und dann freier Schriftsteller. Er hinterließ ein umfangreiches Werk, darunter Romane, Novellen, Dramen und Essays und eine lesenswerte Autobiographie (»Lebensgeschichte eines Rebellen«), wurde jedoch am meisten durch seine Reiseprosa bekannt. Wie Kisch oder Alfons Paquet war er ein unermüdlicher Reisender, und nach Gert Mattenklott »glückte ihm (literarisch), was mit dem Reisen zu tun hatte«.[53] Das waren vor allem seine Bücher »Drei Monate in Sowjet-Rußland« (1921), »Reise durch das jüdische Palästina« (1922), »Der Narrenbaedeker« (1925), »Das unruhige Asien« (1926) und »Wiedersehen mit Amerika« (1930). Nach einem erbärmlichen und demütigenden Leben im Schweizer Exil ist er krank und mittellos in

Genf gestorben. Nach einem Wort Moritz Heimanns war Holitscher »einer, der auszieht, um zu segnen, und fluchen muß«.

Die meisten Bücher Holitschers sind bei S. Fischer erschienen und dort von Moritz Heimann betreut worden, jenem ersten Lektor dieses Verlags, von dem Wilhelm Lehmann sagte: »In den zwanziger Jahren dieses Jahrhunderts machte ein intelligentes Paar seine Hochzeitsreise nicht nach Capri, sondern nach Berlin zu Moritz Heimann.«[54] Heimann (1868–1925) wurde in dem märkischen Dorf Werder östlich von Berlin geboren; der ländlich-dörflichen Welt blieb er sein Leben lang verbunden. In einer autobiographischen Aufzeichnung schrieb er: »Ich bin auf einem Dorfe in der Mark herangewachsen, wo sie am märkischsten ist, das heißt zwischen Sand, See und Kiefern. Ich lernte früh Schreiben und Lesen und kam, mit diesen Fähigkeiten ausgerüstet, in die Dorfschule... Wir waren die einzige jüdische Familie im Dorf. Fremd in einem gemeinen Sinne waren wir nicht, und insbesondere hat meinen Vater – er starb, als ich zehn Jahre alt war – niemand von Jungen und Alten anders als mit ehrender Liebe angesehen. Aber es ging streng nach dem Gesetz in unserem Hause zu;... Es gehört zu meinen unzerstörbaren Erinnerungen, daß das Sabbatende und also das Lichtanzünden nach der Sichtbarkeit der ersten Sterne bestimmt wurde.«[55] Aus dem Dorfjungen wurde nach dem Studium in Berlin (1886–1890) »einer der gebildetsten Männer seiner Zeit, ein begehrter Gesprächspartner, verehrter Freund angesehener Zeitgenossen... geschätzt als Kenner und Kritiker vor allem im Bereich der abendländischen Literatur, geachtet als Schriftsteller und immer wieder hoch angesehen als menschliche Persönlichkeit«.[56] Von 1895 bis 1923 war Heimann als Lektor des S. Fischer Verlags maßgeblich an der Entdeckung und Durchsetzung jener Autoren beteiligt, die wir heute »Klassiker der Moderne« nennen. Heimanns Position war »kein Ort für einen Säulenheiligen, vielmehr rasch ein erstrangiges intellektuelles Machtzentrum mit weitreichendem Einfluß auf zumindest das kulturelle Leben der Zeit«.[57] Seine eigene geistige Physiognomie drückte sich in seinen eigenen Arbeiten aus, zu denen Essays, Kritiken, Aphorismen, Erzählungen und Dramen gehörten. Ausgehend von Heimanns oft zitiertem Satz »Die Wahrheit liegt in der Tat zwischen zwei Extremen, aber nicht in der Mitte«,[58] hat Julius Bab Heimanns Denken so charakterisiert: »Verlieren so in der Welt Moritz Heimanns alle Dinge ihre absolute Bedeutung, weil sie alle erst in ihrer Beziehung aufeinander, in ihren Gegensätzen und Ergänzungen etwas vom eigentlichen Wesen der Welt verraten, so ist Moritz Heimann doch nichts so wenig wie ein Relativist, wie ein Skeptiker. Durchaus existiert für ihn ein Absolutes, wenn er auch nicht die weitverbreitete Naivität besitzt, es mit irgendeiner Einzelerscheinung gleichzusetzen (und dadurch in seinem Begriff zu vernichten!). Die Paradoxie, der unauflösbare Widerspruch in allem Existierenden ist ihm das Siegel jeder wahren Erkenntnis; aber deshalb gibt es für ihn durchaus eine Wahrheit: die Wahrheit, die ›zwischen zwei Extremen, aber nicht in der Mitte‹ liegt – nicht in der festgenagelten Mitte des Philisters, sondern in der ratlos tätigen Bewegung des künstlerischen Menschen, der in das ›offene Geheimnis‹ schaut.«[59]

Der Welt der orthodoxen Frömmigkeit, in der er aufgewachsen war, zählte Heimann sich nicht mehr zu. Er akzeptierte seine doppelte Identität als Jude und Deutscher, christlichen, jüdischen und aufklärerischen Quellen gleichermaßen verpflichtet. Der oft überzogene Nationalismus der Zionisten und ihre politische Praxis waren ihm ebenso suspekt wie die Illusionen der Assimilanten. 1917 schrieb er in einem Aufsatz »Zionismus und Politik«: »Es ist nichts Unnatürliches darin, seine Bahn mit zwei Mittelpunkten zu laufen; einige Kometen tun es und die Planeten alle. Unvereinbar Scheinendes zu vereinen, darin besteht im Grunde das ganze geistige Geschäft; sind doch selbst das private, individuelle Leben und das der Gemeinschaft, auch der nationalen und sogar der religiösen, Gegensätze. Wie es keine Lage des Menschen gibt, die er sich nicht in Schande; keine, die er sich nicht in Ehre verwandeln könnte, so gibt es auch keine, die nicht Schwäche werden kann oder Kraft.«[60] Gert Mattenklott hat diese Sätze treffend kommentiert: »Mit solchen Überlegungen, besser noch: mit diesem intellektuellen Habitus zählte ein Intellektueller des ersten Jahrhundertdrittels zur Avantgarde. Denn sie waren die Voraussetzung jeder geistigen Produktivität, die in der komplizierten Widersprüchlichkeit moderner Lebensverhältnisse statt mit monotoner Proklamation einer Wahrheit durch Respekt vor dem geschichtlichen Eigenleben des Besonderen angemessen bleiben wollte.«[61]

Unter den Romanautoren war Emil Ludwig (1881–1948) mit seinen Romanbiographien einer der erfolgreichsten. Er schrieb über Goethe (1920), Napoleon (1925), Bismarck (1926) und Lincoln

(1930) – fast jedes Buch war ein Bestseller. Ludwig zielte auf das Bildungsbürgertum, verstand sich auf Effekte und nahm es mit der Dialektik von Fiktion und historischer Genauigkeit nicht so genau. Freilich war er liberal genug, um nicht in die apologetische Geschichtsverklärung seiner konservativen Kollegen Wilhelm Schäfer oder Walter von Molo zu verfallen.

Ebenfalls sehr erfolgreich war Alfred Neumann (1895–1952). Für seinen Roman »Der Teufel« (1926), eine psychologische Studie über Ludwig XI. und seinen Berater Necker, erhielt er den Kleistpreis. Bis 1932 erreichte das Buch eine Auflage von 130 000 Exemplaren. 1933 emigrierte Alfred Neumann nach Italien, dann nach Frankreich und 1941 in die USA. 1944 erschien in Stockholm sein Roman »Es waren ihrer sechs«, in dem die Tätigkeit einer der »Weißen Rose« vergleichbaren Widerstandsgruppe um den Professor Karl von Hennings beschrieben wird, die aus humanen und religiösen und weniger aus politischen Gründen gegen das Regime kämpft.

Hermann Kesten, Jahrgang 1900, debütierte 1927 mit dem Roman »Josef sucht die Freiheit« (den Heinrich Mann lobte), war mit einem Schlag berühmt und galt als ein vielversprechender Autor der »Neuen Sachlichkeit«. Von 1927 bis 1933 war er Lektor, dann literarischer Leiter des Kiepenheuer Verlags. In dieser Zeit erschienen dort Bücher von Benn, Brecht, Heinrich Mann, Kafka, Joseph Roth und Anna Seghers. Auch im Exil nahm er im literarischen Leben als Lektor des Emigrantenverlags Allert de Lange in Amsterdam eine wichtige Position ein. 1940 floh er nach New York. Sein unermüdlicher Einsatz, seine Hilfsaktionen für exilierte deutsche Schriftsteller sind eines der rühmlichsten und anrührendsten Kapitel des Exils. Die Briefe, die deutsche Schriftsteller zwischen 1933 und 1949 an Kesten richteten (»Deutsche Literatur im Exil«, 1964), legen davon Zeugnis ab.

Hermann Kesten war ein produktiver Autor, der Romane, Novellen, Biographien, Essays und Kritiken schrieb, dem wir überdies einige vorzügliche Anthologien und Bücher wie »Dichter im Café« (1959), »Meine Freunde, die Poeten« (1953) oder »Lauter Literaten« (1963) verdanken. Kesten hat die Literatur geliebt und die Menschen, die sie machten. Sein eigenes Werk schrieb er sozusagen mit der linken Hand. Das Ansehen, das er zu Recht genießt, beruht, um mit Marcel Reich-Ranicki zu sprechen, »nur zum Teil auf seinen Büchern. Genauer gesagt: Hermann Kesten war ungleich mehr als die Summe seiner Werke«.[62]

Am 26. November 1942 starb in Ascona der Essayist, Kritiker und Erzähler Ephraim Frisch, den Ferdinand Lion »das Gewissen der Weimarer Republik« genannt hat. Das bezog sich vor allem auf Frischs Tätigkeit als Herausgeber des »Neuen Merkur« (1914 bis 1916 und 1919 bis 1925). Diese Zeitschrift entwickelte sich unter der Leitung Frischs bei »liberal-konservativer« Grundtendenz zu einem Forum für alle Richtungen. Dort schrieben Brecht, Hesse, Kasack, Goll, Wassermann, Wedekind und Arnold Zweig, um nur einige Namen zu nennen. Fritz Schlawe schreibt: »Gleichwohl bewahrte die Zeitschrift, eine erlesene Frucht deutsch-jüdischer Zusammenarbeit, den kulturellen Rundschau-Charakter bei höchstem Niveau und ist nur mit der ›Neuen Rundschau‹ zu vergleichen... sie ist vollständig von ihrem Herausgeber geprägt.«[63] Ephraim Frisch, 1873 in Stryj / Galizien geboren und einer frommen jüdischen Familie entstammend, beendete 1900 sein Studium, verzichtete auf eine akademische Laufbahn und wandte sich der Literatur zu. Nach Tätigkeiten als Lektor, Theaterkritiker und Dramaturg übernahm er 1911 das Lektorat des Georg Müller Verlags und 1914 die Leitung des »Neuen Merkur«. Als Redakteur, Essayist, Übersetzer, Entdecker zahlloser Talente und als Kritiker (er schrieb, zum Beispiel, eine vorzügliche Rezension über Musils »Mann ohne Eigenschaften«) blieb ihm wenig Zeit für die eigene Produktion.

1927 erschien sein Roman »Zenobi«, der von einigen Kritikern über Thomas Manns »Felix Krull« gestellt wurde. Dieser philosophisch-elegante Hochstapler-Roman hatte beachtlichen Erfolg. Zenobis angeborene Fähigkeit, fremde Rollen zu spielen, ermöglicht ihm ein geniales Doppelspiel und den Zutritt zur großen Welt. Die Kunstfigur Zenobi steht für den Verlust der Identität, die sich in zahlreiche andere Schein-Identitäten auflöst, doch sie stürzt nicht ins Bodenlose, weil sie das permanente Rollenspiel für den eigentlichen Kern ihrer Existenz hält. 1925 übernahm Frisch, nachdem der »Neue Merkur« der Deflation zum Opfer gefallen war, die Redaktion der »Europäischen Revue«. Doch 1931 schied er aus der Redaktion aus und zog sich immer mehr aus dem literarischen Leben zurück. Über das Schicksal der deutschen Juden im Fall einer Machtübernahme der Nazis machte er sich keine Illusionen.

1933 siedelte er nach Ascona über. Er schrieb zunächst weiterhin für die »Frankfurter Zeitung« (unter Pseudonym), dann blieben ihm nur noch Schweizer Tageszeitungen und die Exilpresse, in der er gelegentlich publizieren konnte. Er setzte seine Arbeit an seinem bereits Anfang der 30er Jahre begonnenen Romanprojekt »Gog und Magog« fort. Das Buch war als ein Panorama des Ostjudentums angelegt, als Auseinandersetzung mit Repräsentanten jüdischer Ideologien, polnischen Nationalisten und Antisemiten. Das 1959 in den »Akzenten« abgedruckte Eingangskapitel des Romans zeigt Frisch wiederum als einen Erzähler von Rang und Originalität.

*Georg Hermann – Rudolf Borchardt – Theodor Lessing – Jakob
Wassermann – Kurt Tucholsky – Joseph Roth – Alfred Döblin –
Franz Werfel – Lion Feuchtwanger – Das »Autodafé des Geistes«*

Der Schriftsteller Georg Hermann gestand 1919, im ersten Jahr der
Republik, in seinem Buch »Randbemerkungen«, er besitze keine
Gefühle für Nation, Vaterland oder Religion, sondern er fühle sich
überall auf der Welt wohl, wo eine lebendige Kultur herrsche. Für
ihn hatten sich die Deutschen durch ihren schrankenlosen Nationalismus im Weltkrieg diskreditiert. Im selben Jahr hat er in einem
Aufsatz für die »Neuen Jüdischen Monatshefte« seiner bitteren Enttäuschung über den im Kriege entflammten Antisemitismus Ausdruck gegeben: »Ob wir es wollten oder nicht, wir mußten uns auf
unser Judentum besinnen, denn der Krieg und die Grundanschau-
ungen, die mit ihm Hand in Hand gingen, zeigten von Jahr zu Jahr
mehr und stärker die Wesensverschiedenheiten und die Wesens-
fremdheiten, die uns von jenen trennten. Wir haben eine große Enttäuschung am Deutschtum erlebt, und wir erleben sie noch heute
jede Stunde. Laßt mich offen ein hartes Wort sagen – wozu es ver-
schweigen und vertuschen?! Die Deutschen haben sich als schlechte
Siegelbewahrer des Menschentums bewährt.«[64] Das schrieb ein erfolgreicher und beliebter Romancier, ein dem Deutschtum innerlich
verbundener, dem Ostjudentum abgeneigter Westjude, ein Weltbürger und überzeugter Liberaler. Mit seinen beiden Romanen
»Jettchen Gebert« (1906) und »Henriette Jacoby« (1909) hatte er ein
sensibles, ebenso detailgetreues wie stimmiges Bild der Berliner jüdischen Bourgeoisie in der ersten Hälfte des 19. Jahrhunderts entworfen. Hermann, das zeigten schon diese beiden Bücher, verstand
sich wohl wie kaum ein zweiter deutsch-jüdischer Autor auf die
Kunst, frei von Apologie oder Selbsthaß, jüdisches Leben distanziert und zugleich liebevoll zu beschreiben. Das hat selbst ein so
kritischer Beobachter wie Gershom Scholem anerkannt, der sagte,
Hermann habe »die Berliner jüdische Bourgeoisie mit ebensoviel
Kritik und Ironie wie auch Liebe in unübertroffener Weise geschildert«.[65] Peter Gay urteilte: »Hermann besaß Bildung, Weitblick
und eine gewisse Tiefe; er war ein bedächtiger Erzähler und ein
scharfer Psychologe. Die literarische Kritik in Deutschland be-

grüßte ihn als distanzierten, humorvollen, präzisen und milieukundigen Beobachter; er wurde mit Thomas Mann... und natürlich mit Theodor Fontane verglichen.«[66] Um es vorweg zu sagen: Die deutsche Literaturgeschichte hat diesen Erzähler schmählich behandelt und nie versucht, ihm – und vor allem seinen Romanen, die nach dem Ersten Weltkrieg erschienen – gerecht zu werden, ja man hat ihn gar zum bloßen Unterhaltungsschriftsteller gestempelt. Hans-Peter Bayerdörfer hat zu Recht darauf hingewiesen, daß Hermann es »verdiente, zu den klassischen deutschen Erzählern des Jahrhundertbeginns gerechnet zu werden«.[67] Es ist sehr zu begrüßen, daß Hans Otto Horch in einem »Plädoyer zur Wiederentdeckung eines bedeutenden deutsch-jüdischen Schriftstellers« nachdrücklich auf Hermann aufmerksam gemacht hat.[68]

Georg Hermann wurde 1871 als Sohn Hermann Borchardts in Berlin geboren (1897 wählte er den väterlichen Vornamen als Pseudonym). Sowohl die väterliche wie auch die mütterliche Familie lassen sich bis ins 18. beziehungsweise bis ins 17. Jahrhundert zurückverfolgen. Hermann hat sich immer als Repräsentant des bürgerlichen Zeitalters verstanden. Er war ein urbaner, gebildeter und humorvoller Schriftsteller von europäischer Gesinnung und, als entschiedener Gegner jeder nationalistischen Ideologie, auch Antizionist. Seine Sympathie galt den Randfiguren und Sonderlingen unter den Bürgern, seine melancholische Liebe dem kultivierten bürgerlichen Milieu. »Alltagsgeschichte des deutsch-jüdischen Bürgertums«, schreibt Hans Otto Horch, »so kann man den Tenor der meisten Bücher Hermanns umschreiben... Neunzig Prozent seiner Romanfiguren, so hat Georg Hermann selbst... mitgeteilt, seien Juden; das Judentum sei die Dominante seiner schriftstellerischen Tätigkeit gewesen, aber dennoch habe er es nie nach außen gekehrt, sondern gleichsam als selbstverständlich wärmende Weste ›unter dem Rock des anständigen Europäers‹ getragen.«[69] Aus der Familiengeschichte und aus der eigenen Biographie bezog er seine Stoffe. Auch in den fünf Romanen der »Kette«, in deren Mittelpunkt der jüdische Schriftsteller Fritz Eisner steht, rekurriert er auf eigene Erlebnisse. Die Romane »Einen Sommer lang« (1917), »Der kleine Gast« (1925), »November achtzehn« (1930), »Ruths schwere Stunde« (1934) und »Eine Zeit stirbt« (1934) umspannen den Zeitraum von 1899 bis 1923. Der abschließende Roman der »Kette« wurde als letzte Veröffentlichung Hermanns nur noch für jüdische

Leser von der Jüdischen Buch-Vereinigung herausgebracht – er ist ein bewegender Epilog zur glanzvollen Geschichte deutsch-jüdischen Bürgertums. Es ist wahr, daß Hermann ein »bedächtiger« Erzähler ist, der gelegentlich viele Worte braucht, aber die Sensibilität, mit der er die Innenwelt der Figuren ausleuchtet und ihre Lebenszusammenhänge sinnlich und reflektierend durchdringt, ist schlechthin bewunderungswürdig. Überspitzt gesagt: Was in Arthur Schnitzlers »Der Weg ins Freie« in langen Gesprächen und Dialogen direkt problematisiert wird, verdeutlicht Hermann durch das Milieu und den emotionalen und intellektuellen Habitus seiner Figuren.

Nach dem Reichstagsbrand emigrierte Hermann nach Holland, ließ sich in Hilversum nieder und veröffentlichte 1935 mit dem Roman »Rosenemil« bei Allert de Lange sein erstes Exilbuch. Obwohl für ihn und seine Familie bereits Fluchtadressen ausfindig gemacht worden waren, folgte Hermann Anfang 1943 der Anordnung der Nazis, sich in Amsterdam zu melden. Im November wurde der schwerkranke 72jährige nach Auschwitz deportiert; man weiß nicht, ob er unterwegs umkam oder dort vergast wurde. Hermanns Bücher zu lesen, würde heutige Leser nicht nur mit einem vergessenen Schriftsteller bekanntmachen, sondern böte »die Chance der Erinnerung einer unwiderruflich vergangenen Epoche deutsch-jüdischer bürgerlicher Kultur in ihrer Größe und Beschränktheit«.[70]

Einen anderen Typus repräsentierte Hermanns Vetter Rudolf Borchardt (1877–1945). Als Sohn eines Kaufmanns in Königsberg geboren, studierte er ohne Abschluß, obwohl ihm eine glänzende Laufbahn als Philologe offenstand. Er übersetzte Dante, Pindar, Tacitus, Swinburne, schrieb Kritiken und Essays, gab Anthologien heraus (»Ewiger Vorrat deutscher Poesie«, 1926), wurde durch Vortragsreisen berühmt und machte durch reaktionäre Streitschriften von sich reden. Seine eigene Prosa (»Das hoffnungslose Geschlecht«, 1929) und seine Lyrik wurden darüber lange vergessen. Wie für seinen Freund Hofmannsthal, war auch für ihn der Dichter der sinnstiftende Repräsentant des Volksgeistes. Gegen die bürgerlich-kapitalistische Gesellschaft der Weimarer Republik setzte er ein elitäres poetisches und politisches Modell. Er propagierte das Kaisertum und ein föderatives, ständisch geordnetes Reich und orientierte sich in seiner archaisierenden Sprache an mittelalterlichen Vorbildern. In diesem Zusammenhang soll nicht versucht

werden, dieser spannungsreichen Persönlichkeit und ihren ambitiö-
sen, restaurativen bis reaktionären Positionen gerecht zu werden.
Seine Stellung zum Judentum muß indes beleuchtet werden, weil
Borchardt durch die Konsequenz, mit der er seine Herkunft be-
stritt, zu einem exemplarischen Fall wurde.

Im Zusammenhang mit Georg Hermann spricht Gershom Scholem auch von »dessen unerhört begabtem Vetter Rudolf Borchardt,
der, nachdem er das Jüdische in sich vernichtet zu haben glaubte,
zum beredtesten Sprecher eines kulturkonservativen deutschen
Traditionalismus wurde, dessen schiere Paradoxie jeden seiner Leser, nur nicht ihn selber erschreckte«.[71] Hans Tramer meint, an Borchardt lasse sich, »wie kaum an jemandem anderen dieses Formats,
zeigen, wie weit Mimikry, Indifferenz, ja bewußte Verleugnung des
Judeseins gehen kann. Was an jüdischem Erbgut vorhanden war,
und es mußten bei dem aus alteingesessenen Königsberger Familien
Stammenden wenigstens Erinnerungen vorhanden gewesen sein,
wird abgestritten, abgeleugnet, mit Willen unterdrückt«.[72]

Als Borchardt in den 20er Jahren wegen dieser Haltung angegriffen wurde, schrieb er 1929 an den Herausgeber der Zeitschrift
»Ring«: »Weder die Juden noch die Antisemiten, die mich für sich
in Anspruch zu nehmen wünschen oder sich für die Ignorierungen,
die sie erfahren, in der bei uns alltäglichen Form gemeiner Schmä-
hungen rächen, können die Festigkeit, mit der ich den Weg meiner
Überlieferungen verfolge, umstimmen oder einschüchtern. Weder
diese noch jene haben an mein Leben und meine Gesinnungen ein
Recht. Ich bin von christlichen Eltern geboren und christlich erzogen; Vorfahren meiner Familie, die ein Judentum hätten ablegen
müssen, haben Perioden angehört, von denen sich in unsere häusliche Tradition und Erziehung nichts gerettet hatte; die Tatsache als
solche haben wir erst in reiferen Jahren überhaupt gewußt, fast mehr
auf Umwegen als durch direkte Aufklärungen. Die uns voraufge-
hende Generation wünschte sie weder abzuleugnen noch bedeutend
zu machen und ließ sie unter den Schleiern, unter denen das Gleichgültige, nicht das Bestimmende, einer fernen Familienvergangenheit
zu liegen pflegt.«[73]

Einer derjenigen, die Borchardt an sein Judentum erinnerten, war
Willy Haas. Er schrieb in Gustav Krojankers Sammelband »Juden in
der deutschen Literatur«: »Hier ist nicht Dummheit – Borchardt ist
einer der klügsten Schriftsteller der Gegenwart –; hier wäre im Ge-

samtkomplex einer auch nur normalen geistigen Selbstkontrolle schon so etwas wie eine pathologische Stelle, ein partielles von Gott Geschlagensein. An Borchardts formstrenger Unverwundbarkeit ist dieser kleine Irrtum der Natur sozusagen die Achillesferse: Ein Witz, abgeschnellt auf diese Stelle, könnte absolut tödlich wirken.«[74] In der Tat hatte Borchardt auf ähnliche Äußerungen Friedrich Gundolfs 1909 mit äußerster Gereiztheit geantwortet und sich in eine peinliche und unwürdige Polemik eingelassen.[75] Auf die boshafte »Anprangerung« durch Willy Haas scheint er nicht reagiert zu haben. Werner Kraft, der Borchardt in seiner Jugend in kritischer Faszination verbunden war (1961 erschien sein Buch »Rudolf Borchardt: Welt aus Poesie und Geschichte«), überliefert in seinen Erinnerungen ein Gespräch über Borchardt mit Theodor Lessing, das Lessing nach geraumer Zeit mit dem Satz beendete: »Was muß das für ein Mensch sein, über den man so viel Entgegengesetztes sagen kann!«[76]

Borchardt, der seit 1924 in Italien lebte, wurde 1944 von deutscher Feldpolizei mit seiner Familie nach Innsbruck »verbracht«, jedoch wieder freigelassen und starb 1945 in Trins in Tirol. Vor 1933 hatte er kurzzeitig mit dem Nationalsozialismus sympathisiert, sich aber 1935 scharf von ihm distanziert. Hans Tramer nannte es »eine traurige Beharrlichkeit, mit der Rudolf Borchardt, trotz Haft und Entführung durch die Gestapo, auf seinem Deutschtum, und zwar ausschließlichem Deutschtum, besteht«.[77] Während Borchardts Prosaarbeiten, etwa die Erzählung »Der unwürdige Liebhaber« (1929), zum Teil in ihrer gequält-archaisierenden Diktion eher befremden, überschreitet er mit anderen (»Der Hausbesuch«) die Grenzen zur Moderne. Sein politischer Konservativismus jedoch »changiert«, wie Jörg Drews zutreffend konstatiert hat, »für den heutigen Betrachter fatal in ein elitär-präfaschistisches – sagen wir vorsichtiger: inhumanes – Geschichtsdenken hinüber, wie ungeheuer anders es Borchardt auch gemeint haben mag...«[78]

Borchardt war nicht nur einer der wenigen prominenten deutschjüdischen Schriftsteller, die sich auf dem konservativen Flügel engagierten (neben ihm wären noch Karl Wolfskehl und Friedrich Gundolf, also Mitglieder des George-Kreises, zu nennen), er galt vielen Juden und Deutschen auch als Paradefall von jüdischem »Selbsthaß«. Der Begriff kam 1930 mit Theodor Lessings Buch »Der jüdische Selbsthaß« in Umlauf, doch ist das Phänomen, das einen Komplex verschiedener Gefühle einschließt, viel älter und läßt sich schon bei Heinrich Heine beobachten. Vor Vereinfachungen sollte sich jeder – vor allem der nichtjüdische Betrachter – hüten, wenn er mit diesem vielschichtigen Problem umgeht. Theodor Lessing (1872–1933), zum Beispiel, hatte vor dem Ersten Weltkrieg in einem Brief an Sigmund Freud die Psychoanalyse als »Ausgeburt« des jüdischen Geistes bezeichnet und wurde nach dem Weltkrieg, obwohl getaufter Lutheraner, ein leidenschaftlicher Zionist. Eine ähnlich verzerrte Einstellung den Juden gegenüber liegt wohl auch bei Borchardt vor, den nicht nur Selbsthaß dazu trieb, »sein Leben in den Dienst einer selbstgewählten Mission zu stellen, nämlich die griechisch-deutsche Tradition gegen die, wie er meinte, ›orientalischen‹ Mächte der Erniedrigung und des Verfalls hochzuhalten«.[79]

Aus der deutsch-jüdischen Geistesgeschichte von Heine bis Tucholsky ist dieser jüdische Drang, sich von der Last des Judentums durch Ablehnung und Verunglimpfung zu befreien, nicht wegzudenken. Gerade bei Juden, die hochgradig assimiliert sind, zeigt sich dieses Phänomen, in dem sich offenbar der Druck entlädt, dem sie in einer judenfeindlichen Umwelt ausgesetzt sind. Ihre Stigmatisierung und Zurückweisung verletzen ihr empfindliches Selbstwertgefühl und führen zur Identifizierung mit dem Gegner: Für die ausbleibende Akzeptanz werden das eigene Ich und andere Juden (sehr oft die Ostjuden) verantwortlich gemacht. So gibt es in einigen Romanen Wassermanns Figuren, die unverhüllte Antisemiten sind. Mit den Ostjuden wollte er, wie er mehrfach erklärte, nichts zu schaffen haben. Sie hatten eben keine Vorfahren aufzuweisen, die wie die seinen seit vielen hundert Jahren in Deutschland ansässig waren.

Theodor Lessing, dieser streitbare und widersprüchliche Außenseiter, den völkisch-nationale Studenten aus seinem Professorenamt vertrieben, hat das Thema Selbsthaß unter anderem am Beispiel Otto Weiningers, Siegfried Trebitschs und Maximilian Hardens untersucht. Er hielt den Selbsthaß für ein allgemein-menschliches Phänomen, sieht aber den jüdischen Selbsthaß darin begründet, daß das jüdische Volk die Schuld am Weltgeschehen einzig und allein in sich selbst gesucht habe: »Kernfrage des jüdischen Menschen ist immer: Warum verfolgt man uns? Und die Antwort lautet immer: Weil wir gesündigt haben… Ebendieser Hang, ›die Schuld auf sich zu nehmen‹, brachte den Juden im Wettlauf der Völker ins Hintertreffen. …In pathologischer Entartung kann dieses Selbstrichtertum an die äußerste Grenze des geistigen Hochmuts führen.«[80] Nach Lessings Meinung gab es keinen »Menschen aus jüdischem Blut, bei dem wir nicht wenigstens *Ansätze* zum ›jüdischen Selbsthasse‹ fänden«.[81] Lessing, dessen Familie aus Verehrung für Gotthold Ephraim Lessing ihren ursprünglichen Namen Leiser in Lessing umgewandelt hatte, galt den Nationalsozialisten als Inkarnation aller ihrer Feindbilder: Er war Liberaler, Intellektueller, Jude und Pazifist; er hatte politisch-psychologische Studien über den Massenmörder Haarmann und über den Generalfeldmarschall Hindenburg veröffentlicht, kurz: Er war für die Rechte eine Galionsfigur der verhaßten Republik. Am 31. August 1933 ließen ihn die Nazis im Marienbader Exil durch gedungene Mörder liquidieren.

1933, bei der »Machtergreifung« durch die Nationalsozialisten, war die politische Isolierung der Juden auf ihrem Höhepunkt. Bereits 1919 war der Antisemitismus in aggressiver Form zutage getreten. Eine Bibliographie zählte zwischen 1919 und 1927 mehr als 700 völkische und antisemitische Schriften auf. Dem 1919 gegründeten »Schutz- und Trutzbund«, der größten antisemitischen Organisation, gehörten etwa 200 000 Mitglieder an. Bei der Deutschnationalen Volkspartei und bei den Nationalsozialisten gehörte der Antisemitismus von Anfang an zum Programm. Schon vor 1933 riefen die Nazis zum Boykott jüdischer Geschäfte auf, und an den meisten deutschen Universitäten hatte der antisemitische NS-Studentenbund die Mehrheit der Studenten hinter sich. Während des Kapp-Putsches kam es zu Ausschreitungen gegen Juden. 1930 wurden in Berlin acht Juden von Nazis ermordet, wenige Monate später wurden 78 Juden schwer verletzt. Im September 1931 überfielen Nazis jüdische Gottesdienstbesucher. Zwischen 1923 und 1931 registrierte der »Centralverein« 106 Synagogen- und Friedhofsschändungen. Antisemitische Machwerke, wie die sogenannten »Protokolle der Weisen von Zion«, wurden in riesigen Auflagen verbreitet.[82] Behörden und Justiz gingen nur zögernd gegen die Täter vor und ließen sie meist glimpflich davonkommen. Der jüdische Abwehrkampf wurde in erster Linie vom »Centralverein« geführt.[83] Seine Bestrebungen fanden von außen nur wenig Unterstützung. Von den christlichen Kirchen wurde kein ernsthafter Versuch unternommen, dem Antisemitismus entgegenzutreten. Die linken Parteien lehnten den Antisemitismus zwar ab, doch ihre Überzeugung, die »Judenfrage« werde sich mit dem Sieg des Sozialismus von selber lösen, machte die Entwicklung einer effektiven Gegenstrategie unmöglich.[84]

Der »Centralverein« betrieb Aufklärungsarbeit, gewährte verfolgten Juden Rechtsschutz, gab einen ständigen Pressedienst heraus und publizierte ein Antinazihandbuch und unter anderem ein Handbuch zur Bekämpfung antisemitischer Argumentationen. In den Jahren nach 1931 unterstützte der CV nicht-antisemitische Parteien mit Geld und Propagandamaterial. Die Zionistische Vereinigung hingegen kümmerte sich nur wenig um die Abwehr des Antisemitismus. H. G. Adler meint, die Juden »brachten es auch unter diesen bedrohlichen Zeichen nicht zustande, sich zu vereinigen und über die Gegensätze der Anschauungen hinweg eine ordentliche Verteidigungsstellung aufzubauen, um ihre vitalen Interessen zu schützen«.[85] Doch da das »Schicksal der Juden in der Weimarer Republik... unlöslich mit der Schwäche und dem Scheitern der freiheitlichen Demokratie verbunden«[86] war, wäre vermutlich auch eine gemeinsame Anstrengung der Juden zum Scheitern verurteilt gewesen, solange die Mehrheit der Deutschen nicht entschlossen war, die Republik zu retten.

Mit dem Scheitern der Republik sind auch die persönlichen Schicksale jener sieben Schriftsteller verknüpft, die zu den »Großen« des literarischen Lebens gehörten. Für die Nationalsozialisten waren sie Repräsentanten der »entarteten, undeutschen« Weimarer Kultur: Juden, Kommunisten, Kosmopoliten. Sie verbrannten ihre Bücher und vertrieben sie aus ihrer Heimat: Jakob Wassermann, aus der Akademie der Künste ausgeschlossen, starb 1934 im österreichischen Alt-Aussee; Kurt Tucholsky, seit 1933 ständig in Schweden lebend, brachte sich 1935 um; Joseph Roth, 1933 nach Frankreich geflohen, starb 1939 in Paris; Franz Werfel, nach 1933 in Österreich lebend, floh 1938 nach Frankreich und 1940 in die USA, wo er in Beverly Hills starb; Alfred Döblin kam 1945 als Angehöriger der französischen Besatzungsbehörden nach Deutschland zurück; Arnold Zweig ließ sich 1948 im sowjetischen Sektor Berlins nieder. Lion Feuchtwanger starb 1958 in den USA. Es gibt eine Fülle von Literatur über diese Schriftsteller, über ihre Werke, ihr Leben, ihr Exil, ihr Verhältnis zum Judentum. In diesem Zusammenhang kann und soll diesen, zum Teil sehr speziellen Untersuchungen und Studien nichts Neues hinzugefügt werden. Einige charakterisierende Anmerkungen sind jedoch unerläßlich.

Jakob Wassermann (1873–1934) galt in den ersten Jahrzehnten des 20. Jahrhunderts als einer der größten deutschen Schriftsteller, als »Weltstar des Romans« (Thomas Mann). Heute scheint sein Ruhm verblichen. Heutige Kritiker, zum Beispiel Hans Mayer oder Marcel Reich-Ranicki, haben sein Werk hart kritisiert; andere indessen, wie Jean Amery, haben behauptet, Wassermann sei »besser als sein armseliger Nachruhm«.[87] Wassermann, Repräsentant des assimilierten Westjudentums, hat wie kaum ein anderer Autor unter seiner Zugehörigkeit zur jüdischen und deutschen Gemeinschaft gelitten. Kaum ein Schriftsteller hat sich indessen auch mit der Problematik des Judeseins in deutscher Umwelt so intensiv beschäftigt. Diese Auseinandersetzung prägt sein Werk vom frühen Roman »Die Juden von Zirndorf« (1897) bis zum Plan eines Ahasver-Romans (1933). Seine zahlreichen Romane, Erzählungen, Polemiken, Aufsätze und Bekenntnisschriften sind von der verzweifelten Bemühung gekennzeichnet, ein guter Deutscher zu sein, ohne sein Judentum zu verleugnen. In immer neuen Anläufen umkreist er jene unerwiderte Liebe zum Deutschtum, auf der Suche nach einem Ausweg aus dem Teufelskreis. »Ich bin Deutscher, und ich bin Jude, eines so sehr und so völlig wie das andere, keines ist vom anderen zu lösen«, schrieb er in »Mein Weg als Deutscher und Jude«.[88]

In seinem Roman »Der Fall Maurizius« (1928) beweist der junge Etzel Andergast die Unschuld des von seinem Vater, dem Staatsanwalt, vor 18 Jahren wegen Mordes verurteilten Maurizius, indem er den Zeugen Warschauer (Waremme) ausfindig macht, der damals einen Meineid geschworen hat. Nach Gershon Shaked ist Waremme/Warschauer »eine Inkarnation des Judas Ischariot und/oder des Ahasver... der ewige Jude, auf dessen Stirn das Kainszeichen zu sehen ist«.[89] Etzel will nichts als Gerechtigkeit, auch wenn es dadurch zum Bruch mit dem Vater kommt. Das Problem der Gerechtigkeit erwächst aus Wassermanns eigenen Schuldgefühlen, denn er glaubt, daß er für sein Judentum gestraft wurde: »Mir ahnte manchmal, als sei ich im Begriff, das abzuzahlen, was am Judentum als Schuld und Odium hing.«[90] Doch Warschauer ist auch Wassermanns jüdischer Doppelgänger, dem jedes Mittel recht ist, sich einen Platz in der deutschen Gesellschaft zu erkämpfen.

Maurizius, das unschuldige Opfer, der nach der Entlassung aus dem Gefängnis Selbstmord begeht, ist ein Christ, gegen den ein Jude gesündigt hat. Warschauer, der seine jüdische Identität um jeden

Preis zu leugnen suchte und sich mit seinem Judentum nie aussöhnte, wird am Ende seines Lebens ein einsamer alter Jude, der Trost und Frieden sucht.

In seinem Roman beschreibt Wassermann die Tragik des deutsch-jüdischen Verhältnisses: Wer sich als Jude bis zur Selbstverleugnung und Würdelosigkeit assimiliert, wird von der deutschen Umwelt ebenso ausgestoßen wie der forciert Selbstbewußte. Wer auf seiner doppelten Identität beharrt und sie als Recht einfordert, wird nicht akzeptiert, wenn nicht verfolgt. Walther Rathenau hat 1912 geschrieben: »In den Jugendjahren eines jeden deutschen Juden gibt es einen schmerzlichen Augenblick, an den er sich zeitlebens erinnert: wenn ihm zum ersten Male voll bewußt wird, daß er als Bürger zweiter Klasse in die Welt getreten ist und daß keine Tüchtigkeit und kein Verdienst ihn aus dieser Lage befreien kann.«[91] Er bleibt ein Außenseiter, jemand, der auch in dem Lande, das er als seine Heimat empfindet, im Exil lebt. Für Wassermann war dieser Teufelskreis *das* Problem seines Lebens.

Dieses Problem versuchte Kurt Tucholsky (1890–1935) zu leugnen, der Wassermann 1924 lobte und 1935 kein gutes Wort mehr für ihn hatte. Am 15. März 1935 schrieb er in sein Tagebuch über »Mein Weg als Deutscher und Jude«: »Etwas monoman, völlig humorlos; er kommt nie auf den Gedanken, daß er vielleicht mecht auch etwas schuld sein, wenn sie ihn alle verfolgen...«[92] In den 20er Jahren fehlte es in Tucholskys Werk nicht an Invektiven und Seitenhieben gegen deutsche Juden, doch hatte er damit wohl eher den deutschen Spießbürger treffen wollen. Die zwischen 1922 und 1930 veröffentlichten Skizzen über den Berliner Börsenjuden Wendriner haben jedoch eine andere Qualität. Hans Mayer schrieb in seinen Erinnerungen, »diesen fragwürdigsten Kunstfiguren des Peter Panter« habe wohl der jüdische Selbsthaß zum Leben verholfen: »ein bißchen hatte er den Herrn Wendriner sogar nach seinem Ebenbild entworfen. Auch das hatte der kluge Mann natürlich gewußt«.[93]

Gershom Scholem ist da erheblich schärfer. Im Zusammenhang mit dem »jüdischen Antisemitismus« schreibt er: »Verdankt man doch einem deutschen Juden, der das Judentum verlassen hatte, obwohl er, wie er schrieb, natürlich wußte, daß man das nicht kann, die ›erbarmungslosesten Nacktaufnahmen‹ der Berliner jüdischen Bourgeoisie, die überhaupt existieren und die als ein unheimliches Dokument der jüdisch-deutschen Realität bleiben werden.« Scholem beklagt, »daß es einem der begabtesten und widerwärtigsten jüdischen Antisemiten vorbehalten blieb, auf einem hohen Niveau das zu leisten, was die Antisemiten selber nicht fertig brachten«.[94] Scholem spielte auf einen Brief Tucholskys an, den dieser wenige Tage vor seinem Selbstmord, am 15. Dezember 1935, an Arnold Zweig geschrieben hatte: »Ich bin im Jahre 1911 ›aus dem Judentum ausgetreten‹, und ich weiß, daß man das gar nicht kann. Die Formel vor dem Amtsgericht lautete so. Sie wissen, daß damit keine Konjunkturriecherei verbunden gewesen ist – ein Jude hatte es im Kaiserreich erträglich, ein Konfessionsloser nicht. (Militär, vadächtiger Hund, vadächtiga.) Warum also tat ich das –? Ich habe es getan, weil ich noch aus der frühsten Jugendzeit her einen unauslöschlichen Abscheu vor dem gesalbten Rabbiner hatte – weil ich die Feigheit dieser Gesellschaft mehr fühlte als begriff... Wendriner war damals noch nicht geboren. Doch – aber er hatte noch keinen Namen. Also heraus. [...]

Was sind Sie –? Angehöriger eines geschlagenen, aber nicht besiegten Heeres? Nein, Arnold Zweig, das ist nicht wahr. Das Judentum ist besiegt, so besiegt, wie es das verdient – und es ist auch nicht wahr, daß es seit Jahrtausenden kämpft. Es kämpft eben nicht.

Die Emanzipation der Juden ist nicht das Werk von Juden. Diese Befreiung ist den Juden durch die Französische Revolution, also von Nicht-Juden, geschenkt worden – sie haben nicht dafür gekämpft. Das hat sich gerächt. [...]

Mir hat schon diese faule und flaue Erklärung nie gefallen, mit der man mir erzählt hat: Die Gettojuden im 16. Jahrhundert konnten nicht anders, sie waren bedrückt, man ließ sie ja nichts anderes tun als schachern. Nein, liebe Freunde. Getto ist keine Folge – Getto ist Schicksal. Eine Herrenrasse wäre zerbrochen – diese da ›müssen doch leben‹. Nein, so muß man nicht leben, so nicht.

Aber lassen wir die mittelalterlichen Juden – nehmen wir die von heute, die von Deutschland. Da sehen Sie, daß dieselben Leute, die auf vielen Gebieten die erste Geige gespielt haben, das Getto akzeptieren – die Idee des Gettos und ihre Ausführung. Ich sehe diese Schweinekerle bis hierher – ohne mich um sie zu kümmern, ich lese keine deutschen Zeitungen und so gut wie gar keine Emigrationsliteratur – ich sehe sie. Man sperrt sie ein; man pfercht sie in Judentheater mit vier gelben Flecken vorn und hinten, und sie haben (wie ich das höre!) nur einen Ehrgeiz: ›Nun werden wir ihnen mal zeigen, daß wir das bessere Theater haben!‹ – Pfui Deibel. Und sie spüren es nicht. Sie sehen es nicht. Sie merken es nicht.«[95]

Margarita Pazi meint, über »die Auswüchse seiner Anklagen gegen die Juden, die in dem Brief an Arnold Zweig gipfelten..., kann nichts gesagt werden, das sie entschuldbar oder auch nur verständlich machte«.[96] Tucholsky hatte zwar 1929 geschrieben, die Frage des Judentums habe ihn nie sehr bewegt, doch das ist nicht zutreffend: Er hat sein Leben lang darunter gelitten, damit gehadert und es abzustreifen versucht. Von dieser qualvollen Selbstauseinandersetzung zeugen seine Angriffe gegen die Juden, seine verzerrenden Karikaturen und – nicht zuletzt – sein Brief an Arnold Zweig. Tucholsky wurde mit der Republik nicht fertig und ebensowenig mit seinem Judentum. Marcel Reich-Ranicki schrieb treffend über Tucholskys Verhältnis zu Weimar: »Tatsache ist, daß er sich mit diesem Staat nie und nicht einmal teilweise identifizieren wollte... Er hat die Weimarer Republik abgelehnt, bevor sie existierte, er hat sie verachtet, als sie ihr Dasein verteidigte, er hat sie gehaßt, als es sie nicht mehr gab.«[97]

Seiner vernichtenden Kritik an den politischen und sozialen Zuständen folgte nie ein konkreter Änderungsvorschlag. Die Erkenntnis, daß er Erfolg hatte, aber keine Wirkung, trieb ihn in die Resignation. Es scheint, als habe er sich »nie von dem Bewußtsein der Vergeblichkeit seiner Bemühungen befreien können. Die große Dominante seines schriftstellerischen Werks war die Resignation«.[98] Vielleicht war es diese »bis zur Verzweiflung gesteigerte Unzufriedenheit«,[99] die ihn sich selbst hassen ließ. Was er in seinen letzten Jahren den deutschen Juden vorwarf, zielte vielleicht auf den Staat von Weimar, den er nicht hatte ändern können und der sich dem Nationalsozialismus unterwarf.

Am 1. Oktober 1926 schrieb Joseph Roth aus Odessa an Benno Reifenberg: »Ich sehne mich nach Paris, ich habe es nicht aufgegeben, niemals, ich bin ein Franzose aus dem Osten, ein Humanist, ein Rationalist mit Religion, ein Katholik mit jüdischem Gehirn, ein wirklicher Revolutionär. Wie steh' ich da?«[100] Joseph Roth (1894–1939), an der Peripherie »Kakaniens« geboren, wollte mancherlei sein, legte sich viele Identitäten zu und ist doch in keiner davon ganz wiederzufinden: Als Jude war er der eigenen Tradition entfremdet, und dennoch bedeutete sie für ihn eine zentrale Orientierung; er war ein engagierter Sozialist, ohne eine klare Vorstellung von marxistischer Theorie; er war ein Diagnostiker der Zeit, doch kein Theoretiker; er verwandelte die habsburgische Monarchie in einen Mythos und war doch kein Nationalist; er verstand sich als Europäer und Weltbürger, und doch sind Galizien und das angrenzende Wolhynien die Hauptschauplätze seiner Bücher; er war ein Universalist, der die Provinz liebte. Er war ein Skeptiker, der seinen Traum von Heimat durch die schlechte Wirklichkeit widerlegt sah und ihn doch auf melancholische Weise weiterträumte. Im Grunde war Joseph Roth ein Märchenerzähler, eine Mischung aus einer verschlagenen Scheherazade und einem Chassid mit einem schlechten Lebenswandel. Sein großer Essay »Juden auf Wanderschaft« ist eine Liebeserklärung an die Ostjuden, ein Dokument der Sympathie wie der inneren Distanz, denn er, Roth, hatte den Weg von Ost nach West bereits zurückgelegt, vom äußersten Rand ins Zentrum, von der Primitivität in die Zivilisation. »Im Falle Roths vermischen sich ganz eigentümlich ultrajüdische Züge mit der Selbstdarstellung eines Menschen, der sich, ungeachtet seiner ›randständigen‹ Herkunft, emphatisch als Europäer und abendländischer Mensch empfindet.«[101]

Das ostjüdische Schtetl, wie Roth es sieht, das ist Heimat, Geborgenheit, eingebettet in Landschaft, geprägt von archaischen Lebensformen, ein gleichsam geschichtsloser Ort. Mit der Wanderung nach Westen, »den Traum von einer westeuropäischen Humanität« im Gepäck, geben die Ostjuden ihre eigene angestammte Lebenswelt auf und ziehen in ein neues Getto, in ein »provisorisches Vaterland«; dem Antisemitismus entgingen sie nicht, so daß viele im Zionismus die einzige Rettung sahen: »Jede österreichische Nation berief sich auf die ›Erde‹, die ihr gehörte. Nur die Juden konnten sich auf keinen eigenen Boden (›Scholle‹ sagt man in diesem Fall) berufen. Sie waren in Galizien in ihrer Mehrheit weder Polen noch Ruthenen. Der Antisemitismus aber lebte sowohl bei Deutschen als auch bei Tschechen, sowohl bei den Polen als auch bei den Ruthenen, sowohl bei den Magyaren als auch bei den Rumänen in Siebenbürgen. Die Juden widerlegten das Sprichwort, das da sagt, der dritte gewänne, wenn zwei sich stritten. Die Juden waren der dritte, der immer verlor. Da rafften sie sich auf und bekannten sich zu einer, zu ihrer Nationalität: zur jüdischen. Den Mangel an einer eigenen ›Scholle‹ in Europa ersetzten sie durch ein Streben nach der palästinensischen Heimat. Sie waren immer Menschen im Exil gewesen. Jetzt wurden sie eine Nation im Exil.«[102]

Die ostjüdische Welt, eine Enklave deutschsprachiger Juden in slawischer Umwelt, war unaufhaltsam dem Verfall preisgegeben. Dieser ostjüdischen Tradition versuchte Roth, bei aller Kritik an ihrer Rückständigkeit im Namen der Aufklärung, die Treue zu halten, wohl wissend, daß er nur noch ein historisches Verhältnis zu dieser Welt hatte, die er gleichwohl oft unkritisch verklärte.

Wolfgang Müller-Funk hat angemerkt, Roths Roman »Hiob« (1930) stelle »in gewisser Weise« die »epische Ausbreitung des Essays ›Juden auf Wanderschaft‹ dar: Einbruch der Geschichte in ein bislang unauffälliges und unbedeutendes Leben«.[103] Dieser Roman mit dem Untertitel »Roman eines einfachen Mannes« wurde Roths erfolgreichstes Buch. Es erreichte eine Auflage von 30000 Exemplaren, 1931 erschien die amerikanische, 1933 die englische Ausgabe. In Hollywood entstand eine grotesk entstellende sentimentale Verfilmung. Roth selbst sagte wenige Wochen vor seinem Tod zu Hans Natonek über sein Buch: »Es ist mir zu virtuos in seinem Geigenton: Paganini; das Leid ist zu schmackhaft und weich.«[104] Mendel Singer, »fromm, gottesfürchtig und gewöhnlich, ein ganz alltäglicher Jude«, wird wie der biblische Hiob vom Schicksal geschlagen: Ein Sohn muß zum Militär (das widerspricht dem Glauben), der zweite geht nach Amerika, der dritte ist von Geburt an schwachsinnig; die einzige Tochter läßt sich mit Kosaken ein. Ein Rabbi prophezeit jedoch, daß der kranke Sohn Menuchim gesunden werde; er muß zurückgelassen werden, als Mendel mit seiner Frau dem zweiten Sohn nach Amerika folgt. Die beiden älteren Söhne fallen im Weltkrieg, die Mutter stirbt darüber, die Tochter wird wahnsinnig. Jetzt sagt Mendel Singer seinem Glauben ab. Doch der Abtrünnige und Verzweifelte erfährt die Gnade: Die Prophezeiung des Rabbi hat sich erfüllt, denn Menuchim ist genesen, ein berühmter Musiker geworden. Er kommt nach Amerika und nimmt seinen Vater zu sich.

Der märchenhafte Schluß des Romans ist wiederholt getadelt worden, das Buch selbst Gegenstand tief- und scharfsinniger Interpretationen gewesen.[105] Am Schluß des Romans heißt es: »Mendel schlief ein. Und er ruhte aus von der Schwere des Glücks und der Größe der Wunder.« Wunder gibt es nur im Märchen. Der skeptische Intellektuelle Roth hat die Welt des Ostjudentums noch einmal erfunden und ihre humane Substanz rekonstruiert. Und weil er weiß, daß sie für immer verloren ist und er selbst sich unwiderruflich von ihr entfernt hat, kehrte er im Märchen noch einmal zu ihr zurück.

Im frühen Werk von Alfred Döblin (1878–1957) kommen jüdische Figuren und Motive nur am Rande vor. Die intensivste Auseinandersetzung mit der jüdischen Tradition findet zur Zeit der Polenreise (1924) statt. Diese Begegnung mit dem Ostjudentum hat sich in seinem bedeutendsten Roman »Berlin Alexanderplatz« (1929) niedergeschlagen. Als der Held Franz Biberkopf, gerade aus dem Gefängnis entlassen, in Berlin umherirrt, gerät er ins Scheunenviertel, wo er auf drei Juden trifft, die ihm Geschichten erzählen und ihm neuen Mut geben. Einer dieser Männer ist ein alter, wunderlicher Rabbi. Dieser assoziiert den Fluch über Babylon, Ort des ersten jüdischen Exils: »Sprach Jeremia, wir wollen Babylon heilen, aber es ließ sich nicht heilen. Verlaßt es, wir wollen jeglicher nach seinem Lande ziehen. Das Schwert komme über die Kaldäer, über die Bewohner Babylons.«[106]

Hier ist das »babylonische« Motiv benannt, das den Roman bestimmt, die Vorausdeutung auf den Untergang. Hans-Peter Bayerdörfer hat angemerkt, daß der Rabbi nicht einfach Berlin mit Babylon gleichsetzt: »Vor dem Blick des ostjüdischen Rabbi mit seinem alttestamentlich-vorzeitlichen Wissen offenbart sich die grenzenlose, wahrhaft apokalyptische Gefährdung, welche die moderne westliche Zivilisation über die Welt des 20. Jahrhunderts gebracht hat.«[107] Unter dem Eindruck der nationalsozialistischen Verfolgung bekannte sich Döblin indes rückhaltlos zu den Juden und setzte sich aktiv für die Bestrebungen des Territorialismus ein, die auf eine jüdische Kolonisation dünnbesiedelter außereuropäischer Gebiete zielte. In seinem Buch »Flucht und Sammlung des Judenvolks« (1935) gibt er eine abschließende Stellungnahme zu jüdischen Fragen. Die Aufsätze bezeugen seine Bereitschaft, die alten Differenzen zwischen Territorialismus und Zionismus beizulegen.

Das in langer Entwicklung vorbereitete Bekenntnis zum Katholizismus sorgte dann für eine Distanz, ohne daß seine Solidarität mit dem jüdischen Volk und seinem Schicksal davon berührt worden wäre. Von der jüdischen Religion grenzte er sich jedoch scharf ab. 1942 schrieb er an seinen Sohn Peter: »...daß ich von Geburt und von der sogenannten ›Rasse‹ her Jude bin, weiß ich; mehr ist mir aber absolut unbekannt und hat für mich kein Interesse. ›Ich habe‹, würde ich in Deinem Fall sagen, niemals zu Hause jüdische Religion gesehen, keinen jüdischen Unterricht gehabt. Die Religion kann sehr schön sein, aber ich mag diese alten Sachen nicht, die alle ein einzelnes Volk betreffen; mich kann die Religion des jüdischen Volkes, das gar nicht mehr existiert, nicht interessieren; ich bin Amerikaner, wenn man denn von einem Volk reden will. Eine Religion muß für alle Völker und alle Menschen gleich sein, und da gibt es kein »ausgewähltes Volk‹. Das erinnert mich zu sehr an die Nazis.«[108]

1941 trat Alfred Döblin zum katholischen Glauben über. Das war ein Schritt, den Franz Werfel (1890–1945), der eine ganze Reihe christlicher Gestalten schuf, nicht vollzogen hat. Sein Buch über eine katholische Heilige, »Das Lied von Bernadette« (1941), wurde ein Weltbestseller, und in Dramen und Aufsätzen hat er sich so ausgiebig mit dem Christentum auseinandergesetzt, daß manche ihn für das Christentum vereinnahmt und ihm die Bindung an das Judentum nicht abgenommen haben.

Werfel hatte sich zwar dem Katholizismus zugewandt, sich aber nicht taufen lassen, doch ebensowenig fühlte er sich der Religion des Judentums zugehörig. Werfel war ein Dichter, der sich einen individuellen Mythos im Rahmen von Christentum *und* Judentum zu schaffen suchte. Seine Position wirft eine Reihe schwieriger theologischer und philosophischer Fragen auf, und seine Vorstellungen von der Erlösung der Menschheit sind komplex. Seine wichtigsten Äußerungen zu seinem Gottesglauben sind in dem Band »Zwischen oben und unten« gesammelt, der 1944 erschien. Eine gründliche Einführung in die Gedankenwelt Werfels bietet Gunter E. Grimms Aufsatz »Ein hartnäckiger Wanderer. Zur Rolle des Judentums im Werk Franz Werfels«.[109]

Im Vorwort zu »Das Lied von Bernadette« schrieb Werfel 1941: »Ich habe es gewagt, das Lied von Bernadette zu singen, obwohl ich kein Katholik bin, sondern Jude. Den Mut zu diesem Unternehmen gab mir ein weit älteres und viel unbewußteres Gelübde. Schon in den Tagen, da ich meine ersten Verse schrieb, hatte ich mir zugeschworen, immer und überall durch meine Schriften zu verherrlichen das göttliche Geheimnis und die menschliche Heiligkeit – des Zeitalters ungeachtet, das sich mit Spott, Ingrimm und Gleichgültigkeit abkehrt von diesen letzten Werten unseres Lebens.«[110] Werfel glaubte an Christus, freilich außerhalb des konfessionellen Christentums – für jeden frommen Juden Häresie. Mehr noch: Christus gilt ihm als der verheißene Messias, und die Juden erhalten eine genuin christlich definierte Funktion.

In einem Brief an Egbert Munzert (Mitte 1941) schrieb Werfel, er sei »des Glaubens, daß, wenn Israel als Volk und Bekenntnis aus der Welt verschwände, mit ihm der fleischliche Zeuge der Offenbarung nicht mehr vorhanden wäre und dadurch die Grundlage der Verkündigung zu einem schattenhaften Mythos herabsänke, wie es etwa der griechische ist. Auf der Existenz und Zeugenschaft Israels beruht geheimnisvoll ein Teil der Wirklichkeit des Christentums. – ...Israel durchlebt die schwerste Stunde seiner Verfolgung. Dem Verfasser widerstrebt es, sich auch nur dem Anschein nach aus der Schar der Verfolgten zu drücken... Vielleicht war Israels größtes Geschenk an die Welt die Rolle, die es nach dem höchsten Ratschluß im göttlichen Heilsdrama annehmen mußte, um die Erlösungstat möglich zu machen. Israel war niemals Antichrist, Jesus als Prophet... war der Vollender der uralten Tradition und der Verklärer des biblischen Gedankenguts«.[111]

Diese Auffassung von der »Sendung« Israels – für die jüdische Orthodoxie völlig unakzeptabel – findet sich in dem Roman »Barbara oder die Frömmigkeit« (1929) ebenso wie in der Utopie vom »Stern der Ungeborenen« (1946). In einem Aphorismus erscheint Israel als ein schiefer und morscher Wegweiser, dessen einer Arm zur Erde, der andere zum Himmel deutet – ein Symbol jüdischer Paradoxie: »Er ist ein hartnäckiger Wanderer, der längst schon unterwegs zu einem Wegweiser erstarrte. Die in der frühen Dämmerung Vorübereilenden werfen ihm einen Blick zu und lesen Namen und Richtung des Ziels, das seine rechte erhobene Weiserhand angibt. Sie werden ans Ziel kommen, das er mit unermüdlichem Eifer anzeigt, während er immer schiefer und morscher am Wege stehen wird, bis er eines Tages umfällt. Oder sollte er sich als Letzter in Bewegung setzen, um jenen zu folgen, die durch ihn die Richtung zum Ziel kennengelernt haben?«[112]

Lion Feuchtwanger (1884–1958), der wie Franz Werfel in den USA starb, wurde durch seinen historischen Roman »Jud Süß« (1925) weltberühmt, den die Nazis 1939/40 als Grundlage für einen antijüdischen Hetzfilm nahmen, den Veit Harlan drehte. Feuchtwanger, Sproß einer orthodoxen, nationalen, bajuwarischen Großbürgerfamilie, ein belesener Bibliomane, war ein besessener, oft flüchtiger Arbeiter, der ein Riesenwerk produzierte und weltberühmt wurde. In seinen Büchern hat er sich wie kaum ein anderer deutsch-jüdischer Schriftsteller mit Themen und Problemen aus der jüdischen Geschichte beschäftigt von »Jud Süß« und »Der jüdische Krieg« (1932), »Die Geschwister Oppermann« (1933) bis zur »Jüdin von Toledo« (1954) und »Jefta und seine Tochter« (1957). Feuchtwanger war ein Kosmopolit, ein deutsch-jüdischer Sozialist, der den Zionismus ablehnte, sich aber eindeutig zu seinem Judentum bekannte.

1920 begann er mit der Arbeit an »Jud Süß«. Der historische »Süß« war Joseph Süß Oppenheimer, der 1733 von Carl Alexander von Württemberg als Finanzberater an den Stuttgarter Hof gerufen wurde, sich durch geschickte Geldpolitik die Gunst des Herzogs und viele Privilegien erwarb, bei der Bevölkerung und den evangelischen Landesständen jedoch bald verhaßt war. Als der Herzog am 12. März 1737 überraschend starb, wurde Süß verhaftet und nach einem längeren Gerichtsverfahren am 4. Februar 1738 auf dem Stuttgarter Marktplatz gehängt. Gestützt auf sorgfältige Quellenstudien, entwarf Feuchtwanger ein kolossales Zeitgemälde, dramatisch, farbig, emotional bewegt, meisterhaft in der Figurenzeichnung und der Vergegenwärtigung des Milieus, manchmal jedoch sprachlich zügellos und überladen. Beide, Süß und der Herzog, sind von der Macht fasziniert, beide rücksichtslos und durchtrieben. Die Komplizenschaft endet, als der Herzog sich an dem einzigen Menschen vergreift, den Süß liebt: an dessen verborgen gehaltener Tochter. Aus Rache will er den Herzog stürzen, mit seinem bisherigen Leben brechen und seinen eigenen Sturz erleiden. Der Machtmensch wird zum Märtyrer, der im Kerker die Taufe ablehnt, die ihm vielleicht das Leben gerettet hätte. Er nimmt das jüdische Schicksal auf sich: als Sündenbock vernichtet zu werden. Feuchtwanger war daran interessiert, »den Weg eines Mannes zu zeigen vom Tun zum Nichtstun, von der Aktion zur Betrachtung, von europäischer zu indischer Weltanschauung. Es lag nahe, diese Idee der Entwicklung eines Mannes aus der Zeitgeschichte zu gestalten: Walther Rathenaus. Ich versuchte es: Es mißlang. Ich legte den Stoff zwei Jahrhunderte zurück und versuchte den Weg des Juden Süß Oppenheimer darzustellen: Ich kam meinem Ziel näher«.[113] Feuchtwanger hatte sich für einen historischen Roman entschieden, weil er der Überzeugung war, »daß man die Linien eines Gebirges aus der Entfernung besser erkennt als mitten im Gebirge«.[114] 1922 hatte er das Buch abgeschlossen und sandte das Manuskript allen größeren Verlegern; alle lehnten es ab, einige, weil sie meinten, »ein Teil des Leserpublikums (könnte) an dem zweideutigen Stoff, dem fragwürdigen Aufstieg eines deutschen Juden aus dem Ghetto und seinem Sturz Anstoß nehmen«.[115] Drei Jahre später erschien das Buch im Drei-Masken-Verlag, der zu seiner Überraschung im ersten Jahr 100 000 Exemplare verkaufte. Von der internationalen Literaturkritik als ein Meisterwerk gelobt, trat der Roman seinen Siegeszug an. Jud Süß demonstriert Feuchtwangers Anschauung vom Judentum als einem Volk, das um die Eitelkeit und Leere der Macht weiß. Dieses Wissen hat die Juden am Leben erhalten, ein Volk, dessen Identität in nichts anderem als im Bekenntnis zu einem »geistigen Prinzip« zu suchen ist. In dem Juden Oppenheimer hat er einen Außenseiter gestaltet, der das »Moderne« (den Kapitalismus) vorbereitet, benutzt und dann verstoßen wird.

Als Lion Feuchtwanger Berlin im November 1932 zu einer Vortragsreise verließ, die ihn nach England und in die USA führte, ahnte er nicht, daß er die Heimat nie wiedersehen werde. Mit Hitler sei es aus, versichert er den Zuhörern in Amerika. Kurz darauf, am 30. Januar 1933, übernimmt Hitler die Macht. Feuchtwangers Haus wird geplündert, sein Vermögen beschlagnahmt. Für ihn wie auch für die anderen »großen« deutsch-jüdischen Schriftsteller der Weimarer Republik beginnt das Exil. Nur einer von ihnen, Arnold Zweig, ging nach Palästina, in die »Alte Heimat« der Juden, die ihm jedoch nicht zur Heimat werden sollte.

Am 10. Mai 1933 wurden die Bücher Feuchtwangers, Zweigs, Werfels, Wassermanns, Tucholskys, Roths und vieler anderer Schriftsteller verbrannt, die das Gesicht des »anderen Deutschlands« geprägt hatten. Joseph Roth schrieb unter dem Titel »Autodafé des Geistes« in den Pariser »Cahiers Juifs« im Herbst 1933 einen Epilog zum gewaltsam herbeigeführten Ende der deutsch-jüdischen Symbiose.

Er gibt eine »ganz unvollständige Liste der Soldaten des Geistes, die von Dritten Reich geschlagen wurden«, von Peter Altenberg bis Stefan Zweig und fügt hinzu: »Die anderen deutsch-jüdischen Schriftsteller, deren Namen sich nicht auf dieser Liste finden, mögen mir verzeihen, daß ich sie vergessen habe. Mögen diejenigen, die hier vorgestellt wurden, sich der Nachbarschaft des einen oder anderen Feindes nicht widersetzen. Sie sind alle auf dem Ehrenfelde des Geistes gefallen. Sie alle haben in den Augen der deutschen Mörder und Brandstifter einen gemeinsamen Makel: das jüdische Blut und den europäischen Geist.«

Er schließt mit den Sätzen: »Wir haben Deutschland besungen, das wahre Deutschland! Deshalb werden wir heute von Deutschland verbrannt!«[116]

X.
Die Vernichtung des deutschen Judentums

Jüdisches Leben unterm Hakenkreuz – Der »Kulturbund deutscher
Juden« – Jüdische Verlage
Karl Jakob Hirsch – Georg Hermann – Gerson Stern – Jacob Picard
– Valentin Senger – Lotte Paepcke
Bukowinadeutsche Literatur: Alfred Margul-Sperber, Moses
Rosenkranz, Immanuel Weissglas, Alfred Gong,
Selma Meerbaum-Eisinger
Der Holocaust: Nelly Sachs, Ilse Blumenthal-Weiss,
Gertrud Kolmar

Bei der »Machtergreifung« der Nationalsozialisten im Januar 1933
lebten in Deutschland eine halbe Million Juden (0,8 Prozent der Gesamtbevölkerung). Am 30. Januar 1933 begann eine neue Epoche in
der langen Geschichte des Antisemitismus und der Judenverfolgung. Für Hitler waren die Juden die Urheber allen Übels, der Antisemitismus wurde zum Kern seiner Weltanschauung und seines politischen Programms. Im Judentum erblickte er den Feind, der sich
der Praktiken des Kapitalismus und des Marxismus bediente, um die
Weltherrschaft zu erringen. Der Nationalsozialismus lehnte die historisch gewachsenen Prinzipien der Emanzipation und Integration
radikal ab. Die nationalsozialistische Judenpolitik der Entrechtung
und Vertreibung machte binnen weniger Jahre eine 150jährige Entwicklung rückgängig. Joseph Goebbels hatte bereits 1929 geschrieben: »Man kann den Juden nicht positiv bekämpfen. Er ist ein Negativum, und dieses Negativum muß ausradiert werden aus der
deutschen Rechnung, oder es wird ewig die Rechnung verderben.
Man kann sich mit dem Juden nicht über die Judenfrage auseinan-
dersetzen. Man kann ja doch niemandem nachweisen, daß man das
Recht und die Pflicht habe, ihn unschädlich zu machen.«[1]
   Im Zweiten Weltkrieg weitete sich die Verfolgung zum welthisto-
risch einzigartigen Genozid an den Juden Deutschlands und Europas aus. Fast sechs Millionen unschuldige Menschen fielen ihm zum
Opfer. Die Verbrechen an den Juden, ihre Verfolgung und systema-
tische Ermordung sind, wie es ein Historiker ausgedrückt hat, »ein
Faktum der deutschen Geschichte, das sich in seinen qualitativen

und quantitativen Dimensionen einer angemessenen Erklärung oder gar einem umfassenden Verständnis entzieht. Auschwitz, so ist mit Recht gesagt worden, läßt sich nicht verstehen«.[2]

Für das Selbstverständnis und das Rechtsgefühl der deutschen Juden bedeutete die nationalsozialistische Politik der Diskriminierung, Entrechtung und Ausgrenzung eine existentielle Erschütterung. Zwar war ihnen der Gedanke an eine drohende physische Vernichtung noch fern, doch »die von den braunen Machthabern betriebene Annihilierung ihrer geschichtlich-sozialen Existenz war für sie eine im Hinblick auf Selbstwertgefühl und Selbstverständnis kaum verkraftbare Erfahrung«.[3] Sie fühlten sich seit Generationen »in Deutschland zu Hause« (Peter Gay), und der fanatische Antisemitismus der Nazis traf »sie nahezu unvermittelt, wehrlos ausgeliefert einer Gewalt, die ihnen zwar vom Hörensagen bekannt war, der sie jedoch in ihrem Lebensbereich keine Relevanz mehr zugebilligt hatten«.[4] Der Chemiker und Träger des Nobelpreises Fritz Haber schrieb im Mai 1933: »Ich bin so bitter wie nie zuvor. Ich bin in einem Maße deutsch gewesen, daß ich es erst jetzt voll empfinde...« Im Juli schrieb er an Albert Einstein: »Ich war in meinem Leben nie so jüdisch wie jetzt!«[5]

Die Mehrheit der deutschen Juden klammerte sich auch nach 1933 an die Hoffnung, unter dem Hakenkreuz könne eine menschliche Existenz bewahrt werden, aller Realität zum Trotz. Viele reagierten verzweifelt, als sie gewahr wurden, daß man sie aus dem von ihnen mitgeschaffenen und mitgetragenen Deutschland ausstieß. Dazu kam noch das Wunschdenken, die Nazis würden sich nicht lange halten können und wieder von der politischen Bühne verschwinden.

Der weltfremde, esoterische Dichter Alfred Mombert (1892 bis 1942) gehörte zu jenen, »die sich bis zum schockähnlichen Erwachen zur Wirklichkeit noch nach Anbruch des ›Dritten Reiches‹ für eingesessene Deutsche hielten und ihre Gefährdung nicht zur Kenntnis nahmen... Obwohl aus der Preußischen Akademie der Künste ausgestoßen und in freundschaftlichen Briefen seines Verlegers Anton Kippenberg taktvoll darauf hingewiesen, daß es für ihn als Juden keine Publikationsmöglichkeit gab, blieb er unbeirrt in seiner Heidelberger Wohnung, an neuen Dichtungen arbeitend, bis er ohne Vorwarnung plötzlich im Oktober 1940 von der Gestapo glücklicherweise nicht nach dem Osten, sondern nach dem berüchtigten Internierungslager Gurs... verfrachtet wurde«.[6]

Von der Ausstoßung »nicht tragbarer« Juden aus der Akademie der Künste bis zur Vorschrift, die das Tragen des Judensterns befahl, vollzog sich die Judenverfolgung mit grauenhafter Konsequenz in mehreren Phasen. Die erste Phase galt der Entrechtung, der sozialen Ausgrenzung, der Ausschaltung der jüdischen Beamten (7. April 1933) und findet ihren Höhepunkt in den sogenannten »Nürnberger Gesetzen« (15. September 1935). 1938 begann die Ausschaltung der Juden aus der Wirtschaft. Die zweite Phase zielte auf die Austreibung der Juden aus Deutschland, wobei der November-Pogrom (sogenannte »Reichskristallnacht« vom 9. November 1938) eine wichtige Rolle spielte.

Mit dem Beginn des Krieges begann die dritte Phase, die des systematischen Völkermordes. 1941 setzen die ersten Deportationen aus dem Deutschen Reich ein, das Tragen des Judensterns wird angeordnet, auf der Wannsee-Konferenz werden die »Endlösungs«-Pläne erörtert, die Auswanderung von Juden wird verboten. 1942 findet die erste »Selektion« für die Gaskammern in Auschwitz statt. Mit der Befreiung der deutschen Konzentrationslager Buchenwald, Dachau und Bergen-Belsen im April 1945 endete der Holocaust. Der weitaus größte Teil der europäischen Juden war ihm zum Opfer gefallen. Der Historiker Helmut Berding bekennt, die »grauenhafte Unmenschlichkeit« des Völkermordes übersteige »die Vorstellungs- und Darstellungskraft des Historikers«.[7]

Alle wichtigen Vorgänge und Phasen der nationalsozialistischen Judenverfolgung sind eingehend untersucht, dokumentiert, und eine Politik ist analysiert worden, »die nach 1933 mit vermeintlich undramatischen Akzenten auf der Rechtsebene einsetzte, ihre Fortführung in einer Steigerung gesetzmäßigen Unrechts fand und schließlich in eine Phase mündete, in der die Frage nach Recht und Unrecht obsolet geworden war und der offene, Leben auslöschende Terror den schleichenden Terror der Rechtlosstellung des Einzelnen verdrängt hatte«.[8]

Es ist bereits im Kapitel »Weimarer Republik« davon die Rede gewesen, daß die deutschen Juden keine monolithische Gemeinschaft bildeten, sondern daß es eine Vielzahl von Gruppen und Untergruppen gab. Neben dem Centralverein gab es die Zionisten, den Verband nationaldeutscher Juden, den Reichsbund jüdischer Frontsoldaten und den Deutschen Vortrupp, orthodoxe und liberale Gemeinden, die sich streng voneinander abgrenzten. Walter Grab konstatiert, »die jüdischen Antworten auf die Herausforderung der Rassenhetze (zeigten) ein uneinheitliches, zerfahrenes und verworrenes Bild... Es existierte keine geschlossene Front gegen den beispiellosen Ansturm der Antisemiten, ja nicht einmal eine jüdisch motivierte Solidarität – dazu waren die persönlichen, politischen und klassenmäßigen Gegensätze der deutschen Juden zu groß«.[9]

Der Historiker Herbert A. Strauss schrieb dazu 1980: »Aktiver Widerstand lag für die deutschen Juden außerhalb ihrer organisatorischen Möglichkeiten und ihrer kulturellen Tradition, selbst wenn ihre bürgerliche Sicht der Politik es ihnen erlaubt hätte, ›illegale‹ Aktionen gegen die herrschende Staatsordnung zu erwägen. Ihr schon vor 1933 sehr vom Ideologisch-Philosophischen geprägtes Milieu legte statt dessen Formen der inneren Opposition nahe, die auf Erziehung und das geistige Leben ausgerichtet waren.«[10]

Die Verstoßung aus der »Volksgemeinschaft« trieb die Juden in ein inneres Exil, führte sie zur Besinnung auf das Eigene, die jüdische Geschichte, Kultur und Religion. Robert Weltsch (1891 bis 1982), von 1919 bis 1938 Chefredakteur der zionistischen »Jüdischen Rundschau«, rief am 4. April 1933 in einem Aufsatz mit dem provokativen Titel »Tragt ihn mit Stolz, den gelben Fleck!« zum Jasagen zum Judentum auf. In einer ersten Bilanz versuchte er, sich über die realen Gefahren klarzuwerden, die den Juden drohten, aber auch, sich der geistigen Herausforderung zu stellen: »Ein Ausweichen und Verstecken gibt es nicht mehr. Die jüdische Antwort ist klar. Es ist der kurze Satz, den der Prophet Jona sprach: Iwri anochi. Ja, Jude. Zum Judesein ja sagen.«[11]

Etwa ein halbes Jahr nach der »Machtergreifung« der Nazis veröffentlichte er unter dem Titel »Zur Lage der deutschen Juden« den genannten Aufsatz zusammen mit 20 weiteren, die zwischen März und Juli 1933 in der »Jüdischen Rundschau« erschienen waren – zweifellos eine der bedeutendsten und aufschlußreichsten Publikationen jener Jahre. In seinem Vorwort schrieb Weltsch, nachdem sich das deutsche Volk »an einem Wendepunkt seiner Geschichte« von den Juden getrennt habe, gelte es jetzt, »den jüdischen Namen hochzutragen und für uns eine Form der Existenz zu suchen, die im Rahmen der neugeschaffenen Verhältnisse uns ein Leben ohne völlige menschliche und seelische Verarmung ermöglicht«.[12]

Das gesamte jüdische Kulturleben verstand sich als »geistiger Widerstand« (Ernst Simon), der sich freilich in einem von den Nazis reglementierten und überwachten Reservat vollzog. Diese sahen »in der Duldung eines jüdischen Kulturghettos zudem wohl ein Instrument, die Verbindung der Juden zur deutschen Kultur zu lösen, dabei ihr jüdisches Selbstverständnis zu stärken und sie somit letztlich zur Auswanderung zu veranlassen«.[13] Die bedeutendste Organisation war der im Sommer 1933 gegründete Kulturbund deutscher Juden, der bis 1938 (und eingeschränkt bis 1941) existierte. In seiner grundlegenden Untersuchung über die jüdischen Kulturorganisationen berichtet Herbert Freeden, daß etwa 2500 Künstler und vortragende Dozenten im Kulturbund zusammengeschlossen gewesen seien: »Fast 70 000 Menschen in etwa 100 Städten bildeten das Publikum, der größte freiwillige Zusammenschluß von Juden in Deutschland.«[14]

Eine Darstellung der jüdischen kulturellen Aktivitäten ist in unserem Zusammenhang nicht möglich. Es muß auf die umfassenden Arbeiten von Herbert Freeden und Volker Dahm verwiesen werden. Im ersten Teil seiner akribischen Studie »Das jüdische Buch im Dritten Reich« hat Dahm die »Ausschaltung der jüdischen Autoren, Verleger und Buchhändler« dokumentiert. Der zweite Teil ist dem Schocken Verlag gewidmet.[15] Es klingt auf den ersten Blick zunächst paradox, daß es jüdischen Verlagen auch noch nach 1933 möglich war, Bücher jüdischer Autoren zu publizieren. Eine Bibliographie des jüdischen Schrifttums in Deutschland 1933–1943 verzeichnet fast 1300 Titel. In der Einleitung heißt es: »Die Zeit des Nationalsozialismus war eine Periode intensiver jüdischer Veröffentlichungstätigkeit.«[16] Der Schocken-Verlag, der Philo-Verlag, der Jüdische Verlag oder die vom Centralverein 1934 gegründete Jüdische Buch-Vereinigung (JBV) veröffentlichten Romane, Dramen, Lyrik, Essays, Bücher für Kinder und Jugendliche, wissenschaftliche Werke sowie Bücher in jiddischer und hebräischer Sprache. Henry Wassermann kommt zu dem Schluß, daß »nach 1933 die Zahl der veröffentlichten Bücher sich mehr als verdoppelt hat. Dieses phänomenale Anwachsen gilt nur für den jüdischen Sektor des Verlagswesens. Die Wachstumsrate für die Zahl anderer deutscher Bücher nach 1933 war wesentlich geringer...«[17] Für den Schocken-Verlag war 1937 das erfolgreichste Jahr: Er verkaufte 81 000 Bände und 7000 Almanache.[18] Im Jahr darauf mußte er eingestellt werden.

Die Zeit dieser »Blüte« jüdischen Verlagswesens – eine bewunderungswürdige kulturelle Leistung in einem totalitären Staat – war nur kurz, sie dauerte von Januar 1933 bis zum November 1938. Maßgeblichen Anteil daran hatte der Schocken-Verlag. Volker Dahm schreibt: »Seine literarische Konzeption, Zahl und Niveau seiner Publikationen und seine Wirkung unter den deutschen Juden weisen ihm eine so dominierende Stellung zu, daß es als zweifelhaft gelten muß, ob von einer jüdischen Buchkultur im Dritten Reich überhaupt gesprochen werden kann, wenn es den Schocken-Verlag nicht gegeben hätte.«[19] Heribert Seifert hat zu Recht kritisch angemerkt, daß »bei allem Interesse an den kulturellen Lebensbedingungen der Juden unter der nationalsozialistischen Diktatur« immer noch »eine zusammenfassende Darstellung der Literatur« fehle, »die jüdische Autoren nach 1933 in jüdischen Verlagen publizierten«.[20]

Als Folge der NS-Kulturpolitik, die darauf zielte, die Juden in ein kulturelles Ghetto zu zwingen, durften jüdische Autoren nach der Umstrukturierung des Buchmarktes nur noch in jüdischen Verlagen publizieren, ihre Bücher durften nur noch in jüdischen Buchhandlungen vertrieben werden (im Sommer 1935 gab es noch 27 registrierte Verleger und 53 Buchhändler), und zwar nur noch an Juden, die sich als solche ausweisen konnten. Die nach 1933 von noch in Deutschland lebenden jüdischen Autoren geschaffene Literatur »trägt unauslöschlich das Gepräge der Bedrohung jener schweren Zeit, in der sie entstand. Es war eine Literatur ad hoc, und es erschienen auch weniger geglückte Schriften«.[21]

Freilich finden sich auch Bücher darunter, die zu Unrecht vergessen sind. Der Romancier Karl Jakob Hirsch (1892–1952), der durch seinen 1931 bei S. Fischer erschienenen Roman »Kaiserwetter« bekanntgeworden war, befand sich bereits im Exil, als sein Roman »Hochzeitsmarsch in Moll« 1936 in Fortsetzungen in der »Jüdischen Bibliothek« erschien, einer Beilage des »Israelitischen Familienblattes«. Wie schon »Kaiserwetter« ist auch der »Hochzeitsmarsch« ein autobiographisches Buch. Im Schicksal des jüdischen Intellektuellen Walter Heller beschreibt Hirsch seine eigene Zerrissenheit und Orientierungslosigkeit, seine Suche nach einem Ausweg aus einer Glaubens- und Identitätskrise. Der Roman ist das Zeugnis einer existentiellen Heimatlosigkeit, einer Entwurzelung, wie sie gerade der Emigrant besonders stark empfindet. Das individuelle Problem der verlorenen religiösen Heimat wird mit dem aktuellen Problem der aus Deutschland vertriebenen Juden verknüpft.

Hirsch, zu dessen Vorfahren der Rabbiner Samson Raphael Hirsch zählte, kam 1948 als amerikanischer Staatsbürger und als Protestant aus dem amerikanischen Exil zurück. Über seine Konversion hat er in seinem Buch »Heimkehr zu Gott« (1946) berichtet. In der deutschen Nachkriegsliteratur konnte Hirsch nicht mehr Fuß fassen und geriet ins Abseits.[22]

Von dem bedeutenden Erzähler Georg Hermann ist bereits die Rede gewesen. Sein Roman »Eine Zeit stirbt«, das abschließende Buch seiner Romanserie »Die Kette«, erschien 1934 bei der Jüdischen Buch-Vereinigung in einer Auflage von 7000 Exemplaren. Hermanns Roman ist ein bewegender Epilog zur glanzvollen Zeit jüdisch-deutschen Bürgertums, »mit der ganzen geistigen Beweglichkeit, aber auch mit allen Differenziertheiten und Gebrochenheiten«, wie es im Vorwort heißt.[23] Hermann beschwor noch einmal die deutsch-jüdische Symbiose, zu einer Zeit, da sie von den Nazis bereits brutal zerschlagen wurde.

Ebenfalls 1934 erschien im Verlag von Erich Reiss (der bis 1936 jüdische Bücher veröffentlichte) der Roman »Weg ohne Ende« von Gerson Stern (1874–1956). Er trug den Untertitel »Ein jüdischer Roman« und war ein Bekenntnis zur Leidensfähigkeit und Glaubensstärke des Judentums. Stern erzählt jüdische Geschichte als Leidensgeschichte, mit der Absicht, die Kontinuität zu verdeutlichen, in der die aktuelle Verfolgung der Juden stand. Er beschreibt die Repression und Verfolgung deutscher und böhmischer Juden in der ersten Hälfte des 18. Jahrhunderts und läßt sein Buch mit der Vertreibung der Juden aus dem Prager Ghetto im Jahr 1745 enden. Dort lebten unter der Regierung eines eigenen Judenprimators etwa 20 000 Juden, die nach einem Pogrom auf Befehl Maria Theresias aus Prag ausgetrieben wurden. Den Auszug der letzten 2000 Juden hat Stern wie in einer Vorahnung des entsetzlichen Schicksals seines Volkes gestaltet. Perez Elieser, der junge Vorbeter, Heiliger und Gerechter, findet dabei den Tod. Er ist die eigentliche Hauptgestalt des Buches, eine symbolische Chiffre für die Hiob-Gestalt, wie sie auch bei anderen jüdischen Autoren (Feuchtwanger, Wassermann, Arnold Zweig) in Erscheinung tritt. Der Roman ist ein Aufruf an die Juden, sich angesichts schwerer Prüfungen der Kraft ihres Glaubens bewußt zu werden und sich zu ihrem Schicksal und zu ihrer Mission zu bekennen.

Stern ist weder ein Zionist noch ein Orthodoxer, er plädiert für ein freies, selbstbewußtes Judentum, das nach tiefster Demütigung seine Identität findet: »Es ist schwer, Jude zu sein«, heißt es an einer Stelle, »manche werfen dies von sich ab. Aber wir, die vielen, wir können es nicht. Wir können nur als Juden leben oder als Juden zu Grunde gehen.«[24] Sterns historischer Roman kommt ohne aufdringliche Bezüge zur Gegenwart aus. Er zeigt, daß der Autor die politischen und sozialen Zustände Mitteleuropas genau kennt, die er bruchlos in eine spannende, niemals triviale Fabel eingearbeitet hat. Gründliche historische Studien waren vorausgegangen. Keines der anderen Bücher Sterns erlangte eine solche Popularität. Es erreichte zwischen 1934 und 1938 zehn Auflagen und wurde unter den Juden im Hitler-Deutschland zu einem Bestseller. Sterns Roman »Auf drei Dingen ruht die Welt« erschien 1935/36 in gekürzter Form in der »Jüdischen Rundschau«. 1939 wanderte der Autor nach Palästina aus.

Jacob Picard (1883–1967), der 1940 in die USA emigrierte, veröffentlichte 1936 bei der Jüdischen Buch-Vereinigung unter dem Titel »Die Gezeichneten« zehn »Jüdische Geschichten aus einem Jahrhundert«, die meist im 19. Jahrhundert spielen und realistisch das Leben von Landjuden beschreiben. Dadurch »entstehen implizit Gegenbilder zur Zeit des NS-Reiches, in denen die tiefe Verwurzelung dieser Juden in deutscher Landschaft und im deutschen Volk nicht in Zweifel steht«.[25] Wassermann nennt die zwischen 1933 und 1938 in Deutschland von jüdischen Autoren geschriebenen Bücher »Verzweiflungszeichen einer belagerten und gebildeten Gemeinschaft, die um ihr Leben kämpfen muß und verlieren wird«.[26]

Nach der »Reichskristallnacht« mußten alle jüdischen Zeitungen ihr Erscheinen einstellen. Alle regionalen Kulturbünde wurden ab 1. Januar 1939 im Jüdischen Kulturbund in Deutschland zusammengefaßt, dessen Abteilung »Verlagswesen« alle jüdischen Veröffentlichungen unterstanden. Alle jüdischen Verleger und Buchhändler erhielten Anweisung, ihre Bestände dem Kulturbund zu übergeben. Im April 1940 kam es zur »Totalindizierung jüdischen Schrifttums«. Das Verbot galt für alle »Werke voll- und halbjüdischer Verfasser, auch dann, wenn sie nicht in die Liste schädlichen und unerwünschten Schrifttums eingetragen sind«.[27] Die Organisationen für eine jüdische »moralische und geistige Selbstbehauptung in einer Atmosphäre der Feindschaft und des Hasses«[28] waren zerschlagen.

Die Gewalttaten vom 9. November 1938, spätestens der Ausbruch des Krieges öffneten auch jenen Juden die Augen, die immer noch geglaubt hatten, daß es eine Existenzmöglichkeit im Nazi-Deutschland geben werde. Zehntausende gingen ins Exil, solange es noch möglich war. 1941 wurde die Auswanderung verboten. Mitte Oktober 1941 begannen die Juden-Deportationen aus dem Deutschen Reich in Ghettos, Arbeitslager und Vernichtungslager im Osten. Von den 132 000 Juden, die zu Beginn des Jahres 1942 noch in Deutschland lebten, sind etwa 125 000 Opfer des Holocaust geworden.

Einer der wenigen Juden, denen es gelang, im Nazi-Deutschland zu überleben, war Valentin Senger. Als sein Buch »Kaiserhofstraße 12« 1978 erschien, war es eine kleine Sensation, und eine Zeitung nannte Sengers autobiographischen Bericht »die unwahrscheinlichste von allen unwahrscheinlichen Geschichten«. Das Wunder, von dem der 1918 in Frankfurt am Main geborene, aus einer russischen Familie stammende Senger berichtete, bestand darin, daß es ihm und seiner Familie mit Glück und Geschick gelang, in Frankfurt die Nazizeit zu überstehen, umgeben von argwöhnischen Nachbarn, Polizisten und Blockwarten. Dazu kam noch, daß Sengers Mutter in der KPD und in der Roten Hilfe aktiv war und sein Vater, ein politischer Flüchtling aus dem zaristischen Rußland, unter falschem Namen in Deutschland lebte und nie richtig Deutsch sprechen lernte.

Möglich wurde dieses lebensgefährliche Versteckspiel nur dadurch, daß ein Polizeimeister, dessen Motiv Senger nie erfuhr, die Karte der Familie in der Meldekartei änderte, aus »mosaisch« »Dissident« machte und später sogar noch eine neue Karte anlegte. Man muß sich vergegenwärtigen, daß der junge Senger, 1933 15 Jahre alt, in der Schule und während seiner Lehrzeit jeden Augenblick auf der Hut sein mußte, sich niemals verraten und bei keiner Provokation unvorsichtig werden durfte.

1991 veröffentlichte Senger den Roman »Die Buchsweilers«, einen sorgfältig recherchierten historischen Roman aus der Welt der deutschen Bettler- und Wanderjuden um 1800, die sich, überall ausgestoßen und verdächtigt, häufig zu Banden zusammenschlossen.

Im Dritten Reich hat auch Lotte Paepcke überlebt (Jahrgang 1910), die ursprünglich Juristin werden wollte. Bis 1944 konnte ihr Ehemann, ein Arier, sie schützen, doch dann mußte sie untertauchen. In einem Kloster bei Freiburg hat sie, getarnt als Gärtnerin, das Ende der Nazizeit erlebt. 1952 erschien ihr erstes Erinnerungsbuch unter dem Titel »Unter einem fremden Stern«, ein unsentimentaler Bericht über das Zerbrechen ihrer Liebe zu Deutschland, ein existentieller Riß, der für diese Autorin durch nichts wieder zu heilen war. Hier wird allen Träumen von Assimilation und Symbiose abgeschworen. Inzwischen liegt Lotte Paepckes schmales Gesamtwerk in drei Bänden vor.

Mögen die Verbrechen, die in den Höllen von Auschwitz und anderer Vernichtungslager begangen wurden, das Vorstellungsvermögen der Nachgeborenen auch übersteigen, so haben Dichter dennoch versucht, das Inferno in Worte zu fassen, das Unsagbare zur Sprache zu bringen. Das eindrucksvollste Zeugnis ist noch immer die Anthologie »Welch Wort in die Kälte gerufen«, die Heinz Seydel 1968 herausgab und die nie wieder aufgelegt wurde.[29]

In dieser Anthologie finden sich Verse jener, die wie Arno Nadel, Gertrud Kolmar, Arthur Silbergleit, Selma Meerbaum-Eisinger, Erich Mühsam oder Jura Soyfer in Lagern umgebracht wurden oder dort starben, und jener, die den Holocaust überlebten wie H. G. Adler, Günter Anders, Ilse Blumenthal-Weiß, Hermann Hakel. Gedichte von Nelly Sachs stehen dort neben denen von Mascha Kaléko und Theodor Kramer.

Zahlreiche Dichter, die in diesem Buch vertreten sind, entstammen der Bukowina: Rose Ausländer, Paul Celan, Alfred Gong, Alfred Margul-Sperber, Alfred Kittner, Immanuel Weissglas oder Victor Wittner. Das »Buchenland« mit seinem Zentrum Czernowitz, das Karl Emil Franzos, 1848 in Czortkow / Galizien geboren, bereits 1876 mit seinen Erzählungen »Aus Halbasien« verewigt hatte, war eine literarische Provinz von eigentümlicher Prägung. In letzter Zeit ist die Bukowina als einzigartige multikulturelle Region wiederentdeckt worden. So spricht Martin Pollack in seinem Buch »Nach Galizien« von der »Erinnerung an eine unwiederbringlich verlorene Welt«, von einer »ehemaligen Gemeinsamkeit, die nicht mehr zum Leben erweckt werden kann. Die ethnische und kulturelle Vielfalt, die jene Welt ausmachte und auch mit unserer verband, gibt es nicht mehr«.[30] Paul Celan hat die Bukowina 1958 als die Landschaft gekennzeichnet, »in der ein nicht unbeträchtlicher Teil jener chassidischen Geschichten zu Hause war, die Martin Buber uns allen auf deutsch wiedererzählt hat«. Er nannte diese »nun der Geschichtslosigkeit anheimgefallene(n) ehemalige(n) Provinz der Habsburger Monarchie« eine »Gegend, in der Menschen und Bücher lebten«.[31]

Die erste Bestandsaufnahme der bukowinadeutschen Literatur, die fast ausschließlich von Juden geschrieben wurde, fand 1987 auf einem Symposium in Graz statt.[32] Eine Anthologie deutschsprachiger Dichtung aus der Bukowina hat kürzlich Klaus Werner vorgelegt.[33]

Die Bukowina, einst ein selbständiges Herzogtum, umschlossen von Bessarabien, Moldau, Siebenbürgen und Galizien, kam 1775 zu Österreich. Die Hauptstadt Czernowitz hatte 1930 etwa 120000 Einwohner, etwa die Hälfte davon waren Juden, die überwiegend zum gehobenen Bürgertum zählten. Es gab eine Universität, ein Theater, künstlerische und wissenschaftliche Vereine und eine vielfältige Presselandschaft. Es war eine Stadt harmonisch miteinander lebender Minderheiten, scheinbar abgelegen, doch kosmopolitisch geprägt und mit Europa verbunden, »ein Abbild des Vielvölkerstaates im kleinen, ein ›Klein-Österreich‹« (Karl Schlögel).[34]

1918 kam die Bukowina an Rumänien, ohne daß dadurch die Tradition der deutsch-jüdischen Dichtung abgerissen wäre. Charakteristisch war, daß die deutsche Dichtung der Bukowiner Juden »ohne jeden Zusammenhang mit der der Deutschen im Lande« blieb: »Wer Anlehnung suchte, wendete sich eher den poetischen Schulen der deutschen Literatur Mitteleuropas zu« (Israel Chalfen).[35] Trotz aller Assimilation an deutsche Kultur bewahrten sich die Bukowiner Juden in starkem Maße ihr jüdisches Erbe und ihre Tradition. Chalfen spricht von einem »recht originellen Pragmatismus, der es ihnen erlaubte, moderne Menschen zu sein und gleichzeitig vom Judentum das zu behalten, was ihnen moralische Stütze im Leben gab und ihre ethnische Identität bewahren ließ«.[36] Bis 1940 florierte das jüdische Leben in Czernowitz, ungeachtet aller antisemitischen Tendenzen von seiten der Rumänen. Die jüdischen Künstler und Intellektuellen blieben der deutschen Sprache treu. 1940 wurden die nördliche Bukowina und die Stadt Czernowitz von der Roten Armee besetzt, doch 1941 von der SS und von mit Hitler verbündeten rumänischen Truppen zurückerobert. Im Oktober 1941 wurde das Ghetto von Czernowitz errichtet, und es begannen die Pogrome, Zwangsumsiedlungen und Deportationen nach Transnistrien. »So endete das Leben der *Menschen* und *Bücher* in einer Landschaft«, schreibt Chalfen, »die anderthalb Jahrhunderte eine Heimstätte jüdisch-deutscher Symbiose gewesen war.«[37] Im Ghetto von Czernowitz überlebten Rose Ausländer und Alfred Gong, Paul Celan und Moses Rosenkranz litten in Arbeitslagern, in Transnistrien überlebten Alfred Kittner und Immanuel Weissglas, Alfred Margul-Sperber lebte in Bukarest im Untergrund. Nach der »Befreiung« durch Sowjettruppen 1945, trafen viele der überlebenden Schriftsteller noch einmal in Bukarest zusammen. Dann zerstreuten sie sich: Celan ging nach Paris, Alfred Gong und Rose Ausländer siedelten nach New York über. Kittner und Rosenkranz leben heute in der Bundesrepublik. Paul Celan und Rose Ausländer brachen im Ausland mit der Tradition der bukowinadeutschen Literatur und stießen zu neuen Formen vor, die im Gegensatz zu der klassisch-romantischen Schreibweise stand, in der sich die bukowinadeutschen Lyriker orientierten. Ihr führender Vertreter, der große Anreger und Förderer Alfred Margul-Sperber (1898–1967), der »Max Brod von Czernowitz«, schrieb »konkret-gegenständliche und von Sinnenfreude durchpulste Dichtung, die das Naturgleichnis bevorzugte, Genremalerei begünstigte und dem historisierenden Phantasiebild oder freier Imagination förderlich war« (Klaus Werner).[38] 1943 schrieb Sperber: »Der Verfasser bekennt sich freimütig zu allem Veralteten und Herkömmlichen in Form, Wahl und Behandlung seiner dichterischen Gegenstände... und erklärt vorweg, daß er gern Verzicht leistet, den modernen Dichtern zugezählt zu werden.«[39] Diese ostentative Vorliebe für eine der Tradition verpflichtete Schreibweise teilte Margul-Sperber mit den meisten anderen Lyrikern der Bukowina. Freilich hat ihn das nicht gehindert, sich für die Gedichte des 22 Jahre jüngeren Paul Celan einzusetzen.

Celan und Rose Ausländer haben der bukowinadeutschen Literatur Beachtung verschafft, doch neben ihnen und Margul-Sperber verdienen auch Moses Rosenkranz (geboren 1904), Alfred Kittner (geboren 1906), Immanuel Weissglas (1920–1979), Victor Wittner (1896–1949) oder David Goldfeld (1904–1942) Beachtung. Die Holocaust-Thematik verbindet ihre Gedichte ebenso wie das Bekenntnis zur deutschen Sprache, die für sie zugleich »Mutter- und Mördersprache« war.

Aus dem Kreis der Czernowitzer Dichter ragt Afred Gong (1920–1981) hervor. Der Schulkamerad Paul Celans gehört zu den zu Unrecht vergessenen Lyrikern.

1940 wurde Gong nach der Besetzung der Bukowina durch die Sowjets nach Sibirien verschleppt, konnte jedoch fliehen, wurde von den Deutschen ins Ghetto von Czernowitz gesperrt, konnte jedoch abermals fliehen und gelangte über Bukarest nach Wien. 1951 wanderte er in die USA aus, wo er als »Ostjude und anonymer Robinson auf dem Eiland Manhattan«[40] lebte und vereinsamt starb.

Selma Meerbaum-Eisinger, 1924 geboren, mütterlicherseits mit Paul Celan verwandt, kam 1941 mit ihrer Familie ins Ghetto und wurde 1942 von der SS in das Arbeitslager Michailowska verschleppt, wo sie 1944 an Typhus starb. Die Gedichte dieser Lyrikerin, die schon als 15jährige Gedichte schrieb, galten lange als verloren. Die 57 Gedichte, die sie hinterließ, ihrem Freund Lejser Fischmann gewidmet, hatte sie vor der Deportation Freunden anvertraut. Sie erschienen zuerst in Israel als Privatdruck und wurden 1980 von Jürgen Serke in der Bundesrepublik editiert. Ihr letztes Gedicht lautet: »Das ist das Schwerste: sich verschenken / und wissen, daß man überflüssig ist, / sich ganz zu geben und zu denken, / daß man wie Rauch ins Nichts verfließt.« Dem Datum (23. Dezember 1941) ist hinzugefügt: »Ich habe keine Zeit gehabt, zu Ende zu schreiben...«[41]

Die bukowinadeutsche Dichtung ist eine regionale jüdische Literatur, die an der klassisch-romantischen Tradition orientiert ist und oft epigonal wirkt. Zweifel an der unveränderten Aussagekraft und Tauglichkeit der deutschen Sprache kamen auch nach dem Holocaust nicht auf. Moses Rosenkranz, David Goldfeld oder Selma Meerbaum-Eisinger, die ihre Gedichte im Angesicht des Todes schrieben, schufen bewegende Zeugnisse vom Leiden und Sterben des jüdischen Volkes. Handelt es sich aber, wie im Falle von Selma Meerbaum-Eisinger zum Beispiel von Jürgen Serke oder Wolfgang Emmerich behauptet worden ist, um eine Lyrikerin von Rang? Für Peter Demetz ist Meerbaum-Eisinger ein »Testfall«, weil er die Frage nach dem Werturteil provoziert. Emmerich gegenüber hat er kritisch angemerkt, ob es angängig sein, »ihre ›rührenden‹ Gedichte polemisch als ›zeitgeschichtliche Erlebnislyrik‹ über das Werk von Elisabeth Langgässers oder Wilhelm Lehmanns zu stellen.«

Die bittere Frage, der nach Demetz die meisten Kritiker ausweichen, stellt sich angesichts eines vermeintlichen »Konsensus..., Gedichte der Shoah als literarische Kunstwerke zu akzeptieren, ihnen aber jede literarische Kritik zu ersparen.«[42] Wäre es nicht redlicher, die Begrenzungen und Mängel zu respektieren und, wie Johann

Adam Stupp vorschlug, einer dichterischen Gestaltung, die »in dem ihr zugrundeliegenden Anlaß steckenbleibt oder ihm nicht gerecht wird... Kritik... unter dem Hinweis auf den Ernst des Geschehens« nicht zu ersparen?[43]

Zweifel am dichterischen Rang entfallen bei Nelly Sachs (1891–1970). Sie hatte bereits den Stellungsbefehl zum Transport in ein Arbeitslager erhalten, als ihr, aufgrund der Bemühungen von Selma Lagerlöf, am 16. Mai 1940 mit ihrer Mutter die Ausreise nach Schweden gelang. Die Berichte vom Völkermord folgten ihr ins Exil: »Ihr, die nicht von zu Hause aus, sondern durch Verfolgung Jüdin wurde, gilt das Judentum als Träger des Wissens um Leiden und Außenseiter-Dasein.«[44]

Ihr Selbstverständnis als Jüdin und Dichterin wurzelt in der Erfahrung der Verfolgung ihres Volkes. Die jüdische Thematik ist bei ihr unlösbar mit dem Holocaust verknüpft. In ihrem 1947 erschienenen Gedichtband »In den Wohnungen des Todes« hat sie das eingelöst, was sie von einem modernen Dichter forderte: »Heute soll gewiß jeder, der schreibt, das Geschriebene durchsterben um der furchtbar geheimnisvollen Formen wegen, die das Böse im Licht des Tages annimmt.«[45] Mit ihren Gedichten hat sie gleichsam im Vorgriff auf Adornos berühmtes Verdikt (»Nach Auschwitz Gedichte zu schreiben, ist barbarisch...«)[46], mit dem er sich 1949 gegen jede unreflektierte, verklärende Fortsetzung traditioneller Formen wandte, geantwortet.

Wolfgang Emmerich, der die Frage »der Möglichkeit bzw. Angemessenheit von Poesie gegenüber dem massenhaften Terror« diskutiert, kommt zu dem Schluß, es seien Paul Celan und Nelly Sachs gewesen, »die, fern einer akademischen Debatte, Antworten *als Künstler* gegeben haben auf die Frage, wie der faschistischen Enteignung des individuellen Lebens und Sterbens, dem ›Völkermord‹... sprachlich begegnet werden könne«.[47] Neben Celans berühmte »Todesfuge« tritt ebenbürtig Nelly Sachs' Gedicht »Dein Leib im Rauch durch die Luft, das mit der Strophe beginnt:

> »*O die Schornsteine*
> *auf den sinnreich erdachten Wohnungen des Todes,*
> *als Israels Leib zog aufgelöst in Rauch durch die Luft –*
> *als Essenkehrer ihn ein Stern empfing, der schwarz, wurde*
> *oder war es ein Sonnenstrahl?«*[48]

Ilse Blumenthal-Weiss, 1899 in Berlin geboren und seit 1947 in New York, emigrierte 1937 nach Holland und wurde von 1943 bis 1945 in den Konzentrationslagern Westerbork und Theresienstadt gefangengehalten. Ihr Ehemann wurde in Auschwitz, ihr Sohn in Mauthausen ermordet. Unter dem Titel »Mahnmal. Gedichte aus dem KZ« veröffentlichte sie 1957 einen Lyrikband.

Gertrud Kolmar, 1894 als Gertrud Chodziesner in Berlin geboren, die 1917 ihren ersten Gedichtband veröffentlicht hatte, war während des Krieges als Zwangsarbeiterin in einer Munitionsfabrik tätig. Immer wieder verwarf sie Emigrationspläne. 1943 wurde sie nach Auschwitz deportiert. Das Datum ihres Todes ist nicht bekannt. Am 15. September 1933 schrieb sie ihr Bekenntnis zum Judentum, das umfangreiche Gedicht »Wir Juden«:

> *»Nur Nacht hört zu. Ich liebe dich, ich liebe dich, mein Volk,*
> *Und will dich ganz mit Armen umschließen heiß und fest,*
> *So wie ein Weib den Gatten, der am Pranger steht, am Kolk,*
> *Die Mutter den geschmähten Sohn nicht einsam sinken läßt*
> *[...]«*[48]

Historiker, Soziologen, Psychologen haben die »Wohnungen des Todes« vermessen, die Seelen der Opfer und der Täter erforscht, die Toten gezählt, die Dokumente und Zeugnisse registriert. Was vor 50 Jahren geschah, was Deutsche verübten, ist Teil der deutschen und der jüdischen Geschichte, weder zu bewältigen noch zu tilgen. Verdrängt werden darf der Holocaust nie. Gedichte erinnern uns an ihn: »Diese Gedichte, Stimmen der Lebenden und der Toten, sind Zeugenaussagen. Sie reden von den Verschwundenen, mahnend und anklagend, bitter, leise.«[49]

XI.
Das jüdische Exil

Ausharren oder emigrieren? – Der Massenexodus – Der »Geist von
Weimar« im Exil – Karl Wolfskehl – Mascha Kaléko – Ernst
Waldinger – Anna Seghers – Robert Neumann – Berthold Viertel –
Arnold Zweig – Elias Canetti – Manès Sperber – Hans Sahl –
Albert Drach

Die deutsche Emigration bestand aus zwei verschieden großen Personengruppen: zum einen aus den deutschen Juden, zum anderen aus den intellektuellen und politischen Gegnern des Nazi-Regimes. Natürlich gab es Überschneidungen. Zum Beispiel wurden viele Schriftsteller gleichermaßen wegen ihrer Bücher, ihrer politischen Aktivitäten und wegen ihrer jüdischen Herkunft verfolgt. Man denke an Friedrich Wolf, Theodor Lessing oder Ernst Toller. Nach Hans-Albert Walter sind von den rund 400 000 Emigranten etwa ein Zehntel der zweiten Kategorie zuzuordnen: »Die weit überwiegende Mehrheit von zirka 350 000 bis 360 000 Menschen bestand aus sogenannt ›rassisch‹ Verfolgten – aus Menschen, die nur deshalb aus Deutschland fliehen mußten, weil sie Juden waren.«[1]

Die überwiegende Mehrheit der deutschen Juden, vorwiegend dem Mittelstand angehörend, war in die deutsche Gesellschaft integriert und zu einem hohen Prozentsatz politisch desinteressiert. Die Gefahr des faschistischen Rassismus wurde von den Juden in den ersten Jahren nach 1933 kaum erkannt.

Nach Hans-Albert Walter kann man davon ausgehen, »daß die deutschen Juden kaum politisch bewußt, mit Sicherheit keine aktiven Gegner des Faschismus waren.«[2] Ein Befund, der von Martin Gumpert (1897–1955) bestätigt wird. Dieser Arzt und Schriftsteller, der bis 1936 in Deutschland blieb, hat sich in seiner Autobiographie (1939 in Stockholm erschienen) mit dem diagnostizierenden Blick des Arztes zum Chronisten des alltäglichen Faschismus gemacht. Er, der Deutschland »mit dem Eigensinn und Egoismus eines Kindes« liebte, formulierte: »Wer klug war, verschwand unter dem Schein der Brandfackel. Aber viele weigerten sich, dies zu tun. Manche glaubten an die Möglichkeit, einen Widerstand organisieren zu können, manche glaubten an die Vergänglichkeit des Spuks, manche glaubten sogar an Hitler, und viele reiche Juden hatten eine heimliche Liebe zu ihm, sie wären gern dabeigewesen, wenn man sie gelassen hätte.«[3]

So setzte denn die jüdische Emigration nur mit Verzögerung ein. 1936 hatten erst 100 000 Juden Deutschland verlassen. Nach der »Kristallnacht« mit ihren Pogromen erreichte die Fluchtbewegung ihren Höhepunkt. Die meisten Juden fanden in den USA Zuflucht. Dann folgten Palästina und Lateinamerika. »Auf die Flucht folgte bei diesen Menschen meist eine prinzipielle Abwendung von Deutschland«, schreibt Hans-Albert Walter, »wenn auch nicht von der deutschen Sprache und Kultur. Sie gipfelte in dem Entschluß, nach dem Ende der faschistischen Diktatur nicht mehr in die alte Heimat zurückzukehren. Der Völkermord an der europäischen Judenheit hat diese Haltung – nur zu begreiflich – noch weiter gefestigt. Nach 1945 sind denn auch nur sehr wenige Angehörige der jüdischen Massenemigration nach Deutschland zurückgekehrt.«[4]

Die deutsch-jüdischen Schriftsteller, der deutschen Sprache und Kultur noch weitaus stärker verbunden als das Gros der deutschen Juden, entschlossen sich in ihrer überwiegenden Mehrheit erheblich früher zur Flucht. Doch auch von ihnen ahnten nicht alle die Katastrophe so deutlich voraus wie Joseph Roth. Er verließ Deutschland unmittelbar nach dem 30. Januar 1933. Aus Paris schrieb er Mitte Februar an Stefan Zweig: »Inzwischen wird Ihnen klar sein, daß wir großen Katastrophen zutreiben. Abgesehen von der privaten – unsere literarische und materielle Existenz ist ja vernichtet – führt das Ganze zum neuen Krieg. Ich gebe keinen Heller mehr für unser Leben. Es ist gelungen, die Barbarei regieren zu lassen. Machen Sie sich keine Illusionen. Die Hölle regiert.«[5]

Vor allem der Reichstagsbrand wurde von vielen als Signal für den Übergang zur offenen faschistischen Diktatur, begleitet von allen Erscheinungen des Terrors, gesehen. Bis Ende 1933 hatte »das Hauptpotential der Schriftsteller, die später die exilierte deutsche Literatur repräsentierten«,[6] Deutschland verlassen. Es war *die* deutsche Literatur des ersten Jahrhundertdrittels, die ins Exil getrieben wurde, eine Literatur, die ohne die jüdisch-deutschen Schriftsteller nicht denkbar ist.

Von den Schriftstellern abgesehen, deren Schicksale bereits an anderer Stelle erwähnt worden sind, mußten nach 1933 den Weg ins Exil antreten: der Romancier Martin Beradt (1881–1949), dessen Roman über das Berliner Scheunenviertel (»Die Straße der kleinen Ewigkeit«), im Exil vollendet, 1965 postum erschien; Bruno Frei (1897–1986), der 1950 seine Erinnerungen an das berüchtigte Internierungslager Vernet veröffentlichte; Martin Gumpert (1897–1955), Arzt und Schriftsteller, der 1939 seine Autobiographie »Hölle im Paradies« veröffentlichte; der Erzähler, Feuilletonist und Übersetzer Franz Hessel (1880–1941); der Romancier und Sachbuchautor Heinrich Eduard Jacob (1889–1967), ein vielseitiger Erzähler, dessen Roman »Blut und Zelluloid« (1930) große Aufmerksamkeit gefunden hatte; Henry William Katz (eigentlich Herz Wolff), 1906 in Galizien geboren, der für seinen Roman »Die Fischmanns« 1937 den Heinrich-Heine-Preis des »Schutzverbandes deutscher Schriftsteller im Exil« erhielt; der österreichische Lyriker Theodor Kramer (1897–1958); Werner Lansburgh (1912–1990), dem nach 40jährigem Exil in Schweden der literarische Durchbruch gelang. 1990 erschienen seine »Erinnerungen eines Berliners« unter dem Titel »Feuer kann man nicht verbrennen«; Heinz Liepmann (1905–1966), bekannt geworden durch seinen »Tatsachen-Roman aus dem heutigen Deutschland«, »Das Vaterland« (1933); Arthur Koestler (1905–1983) wurde durch seine Aufzeichnungen aus dem spanischen Bürgerkrieg (»Ein spanisches Testament«, 1937; dt. 1938), vor allem jedoch durch seine Abrechnung mit dem Stalinismus (»Sonnenfinsternis«, 1940; dt. 1946) bekannt; der Jurist und Schriftsteller Otto Mainzer, geboren 1903, schrieb während des Krieges sein Buch »Die sexuelle Zwangsherrschaft«, das erst 1982, sein voluminöser Roman »Prometheus« erst 1988 veröffentlicht wurde; der Schriftsteller, Journalist und Jurist (er verteidigte Carl von Ossietzky im »Weltbühnen-Prozeß«) Rudolf Olden (1885–1940) wurde vor allem durch sein Buch »Hitler« (1935) bekannt; Wilhelm Speyer (1887–1952), vor 1933 ein vielseitiger und erfolgreicher Autor, veröffentlichte sein bestes Buch, den Roman »Das Glück der Andernachs« 1947; Justin Steinfeld (1886–1970), Theatermann und Journalist, wurde erst 1984 bekannt, als sein Roman »Ein Mann liest Zeitung« aus dem Nachlaß publiziert wurde.

Des weiteren braucht man bloß die Namen Hannah Arendt, Walter Benjamin, Ernst Bloch, Siefried Kracauer, Ludwig Marcuse oder Hilde Spiel zu nennen, um zu verdeutlichen, wie eminent das kreative und intellektuelle Potential war, dessen die Nazis sich brutal entledigten. Die Liste ist unvollständig und ließe sich leicht um Namen wie Albert Neumann, Gabriele Tergit, Adrienne Thomas, Balder Olden, Grete Weil, Alice Rühle-Gerstel oder Alphons Goldschmidt ergänzen. Dazu kommen ungezählte Wissenschaftler, Kritiker, Journalisten, Regisseure, Schauspieler, Musiker und bildende Künstler. Sie wurden ihrer »Rasse« wegen verfolgt und vertrieben, im Nazireich, das nach dem Willen der Machthaber »judenrein« sein sollte, war ihr Leben »keinen Heller mehr wert«.

Der Geist von Weimar, nach Peter Gay eine Schöpfung von »Außenseitern – Demokraten, Kosmopoliten, Juden«[7], ging ins Exil: »Die Männer von Weimar zerstreuten sich und nahmen den Geist von Weimar mit in das Fabelreich der inneren Emigration, in den Tod im Vernichtungslager, in den Selbstmord... Andere aber entführten den Geist von Weimar ins Leben, in große Karrieren und angesehene Stellungen in Laboratorien und Krankenhäusern, in Presse, Theater und Universitäten und schufen diesem Geist dort im Exil seine wahre Heimat.«[8]

Angesichts jüdischer Emigranten in London notierte Stefan Zweig. Aber das Tragischste in dieser jüdischen Tragödie des zwanzigsten Jahrhunderts war, daß, die sie erlitten, keinen Sinn mehr in ihr finden konnten und keine Schuld.«[9]

Das persönliche Leiden und die Leiden ihres Volkes führten dazu, daß bei vielen deutsch-jüdischen Autoren alttestamentliche Gestalten wie Jeremias und Hiob oder die mythologische Figur des »Ewigen Juden« Ahasver als Deutungsmodelle erscheinen. Beispiele finden sich von Wassermann, Arnold Zweig, Joseph Roth bis zu Margarete Susmann, Karl Wolfskehl oder Nelly Sachs: »Dabei steht Hiob bei den deutsch-jüdischen Autoren keineswegs ausschließlich als Chiffre für das als Fügung hingenommene, sondern auch als Symbol des als Verhöhnung eigenen Leidens zurückgewiesenen Schicksals. Die Gestalt bedeutet nicht nur den Schmerzensmann..., sondern auch den unerbittlichen Frager nach der Gerechtigkeit und nach dem Sinn des verhängten Leidens...«[10]

Karl Wolfskehl, 1869 in Darmstadt geboren, 1948 im Exil in Neuseeland gestorben, ein Musterbild deutsch-jüdischen Dichtertums, hat wiederholt auf die 1000jährige Verwurzelung seines Geschlechts im Rheingau hingewiesen und die Dreieinigkeit »Jüdisch, römisch, deutsch zugleich« als Basis seines Schaffens bezeichnet. Als um so grausamer empfand er seine Vertreibung aus Deutschland. 1934 gab er in einem Gedicht »Am Seder zu sagen« (also für die Vigilie der Passah-Nacht bestimmt) seiner Erbitterung über die Vertreibung Ausdruck: »Immer wieder, wenn vom Wanderstaube / Müde wir geruht in Anderer Laube, / Riß der Andern Faust uns auf voll Droh'n: / Ihr gehört nicht her, macht euch davon! / Immer wieder.«[11] Als er 1944 sein bereits 1934 begonnenes Gedicht »An die Deutschen« (mit den bewegenden Anfangszeilen »Euer Wandel war der meine. / Eins mit euch auf Hieb und Stich«) abschloß, schrieb er: »Es steht alles darin, was ich, der mit einem Neffen, dem Sohn meines im Konzentrationslager gestorbenen Bruders, letzte Sprosse des ältesten rheinischen Judengeschlechts, dem Volk zu sagen habe, dem die Dichter, die Seher – und Hitler entstammen.«[12]

Der Beitrag deutsch-jüdischer Dichter zur Lyrik des Exils ist beträchtlich, die formale und thematische Spannbreite sehr groß. Sie reicht von den Pamphleten und Schmähgedichten Walter Mehrings und Albert Ehrensteins, der melancholischen Beschwörung der verlorenen Heimat bei Alfred Gong oder Ernst Waldinger bis zur mythischen Dichtung Yvan Golls und Nelly Sachs'. In Rose Ausländers Gedicht »Ein Tag im Exil« zeigt sich, wie stark dieser Autorin »das Bewußtsein eingeschrieben (ist), durch permanente Exilierung, Verfolgung und Tortur definiert zu sein«.[13]: »Ein Tag im Exil / Haus ohne Türen und Fenster / Auf weißer Tafel / mit Kohle verzeichnet / die Zeit [...][14]

Viele Gedichte sind Totenklagen, dem Gedenken der Opfer des eigenen Volkes gewidmet, wie »Der Ofen von Lublin« von Theodor Kramer, Nelly Sachs' »O der weinenden Kinder Nacht!«, Yvan Golls »Die Hochöfen des Schmerzes« oder Paul Celans »Todesfuge«. Mascha Kaléko (1907 bis 1975), aus Polen stammend, die 1933 mit ihrem »Lyrischen Stenogrammheft«, saloppen Großstadtgedichten, großen Erfolg hatte und 1938 nach New York emigrierte, gab einem Gedicht den Titel »Kaddisch« (Gebet der Söhne bei der Beerdigung der Eltern): »Rot schreit der Mohn auf Polens grünen Feldern, / in Polens schwarzen Wäldern lauert Tod. / Verwest die gelben Garben. / Die sie gesät, sie starben. / Die bleichen Mütter darben. / Die Kinder weinen: Brot [...]«[15]

Viele Schriftsteller wurden sich jetzt ihrer jüdischen Identität bewußt. Exil, Verfemung und das Schicksal ihres Volkes führte sie zu ihren jüdischen Wurzeln zurück. So entfremdet sie der jüdischen

Religion, wie stark sie auch assimiliert waren, jetzt empfanden sie sich als einer Schicksalsgemeinschaft zugehörig.

Hans Sahl, 1933 emigriert, sagte in einem Interview: »Erst durch Hitler wurde man daran erinnert, daß man Jude war.« Dabei kam Sahl immerhin aus einem Elternhaus, »in dem man vollkommen assimiliert war, deutsch fühlte, deutsch betete, deutsch dachte, Kaisertreue kultivierte, konservativ war. Mein Vater hat das jüdische Gebetbuch eingewickelt in Zeitungspapier, wenn er zum Gottesdienst ging.«[16]

Für viele deutsch-jüdische Schriftsteller war die Zeit der Vertreibung Anlaß, sich ihrer jüdischen Wurzeln zu vergewissern, sich der eigenen Herkunft zu erinnern. Der österreichische Lyriker Ernst Waldinger (1896–1970), 1938 in die USA emigriert, imaginiert in seinem Gedicht «Der Name Waldinger« einen Ahnen, der nach seinem Wohnsitz am Waldrand von einem kaiserlichen Beamten den Namen Waldinger zugewiesen bekam: »Der Jude war ein bäuerlicher Mann, / Vielleicht ein Ochsenhändler oder Wirt. / Die Frau zog Kohl im Garten oder spann; / Der braune Junge trieb als Geißenhirt / Die Ziegenschar den Eichenwald entlang. / Bedächtig war mein Ahne, schwer von Blut, / Ansonst ein Bauer; oftmals war ihm bang, / Vom alten Wissen ahnungsvoll zu Mut, / Wenn er, sich wiegend, seine Psalmen sang – / Was sann er, wenn von Dorf zu Dorf er ging? / Ob er dem Wundermann Baal Schem anhing? / Ich will's vermuten, doch ich weiß es nicht; / Doch glaubt' er sicher an das letzte Licht, / Den Retter Israels, voll Zuversicht.«[17]

Auch Anna Seghers machte im Exil die Erfahrung, daß sie ihrem Judentum nicht entfliehen konnte. Zwar wird man ein explizites Bekenntnis vergeblich suchen, doch seit Ende der 30er Jahre tauchen in ihren Büchern jüdische Probleme auf. Anna Seghers, als Netty Reiling 1900 in Mainz geboren, wuchs in einem orthodoxen jüdischen Elternhaus auf und trat 1928 in die KPD ein. Hans-Albert Walter, der auf die Problematik Judentum/kulturelles Deutschtum/Kommunismus aufmerksam gemacht hat, schreibt dazu: »Tatsächlich war der Eintritt in die KPD eine Distanzierung, sie selbst würde mit Marx gesagt haben: eine Emanzipation vom Judentum. Eine Emanzipation nicht nur vom orthodox-religiösen, vom zionistisch-nationalen oder vom bourgois-assimilatorischen Weg der Juden, sondern vom Judentum überhaupt.«[18] Doch auch im Falle von Anna Seghers zwang der Antisemitismus der Faschisten die Dissidentin zur Einsicht, daß sie in den Augen der feindlichen Umwelt Jüdin blieb. Angesichts des Holocaust »erlitt Anna Seghers die mörderische Dialektik des Antisemitismus an sich. Weil sie ihrem Judentum nicht hatte entfliehen können, war nun ihre unversehrbar geglaubte Identität als Deutsche bedroht.« Das mag sie zum Festhalten am Kommunismus, den stalinistischen Terror eingeschlossen, bewogen haben, »weil die Partei gewissermaßen für die Deutschen ›bürgte‹«[19]. Das Judentum als Identitätsproblem erscheint sowohl im »Siebten Kreuz« als auch in ihrem großen Emigrantenroman »Transit«.

Eines der großartigsten Exilbücher ist leider in Deutschland fast unbekannt geblieben: Robert Neumanns weitgespanntes Epos über die jüdische Diaspora, der zwar in deutscher Sprache geschriebene, jedoch 1939 zuerst in englischer Übersetzung erschienene Roman »An den Wassern von Babylon«. Die deutschsprachige Erstausgabe kam 1945 in Oxford heraus, und die 1954 bei Desch erschienene Ausgabe fand kaum ein Echo – ein Schicksal, das auch die Neuausgabe von 1987 erlitt.[20] Robert Neumann, 1897 in Wien geboren, 1934 nach England emigriert, nach 1945 in der Schweiz lebend, 1975 gestorben, war ein produktiver Schriftsteller und ist in Deutschland vor allem als Verfasser glänzender Literaturparodien bekannt geworden. Den Romancier hat man darüber vergessen – ein großes Unrecht, wie dieser Roman zeigt.

Die Rahmenhandlung spielt Anfang 1939 an der Grenze zwischen Ägypten und dem englischen Mandatsgebiet Palästina, die von englischen Soldaten bewacht wird, um Juden an der illegalen Einwanderung zu hindern. Beim Versuch, die Sperre zu umgehen, verunglückt ein Autobus, und die zehn jüdischen Insassen kommen ums Leben. Es folgen zehn Kapitel, in denen die Schicksale der Insassen beschrieben werden. Sie zeigen alle Facetten des Judentums, von der strengen Orthodoxie über die Spielarten der Assimilation bis zum Zionismus. Die einzelnen »Kurzromane« sind mit überlegener Meisterschaft gestaltet, grundiert von Ironie und makabrem Humor. Virtuos spielt Neumann mit literarischen Formen, und sein distanzierter Realismus bezwingt auch das Entsetzliche ohne Sentimentalität. Da ist der polnische Jude Wasservogel, der aus ungezählten Pogromen nur die nackte Haut gerettet hat, ein Bettler, dem nur ein Hemd und ein Buch jüdischer Mystik geblieben sind, ein debiler amerikanischer Boxer, ein junger englischer Lord, für den Antisemitismus ein Fremdwort ist, ein politisch indifferenter deutscher Schriftsteller oder eine junge Kommunistin in Österreich. Verschieden sind die Wege und Motive, die sie nach Palästina führen, und so hat jede Figur ihre scharf umrissene, ihrem Wesen entsprechende sprachlich nuanciert ausgeformte Individualität.

Fünf Jahre zuvor war Arnold Zweigs »Bilanz der deutschen Judenheit« erschienen, ein Buch, das die entscheidende Rolle betonte, welche die Juden bei der Entstehung des modernen Deutschland gespielt hatten; dennoch sah er in Palästina die einzige Lösung für das vom Faschismus bedrohte Judentum. Neumanns Roman zieht auf andere Weise Bilanz: Er zeigt noch einmal alle Brennpunkte jüdischer Existenz in der Diaspora.

Zweigs Buch endet optimistisch mit den Worten: »das Menschengeschlecht, Träger der Vernunft«, Neumanns Buch mit den Worten der göttlichen Verheißung »Aber deine Kinder werden nicht untergehen« – zwar würde das jüdische Volk überleben, so Neumanns Prognose, doch seine Reisenden ließ er das Gelobte Land nicht erreichen. Zwar sehen sie – wie Moses – das Land der Verheißung, doch sie ziehen nicht ein. Robert Neumann hatte den Sprung aus dem Deutschen ins Englische gewagt, auch das macht ihn zu einem Sonderfall: Er wurde zum englischen Schriftsteller. Viele seiner Werke erschienen zuerst in englischer Sprache. Für die allermeisten deutsch-jüdischen Schriftsteller ist jedoch die Bindung an die deutsche Sprache bezeichnend, die sie auch im Exil und angesichts der Verfolgung ihres Volkes nicht lösten.

Auf die existentielle Funktion der Muttersprache im Exil hat Berthold Viertel (1885–1953) in zahlreichen Gedichten hingewiesen. In einer Vorrede zu einer nie erschienenen Sammlung englisch geschriebener Erzählungen bemerkte er: »The root of my being was the German Language.«[21] Sein 1941 in New York erschienener Gedichtband »Fürchte dich nicht« enthält das Gedicht »Die deutsche Sprache«: »Daß ich bei Tag und Nacht / In dieser Sprache schreibe, / Ihr treuer als der Freundschaft und dem Weibe, / Es wird mir viel verdacht […]«[22]

Bei der Einwanderung in die »Alte Heimat« der Juden, Palästina, ergaben sich für zentraleuropäisch oder kosmopolitisch geprägte Schriftsteller durch die Begegnung mit dem Hebräischen, der Ursprache ihres Volkes, tiefgreifende Probleme. Die Verwurzelung in der deutschen Sprache war so tief, daß zum Beispiel Max Brod zwar ein enthusiastisches Bekenntnis zur hebräischen Sprache ablegte – aber in einem deutschen Gedicht: »Dreißig Jahre alt bin ich geworden, / Eh ich begann, die Sprache meines Volkes zu lernen. / Da war es mir, als sei ich dreißig Jahre lang taub gewesen.«[23] Brod wurde in Tel-Aviv Dramaturg des »Habimah«-Theaters, doch seine Bücher schrieb er ausschließlich in deutscher Sprache.

Für Arnold Zweig (1887–1968), der Ende 1933 nach Palästina eingewandert war, waren es nicht nur Sprachprobleme, die ihn dazu bewogen, Israel kurz nach der Staatsgründung wieder zu verlassen. Kaum ein anderer Schriftsteller des 20. Jahrhunderts scheint mit seinem Werk und seiner Persönlichkeit die These von einer deutsch-jüdischen Symbiose so eindrucksvoll zu bestätigen wie Zweig. Er war sich »der prekären Ambivalenz seiner Bewunderung der deutsch-abendländischen Kulturtradition sowie seiner jüdischen Außenseiterrolle nicht erst im Jahr 1933 bewußt... und (hat) zeit seines Lebens... immer wieder nach integrationistischen Konzepten gesucht, mit denen sich diese beiden Pole seiner Existenz auf einen Nenner bringen ließen.« So Jost Hermand in seiner Zweig-Studie.[24] Den traditionellen religiösen Bindungen früh entfremdet, hat er sein Judentum dennoch nicht zugunsten einer kritiklosen Verinnerlichung der deutschen Kultur verleugnet. Er war Zionist, der sich früh mit Auswanderungsplänen trug, doch stellte er nicht nationaljüdische Interessen über das universalistische Ethos des Judentums. Er war ein dem abendländischen Humanismus verpflichteter Weltbürger und hat doch in seinem Buch »Das ostjüdische Antlitz« (1920) die Würde des geschmähten Ostjudentums ohne Sentimentalität beschworen. Er war von der bürgerlichen deutschen Kultur geprägt, bemühte sich »um eine ideologische Synthese aus deutschem Kulturhumanismus, Landauerschem Sozialismus und linksorientiertem Zionismus«[25], doch er sah auch die Gefahren einer forcierten Assimilation angesichts eines latenten Antisemitismus, den er 1927 in seiner Schrift »Caliban« untersuchte, ein Freund gewidmeter »Versuch über die menschlichen Leidenschaften dargetan am Antisemitismus«. Zweig war Sozialist, Marxist, Freudianer, Zionist, doch vor allem Humanist, der sich seines Deutschtums *und* seines Judentums immer bewußt blieb. Im Sommer und Frühherbst 1933 schrieb Zweig im französischen Exil sein Buch »Bilanz der deutschen Judenheit«, das 1934 bei Querido in Amsterdam erschien. 1961 brachte der Melzer Verlag das Buch in der Textfassung von 1934 mit einem Vorwort Zweigs neu heraus – ohne nennenswerte öffentliche Resonanz.[26] 30 Jahre sollten vergehen, ehe es zu einer Neuausgabe jenes Buches kam, das ein »Klassiker jüdischer Selbstdarstellung und Geschichtsschreibung« ist. »Über die Jahrzehnte hinweg«, heißt es im Nachwort zu dieser Ausgabe, sei kein Buch erschienen, »das der Zweigschen ›Bilanz‹ ihre Unverwechselbarkeit genommen und deren Einzigartigkeit streitig gemacht hätte. Das gilt selbstredend für den politisch-historischen Atem der Schrift. Es trifft weiterhin auch auf die Breite der Fragestellung zu, mit welcher der Dichter den Leistungen der deutschen Juden in Vergangenheit und – seiner – Gegenwart nachspürte...«[27]

Zweig hatte sich drei Aufgaben gestellt: die Ursachen für den Untergang der Weimarer Republik und das Aufkommen des faschistischen Antisemitismus aufzudecken, die Leistungen der deutschen Juden zu bilanzieren und die Zukunftsmöglichkeiten der aus Deutschland ausgestoßenen Juden aufzuzeigen. Seine Antwort hieß: »Palästina, diese ›romantische Utopie‹, ist trotz aller Einwanderungsbeschränkungen in die Welt der kapitalistischen Krisen der einzige praktische Weg in die Zukunft: sowohl das einzige Land, in welchem die Krise bereits 1931 überwunden war, während überall noch Verzweiflung und Niedergang regierten – als auch das einzige, das der jüdischen Jugend Deutschlands mit Mut- und Zukunftshoffnung entgegenkommt.«[28] Seine Perspektive von diesem jüdischen Staat war eine sozialistische: »Eine sinnvollere Gesellschaftsordnung, eine sozialistische Welt wird die Befreiung aus diesem lasterhaften Zirkel von National- und Privategoismen bringen. Und unter den Kräften, die den besseren Neuaufbau der Menschheit heraufführen... wird neben dem Genius anderer Völker auch der jüdische dienen – oder es wird ihn nicht mehr geben.«[29] Er konzentrierte sich auf sein jüdisches Erbe und auf Palästina, das er im Sinne eines humanen Sozialismus gestalten wollte. Er war mit den besten Absichten nach Palästina gekommen. Doch bereits am 31. Dezember 1933 notierte er, kaum 14 Tage im Lande: »In Palästina. In der Fremde«. Er fühlte sich isoliert, ihm fehlte die gewohnte kulturelle Atmosphäre, fast niemand hatte Interesse an seinen Büchern. Sein Roman »Erziehung vor Verdun«, 1935 erschienen, wurde nicht ins Hebräische übersetzt. Man lehnte ihn als Autor ab, weil er an der deutschen Sprache festhielt, antifaschistische statt prozionistische Bücher schrieb. Man erwartete von ihm, daß er sich in den

Dienst der nationalen Sache stellen, Hebräisch lernen und sich zur jüdischen Religion bekehren solle. Doch für ihn bestand die »Lösung der Judenfrage« eben nicht »in der Verabsolutierung eines ›Judenstaates‹, sondern allein in der Schaffung einer wirklich menschlichen nach-kapitalistischen Gesellschaftsordnung in Europa, als der geschichtlichen Voraussetzung einer Anerkennung der Gruppen-Eigenart der Juden innerhalb der Nationen...« (Achim von Borries).[30] Am 1. September 1935 schrieb er an Freud: »Inzwischen durchlaufe ich mannigfache Krisen. Zum ersten Mal stelle ich ohne Affekt fest, daß ich hierher nicht gehöre. Das ist nach zwanzig Jahren Zionismus natürlich schwer zu glauben. Nicht etwa persönlich enttäuscht bin ich, denn es geht uns hier recht gut. Aber alles war irrig, was uns hierher brachte.«[31] Als deutschreibender Autor in Palästina, das erkannte er bald, gab es für ihn keine Zukunft. Doch erst drei Jahre nach Ende des Krieges, im April 1948, kehrte Zweig nach Berlin zurück. Er entschied sich für den östlichen Teil der Stadt. Nach 15 schwierigen Jahren in Palästina standen ihm 20 weitere nicht weniger problematische Jahre in der DDR bevor.

Für das Werk des Romanciers und Essayisten Elias Canetti spielte die deutsche Sprache ebenfalls eine entscheidende Rolle. Er wurde 1905 in Rustschuk in Bulgarien geboren, einer Vielvölkerstadt an der Donau, in der vor dem Ersten Weltkrieg Bulgaren, Türken, Griechen, Albaner, Armenier, Zigeuner und spanische Juden lebten. Die Spaniolen, sephardischen Ursprungs, waren nach 1492 aus Spanien vertrieben worden und in viele Länder Europas emigriert. Ihre Sprache, das Ladino, ein mit Hebraismen und türkischen Ausdrücken duchsetztes Spanisch, bildete Canettis erste Sprache. Doch die Eltern Canettis sprachen untereinander deutsch, und es war die Mutter, die dem Sohn in einer Art Radikalkur das Deutsche beibrachte, das für ihn »eine spät und unter wahrhaftigen Schmerzen eingepflanzte Muttersprache« wurde, wie er in seinem Erinnerungsbuch »Die gerettete Zunge« schrieb.[32] Die deutsche Sprache wurde seine geistige Heimat, die er nach den Schuljahren in Wien, Zürich, Frankfurt (1913 bis 1924) und nach 14 Jahren in Wien 1938 ins Londoner Exil mitnahm. Doch auch das andere, das spaniolische Erbe hat er sich bewahrt und die verschwundene Welt seiner Kindheit in seinen Büchern beschrieben: »Alles was ich später erlebt habe, war in Rustschuk schon einmal geschehen. Die übrige Welt hieß dort Europa, und wenn jemand die Donau hinauf nach Wien fuhr, sagte man, er fährt nach Europa...«[33] Obwohl es Deutsche waren, die Canettis angestammten Sprach- und Kulturraum verwüstet und das jüdische Volk gemordet hatten, hat er sich von ihrer Sprache nie losgesagt. 1944 schrieb er: »Die Sprache meines Geistes wird die deutsche bleiben, und zwar weil ich Jude bin. Was von dem auf jede Weise verheerten Land übrig bleibt, will ich als Jude in mir hüten. Auch *ihr* Schicksal ist meines; aber ich bringe noch ein allgemein menschliches Erbteil mit. Ich will ihrer Sprache zurückgeben, was ich ihr schulde. Ich will dazu beitragen, daß man ihnen für etwas Dank hat.«[34]

Auch Manès Sperber (1905–1984) hat die Welt seiner Kindheit im ersten Band seiner Erinnerungen »All das Vergangene...« (1974) beschworen. Es ist die Welt der ostgalizischen Kleinstadt Zablotow, einem »Schtetl«, in dem er als Sohn einer frommen jüdischen Familie geboren wurde. Auch er ging nach Wien, wo er Schüler und Mitarbeiter Alfred Adlers wurde. 1933 emigrierte er von Berlin nach Paris. Einige Arbeiten Sperbers sind in französischer Sprache erschienen, doch er blieb immer ein deutscher Schriftsteller, »der sich von einer Heimat nie losreißen konnte – der Welt zwischen Wien und Berlin«.[35] Die zentralen Themen seines Lebens und Schaffens waren Psychologie, Kommunismus und Judentum. Zur Psychologie hat er sich in mehreren Essaybänden geäußert, seine Abwendung vom Kommunismus in seinem dreiteiligen Romanepos »Wie eine Träne im Ozean« dargestellt. Zu seinem Judentum hat er angemerkt, er sei »ein ungläubiger Jude. Kein einziger der zahllosen Riten, die den Alltag und den Festtag der Gläubigen beherrschen, hat für mich noch Geltung. Desungeachtet habe ich nie die geringste Neigung empfunden, mein Judesein zu verleugnen oder mich ihm zu entfremden.« Für ihn sind die Juden diejenigen, die nicht zu bezeugen aufgehört haben, »daß der Messias noch nicht gekommen ist. Kein Opfertod, keine Erlöser-Gnade vollbringt sie so sehnsüchtig erwartete Wandlung, denn das Kommen des Messias hängt von uns selbst, von uns allein ab, von den Werken aller. Ich bin nie einer Idee begegnet, die mich so überwältigt und meinen Weg so bestimmt hat wie die Idee, daß diese Welt nicht so bleiben kann, wie sie ist, daß sie ganz anders werden kann und es werden wird. Diese einzige fordernde Gewißheit bestimmt, seit ich denken kann, mein Sein als Jude und Zeitgenosse.«[36]

Mit Manès Seperber ist einer der letzten großen jüdisch-deutschen Schriftsteller gestorben, die vom alten Europa geprägt waren und die eine Kultur repräsentierten, die von Deutschen und Juden gleichermaßen geschaffen und getragen wurde. Sie empfing ihre Impulse aus den Randgebieten der einstigen österreichischen Monarchie ebenso wie aus den Zentren Berlin, Wien und Prag. Der Zerstörung des alten Europa und die Vernichtung des europäischen Judentums durch die Nationalsozialisten waren der tiefste Einschnitt in der europäischen Geschichte. Am 4. Dezember 1945 sagte Rabbiner Leo Baeck in New York: »Für uns Juden aus Deutschland ist eine Geschichtsepoche zu Ende gegangen. Eine solche geht zu Ende, wenn immer eine Hoffnung, ein Glaube, eine Zuversicht endgültig zu Grabe getragen werden muß. Unser Glaube war es, daß deutscher und jüdischer Geist auf deutschem Boden sich treffen und durch ihre Vermählung zum Segen werden könnten. Dies war eine Illusion – die Epoche der Juden in Deutschland ist ein für alle Mal vorbei.«[37]

In diesem Zusammenhang muß an zwei große Schriftsteller erinnert werden, die jene deutsch-jüdische Kultur repräsentieren, die von den Nazis zerstört worden war. Beide stehen der These von einer deutsch-jüdischen Symbiose heute skeptisch gegenüber und würden wie Leo Baeck von einer Desillusionierung sprechen. Dennoch hat in ihrem Werk die Verschmelzung von jüdischem und deutschem Geist markanten Ausdruck gefunden. Sie gehören zu den letzten Schriftstellern dieses Typus und sind erst in den 80er Jahren dem Rang ihres Werkes gemäß gewürdigt worden: Hans Sahl und Albert Drach.

Sahl, 1902 in Dresden geboren, war nach dem Studium von 1924 bis 1932 Film-, Theater- und Literaturkritiker in Berlin und schrieb u. a. für das »Tage-Buch«. 1933 floh er über Prag und Zürich nach Paris und 1940 nach Marseille. Mit einem der letzten Schiffe entkam er nach New York. Nach 1945 war er als Korrespondent deutscher Zeitungen und als Übersetzer in New York tätig. 1989 kehrte er nach Deutschland zurück.

Als 1959 sein Exil-Roman »Die Wenigen und die Vielen« erschien, fand er kaum ein Echo. Der S. Fischer Verlag verkaufte von diesem Buch, das zu den bedeutendsten Zeugnissen der Exilliteratur gehört, nicht mehr als 900 Exemplare. Der Held des Buches, der Schriftsteller Georg Kobbe, ist ein Einzelgänger zwischen den Fronten und Parteien, den in New York die Erinnerungen an sein früheres Leben in Europa verfolgen. Er fühlt sich in keiner Ideologie oder Religion zu Hause, isoliert von seinen Schicksalsgefährten und muß am Ende erkennen, daß sein Exil weit mehr ist als eine Verbannung auf Zeit: »...er wußte, daß er hierbleiben und daß das Exil nie aufhören würde, solange er lebte... Es war nicht mehr an irgendein Land gebunden, es war ein geistiger Zustand, eine Lebensform geworden, eine Art von passivem Widerstand gegen eine Welt, die nur noch in Kräften und Gegenkräften, in Bewegungen und Gegenbewegungen dachte...«[38]

In seinen Erinnerungen, deren erster Teil »Memoiren eines Moralisten« betitelt ist und 1983 erschien, beschreibt er seinen Lebensweg. Es ist der eines Einzelgängers, eines Nonkonformisten, der die Fragwürdigkeit der Existenz erkannte, aber akzeptierte und zu seinem Thema machte. Spätestens nach dem Erscheinen des zweiten Teils (»Das Exil im Exil«, 1990) scheint Sahl die Anerkennung und Publizität zuteil zu werden, die er und sein Werk verdienen. Auch als Lyriker ist er dem deutschen Publikum erst spät bekannt geworden. Er ist ein »Zeit-Lyriker« im echten Sinn, der sich weniger mit »zeitlosen«, sondern in erster Linie mit aktuellen Zeitfragen auseinandersetzte. Auf Adornos Meinung, es sei barbarisch, nach Auschwitz Gedichte zu schreiben, hat er lakonisch geantwortet: »Wir glauben, daß Gedichte / überhaupt erst jetzt wieder möglich / geworden sind, insofern nämlich als / nur im Gedicht sich sagen läßt, / was sonst / jeder Beschreibung spottet.«[39]

Im Rückblick sagte Sahl zur Beziehung zwischen Juden und Deutschen in einem Interview: »Tragisch ist, daß die Begegnung von zwei Geistesrichtungen, die einander so großartig ergänzten, auf eine so grausame Weise zerstört wurde. Ich habe versucht, dies in vielem, was ich schreibe, auszudrücken, in meinen Theaterstücken und Essays, in der Lyrik und in der Prosa. Natürlich ist der Schaden irreparabel. Wiedergutmachung kann es nur finanziell geben. Geschichte geschieht, sie kann nicht rückgängig gemacht werden.«[40]

Als 1964 Albert Drachs erster Roman »Das große Protokoll gegen Zwetschkenbaum« erschien, feierte die Kritik einen Autor, der bis dahin fast unbekannt gewesen war, obgleich er schon Gedichte und ein Theaterstück veröffentlicht hatte. Man sah ihn in einer Reihe mit Canetti und Doderer. Als Drach 34 Jahre später, als er längst auf ein umfangreiches Werk zurückblicken konnte, den

Georg-Büchner-Preis erhielt, war er aus dem literarischen Bewußtsein schon fast wieder verschwunden. Dieser eigenwillige Erzähler und Dramatiker, der beim Erscheinen seines ersten Romans bereits 62 Jahre alt war, wurde 1902 in Wien geboren. Bis 1938 lebte er als Rechtsanwalt in Mödling bei Wien. Er flüchtete vor der Gestapo über Jugoslawien nach Paris und weiter nach Nizza, wo er in einem nahen Gebirgsdorf Unterschlupf fand. Es gelang ihm, die Vichy-Regierung davon zu überzeugen, daß die auf seinem Heimatschein mit dem Kürzel »I.K.G.« bezeichnete Konfession ihn nicht als Juden (Israelische Kultusgemeinde) ausweise, sondern mit »im katholischen Glauben« zu übersetzen sei. Wie er auf abenteuerliche Weise seinen Häschern entkam, hat er in seinem Bericht »Unsentimentale Reise« (1966; 1988) verschlüsselt beschrieben. 1947 kehrte er nach Mödling zurück, wo er, inzwischen fast völlig erblindet, lebt.

Die Zeit zwischen 1935 und seiner Flucht hat Drach in seinem »Protokoll« genannten Buch »›Z.Z.‹ das ist die Zwischenzeit« (1968; 1990) beschrieben. In dieser Vorgeschichte des Exils, in der dritten Person verfaßt (Drach nennt sich »der Sohn«) schildert er den Tod des Vaters, die Erlebnisse des jungen Anwalts und das Schicksal seiner Mutter, die er zurückließ. Er tut das in einem eigenen, unverwechselbaren lakonisch-ironischen Stil, der mehr ist als eine bloße Parodie des gekünstelten, ausgedörrten österreichischen Kanzleistils. Diese Schreibweise, bereits im »Protokoll gegen Zwetschkenbaum« voll entfaltet, verzichtet bewußt auf Eleganz und Wohlklang. Dieser ausgeklügelte Protokollstil widersetzt sich der raschen Rezeption, er verfremdet und pointiert dadurch umso mehr das Ungeheuerliche des Erzählten. Tragische und komische Ereignisse werden dem gleichen Stilwillen unterworfen: »Selbst die schauerlichsten Handlungen, zu denen Menschen fähig sind, werden bei Drach in einen grammatikalisch strengen, humoristischen Stil gebracht, der Phantasie und Ratio des Lesers gleichermaßen durch das vielfältig Implizierte, Mitgedachte und Mitgesagte anregt« (André Fischer).[41]

In »Z.Z.« wird der Sohn von Nazis gezwungen, auf eine Leiter zu steigen und den Satz »Nur ein Schwein kauft bei einem Juden ein!« auf das Ladenschild eines jüdischen Geschäftes zu malen:

»Aber auch oben angelangt, schrieb er von den Worten, die den Geschäftsinhaber in den Augen der Kundschaft herabsetzen sollten, zunächst bloß den Anfangsbuchstaben der Einleitungssilbe ›Nur‹. Weil nun aber bereits das erste ›N‹ vom Sohne so groß ausgeführt wurde, daß zu besorgen stand, er werde nicht den ganzen Satz hinbringen, ordnete der Schneider eine kleinere Schreibweise an, worauf das ›U‹ so winzig ausfiel, daß es kaum mehr mit freiem Auge auszunehmen war. Als daraufhin der Schlosser auch diese Schriftart beanstandete, erklärte der Sohn, möglicherweise nicht ohne Beziehung im Tonfall auf den herrschenden Zeitgenossen, welcher derlei Metier aus früherer Ausübung beherrschte, daß er einerseits eben kein gelernter Anstreicher sei, daher die einschlägigen Maßstäbe anzuwenden nicht in der Lage wäre.«[42]

Auf diese Weise erzählt Drach von der Demütigung, Ausgrenzung, Beraubung, Einkerkerung, Vertreibung und Ermordung der Juden. Die Welt in der Drach'schen Perspektive hat keine Tragik, sie ist absurd, unerklärlich und unerbittlich. Drach schafft in seinen Büchern eine neue Realität, indem er die wahrnehmbare ad absurdum führt. In dieser Welt ist der Tod ein Posten in einer Statistik. Für Drach gibt es keine »heiklen Themen«, die man aussparen oder zumindest »angemessen« behandeln muß. Juden werden »zu Verbrennungszwecken« in Lager überstellt oder sie kommen dorthin, wo sie »vermittelst vorgehabter Rassentrennung nur als Seife oder zur Düngung dienen.« Drach erlaubt sich einen zynischen Humor, der jedes Pathos, jede Anteilnahme beim Leser ausschließt. Er kann das Unbeschreibbare nur in der Rhetorik des Zynismus wiedergeben. Er macht der unmenschlichen Welt den Prozeß und spricht sie schuldig. Im »Protokoll gegen Zwetschkenbaum« hat er die Odyssee eines kleinen ostjüdischen Händlers beschrieben, der in den Mahlwerken der österreichischen Justiz rettungslos gefangen ist. Nichts anderes als der Diebstahl einer Zwetschke hat ihn der Polizei ausgeliefert, und die Bürokratie verfertigt so lange Protokolle, bis sie einen Verbrecher aus ihm gemacht hat. Einem hilflosen, einfältigen Juden hat Drach mit diesem Buch ein Denkmal gesetzt, einem armen Mann, der von Anfang an ohne Chance ist. Er ist der Vorläufer ungezählter Leidensgefährten, die in den Statistiken der späteren Massenmörder nur eine Nummer waren.

XII.
Nach dem Holocaust

1.

*Die Überlebenden: Paul Celan – Rose Ausländer – Peter Weiss –
H. G. Adler – Jurek Becker – Edgar Hilsenrath – Hilde Domin –
Günther Kunert, Erich Fried – Wolf Biermann –
Stefan Heym – Wolfgang Hildesheimer*

Bis 1933 gab es eine deutsch-jüdische Literatur, die eine »offene,
positive Zukunft« (R. Rürup) zu haben schien. Noch 1922 sprach
Gustav Krojanker von einer »unlösbaren Zugehörigkeit der Juden
zur deutschen Kultur«, die so selbstverständlich sei, »daß vom
Trennenden getrost die Rede sein kann, und wo der Deutsche den
Mitbürger gerade auch wegen seiner Andersartigkeit schätzt«.[1]
Diese optimistische Einschätzung wurde von den Nazis brutal widerlegt. Mit dem Untergang der Weimarer Republik zerbrach auch
das zerbrechliche Gebilde einer deutsch-jüdischen Symbiose. Die
Nationalsozialisten erklärten den Juden den Krieg, und am Ende
dieser Kriegserklärung stand millionenfacher Mord. Die Vernichtung der europäischen Juden setzte der 150jährigen Geistesbeziehung zwischen Juden und Deutschen ein grausiges Ende. Die Skepsis jener jüdischen Kritiker schien bestätigt, die wie Alex Bein die
Meinung vertreten hatten, es sei »nie ein wirkliches Gespräch zwischen den Juden und den Nichtjuden zustande (gekommen), kein
deutsch-jüdischer, auch kein christlich-jüdischer Dialog im wahren
Sinne des Wortes«. Es seien »bestenfalls mehr oder weniger aufrich-
tige Monologe gesprochen (worden)«.[2] Doch trotz allem kann man
von einem Epilog zu diesem letzten Kapitel deutsch-jüdischer Literatur sprechen: es gab eine kleine Gruppe Überlebender, »die dem
Ort entgangen sind, für den sie bestimmt waren, und die dennoch
nicht aufhören können zu schreiben in deutscher Sprache« (Marcel
Reich-Ranicki).[3]

Da war zum einen jene ältere Generation exilierter deutsch-jüdischer Autoren wie Alfred Döblin, Arnold Zweig, Lion Feuchtwanger, Elias Canetti, Albert Drach oder Hans Sahl, die ihren Platz in
der deutschen Nachkriegsliteratur beanspruchten. Doch sie teilten

das Schicksal der nichtjüdischen Exilautoren: ihre Bücher und Erfahrungen waren wenig gefragt, die Verlage verhielten sich zurückhaltend, und das Lesepublikum war mehr an den Autoren der »Inneren Emigration« und an der Moderne des Auslandes interessiert. Während man im westlichen Teil Deutschlands den heimgekehrten Emigranten mit Aversionen und Ressentiments begegnete, betonte man in der SBZ und späterer DDR von Anfang an die Kontinuität von Exil und eigener Entwicklung. Dort war der Neubeginn des kulturellen Lebens von Emigranten geprägt.

Doch dazu kamen die deutsch-jüdischen Autoren der mittleren Nachkriegsgeneration wie Stefan Heym, Hilde Domin, Wolfgang Hildesheimer, Edgar Hilsenrath oder Peter Weiß, bei denen wir es »mit der letzten, der allerletzen Generation deutsch-schreibender Juden zu tun« haben, wie Marcel Reich-Ranicki meinte.[4] Diese Schriftsteller wurden in den ersten beiden Jahrzehnten des Jahrhunderts geboren, sie haben Verfolgung, Deportierung, Inhaftierung und Exilierung kennengelernt und meist erst im Exil oder nach 1945 zu schreiben begonnen.

Der Holocaust, dem sie entkommen waren, hat Leben und Werk dieser Schriftsteller geprägt. Auch wenn sie der jüdischen Kultur und Religion entfremdet waren, empfanden doch viele die Schuld, vor dem kollektiv-jüdischen Schicksal bewahrt geblieben und nur durch Zufall kein Opfer geworden zu sein. Vielen wurde gerade dadurch, daß sie überlebt hatten, zum Bewußtsein gebracht, daß sie Juden waren. Jean Améry (1912–1978), der die Konzentrationslager Auschwitz, Buchenwald und Bergen-Belsen überlebte, schrieb, »daß mein Judentum in Auschwitz für mich jene endgültige Gestalt annahm, die es bis heute behielt«.[5] Freilich habe er sich kein »Judentum im Sinne historischer Tradition und positiver existentieller Lebensbasis« erworben, sondern das einzige, »was mich positiv mit der Mehrzahl aller Juden der Welt verbindet, ist eine Solidarität, die ich mir längst nicht mehr als Pflicht gebieten muß, und namentlich die mit dem Staat Israel«.[6]

Amerys Bekenntnis findet sich in dem aufschlußreichen Sammelband »Mein Judentum«, den Hans Jürgen Schultz 1978 herausgab. Alle Autoren, die dort über ihre Identität sprechen, akzeptieren ihren Sonderstatus des Judeseins, ob gläubig oder ungläubig, voll assimiliert oder orthodox, konservativ oder links orientiert. Manés Sperber sieht sich als »ungläubiger Jude«: »Kein einziger der zahllosen Riten, die den Alltag und den Festtag der Gläubigen beherrschen, hat für mich noch Geltung. Desungeachtet habe ich nie die geringste Neigung empfunden, mein Judesein zu verleugnen oder mich ihm zu entfremden.«[7] Die Scham, verschont worden zu sein, wurde für viele Autoren zum Ausgangspunkt ihres Schreibens. Sie empfanden sich als »Letzte«. Günther Anders spricht davon, er selbst und die anderen Überlebenden seien »Letzte, nämlich letzte Juden, die sich einmal, und zwar mit Recht, ›deutsche Juden‹ genannt haben, die in Symbiose – ein besseres als dieses fragwürdige Wort gibt es nicht – mit den Deutschen gelebt zu haben... Als Letzte blicken wir zurück auf unsere Vorfahren: die Mendelssohns und Heines und Marxs und Einsteins wissen: Nach uns kommt keiner mehr, der sich als deutscher Jude bezeichnen und fühlen oder gar in die deutsche Geschichte eingehen wird.«[8]

Problematisch blieb das Verhältnis zur deutschen Sprache, der Sprache der Mörder, einem stigmatisierten Medium, dem sich mancher Autor nur schwer wieder nähern konnte. Peter Weiss veröffentlichte seine ersten Bücher auf schwedisch, Arthur Koestler und Stefan Heym schrieben englisch und deutsch, Jakov Lind veröffentlichte seinen Erzählungsband »Eine Seele aus Holz« (1962) auf deutsch, sein »Selbstporträt« jedoch 1969 in englischer Sprache. In der deutschen Ausgabe von 1970 merkt der Autor an, er habe das Buch auf deutsch nicht schreiben können, denn »ich brauchte die Distanz zum Thema.« George Arthur Goldschmidt, 1928 in Hamburg geboren, der die Judenverfolgung in einem Heim in Savoyen überlebte, veröffentlichte zunächst zwei autobiographische Bücher in französischer Sprache, ehe er mit »Die Absonderung« (1991) zum Deutschen zurückfand.

Auch das Verhältnis zu Deutschland blieb distanziert. Ilse Aichinger lebt in Wien, Wolfgang Hildesheimer wohnte in der Schweiz, Peter Weiss in Schweden, H. G. Adler und Erich Fried blieben nach 1945 in London. Edgar Hilsenrath kehrte erst 1975, Günther Anders 1950 aus den USA, Hilde Domin 1954 aus der Dominikanischen Republik, Max Fürst 1950 aus Palästina zurück. Andere wie Arnold Zweig, Anna Seghers, Stephan Hermlin oder Stefan Heym entschieden sich für den Osten Deutschlands.

Unbequemer Kritiker jüdischer Herkunft hat die DDR freilich später rasch entledigt, wie die Beispiele Wolf Biermann, Jurek Becker, Thomas Brasch oder Günter Kunert zeigen.

Nach Marcel Reich-Ranicki sind die deutsch-jüdischen Autoren der mittleren Nachkriegsgeneration trotz aller Erfolge und Anerkennungen »Außenseiter und Randfiguren« geblieben: »Denn was sie schreiben, befremdet und muß wohl auch befremden. Wer zum Tode verurteilt war, bleibt ein Gezeichneter. Wer zufällig verschont wurde, während man die Seinen gemordet hat, kann nicht in Frieden mit sich selber leben. Wer vertrieben wurde, bleibt für immer nicht nur ein Vertriebener, sondern auch und vor allem ein Getriebener.«[9] Gleichwohl haben sie die deutsche Literatur nach 1945 mitgeprägt, und nicht wenige ihrer Bücher, durchaus nicht alle mit »jüdischer« Thematik, bezeichnen wichtige Wegmarken der literarischen Entwicklung. Genannt seien Ilse Aichingers Roman »Die größere Hoffnung« (1948), Paul Celans Gedichtband »Mohn und Gedächtnis« (1952), Günther Anders' Untersuchung »Die Antiquiertheit des Menschen« (1956), Erich Frieds »Warngedichte« (1965), Wolfgang Hildesheimers »Tynset« (1965), Peter Weiss' Theaterstück »Die Ermittlung« (1965), Jurek Beckers Romans »Jakob der Lügner« (1969), Wolf Biermanns »Für meine Genossen« (1972), Edgar Hilsenraths Ghetto-Roman »Nacht« (1978), Stephan Hermlins autobiographische Prosa »Abendlicht« (1979) oder Stefan Hemys Roman »Ahasver« (1981). Überaus diffizil ist die Frage nach der »jüdischen« Komponente im Werk dieser durch den Holocaust geprägten Autoren. Marcel Reich-Ranicki hat darauf hingewiesen, daß die deutsche Literaturwissenschaft hier vor großen und schwierigen Aufgaben stehe: »Versäumtes gilt es nachzuholen, Aspekte also aufzudecken, die man bisher, aus welchen Gründen auch immer, ausgeklammert oder bagatellisiert oder auch tendenziös dargestellt hat.« Kein Problem in der deutschen Literaturgeschichte sei indes »so ungeheuer belastet« wie die Frage nach der jüdischen Komponente im Werk vieler Schriftsteller.[10]

1952 erschien der Gedichtband »Mohn und Gedächtnis« des Lyrikers Paul Celan, der ihn berühmt machte. Heute zählt man ihn zu den größten Dichtern des 20. Jahrhunderts. Celan (eigentlich Paul Antschel; rumänisch:Ancel) wurde 1920 in Czernowitz geboren. Er lebte seit 1941 mit seinen Eltern im Ghetto von Czernowitz. 1942 wurden seine Eltern in ein Konzentrationslager am Bug deportiert und dort im selben Jahr ermordet. Celan entging der Deportation und kam später in ein rumänisches Arbeitslager. 1947 übersiedelte er nach Wien, 1948 nach Paris, wo er sich 1970 das Leben nahm.

Eine Interpretation des komplexen Werkes von Paul Celan, die sein Judentum ignoriert, ist kaum denkbar; andererseits hat er selbst davor gewarnt, seine »Gedichte auf das Judentum oder das ›jüdische Schicksal‹ festlegen zu wollen.«[11] Jüdische Themen, Bilder, Chiffren, Traditionspartikel bilden jedoch eine wichtige Bedeutungsschicht. Er sah sich immer »allein mit den jüdischen Gräbern«, in der Identifikation mit seinem Volk und der Solidarität mit den Opfern. Seinem Werk bleibe, wie er sagte, die »historische Zeit eingeschrieben«, der Holocaust, der über sein Schicksl entschieden habe, auch wenn er ihm entkam. In einem Gedicht des Bandes »Von Schwelle zu Schwelle« (1955) hießt es: »Welches der Worte du sprichst – / du dankst / dem Verderben.«[12]

In »Mohn und Gedächtnis« findet sich neben älteren Gedichten auch die »Todesfuge«, jener oft zitierte Text, der wichtige Motive dem Gedicht »Er« von Immanuel Weissglas verdankt, einem Schulfreund Celans. Die suggestive Wirkung dieses 1945 entstandenen Gedichts beruht nicht zuletzt auf der subtilen Verwendung des Kontrapunktes, der in einem pervertierten Zusammenspiel die Stimmen der Mörder und der Opfer in Beziehung setzt. Im späteren Werk Celans verschwand die Musikalität, und die Metaphorik wurde karger. Seine radikal betriebene Sprachkritik führte Celan in die äußerste Verknappung und Chiffrierung, so daß viele Texte schwer zu entschlüsseln sind. Es ist gewiß keine Übertreibung, wenn man Celans Werk die »epochale Trauerarbeit eines europäischen Juden im Medium des deutschen Gedichts« genannt hat.[13]

1965 erschien der Gedichtband »Blinder Sommer« von Rose Ausländer (1901–1988), dessen dritter Teil Gedichte über Kindheit und Jugend in der Bukowina, Judentum und Verfolgung bilden, die 1956/57 in New York entstanden waren. Rose Ausländer wurde in Czernowitz geboren, wanderte 1921 in die USA aus, kehrte jedoch wegen Krankheit der Mutter 1931 zurück. Alfred Margul-Sperber gab 1939 ihren ersten Gedichtband heraus. Von 1941 bis 1944 lebte sie im Ghetto von Czernowitz, ab 1943 in Kellern versteckt. Zusammen mit 5000 von ehemals 60000 Juden überlebte sie die Naziherrschaft. 1944 lernte sie Paul Celan kennen. 1946 wanderte sie abermals in die USA aus, kehrte 1964 nach Europa zurück und wohnte seit 1965 im Altenheim der Jüdischen Gemeinde Düsseldorf, wo sie 1988 gestorben ist. Inzwischen liegt ihr Gesamtwerk im S. Fischer Verlag vollständig vor.

In dem Band »Gesammelte Gedichte« (1976, erweitert 1978) schrieb sie: »Warum ich schreibe? Vielleicht weil ich in Czernowitz zur Welt kam, weil die Welt in Czernowitz zu mir kam. Jene besondere Landschaft. Die besonderen Menschen. Märchen und Mythen lagen in der Luft, man atmete sie ein.«[14]

Nicht zuletzt unter dem Einfluß Celans wandte sie sich vom romantisch getönten Stil ihrer frühen Lyrik ab, begann in »ihren Versen elliptische Bilder, enigmatische Metaphern und Neologismen zu verwenden, griff jedoch manche Themen und Bilder der Frühdichtung auf« (Amy Colin).[15] Ähnlich wie Celan analysierte sie die deutsche Sprache, die von den Nazis und ihren Untaten stigmatisiert war, versuchte die Wörter von negativen Nebenbedeutungen zu reinigen und sie zu neuen, »unbelasteten« Konstellationen zusammenzufügen. Neben Celan und Nelly Sachs hat sie die poetisch überzeugendste Antwort auf die Frage gegeben, wie der Dichter den Völkermord »zur Sprache bringen« könne.

Im Oktober 1965 wurde »Die Ermittlung« von Peter Weiss, ein »Oratorium in 11 Gesängen«, unter der Regie von Erwin Piscator an der Freien Volksbühne in Berlin uraufgeführt. In diesem vieldiskutierten Stück versuchte Weiss, gestützt auf das Material des Frankfurter Auschwitz-Prozesses, die Strukturen eines Systems der Gewalt offenzulegen. Während manche Kritiker behaupteten, Weiss habe um der politischen Wirkung willen aus dokumentarischen Materialien parteilich ausgewählt oder lediglich Protokolle in Verse gesetzt, attestierte Walter Jens dem Stück, es bestehe »aus einer mit hohem Kunstverstand exakt ausgeklügelte Bilderabfolge, die das Häftlingsschicksal, im Stil eines konsequent durchgeführten Dante-Zitats, von der Rampe bis in die Todeskammer verfolgt.«[16] Das Stück ist keineswegs ein Oratorium über den Massenmord an den Juden (Die Wörter »Jude« oder »jüdisch« kommen nicht vor), sondern die »Todesfabrik« Auschwitz steht stellvertretend für ein »universales KZ« (Weiss). Es ist als Versuch anzusehen, »die orthodox-marxistische Auffassung vom Faschismus als einer notwendigen Hervorbringung des krisenhaft erschütterten Kapitlismus mit der sozialisationsgeschichtlich verbürgten... Deutung des totalen und sich geschlossenen Gewaltsystems zu fusionieren« (Jochen Vogt).[17]

Peter Weiss (1916–1982), als Sohn eines jüdischen Fabrikanten geboren, der sich und seine Kinder 1920 taufen ließ, war dem Judentum gänzlich entfremdet. In der liberal-deutschen Familie, in der er aufwuchs, spielte das Judentum keine Rolle. Doch als er als Siebzehnjähriger darüber aufgeklärt wurde, daß sein Vater Jude sei, galt ihm das, wie er in »Abschied von den Eltern« (1961) schrieb, als »eine Bestätigung für etwas, das sich seit langem geahnt hatte. Verleugnete Erfahrungen lebten in mir auf, ich begann meine Vergangenheit zu verstehen, ich dachte an die Rudel der Verfolger, die mich auf den Straßen verhöhnt und gesteinigt hatten... und so war ich mit einem Male ganz auf der Seite der Unterlegenen und Ausgestoßenen, doch ich verstand noch nicht, daß dies meine Rettung war.«[18] In »Fluchtpunkt« (1962) formuliert Weiss dann das Gefühl der Schuld, nur durch einen Zufall kein Opfer geworden zu sein: »Lange trug ich die Schuld, daß ich nicht zu denen gehörte, die die Nummer der Entwertung ins Fleisch eingebrannt bekommen hatten, daß ich entwichen und zum Zuschauer verurteilt worden war. Ich war aufgewachsen, um vernichtet zu werden, doch ich war der Vernichtung entgangen. Ich war geflohen und hatte mich verkrochen. Ich hätte umkommen müssen, ich hätte mich opfern müssen, und wenn ich nicht gefangen und ermordet, oder auf einem Schlachtfeld erschossen worden war, so mußte ich zumindest meine Schuld tragen, das war das letzte, was von mir verlangt wurde.«[19]

1964 verfaßte Weiss nach einem Besuch in Auschwitz den Prosatext »Meine Ortschaft«, und diese nüchterne Beschreibung wurde zu einer existentiellen Ortsbestimmung seiner Person. Die wirklichen Wohnorte seines Lebens verblassen, werden zu »blinden Flecken, und nur eine Ortschaft, in der ich nur einen Tag lang war, bleibt bestehen... Ich habe selbst in dieser Ortschaft nichts erfahren. Ich habe keine andere Beziehung zu ihr, als daß mein Name auf den Listen derer stand, die dorthin für immer übersiedelt werden sollten.«[20] Auschwitz, der Ort der Vernichtung, wurde für Weiss zu einem »festen Punkt in der Topographie meines Lebens.«[21] Diese Erkenntnis warf ihn indes nicht auf seine jüdische Identität zurück. An ihre Stelle tritt das Schuldsyndrom und die zu selben Zeit vollzogene Hinwendung zum Sozialismus. Dessen Ideologie diente ihm jetzt als Erklärungsmuster für *alle* Verfolgungen.

Weiss, der 1934 über London nach Prag und 1939 nach Schweden emigrierte, der schwedischer Staatsbürger wurde und schwedisch zu schreiben begann, erwog die Rückkehr nach Deutschland immer wieder, konnte sich aber nicht dazu entschließen. Seine Biographie ist nach Marcel Reich-Ranicki »die Geschichte eines Mannes, der ein Leben lang auf der Suche nach einer Heimat war – und der sie schließlich gefunden hat. Aber seine Heimat war nicht ein Land und nicht etwa eine Ideologie. Vielmehr war es die Kultur, die ihm schließlich Schutz bot.«[22]

H. G. Adler, 1919 in Prag geboren, arbeitete nach dem Studium an der Prager Universität in den Büchersammlungen der Prager jüdischen Kultusgemeinde, bis man ihn und seine Frau 1942 nach Theresienstadt und im Oktober 1944 nach Auschwitz deportierte. Dort wurden seine Frau und seine Eltern umgebracht. Ihn selbst transportierte man weiter ins Lager Buchenwald-Niederorschel, wo er bis 1945 in der unterirdischen Fabrik arbeitete. Zwei Wochen vor dem kommunistischen Putsch gelang es ihm, von Prag nach London zu reisen; dort begann er zu schreiben. Adler wurde vor allem durch seine wissenschaftlichen Werke benannt (»Der verwaltete Mensch. Studien zur Deportation der Juden aus Deutschland«, 1974).

1948 schrieb er die erste Fassung seines Romans »Panorama«. Das Buch erschien dann 1968 in der dritten Fassung. Dieser »mit Autobiographischem getränkte Roman« (Adler) beschreibt in zehn Bildern den Lebensweg des Josef Kramer: Zögling eines Internates, Mitglied der Bündischen Jugend, Hauslehrer, Angestellter in einem Volksbildungsinstitut, Gefangener in einem Arbeitslager, Insasse eines Konzentrationslagers.

Die eigentümliche Atmosphäre des Buches, dem detaillierte Beschreibungen und unmittelbare Realitätswiedergabe fehlen, ist in der introvertierten Haltung des Erzählers begründet, der wie der Besucher eines Panoramas fortwährend Bilder in sich aufnimmt, doch nicht darauf reagiert, sondern sich unausgesetzt selbst beobachtet. Nach Peter Demetz hat der Held »keine sinnliche Haut, die auf die Reize und die Herausforderungen der Welt antwortet, sondern ein Bewußtsein seines Denkens, das von der Fülle und Folge der Gedanken geradezu birst.«[23] So ist das Buch ein einziger innerer Monolog, Abbildung eines Bewußtseinsprozesses, der vergegenwärtigt wird mit einer subtilen Sensibilität für die gesprochene Sprache, das Deutsch der Prager Juden. Adlers Buch ist soweit ein Entwicklungsroman, als im letzten Kapitel die Endstufe eines Prozesses erreicht und ein philosophisches Fazit gezogen wird; jedoch das Fundament für die Entschlüsse des Helden ist bereits früher gelegt.

In allen Phasen seines Lebens ist Josef von Menschen umgeben und doch einsam gewesen. Das Buch beschreibt die Überwindung dieser Einsamkeit. Dem Konzentrationslager entronnen und wiederum isoliert zurückgeblieben, verfällt Josef weder in Hoffnungslosigkeit noch in Zynismus. Er will sich weder in die Erinnerung an das vergangene Grauen flüchten noch sich durch die Angst vor der Zukunft betäuben lassen. Er will »keinen vor schaler Billigkeit lahmen Optimismus und keinen Selbstbetrug«; er sucht und findet eine »Sinngebung, die auch im Panorama gilt, etwas besteht, was nicht mehr Rückblick auf die Dinge in der Welt nehmen muß, sowohl auch diese Rückschau künftighin bestehen bleibt, denn es hat sich doch nichts geändert, aber es ist die Befreiung von der Verzweiflung, von der Hoffnungslosigkeit, von der Resignation gelungen, das Herz muß sich künftig nicht nur in Warnungen und Befürchtungen verschwenden, Tätigkeit und Hinnahme ordnen sich auch in der Bitternis und der Verwirrung.«[24]

Jurek Becker wurde 1937 als Sohn polnisch-jüdischer Eltern in Lodz geboren. Er verbrachte seine Kindheit bis 1943 im Ghetto von Lodz, dann in den Konzentrationslagern Ravensbrück und Sachsenhausen. Nach 1945 kam er mit seinen Eltern nach Ost-Berlin, wo er begann, Deutsch zu lernen. 1977 verließ Becker die DDR wegen Rainer Kunzes Ausschluß aus dem Schriftstellerverband und übersiedelte nach West-Berlin.

Bekannt wurde Becker 1969 mit seinem Roman »Jakob der Lügner«. Der unscheinbare Eisverkäufer und Pufferbäcker Jakob Heym, Insasse des Ghettos in einer polnischen Kleinstadt, schnappt auf der deutschen Kommandatur zufällig die Nachricht auf, daß die sowjetische Armee sich nähere – und damit die Befreiung. Seine Leidensgenossen glauben ihm die Neuigkeit jedoch erst, als er ihnen vorflunkert, er sei im Besitz eines Radios. Fortan steht Jakob im Mittelpunkt des Interesses. Und da er sich nicht entschließen kann, die Wahrheit zu entdecken, beginnt er positive Meldungen zu erfinden. Die Menschen schöpfen neue Hoffnung. Jakob, der Lügner aus Barmherzigkeit, alles andere als ein Held, erkennt bald, daß er diese allerletzte Möglichkeit nutzen muß, »die sie davon abhält, sich gleich hinzulegen und zu krepieren, mit Worten verstehen Sie, mit Worten versuche ich das! Weil ich nämlich nichts anderes habe!«[25] Dennoch werden Jakob und seine Leidensgenossen am Schluß in das Vernichtungslager abtransportiert. Dieses Buch erzählt nicht von

Heldentum, Kampf und Widerstand, es malt das grauenvolle Dasein der Ghettobewohner nicht aus, es begnügt sich vielmehr damit, von einem einfachen Menschen zu erzählen, der sich mit der Phantasie gegen die schreckliche Realität wehrt. »Dieses Buch«, schrieb Marcel Reich-Ranicki, »kennt weder Haß noch Groll, es ist weder aggressiv noch zornig, vielmehr erstaunlich sanft. Aber es wirkt niemals besänftigend: Beckers Gelassenheit hat nichts mit lauwarmer Versöhnlichkeit zu tun. Hinter seiner Heiterkeit verbrigt sich nichts als Schmerz und Schwermut.«[26]

Auch Beckers Romane »Der Boxer« (1976) und »Bronsteins Kinder« (1986) verweisen durch ihre Thematik auf Beckers jüdische Herkunft. Chaim Shohan hat davon gesprochen, Becker »ringe« mit seinem Judentum, und sein Werk widerlege seine Bemühungen, seine jüdische Identität zu verleugnen.[27] Gewiß ist die Suche nach der Identität für Becker der stärkste Anlaß zum Schreiben, doch wehrt er sich gegen die »Opfer-Identität«, die ja vom einstigen Unterdrücker her definiert ist. Er baut auf genaue Erinnerung, auf Rekonstruktion seines Ich mit den Mitteln der Sprache. Er beharrt auf Distanz zum Judentum, mit dessen Hilfe er die verlorenen Jahre seiner Existenz nicht zurückgewinnen kann. Er bedient sich einer Methode, über die der Ich-Erzähler in »Bronsteins Kinder« sagt: »Ich vermute, daß man sich von Ereignissen, die aus dem Gedächtnis entfernt werden sollen, zunächst ein möglichst genaues Bild machen muß; und dies gilt wohl erst recht für Erinnerungen, die man bewahren will.«[28]

Zu den bedeutendsten Werken der Nachkriegsliteratur muß der Roman »Nacht« (1978) von Edgar Hilsenrath gerechnet werden. In einer nackten, schnörkellosen Sprache und mit kaltem Realismus schildert der Autor das Leben in einem rumänischen Ghetto, das der halbwüchsige Hilsenrath in der transnistrischen Stadt Moghilev-Podolsk am Dnjestr von 1941 bis 1944 selbst kennengelernt hatte. Der 1926 in Leipzig geborene Autor kam im Sommer 1938 mit seiner Mutter und seinem jüngsten Bruder in die kleine Stadt Siret in der Bukowina, wo der Vater, der später nach Frankreich flüchtete, sie in Sicherheit wähnte. Im Oktober 1941 begann die faschistische rumänische Regierung die Juden aus Bessarabien und der Bukowina in das von Rumänien besetzte Gebiet der Urkaine zu deportieren. Im Oktober 1941 wurde die Familie abtransportiert: »Viele der Deportierten wurden erschossen. Im Ghetto herrschten Hunger und

Typhus. Die meisten hatten kein Dach über dem Kopf. Wie das große Sterben aussieht und wie man in solch einem Ghetto überlebt, das habe ich in meinem Roman ›Nacht‹ beschrieben, ohne Beschönigung, so wie es wirklich war.«[29] Nach der »Befreiung« durch die Russen im März 1944 flüchtete Hilsenrath, um der Zwangsarbeit in Rußland zu entgehen, und gelangte auf abenteuerlichen Wegen nach Palästina. 1951 wanderte er in die USA aus, wo er bis 1975 als Schriftsteller in New York lebte, ehe er nach Deutschland zurückkehrte.

Hilsenrath beschreibt Menschen, die der Wille, in der Hölle des Ghettos zu überleben, zu Tieren gemacht hat, die sich wegen eines Stücks verfaulten Brotes erbittert bekämpfen, die sich mit Brutalität und Gerissenheit einen armseligen Platz zum Schlafen zu verschaffen suchen, die weder Verzweiflung kennen noch Hoffnung. Er schildert die Zerstörung des Menschlichen im Menschen, die seelische Verstümmelung, der niemand entgehen kann: »Zuweilen sah er einen Toten im Schlamm liegen, und er dachte daran, daß der andere Pech gehabt hatte. Er dachte daran, ohne etwas anderes dabei empfinden als den leisen Triumph, daß er es nicht war, der dort lag...«[30]

In dieser Hölle gibt es kein Mitleid, keine Solidarität, keinen Widerstand. Die Menschen sind Schattenwesen, erstarrt und ohne Lächeln. Was Hilsenrath 1977 noch gelungen war – ein satirischer Roman über Juden und die SS (»Der Nazi & der Friseur«) – erwies sich hier als unmöglich. Diesen Menschen ist nichts geblieben als ein gelegentlicher Traum, in dem Vergangenes aufscheint, das ihnen aber von Tag zu Tag fremder wird. Sie haben keine Vergangenheit mehr und keine Zukunft.

Hilde Domin wurde 1912 als Tochter eines jüdischen Rechtsanwalts in Köln geboren. 1932 ging sie mit ihrem späteren Mann, Erwin Walter Palm, nach Italien, promovierte 1935 in Florenz und floh 1939 über England in die Dominikanische Republik. Ab 1948 war sie Lektorin für Deutsch an der Universität Santo Domingo. 1951 schrieb sie ihre ersten Gedichte. 1954 kehrte sie nach Deutschland zurück. In ihren ersten Gedichtbänden (»Nur eine Rose als Stütze«, 1959; »Rückkehr der Schiffe«, 1962; »Hier«, 1962) sind Abschied und Exil bevorzugte Themen. Das lyrische Ich ist immer unterwegs, bleibt unbehaust und sehnt sich nach Heimat und Verwurzelung.

Wie bei Hans Sahl wird auch bei Hilde Domin das Exil zur Lebensform. Ihr Gedicht »Mit leichtem Gepäck« beginnt mit der Strophe: »Gewöhn dich nicht. / Du darfst dich nicht gewöhnen. / Eine Rose ist eine Rose. / Aber ein Heim / ist kein Heim.«[31]

Das Judesein, schrieb sie 1979, sei für sie weder eine Glaubensgemeinschaft noch eine Volkszugehörigkeit: »Es ist eine Schicksalsgemeinschaft. Ich habe sie nicht gewählt wie andere Gemeinschaften, die dann zu Schicksalsgemeinschaften werden. Ich bin hineingestoßen worden, ungefragt wie in das Leben selbst... Von einer Schicksalsgemeinschaft aber, wie immer sie auch zustande gekommen sei, kann sich der emanzipierte Mensch, der ›befreite‹, nicht drücken...«[32]

Ähnliches gilt auch für Günter Kunert (geboren 1929) oder Erich Fried (1921–1988). Fried sagte auf die Frage, ob er sich dem Judentum heute noch verbunden fühle: »Ich fühle mich nicht als Teil des jüdischen Volkes... Mein Judentum ist durch die Erziehungsschicksale meiner Kindheit geprägt und dadurch, daß Hitler mich in eine Gaskammer geworfen hätte, wenn er mich erwischt hätte.«[33]

Doch gibt es sowohl bei Kunert als auch bei Fried zahlreiche Gedichte, die erkennen lassen, daß sich beide der jüdischen Schicksalsgemeinschaft verbunden fühlen.

Stefan Heym griff in seinem Roman »König David Bericht« (1972) auf die biblisch-jüdische Tradition zurück, freilich mit konkretem Bezug auf die Gegenwart. Der satirische Vergleich der Herrschaftssysteme Solomons und Stalins zielte auf das Verhältnis zwischen dem Intellektuellen und der Macht. In seinem Roman »Ahasver« (1981) nimmt er in der Figur des religiösen Fanatikers Paul von Eitzen aus dem 16. Jahrhundert das dogmatische und doktrinäre DDR-System aufs Korn, strebt jedoch mittels eines Briefwechsels zwischen einem DDR-Wissenschaftler und einem Kollegen aus Israel, die über dieses Thema reflektieren, eine eigene Deutung jüdischer Existenz an. Heym war 1935 in die USA emigriert und schrieb zunächst in englischer Sprache; auch nach seiner Rückkehr schrieb er jahrelang weiterhin englisch. Heym, der einem assimilierten, liberalen Elternhaus entstammt, hat auch die Problematik eines jüdischen Arbeiterführers (»Lasalle«; dt. 1969) behandelt. Er glaubt nicht, daß das traditionelle Judentum ihn geprägt habe, sagt jedoch über seine Bücher mit jüdischer Thematik: »Den König David Bericht und andere Bücher dieser Art können eben nur jüdische

Schriftsteller geschrieben haben, die den Geist eines Menschen wie David oder Ahasver oder auch Jesus aus der Geschichte der Juden heraus begreifen können, aus der Geschichte einer ständig unterdrückten Minderheit.«[34]

Wolfgang Hildesheimer (1916–1991) wurde in Hamburg als Sohn eines jüdischen Chemikers geboren, der einer alten Rabbinerfamilie entstammte, selbst jedoch ein »areligiöser Zionist« war, der nur noch an Feiertagen »als eine Art Pflichtübung« in die Synagoge ging. Seine Eltern haben, obwohl überzeugte Zionisten, nie versucht, ihn in dieser Richtung zu beeinflussen.

Die jüdische Religion ist ihm »zutiefst fremd in ihrer biblischen Begründung, ihrer Geschichte, ihrer Ausübung und den zu ihr gehörenden Bräuchen, den Riten, die mir als obsolet, wenn nicht gar absurd erscheinen und derer sich offensichtlich keine Reformbewegung jemals angenommen hat.«[35] Der Mann, der auf Erden und im Himmel keine Heimat haben wollte, teilte mit Günther Kunert die Auffassung von der Wirkungs- und Zukunftslosigkeit der Literatur. Mit seinen »Mitteilungen an Max« (1983) nahm er Abschied von der Literatur.

Für Hildesheimer sind die Juden »anders«, sie sind »entwurzelt, außer natürlich den Isrealis«. Entwurzelt und heimatlos ist auch der Erzähler in seinem Roman »Tynset« (1965), der an einer Stelle des Buches mit dem Auto durch das Straßengewirr einer fremden Stadt irrt:

»Ich fuhr, zwischen Taxen und Kreuzern, bedrängt von Verkehrsteilnehmern, alle verkehrssicher, alle zielsicher, alle wußten genau, wohin sie gehörten, und steuerten diesen Ort an, und dazwischen ich, der ich nicht wußte, wohin ich gehörte, auf der Suche nach Weitem, ich fuhr immer dorthin, wohin sie mich haben wollten, abgedrängt, gemaßregelt von Pfeilen auf dem Pflaster oder menschlichen Reglern, des eigenen Willens verlustig, zielvergessen, […] Auf dem Lärchenberge, da waren die Befestigungswälle, über fünf Jahrhunderte gerettet, um mich und meinesgleichen zu fangen, ich war an der Oberen Schießschanze, zwängte mich in die Judengasse, wo ich hingehöre, […]«[36]

2.

Die letzten deutsch-jüdischen Schriftsteller in Israel: Schalom Ben-Chorin – Werner Kraft – Ludwig Strauss, Manfred Sturmann, Werner Bukofzer, Jenny Aloni – Herbert Freeden – Elasar Benyoetz

Es waren nicht viele deutsch-jüdische Schriftsteller, die nach 1933 das damalige Palästina als Exil wählten, doch waren darunter so bedeutende wie Max Brod, Martin Buber, Else Lasker-Schüler und Arnold Zweig. Doch weder Else Lasker-Schüler noch Zweig wurden im »Hebräerland« (Lasker-Schüler) glücklich. Andere wie Louis Fürnberg, Wolfgang Hildesheimer oder Heinz Politzer wanderten wieder aus. Denen jedoch, die nach 1948 in Israel blieben, ist es zu verdanken, daß dort unter besonderen Bedingungen eine jüdisch-deutsche Literatur fortgeschrieben wurde. Autoren wie der Romancier Leo Perutz (1882–1957), 1938 eingewandert, oder die Lyrikerin Mascha Kaleko (1907–1975), seit 1966 in Israel, die dort nie heimisch wurden, nahmen jedoch an den Aktivitäten in dieser literarischen und sprachlichen Enklave keinen Anteil.

1935 wanderte Schalom Ben-Chorin nach Palästina ein, der 1913 als Fritz Rosenthal in München geboren wurde. Für ihn war von Anfang an klar, »daß jüdische Existenz beides meint: Zugehörigkeit zur Bundesgemeinde des Glaubens und zum jüdischen Volk..., daß die volle Verwirklichung jüdischen Lebens nur im Lande Israel... möglich war.«[37] Der auch in Deutschland sehr bekannte Schriftsteller und Religionsphilosoph bekennt sich einerseits zur jüdischen Religion, zum Staat Israel, zugleich aber auch zur deutschen Sprache und Kultur, denn man könne, wie er 1980 schrieb, zwar »aus einem Land auswandern, aus der Muttersprache nicht.«[38]

Ben-Chorin hat in Israel seine Heimat gefunden, wenn auch »das Medium (seiner) schöpferischen Arbeit das Deutsche« blieb.

Eine markante Verkörperung deutsch-jüdischer Symbiose war Werner Kraft (1896–1991), der vor allem mit seinen Arbeiten über Rudolf Borchardt, Karl Kraus, Franz Kafka und Else Lasker-Schüler bekannt wurde. Kraft wurde als Sohn eines Kaufmannes in Braunschweig geboren, promovierte 1925 und war ab 1927 in Hannover als Bibliothekar tätig. 1933 emigrierte er über Stockholm und Paris nach Jerusalem, wo er als Bibliothekar arbeitete, Essays, Gedichte und den Roman »Der Wirrwarr« (1960) schrieb. In seiner Autobiographie »Spiegelung der Jugend« (1973), heißt es am Schluß:

»Schon im April 1933 verließ ich Deutschland. Seit 1934 lebe ich in Jerusalem. Es heißt, die Luft dieses Landes macht weise; das Exil wurde zur Heimat. Aber die Mühe des Anfangs war groß. Nicht nur die materiellen, auch die gesitigen Lebensadern waren mit durchgeschnitten. Ich hatte Freunde, dankbar sage ich es, ja sogar einen einzigartigen Freundeskreis, ich war nicht verlassen. Nur in dem, was ich zu sein glaubte, ein Schriftsteller und Dichter der deutschen Sprache, konnte mir niemand helfen. Was sollte ich tun? Ich setzte mein Leben fort. Ich schöpfte wie bisher aus dne Quellen des deutschen Geistes und der deutschen Sprache. Ich tat es noch angesichts des ungeheuren Frevels, der von Deutschland aus das große Unglück über das jüdische Volk und die Welt als ganze gebracht hat. Mir blieb keine Wahl.«[39]

In seinem Aufsatz »Deutsche Dichtung in Israel« (1981) hat Schalom Ben-Chorin eine kurze Bestandsaufnahme unternommen. Er schrieb über den problematischen Versuch, deutscher Schriftsteller, die ins »Land der Väter« emigriert waren, an der deutschen Sprache festzuhalten: »Wir... suchten das Erlebnis der neuen Heimat, Israel, in der alten Muttersprache zum Tönen zu bringen. Dieses Kapitel deutscher und jüdischer Literatur geht seinem Ende entgegen. Es gibt heute keinen Nachwuchs deutschsprachiger Autoren mehr in Israel. So gesehen ist das Deutsche in Israel eine sterbende Sprache.«[40]

Ins Bewußtsein der deutschen Öffentlichkeit sind diese Autoren kaum gedrungen, und das Echo ihrer Bücher, die nach 1945 in deutschen Verlagen erschienen, blieb gering. Ausnahmen bildeten M. Y. Ben Gavriel (eigentlich Eugen Höflich), der sich, 1891 in Wien geboren, bereits 1927 in Jerusalem niederließ, wo er bis zu seinem Tod 1965 lebte. Er errang mit seinem humoristischen Roman »Das Haus in der Karpfengasse« (1958) einen großen Erfolg. Ein Bestseller wurde auch der umfangreiche historische Roman »...der vor dem Löwen flieht« (1961) des aus Czernowitz stammenden Erzählers Jacob Klein-Haparasch (1887–1970), der 1946 nach Palästina kam.

Die Einwanderung deutsch-jüdischer Schriftsteller setzte unmittelbar nach 1933 ein. 1934 kam der Lyriker und Erzähler Ludwig Strauss (1892–1953), der auch in hebräischer Sprache schrieb. 1936 folgten Lola Landau (1892 in Berlin geboren), die in ihrem Erinnerungsbuch »Die zärtliche Buche« (1980) vom Land ihrer Kindheit und von der Ehe mit Armin T. Wegner berichtete, und der Humorist und Lustspieldichter Sammy Gronemann (1875–1952). 1938 emigrierten der Dramatiker Max Zweig, 1892 geboren, Verfasser vielgespielter Stücke, Paula Buber (1877–1958), die bereits in den 20er Jahren unter dem Pseudonym Georg Munk Romane veröffentlicht hatte, und der 1903 geborene Lyriker Manfred Sturmann, der bereits mit Lyrikbänden bekannt geworden war (1929 erhielt er den Lyrik-Preis der Stadt München). Im Jahr des Kriegsausbruches flüchteten nach Palästina Werner Bukofzer, geboren 1903, der Gedichte, Prosa, Essays und Bokumentarberichte schrieb (1968 erschien ein Prosaband im Luchterhand Verlag), der Romancier Georg Strauss, 1896 in Berlin geboren, dessen Romane und Gedichte in den 60er Jahren im Claassen-Verlag in Zürich erschienen, die 1917 in Paderborn geborene Jenny Aloni, deren umfangreiches Werk seit 1990 in Einzelausgaben im Verlag Schöningh erscheint, und der Romancier Gerson Stern (1874–1956).

Der Prager Philosoph Hugo Bergmann (1883–1975) war schon 1920, Gerschom Scholem (1897–1982) 1923 nach Palästina eingewandert. 1928 folgte ihnen Ernst Simon (Jahrgang 1899), 1933 der Historiker Alex Bein, 1938 Robert Weltsch (1891–1982), von 1919–1938 Chefredakteur der »Jüdischen Rundschau«, und 1939 der Philosoph Felix Weltsch (1884–1964) – um nur die Namen einiger bedeutender Wissenschaftler und Publizisten zu nennen.

Der jüngste unter den deutsch schreibenden Autoren ist Elasar Benyoetz, der 1937 in Wien geboren wurde, 1939 nach Palästina kam und dort aufgewachsen ist. Dennoch schreibt der Autor, der vor allem durch mehrere Bände mit Aphorismen (»Vielleicht – Vielschwer«, 1981) in deutscher Sprache. Zuletzt erschien sein Buch »Treffpunkt Scheideweg« (1990), ein Traktat über die moralische Verantwortung der Deutschen und das Selbstverständnis der Juden.

Nachgeborene wie Henryk M. Broder oder Lea Fleischmann, die lange in der Bundesrepublik Deutschland gelebt hatten, zog es nach Israel. Broder, 1946 in Kattowice/Polen geboren, lebte und arbeitete von 1958 bis 1980 in der Bundesrepublik und nahm 1981 seinen Wohnsitz in Israel. Lea Fleischmann, 1947 in der Bundesrepublik geboren, war bis Anfang 1979 als Studienrätin in Deutschland tätig. Ende März 1979 ist sie nach Israel ausgewandert. Ihre Gründe hat sie in ihrem aufsehenerregenden Buch »Dies ist nicht mein Land« (1980) dargelegt. »Die Zukunft«, meint Ben-Chorin, werde »erweisen, ob sie im Lande ihrer Herkunft heimisch werden können.«[41] Von der Generation der heute Fünfzigjährigen, in Deutschland geboren, aber in Israel seßhaft worden, sagt er, sie habe »ihren Ausdruck in der hebräischen Literatur« gefunden. Als Beispiel nennt er Jehuda Amichai, der zu den bekanntesten hebräischen Lyrikern gehört. Amichai wurde 1924 in Würzburg geboren und kam 1935 nach Palästina. Die Erinnerung an seine Kindheit in Deutschland und an seine Vorfahren hat ihn nicht verlassen: »Judentum und jüdische Geschichte geschahen für mich auf deutschem Boden. Die ganze Welt war jüdisch, ohne es zu wissen. Ich wußte es.«[42]

Für Ben-Chorin schließt sich hier »ein Kreis von Herkunft und Gegenwart, aber im Rückblick soll auch noch einmal die fortwirkende Kraft jener deutsch-jüdischen Symbiose dargestellt werden, auf die das Wort über Helena im ›Faust‹ zutrifft: ›Bewundert viel und viel gescholten.‹«[43]

3.

Die junge Generation: Jeanette Lander – Rafael Seligmann –
Maxim Biller – Barbara Honigmann – Matthias Hermann

Als der Held in Rafael Seligmanns Roman »Rubinsteins Versteigerung« erfährt, daß das Mädchen, das er liebt, die Tochter eines SS-
Mannes ist und sich deshalb von ihm trennen will, wirft er sich
schluchzend auf das Bett, denn ihm ist klar geworden: »Ich bin ein
deutscher Jude!«[44] Von seinen angepaßten, ängstlichen Eltern abgestoßen, seiner Hoffnung auf eine neues Leben in Israel durch einen
desillusionierten Heimkehrer beraubt, durch einen Überlebenden
des Holocaust in seinem Haß auf die Deutschen wankend geworden, bleibt ihm nur noch die Frage: »Gibt es einen Ausweg? Ist man
als Jude in Deutschland zum Wahnsinn verurteilt?«[45] Die Probleme,
mit denen sich Seligmanns neurotischer Held konfrontiert sieht,
sind auch die vieler heute in Deutschland lebender jüngerer Juden.
Seligmann, ein Autor, der zu schrillen Tönen und Polarisierungen
neigt, hat sie in seinen Büchern zugespitzt formuliert.

Heute leben in der Bundesrepublik etwa 30 000 Juden, und sie
bilden unter allen Minderheiten die kleinste, jedoch auch die proble-
matischste, denn ihr Leben in Deutschland ist unauflöslich mit
deutscher Vergangenheit und Gegenwart verbunden; und damit
sind die Probleme, die junge deutschschreibenden Juden wie Seligmann, Peter Stefan Jungk, Maxim Biller, Barbara Honigmann oder
Matthias Hermann in ihre Büchern thematisieren, nicht bloß die
Probleme einer beliebigen Minderheit.

Obwohl die Juden politisch, wirtschaftlich oder kulturell in der
Bundesrepublik so gut wie keine Rolle spielen, ist das deutsch-jüdische Verhältnis nach wie vor prekär, zumal es einen latenten Antisemitismus und eine rechtsradikale Agitation gegen sie gibt.

»Jüdisches Leben« im heutigen Deutschland vollzieht sich in
einem Spannungsfeld. Fragen wie die Rolle des Zentralrates, die Politik Israels, das Verhalten der deutschen Bevölkerung und ihrer Politiker werden unter den deutschen Juden ebenso kontrovers diskutiert wie die Frage, ob man sich bewußt isolieren oder bereitwillig
anpassen solle. Der von Henryk M. Broder und Michael R. Lang
herausgegebene Band »Fremd im eigenen Land« (1979) versuchte
auszuloten, »was die Juden, die in Deutschland leben, wirklich den-

ken und fühlen, was ihnen zu schaffen macht, womit sie fertig werden – und manchmal eben auch nicht.«[46] Dieses Buch zeigt die ganze Bandbreite und das Ausmaß der Probleme, welche die jüdischen Deutschen mit ihrer Umgebung hatten. Immer noch ist der Holocaust gegenwärtig. Zutreffend schreibt Bernt Engelmann im Vorwort: »Schon immer waren die Opfer ein wenig sensibler und bei weitem nicht so vergeßlich wie ihre Peiniger.«[47] In dem Buch kommt auch Ralph Giordano zu Wort, 1923 in Hamburg geboren, der mit engagierten und provozierenden Büchern wie »Die zweite Schuld« (1987), vor allem aber durch seinen aufrüttelnden Roman »Die Bertinis« (1982), der Leidensgeschichte einer jüdischen Familie im Dritten Reich, bekannt wurde. Er bleibt in Deutschland, obwohl es für ihn den »häßlichen Deutschen« gibt, den Vertreter einer »nichtreformierbaren Mentalität«, ein Typus, der »obwohl millionenfach individualisierit,... doch auf die Vergangenheit mit der gleichen kollektiven Verdrängungsideologie« reagiere. Auf die Frage »Warum bleibst du in diesem Land?« antwortete der Kritiker der Deutschen, der freilich auch über die »Rolle der jüdischen Mitverantwortung auf der Sekundärebene« sehr kritisch denkt:

»Ich bleibe, weil die deutsche Sprache ein Teil dieser Heimat ist, und zwar ein wesentlicher, ja entscheidender – mein Handwerkszeug, meine Qual, mein Entzücken. In einer anderen Sprache schreiben oder gar denken? Unmöglich!«[48]

Rafael Seligmann wurde 1947 als Sohn deutschjüdischer Emigranten in Israel geboren. 1957 kehrte die Familie nach Deutschland zurück. Seligmann studierte Gechichte und Politik in München und Tel Aviv und war danach als Journalist und Akademischer Rat tätig. 1989 veröffentlichte er seinen ersten Roman »Rubinsteins Versteigerung«, 1990 folgte »Die jiddische Mamme«, 1991 seine polemische Auseinandersetzung mit dem Thema »Juden, Deutsche, Israelis« unter dem Titel »Mit beschränker Hoffnung«. Die jungen Protagonisten in Seligmanns Büchern zeigen sich hilflos und wütend, überempfindlich und brutal, zynisch und naiv, hin- und hergerissen zwischen Israel und Deutschland, traditionellem Judentum, meist durch die »Mamme« verkörpert und moderner Wirklichkeit. Seligmann bündelt diese Probleme, er umreißt sie mit bösem Witz, der auf kein Tabu, weder auf deutscher noch auf jüdischer Seite Rücksicht nimmt. Er polemisiert gegen jenen Typus des deut-

schen Juden, »der sich in ›seiner Kultur‹ vergräbt und vor jeder Auseinandersetzung davonläuft« gegen die israelischen Militärs, »die
genauso skrupellos geworden sind wie die anderen« und gegen die
Juden, die »in Deutschland hocken und sich als Zionisten fühlen.«
Die Suche nach der Identität als deutscher Jude führt zu der verzweifelten Frage: »Kann man als Jude nirgends so leben, wie es
einem paßt – ohne verrückt oder krankhaft normal sein zu müssen?«[49]

Seligmann formuliert mit gehöriger Chuzpe die Probleme einer
jungen jüdischen Generation, die in Deutschland lebt. Sie sind die
Kinder und Enkel der Überlebenden des Holocaust, aus dessen
Schatten sie heraustreten wollen. Sie begehren gegen ihre Eltern auf,
hassen die Antisemiten ebenso wie die scheinheiligen Philosemiten,
die »Hofjuden« (Giordano) vom Zentralrat ebenso wie die militanten Zionisten. Es verwundert nicht, daß Seligmann Bücher umstritten sind, daß ihre Simplifizierungen und Attacken manchen Deutschen und manchen Juden verschrecken oder empören. Eines aber
sind sie ganz gewiß: provozierende Nachrichten aus dem »Angst-
und Schuldghetto (als Davongekommener im Land der Mörder zu
leben) der Juden Deutschlands.«[50]

Auch Maxim Biller, 1960 in Prag geboren und seit 1970 in
Deutschland lebend, macht sich in seinem Erzählungsband »Wenn
ich einmal reich und tot bin« (1990) mit Witz und Sarkasmus auf die
Suche nach seiner Identität. Er bevorzugt den saloppen, unpatheti-
schen Ton, wie ihn die jüdisch-amerikanischen Erzähler Philip
Roth oder Saul Bellow perfektioniert haben. Seine Erzählungen ent-
falten ein Pandämonium skurriler, neurotischer, zerstörter, seelisch
deformierter, melancholischer Figuren – Überlebende des Holocaust, eitle Schriftsteller, intellektuelle Taschenspieler, resignierte
ausgebrannte Alte. Es gibt in diesem Band Erzählungen, die von
schrillen Dissonanzen geprägt, mit vehementer Polemik aufgeladen
sind wie die von dem amerikanisch-jüdischen Schriftsteller Wars-
zawski und seinem deutschen Gegenspieler Rosenhain (»Harlem
Holocaust«).

Eine behutsame, kunstvoll schlichte Erzählerin ist Barabara Honigmann. Sie wurde 1949 in Ost-Berlin geboren, studierte Thea-
terwissenschaft und war als Dramaturgin und Regisseurin tätig.
1984 siedelte sie mit ihrer Familie nach Straßburg über. In ihrem
ersten Buch, dem Erzählungsband »Roman von einem Kinde«

(1989), auf den die Kritik sehr positiv reagierte, erzählt sie Geschichten von der Geburt eines Kindes und der Trennung von dessen Vater, über eine Begegnung mit Gerschom Scholem in Berlin, über eine heimliche Sabbatfeier jugendlicher Chassidim in Moskau oder über ihr Leben in Straßburg (»Bonsoir, Madame Benhamou«). Auf den ersten Blick scheint es sich um private Geschichten, Alltagserfahrungen zu handeln, doch die Texte zeigen auf beeindruckende Weise, wie sich Geschichte im Persönlichen auswirkt und konkretisiert. Barabara Honigmann erzählt schmucklos, meidet laute Töne, spart aus und sagt lieber zu wenig als zu viel. Sie beschreibt die Annäherung einer im Nachkriegsdeutschland geborenen Jüdin an die jüdische Religion.

Der Lyriker Matthias Hermann, 1958 geboren, veröffentlichte 1989 seinen ersten Gedichtband »72 Buchstaben«, eine Anspielung auf jene geheimen 72 Buchstaben, die der Rabbi Löw in den kabbalistischen Büchern fand und die, zusammengefügt, den unaussprechlichen Namen Gottes ergeben. Auf Pergament geschrieben, legte er ihn unter die Zunge des Golem, der zum Retter der Juden erwachte. In Hermanns Gedichten fügen sich Tradition und Tragödie des jüdischen Volkes zusammen, verbindet er kraft »einer ererbten Erinnerung« (Hermann) Glanz und Grauen der Vergangenheit mit den quälenden Fragen der Gegenwart. In seinen Gedichten ruft er, fast 5 Jahrzehnte nach Auschwitz, noch einmal die Opfer auf:

> »Ich treibe
> Im leckgeschlagenen Boot
> Meiner Tage
> Am Grabsteinplanken entlang
> Daran verwuchert hängen
> Am Leben ertrunkene
> Verwandte.
>
> Im Wellengang der Erde
> Festverschlungen wie Algen
> Tanzen sie auf
> Mich zu.«[51]

Anmerkungen

I. Einleitung:
Konturen der deutsch-jüdischen Literatur

1 Nietzsche, Friedrich: »Sämtliche Briefe«. Studienausgabe in 8 Bänden. Hrsg. von Giorgio Colli und Mazzino Montinari. München/Berlin/New York 1986, Band 8, S. 48.

2 Zweig, Arnold: »Bilanz der deutschen Judenheit«. Leipzig 1990, S. 5. (Vorwort zum Neudruck 1960).

3 »Juden im deutschen Kulturbereich. Ein Sammelwerk«. Hrsg. von Siegmund Kaznelson. Mit einem Geleitwort von Richard Willstätter und einer Vorbemerkung zur zweiten Auflage von Robert Weltsch. Berlin 1959, S. XII.

4 Ebda., S. XIV f.

5 Ebda., S. XIX.

6 Kampmann, Wanda: »Deutsche und Juden. Die Geschichte der Juden in Deutschland vom Mittelalter bis zum Beginn des Ersten Weltkrieges«. Frankfurt am Main 1979, S. 447.

7 Raddatz, Fritz J.: »Vom Rauch, der nie verweht, von der Asche, die vergeht. Von uns«. In: »Menora. Jahrbuch für deutsch-jüdische Geschichte 1990«. München 1990, S. 15.

8 Stemberger, Günter: »Epochen der jüdischen Literatur«. München 1982, S. 156.

9 In: »Neues Lexikon des Judentums«. Hrsg. von Julius H. Schoeps Gütersloh/München 1992, S. 291.

10 In: »Juden und Judentum in der Literatur«. Hrsg. von Herbert A. Strauss und Christhard Hoffmann. München 1985, S. 5 f.

11 Bayerdörfer, Hans-Peter: »Jüdische Schriftsteller in der deutschen Literatur zwischen Jahrhundertwende und Erstem Weltkrieg«. In: »Judentum, Antisemitismus und europäische Kultur«. Hrsg. von Hans Otto Horch. Tübingen 1988, S. 210.

12 Tramer, Hans: »Der Beitrag der Juden zu Geist und Kultur«. In: »Deutsches Judentum in Krieg und Revolution 1916–1923«. Hrsg. von Werner E. Mosse. Tübingen 1971, S. 327.

13 Stern, Fritz: »Der Traum vom Frieden und die Versuchung der Macht. Deutsche Geschichte im 20. Jahrhundert«. Berlin 1988, S. 38.

14 Rürup, Reinhard: »Jüdische Geschichte in Deutschland«. In: »Zerbrochene Geschichte. Leben und Selbstverständnis der Juden in Deutschland«. Hrsg. von Dirk Blasius und Dan Diner. Frankfurt am Main 1991, S. 95.

15 Hermand, Jost: »Juden in der Kultur der Weimarer Republik«. In: »Juden in der Weimarer Republik«. Hrsg. von Walter Grab und Julius H. Schoeps. Stuttgart–Bonn 1985, S. 32.

16 Bayerdörfer (Anmerkung 11), S. 216.

17 »Deutsches Judentum Aufstieg und Krise«. Hrsg. von Robert Weltsch. Stuttgart 1963, S. 14.

18 Scholem, Gershom: »Von Berlin nach Jerusalem. Jugenderinnerungen«. Frankfurt am Main 1977, S. 40.

19 Ebda., S. 58 f.

20 Gay, Peter: »Freud, Juden und andere Deutsche«. München 1989, S. 182.

21 Ebda., S. 130.

22 »Schofar. Lieder und Legenden jüdischer Dichter«. Hrsg. von Karl Otten. Neuwied–Berlin 1982, S. 13. (Einleitung).

23 Zweig, Stefan: »Europäisches Erbe«. Frankfurt am Main 1981, S. 269.

24 Zitiert nach: »Expressionismus. Manifeste und Dokumente zur deutschen Literatur 1910–1920«. Hrsg. von Thomas Anz und Michael Stark. Stuttgart 1982, S. 384.

25 »Im Zeichen Hiobs. Jüdische Schriftsteller und deutsche Literatur im 20. Jahrhundert«. Hrsg. von Gunter E. Grimm und Hans-Peter Bayerdörfer. Königstein im Taunus 1985, S. 48. (Einleitung).

26 In: »Juden in der deutschen Literatur. Ein deutsch-israelisches Symposium«. Hrsg. von Stéphane Moses und Albrecht Schöne. Frankfurt am Main 1986, S. 22.

27 Ebda.

28 Politzer, Heinz: »From Mendelssohn to Kafka. The Jewish Man of Letters in Germany«. In: »Commentary« 3/1947, Nr. 4, S. 348.

29 (Anmerkung 11), S. 207.

30 Leschnitzer, Adolf: »Saul und David. Die Problematik der deutsch-jüdischen Lebensgemeinschaft«. Heidelberg 1954, S. 12.

31 Reichmann, Eva G.: »Größe und Verhängnis deutsch-jüdischer Existenz. Zeugnisse einer tragischen Begegnung«. Heidelberg 1974.

32 Scholem, Gershom: »Judaica 2«. Frankfurt am Main 1987, S. 7.

33 Ebda., S. 9.

34 Ebda., S. 25.

35 Ebda.

36 Ebda., S. 39.

37 Ebda., S. 27.
38 (Anmerkung 20), S. 117.
39 Ebda., S. 187.
40 Ebda., S. 117.
41 Zitiert nach Gay (Anmerkung 20), S. 116.
42 (Anmerkung 31), S. 11. (Geleitwort).
43 Zitiert nach: Kantorowicz, Alfred: »Politik und Literatur im Exil«. München 1983, S. 138.
44 Bein, Alex: »Die Judenfrage. Biographie eines Weltproblems«. 2 Bände. Stuttgart 1980, Band 1, S. 263.
45 Heer, Friedrich: »Gottes erste Liebe. Die Juden im Spannungsfeld der Geschichte«. Frankfurt am Main / Berlin 1986, S. 299.
46 Tetzlaff, Walter: »2000 Kurzbiographien bedeutender deutscher Juden des 20. Jahrhunderts«. Lindhorst 1982.
47 »Philo-Lexikon. Handbuch jüdischen Wissens«. Berlin 1934.
48 Zohn, Harry: »›…ich bin ein Sohn der deutschen Sprache nur…‹ Jüdisches Erbe in der österreichischen Literatur«. Wien / München 1986.
49 Zitiert nach: »Prosa jüdischer Dichter«. Hrsg. von Karl Otten. Stuttgart 1959, S. 602.
50 Sartre, Jean Paul: »Drei Essays«. Frankfurt am Main / Berlin / Wien 1971, S. 145.
51 Zohn (Anmerkung 48), S. 9.
52 »Im Zeichen Hiobs« (Anmerkung 25), S. 42.
53 »Die Juden und die Kultur«. Hrsg. von Leonhard Reinisch. Stuttgart 1961, S. 91.
54 Börne, Ludwig: »Sämtliche Schriften«. Hrsg. von Inge und Peter Rippmann. Düsseldorf 1964. Band 3, S. 510 f.
55 Reich-Ranicki, Marcel: »Über Ruhestörer. Juden in der deutschen Literatur«. Erweiterte Neuausgabe. Stuttgart 1989, S. 49.
56 Benjamin, Walter: »Briefe«. Hrsg. von Gershom Scholem und Theodor W. Adorno. Frankfurt am Main 1966, Band 2, S. 804.
57 Feuchtwanger, Lion: »Centum opuscula«. Hrsg. von Wolfgang Berndt. Rudolstadt 1956, S. 489.
58 Reich-Ranicki (Anmerkung 55), S. 18.
59 Schnitzler, Arthur: »Jugend in Wien. Eine Autobiographie«. Frankfurt am Main 1981, S. 322.
60 Zitiert nach: Durzak, Manfred: »Hermann Broch«. Reinbek 1966, S. 11.
61 Politzer, Heinz: »Das Schweigen der Sirenen. Studien zur deutschen und österreichischen Literatur«. Stuttgart 1968, S. 215.
62 Mayer, Hans: »Außenseiter«. Frankfurt am Main 1981, S. 421.

63 Kafka, Franz: »Briefe 1902–1924«. Hrsg. von Max Brod. Frankfurt am Main 1958, S. 337.
64 Horch, Hans Otto: In: »Juden als Träger bürgerlicher Kultur in Deutschland«. Hrsg. von Julius H. Schoeps. Stuttgart/Bonn 1989, S. 56.
65 Brod, Max: »Über Franz Kafka«. Frankfurt am Main 1966, S. 275.
66 Reich-Ranicki (Anmerkung 55), S. 33.
67 (Anmerkung 64), S. 53.
68 Shaked, Gershon: »Die Macht der Identität. Essays über jüdische Schriftsteller«. Königstein im Taunus 1986.
69 Ebda., S. 192.
70 Ebda., S. 209f.
71 Horch (Anmerkung 64), S. 54.
72 Benjamin (Anmerkung 56), Band 1, S. 151.
73 In: »Porträts zur deutsch-jüdischen Geistesgeschichte«. Hrsg. von Thilo Koch. Köln 1961, S. 270 und 272 (Nachwort).
74 Scholem (Anmerkung 32), S. 22.
75 Rürup (Anmerkung 14), S. 95.
76 Ebda., S. 80.
77 Heimann, Moritz: »Was ist das: ein Gedanke?« Essays. Hrsg. und mit einem Nachwort von Gert Mattenklott. Frankfurt am Main 1986, S. 183.
78 Ebda., S. 275 (Nachwort).
79 (Anmerkung 31).
80 Rürup (Anmerkung 14), S. 101.
81 »Die Jüdische Welt von Gestern. Text- und Bild-Zeugnisse aus Mitteleuropa 1860–1938«. Hrsg. von Rahel Salamander. Wien 1990, S. 10.

II. Das »Jüdische Mittelalter«

1 Adler, H. G.: »Die Juden in Deutschland. Von der Aufklärung bis zum Nationalsozialismus«. München 1987, S. 216.
2 Aschkenas wird als unbekanntes Volk in der biblischen Völkertafel erwähnt (1. Moses 10,3); seit dem Mittelalter als Bezeichnung für Deutschland gebräuchlich. Aschkenasim war die ursprüngliche Bezeichnung für deutsche oder aus Deutschland stammende Juden. Bis zur nationalsozialistischen Judenvernichtung waren etwa 90 Prozent aller Juden Aschkenasim. – Der später mit Spanien identifizierte Begriff Sefardim stammt von einer biblischen Länderbezeichnung (Obadja 20). Als Sefarden werden die Juden aus Spanien und Portugal bezeichnet.

3 Landmann, Salcia: »Jiddisch. Abenteuer einer Sprache«. München 1965, S. 16.

4 Ebda., S. 15.

5 Stackmann, Karl: »Dukus Horant – Der Erstling jüdisch-deutscher Literatursymbiose«. In: »Juden in der deutschen Literatur«. Hrsg. von Stéphane Moses und Albrecht Schöne. Frankfurt am Main 1986.

6 Kampmann, Wanda: »Deutsche und Juden«. Frankfurt/M. 1979, S. 48.

7 »Juden in Preußen. Ein Kapitel deutscher Geschichte«. (Katalog zur gleichnamigen Ausstellung). Hrsg. vom Bildarchiv Preußischer Kulturbesitz. Dortmund 1987, S. 76.

8 Adler, (Anmerkung 1), S. 28 f.

9 Zitiert nach: Bruer, Albert A.: »Geschichte der Juden in Preußen (1750–1820). Frankfurt am Main/New York 1991, S. 47.

III. Aufklärung und Emanzipation

1 »Bürger auf Widerruf. Lebenszeugnisse deutscher Juden 1780–1945«. Hrsg. von Monika Richarz. München 1989, S. 13.

2 Elbogen, Ismar/Sterling, Eleonore: »Die Geschichte der Juden in Deutschland«. Frankfurt am Main 1966, S. 154.

3 »Denkwürdigkeiten der Glückel von Hameln«. Aus dem Jüdisch-Deutschen übersetzt mit Erläuterungen versehen und herausgegeben von Alfred Veilchenfeld. Berlin 1913 (Reprographischer Nachdruck der vierten Auflage dieser Ausgabe von 1923: Königstein im Taunus 1980); dass.: Autorisierte Übertragung nach der Ausgabe des Prof. Dr. David Kaufmann von Bertha Pappenheim. Wien 1910.

4 Wiedemann, Conrad: »Zwei jüdische Autobiographien im Deutschland des 18. Jahrhunderts: Glückel von Hameln und Salomon Maimon«. In: »Juden in der deutschen Literatur«. Hrsg. von Stéphane Moses und Albrecht Schöne. Frankfurt am Main 1986, S. 90.

5 Katz, Jacob: »Aus dem Ghetto in die bürgerliche Gesellschaft. Jüdische Emanzipation 1770–1870«. Frankfurt am Main 1986, S. 36.

6 Adler, H. G.: »Die Juden in Deutschland«. München 1987, S. 30.

7 Ebda., S. 37.

8 Berding, Hellmut: »Moderner Antisemitismus in Deutschland«. Frankfurt am Main 1988, S. 20.

9 Elbogen/Sterling (Anmerkung 2), S. 158.

10 Ebda., S. 158.

11 Berding, a. a. O., S. 25.

12 Kampmann, Wanda: »Deutsche und Juden. Die Geschichte der Juden in Deutschland vom Mittelalter bis zum Beginn des Ersten Weltkrieges«. Frankfurt am Main 1979, S. 107.

13 Richarz (Anmerkung 1), S. 31.

14 Berghahn, Klaus L.: »Der Jude als der Andere. Das Zeitalter der Toleranz und die Judenfrage«. In: »Jüdische Intelligenz in Deutschland«. Hrsg. von Jost Hermand und Gert Mattenklott. Hamburg 1988, S. 23.

15 Mayer, Hans: »Außenseiter«. Frankfurt am Main 1981, S. 333.

16 »Lessings Werke«. 3 Bände, Hrsg. von Kurt Wölfel. Frankfurt am Main 1967, Band 1, S. 165.

17 Mayer (Anmerkung 15), S. 335 f.

18 Ebda., S. 334.

19 Barner, Wilfried: »Vorurteil, Empirie, Rettung. Der junge Lessing und die Juden«. In: »Juden in der deutschen Literatur« (Anmerkung 4), S. 72.

20 Ebda., S. 73.

21 Mayer, a. a. O., S. 10.

22 Barner, a. a. O., S. 76.

23 Lessing (Anmerkung 16), S. 638.

24 Brief vom 26. März 1762. Zitiert nach: »Juden und Judentum in deutschen Briefen aus drei Jahrhunderten«. Hrsg. von Franz Kobler, Königstein im Taunus 1984, S. 6.

25 »Moses Mendelssohn in Selbstzeugnissen«. Hrsg. von Martin Pfeideler. Tübingen/Basel 1979, S. 109.

26 Ebda., S. 110.

27 Schoeps, Julius H.: »Moses Mendelssohn«. Königstein/Ts. 1979, S. 109.

28 Selbstzeugnisse (Anmerkung 25), S. 193.

29 Kobler, Franz (Anmerkung 24), S. 76.

30 Schoeps (Anmerkung 27), S. 136.

31 Zitiert nach Schoeps, a. a. O., S. 116.

32 In: »Jüdische Intelligenz in Deutschland« (Anmerkung 14), S. 21.

33 In: »Juden in der deutschen Literatur« (Anmerkung 4), S. 24.

34 Einen Überblick gibt der Sammelband »Lessings ›Nathan der Weise‹«. Hrsg. von Klaus Bohnen. Darmstadt 1984.

35 Lessings Werke (Anmerkung 16), S. 680.

36 Ebda.

37 Berding (Anmerkung 8), S. 24.

38 Ebda., S. 25.

39 Clausen, Detlev: »Vom Judenhaß zum Antisemitismus. Materialien einer verleugneten Geschichte«. Darmstadt/Neuwied 1987, S. 56.

40 Zitiert nach Elbogen / Sterling (Anmerkung 2), S. 160.

41 Berghahn (Anmerkung 14), S. 18 f.

42 Zitiert nach Berghahn, a. a. O., S. 19.

43 Selbstzeugnisse, a. a. O., S. 7.

44 Poliakov, Leon: »Geschichte des Antisemitismus«. Band V: »Die Aufklärung und ihre judenfeindliche Tendenz«. Worms 1983, S. 202 f.

45 Scholem, Gershom: »Judaica 2«. Frankfurt am Main 1987, S. 29.

46 Wagenknecht, Christian: »Isachar Falkensohn Behrs ›Gedichte von einem polnischen Juden‹. Ein Kapitel aus der Literaturgeschichte der Judenemanzipation«. In: »Juden in der deutschen Literatur« (Anmerkung 4), S. 77.

47 Biographische Details bei Gerhard Alexander: »Isachar Falkensohn Behr (1746–1817)«. In: »Aufklärung und Haskala in jüdischer und nichtjüdischer Sicht« (= Wolfenbütteler Studien zur Aufklärung, Band 14). Hrsg. von Karlfried Gründer und Nathan Rotenstreich. Heidelberg 1990, S. 57–66.

48 Ebda., S. 60.

49 Ebda., S. 63.

50 Wagenknecht (Anmerkung 46), S. 78.

51 Ebda., S. 86.

52 Zitiert nach: »Frankfurter gelehrte Anzeigen. 1772. Eine Auswahl«. Hrsg. von Hans-Dietrich Dahnke und Peter Müller. Leipzig 1971, S. 240 und 243.

53 Wagenknecht, a. a. O., S. 86.

54 Katz, Jacob (Anmerkung 9), S. 67.

55 »Juden und Judentum in deutschen Briefen aus drei Jahrhunderten«. Hrsg. und erläutert von Franz Kobler. Königstein im Taunus 1984, S. 94.

56 Ebda., S. 95.

57 Ebda., S. 96.

58 Ebda., S. 97.

59 Eban, Abba: »Dies ist mein Volk. Die Geschichte der Juden«. Zürich 1970, S. 206.

60 Wiedemann, Conrad: »Zwei jüdische Autobiographien im Deutschland des 18. Jahrhunderts. Glückel von Hameln (ca. 1719) und Salomon Maimon (1792)«. In: »Juden in der deutschen Literatur«. (Anmerkung 4).

61 »Salomon Maimons Lebensgeschichte, von ihm selbst erzählt und herausgegeben von Karl Philipp Moritz«. Neu herausgegeben von Zwi Batscha. Frankfurt am Main 1984, S. 93.

62 Ebda., S. 222 f.

63 Ebda., S. 295.
64 Wiedemann (Anmerkung 4), S. 102 f.
65 Maimon, a. a. O., S. 172.
66 Arendt, Hannah: »Elemente und Ursprünge totaler Herrschaft«. Frankfurt am Main / Berlin / Wien 1975. Band 1: Antisemitismus, S. 123.
67 Ebda.
68 Maimon (Anmerkung 61), S. 7.
69 Katz, Jacob: »Aus dem Ghetto in die bürgerliche Gesellschaft«. Frankfurt am Main 1986, S. 131.
70 Kobler, a. a. O., S. 118.
71 Ebda., S. 119.
72 Kampmann, Wanda: »Deutsche und Juden«. Frankfurt am Main 1979, S. 117.
73 Zitiert nach Elbogen, Ismar / Sterling, Eleonore: »Die Geschichte der Juden in Deutschland«. Frankfurt am Main 1966, S. 170.
74 Zitiert nach Julius H. Schoeps »Leiden an Deutschland«. München 1990, S. 16.
75 Mayer, Hans: »Außenseiter«. Frankfurt am Main 1981, S. 343.
76 Berghahn, Klaus L.: in: »Jüdische Intelligenz in Deutschland«. (Anmerkung 14), S. 31.
77 Feilchenfeld, Konrad, in: »Deutsche Literatur von Frauen«. Hrsg. von Gisela Brinker-Gabler. 2 Bände. München 1988, Band 1, S. 410.
78 Landau, Paul: »Gesellschaftskultur«, in: »Juden im deutschen Kulturbereich«. Hrsg. von Siegmund Kaznelson. 2. Auflage Berlin 1959, S. 871.
79 »Henriette Herz in Erinnerungen, Briefen und Zeugnissen«. Hrsg. von Rainer Schmitz. Leipzig / Weimar 1984, S. 63 f.
80 Reich-Ranicki, Marcel: »Über Ruhestörer. Juden in der deutschen Literatur«. Stuttgart 1989, S. 41.
81 Feilchenfeldt, Konrad (Anmerkung 77), S. 410.
82 Landau, Paul, a. a. O., S. 872.
83 Arendt, Hannah: »Elemente und Ursprünge totaler Herrschaft«. Frankfurt am Main / Berlin / Wien 1975. Band I: Antisemitismus, S. 113.
84 Arendt a. a. O., S. 112.
85 Zitiert nach Arendt, Hannah: »Rahel Varnhagen. Lebensgeschichte einer deutschen Jüdin aus der Romantik«. München 1987, S. 206.
86 Rahel-Bibliothek. »Rahel Varnhagen: Gesammelte Werke«. Hrsg. von Konrad Feilchenfeldt, Uwe Schweikert und Rahel E. Steiner. München 1983, Band IX, S. 582 f.

87 Arendt: »Varnhagen« (Anmerkung 85), S. 201.
88 Rahel-Bibliothek, a. a. O., Band I, S. 43.
89 Arendt: »Varnhagen«, a. a. O., S. 15.
90 Rahel-Bibliothek, a. a. O., Band X, S. 158.
91 Arendt: »Varnhagen«, S. 205 f.
92 Rahel-Bibliothek, a. a. O., Band VII, S. 56.
93 Dubnow, Simon: »Weltgeschichte des jüdischen Volkes«. Nachdruck Jerusalem 1971, Band III, S. 94.
94 Katz (Anmerkung 5), S. 117.
95 Grab, Walter: »Radikale Lebensläufe. Von der bürgerlichen zur proletarischen Emanzipationsbewegung«. Berlin 1980, S. 91.
96 Zitiert nach Grab, Walter: »Saul Ascher. Ein jüdisch-deutscher Spätaufklärer zwischen Revolution und Restauration« in: G. W.: »Radikale Lebensläufe« (Anmerkung 95), S. 90.
97 Rahel-Bibliothek, a. a. O., Band IX, S. 583.
98 Zitiert nach Elbogen, Ismar / Sterling, Eleonore: »Die Geschichte der Juden in Deutschland«. Frankfurt am Main 1966, S. 166.
99 Zitiert nach: »Juden in Preußen. Ein Kapitel deutscher Geschichte«. Hrsg. vom Bildarchiv Preußischer Kulturbesitz. Dortmund 1981, S. 157.
100 Berding, Helmut: »Moderner Antisemitismus in Deutschland«. Frankfurt am Main 1988, S. 31.
101 Zitiert nach: »Juden in Preußen«, a. a. O., S. 159.
102 Ebda., S. 158.

IV. Vom Wiener Kongreß zur Reichsgründung

1 Poliakov, Léon: »Geschichte des Antisemitismus«. Worms 1987, Band IV, S. 184.
2 Grab, Walter: »Saul Ascher. Ein jüdisch-deutscher Spätaufklärer zwischen Revolution und Restauration«. In: G. W.: »Radikale Lebensläufe. Von der bürgerlichen zur proletarischen Emanzipationsbewegung«. Berlin 1980.
3 Ebda. S. 76.
4 Ebda, a. a. O., S. 75.
5 Katz, Jacob: »Aus dem Ghetto in die bürgerliche Gesellschaft«. Frankfurt am Main 1986, S. 152.
6 Grab, a. a. O., S. 87.
7 Grab, a. a. O., S. 94.
8 Zitiert nach »Juden in Preußen. Ein Kapitel deutscher Geschichte«. Dortmund 1981, S. 164.

9 Zitiert nach Nachum T. Gidal: »Die Juden in Deutschland von der Römerzeit bis zur Weimarer Republik«. Gütersloh 1988, S. 200.

10 Kampmann, Wanda: »Deutsche und Juden«. Frankfurt am Main 1979, S. 174.

11 Grab, a. a. O., S. 205.

12 Ebda., S. 227.

13 Berding, Helmut: »Moderner Antisemitismus in Deutschland«. Frankfurt am Main 1988, S. 33.

14 Zitiert nach »Juden in Preußen« (Anmerkung 8), S. 166.

15 Sperber, Manès: »Churban oder die unfaßbare Gewißheit«. München 1983, S. 35 f.

16 »Selbstzeugnisse des deutschen Judentums 1870–1945«. Hrsg. von Achim von Borries. Frankfurt am Main 1988, S. 13 (Geleitwort).

17 Zitiert nach »Selbstzeugnisse des deutschen Judentums«, a. a. O., S. 208.

18 Sperber, a. a. O., S. 36.

19 Katz, Jacob: »Vom Vorurteil bis zur Vernichtung. Der Antisemitismus 1700–1933«. München 1990, S. 174.

20 Horch, Hans Otto: »Heimat und Fremde. Jüdische Schriftsteller und deutsche Literatur oder Probleme einer deutsch-jüdischen Literaturgeschichte«. In: »Juden als Träger bürgerlicher Kultur in Deutschland«. Hrsg. von Julius H. Schoeps. Stuttgart–Bonn 1979, S. 56.

21 Andics, Hellmut: »Die Juden in Wien«. München / Luzern 1988, S. 315.

22 Houben, H. H.: »Gespräche mit Heine«. Frankfurt / M. 1926, S. 837.

23 Zitiert nach: Otto Wittner: »Briefe aus dem Vormärz«. Prag 1911, S. 563.

24 »Juden im deutschen Kulturbereich«. Hrsg. von Siegmund Kaznelson. Berlin 1959, S. 29.

25 Ebda., S. 896.

26 Andics (Anmerkung 21), S. 234.

27 Reich-Ranicki, Marcel: »Über Ruhestörer. Juden in der deutschen Literatur«. Stuttgart 1989, S. 44.

28 »Im Zeichen Hiobs. Jüdische Schriftsteller und deutsche Literatur im 20. Jahrhundert«. Hrsg. von Gunter E. Grimm und Hans-Peter Bayerdörfer. Königstein im Taunus 1985, S. 19.

29 Zitiert nach Ludwig Stein: »Berthold Auerbach und das Judentum«. Berlin 1882, S. 34.

30 Antisemitische Kampagne: 1880 eingeleitete Sammlung von Unterschriften für eine Petition, die dem Reichskanzler übergeben

werden sollte. Darin wurden weitere restriktive Maßnahmen gegen die Juden gefordert. Die Kampagne wurde von den Freisinnigen zum Gegenstand einer Interpellation im preußischen Abgeordnetenhaus gemacht.

31 »Juden und Judentum in deutschen Briefen aus drei Jahrhunderten«. Hrsg. von Franz Kobler. Königstein im Taunus 1984, S. 271.

32 »Im Zeichen Hiobs«. (Anmerkung 28), S. 20.

33 »Juden und Judentum in deutschen Briefen«, a.a.O., S. 272.

34 Zitiert nach Ludwig Geiger: »Die Deutsche Literatur und die Juden«. Berlin 1910, S. 238 f.

35 Horch, Hans Otto: »Judenbilder in der realistischen Erzählliteratur«. In: »Juden und Judentum in der Literatur«. Hrsg. von Herbert A. Strauss und Christhard Hoffmann. München 1985, S. 157.

36 Ebda.

37 Berthold Auerbachs gesammelte Schriften. Stuttgart 1894, Band 13, S. 38.

38 Ebda., Band 19, S. 272.

39 Geiger (Anmerkung 34), S. 239 f.

40 Horch (Anmerkung 35), S. 159.

41 Geiger, a.a.O., S. 242.

42 Ebda., S. 233.

43 Horch, a.a.O., S. 162,

44 Zitiert nach Geiger, a.a.O., S. 245.

45 Ebda., S. 246.

46 »Im Zeichen Hiobs«. (Anmerkung 28), S. 19.

47 Ebda.

48 Börne, Ludwig: »Sämtliche Schriften«. Neu bearbeitet und hrsg. von Inge und Peter Rippmann. Düsseldorf 1964, Band 1, S. 46 f.

49 Die Etmythologie des Wortes ist unklar. Möglicherweise vom italienischen »borghetto« (= Stadtteil) abgeleitet. Erstmals 1556 in einer Verordnung von Papst Paul IV. aufgetaucht. Bezeichnet seitdem den besonderen Stadtteil, in dem die jüdische Bevölkerung zuerst freiwillig, später gezwungen vom Mittelalter (in Deutschland seit dem Ende des 13. Jahrhunderts) bis zur bürgerlichen Gleichberechtigung wohnte. Bereits im Altertum gab es Judenviertel in Alexandria und Rom (Trastevere).

50 Heine, Heinrich: »Sämtliche Schriften in zwölf Bänden«. Hrsg. von Klaus Briegleb. München 1976, Band 1, S. 498.

51 Ebda., S. 486.

52 »Geschichten aus dem Ghetto«. Hrsg. von Jost Hermand. Frankfurt am Main 1990, S. 11 (Vorbemerkung).

53 Heine, Heinrich: »Briefe«. Hrsg. von Friedrich Hirth. Ausgabe in 2 Bänden. Mainz und Berlin 1965, Band I, Brief 1074.

54 »Gespräche mit Heine«. Hrsg. von H. H. Houben. Frankfurt am Main 1926, S. 805.

55 Hermand (Anmerkung 52), S. 13.

56 »Juden im deutschen Kulturbereich«. Hrsg. von Siegmund Kaznelson. Berlin 1959, S. 27.

57 Bayerdörfer, Hans-Peter: »Das Bild der Ostjuden in der deutschen Literatur«. In: »Juden und Judentum in der Literatur«. Hrsg. von Herbert A. Strauss und Christhard Hoffmann. München 1985, S. 224.

58 Ebda., S. 225.

59 Auf Bernsteins Bedeutung für die Reformbewegung hat Julius H. Schoeps in einem Beitrag für den Sammelband »Judentum im deutschen Sprachraum« (hrsg. von Karl E. Grözinger; Frankfurt am Main 1991) hingewiesen.

60 »Geschichten aus dem Ghetto« (Anmerkung 3), S. 181.

61 Zitiert nach: »Ludwig Börne. Zum 200. Geburtstag des Frankfurter Schriftstellers«. Bearb. von Alfred Estermann. Hrsg. von der Stadt- und Universitätsbibliothek Frankfurt am Main 1986, S. 190.

62 Börne (Anmerkung 48), S. 419.

63 Marcuse, Ludwig: »Ludwig Börne«. Zürich 1977, S. 82.

64 Börne, a. a. O., Band 1, S. 142.

65 Heine (Anmerkung 50), Band 11, S. 622.

66 Heine: »Briefe« (Anmerkung 53), Band 1, S. 251.

67 Heine, a. a. O., Band 7, S. 440.

68 Houben (Anmerkung 54), S. 668.

69 Börne, a. a. O., S. 522.

70 Ebda., Band 3, S. 757 f.

71 In: »Ludwig Börne« (Anmerkung 61), S. 190.

72 Heine: »Briefe«. a. a. O., Band 1, S. 101.

73 Heine, a. a. O., Band 9, S. 109.

74 Löwenthal, Leo: »Untergang der Dämologien. Studien über Judentum, Antisemitismus und faschistischen Geist«. Leipzig 1990, S. 42.

75 Heine, a. a. O., Band 11, S. 481.

76 Ebda., S. 129.

77 Ebda., S. 184.

78 Ebda., S. 113.

79 Kruse, Joseph A. (Anmerkung 61), S. 195.

80 Börne, a. a. O., Band 3, S. 510 f.

81 Hinck, Walter: »Die Wunde Deutschland. Heinrich Heines Dichtung im Widerstreit von Nationalidee, Judentum und Antisemitismus«. Frankfurt am Main 1990, S. 164 f.

82 Börne, a. a. O., Band 3, S. 811 f.

83 Marcuse (Anmerkung 63), S. 241 f.

88 Reich-Ranicki, Marcel: »Über Ruhestörer. Juden in der deutschen Literatur«. Stuttgart 1989, S. 77.
89 Heine, a. a. O., Band 7, S. 64.
90 Hinck (Anmerkung 81), S. 167.
91 Börne, a. a. O., Band 1, S. 1004.

V. Juden im Zweiten Kaiserreich

1 Zitiert nach Helmut Berding: »Moderner Antisemitismus in Deutschland«. Frankfurt am Main 1988, S. 34.
2 Angaben nach Hans-Günter Zmarzlik: »Antisemitismus im Deutschen Kaiserreich 1871–1918«. In: »Die Juden als Minderheit in der Geschichte«. Hrsg. von Bernd Martin und Ernst Schulin. München 1981, S. 250 f.
3 Nach: Volkov, Shulamit: »Jüdisches Leben und Antisemitismus im 19. und 20. Jahrhundert«. München 1990, S. 136.
4 Scholem, Gershom: »Von Berlin nach Jerusalem. Jugenderinnerungen«. Frankfurt am Main 1977, S. 40.
5 Graupe, Heinz Mosche: »Die Entstehung des modernen Judentums. Geistesgeschichte der deutschen Juden 1650 bis 1942«. 2. Auflage Hamburg 1977, S. 241.
6 Richarz, Monika (Hrsg.): »Bürger auf Widerruf. Lebenszeugnisse deutscher Juden 1780 bis 1945«. München 1989, S. 32.
7 Marcuse, Ludwig: »Mein 20. Jahrhundert. Auf dem Weg zu einer Autobiographie«. München 1963, S. 32 f.
8 Zitiert nach Richarz (Anmerkung 6), S. 327.
9 Klemperer, Victor: »Curriculum Vitae. Jugend um 1900«. 2 Bände. Berlin 1989, Band 1, S. 17 f. und 39.
10 Gay, Peter: »Begegnungen mit der Moderne. Die deutschen Juden in der Wihelminischen Kultur«. In: P. G.: »Freud, Juden und andere Deutsche. Herren und Opfer in der modernen Kultur«. München 1989, S. 119.
11 Ebda., S. 134.
12 Graupe (Anmerkung 5), S. 168.
13 Gay, a. a. O., S. 130.
14 Volkov (Anmerkung 3), S. 142.
15 Ebda., S. 142.
16 Zmarzlik (Anmerkung 2), S. 251.
17 Gay, a. a. O., S. 187.
18 Volkov, a. a. O., S. 144 f.
19 Katz, Jacob: »Aus dem Ghetto in die bürgerliche Gesellschaft. Jüdische Emanzipation 1770–1870«. Frankfurt am Main 1986, S. 235.

20 Berding (Anmerkung 1), S. 41.
21 Volkov, a. a. O., S. 145.
22 Ebda., S. 132.
23 Gay, a. a. O., S. 190.
24 Weltsch, Robert: »Die schleichende Krise der jüdischen Identität –
   Ein Nachwort«. In: Werner E. Mosse und Arnold Paucker
   (Hrsg.): »Juden im Wilhelminischen Deutschland 1890–1914«.
   Tübingen 1976, S. 689.
25 Zitiert nach Gay, a. a. O., S. 116.
26 Tramer, Hans: »Der Beitrag der Juden zu Geist und Kultur«. In:
   Werner E. Mosse und Arnold Paucker, (Hrsg.): »Deutsches Judentum in Krieg und Revolution 1916 bis 1932«. Tübingen 1971,
   S. 376.
27 Gay, a. a. O., S. 174.
28 Goldstein, Moritz: »Deutsch-jüdischer Parnaß«. In: »Der Kunstwart«. Hrsg. von Ferdinand Avenarius. Jg. 25. März 1912, S. 290.
29 Ebda.
30 Bartels, Adolf: »Die deutsche Dichtung der Gegenwart. Die Jüngsten«. Leipzig 1921, S. 74.
31 Gay, a. a. O., S. 175.
32 Kwiet, Konrad / Grimm, Gunter E. / Bayerdörfer, Hans-Peter:
   Einleitung zu »Im Zeichen Hiobs. Jüdische Schriftsteller und deutsche Literatur im 20. Jahrhundert«. Königstein im Taunus 1985,
   S. 36.
33 Toury, Jacob: »Der S. Fischer Verlag als Wegbereiter der Weimarer Kultur«. In: »Juden in der Weimarer Republik«. Hrsg. von
   Walter Grab und Julius H. Schoeps. Stuttgart–Bonn 1986, S. 47.
34 Ebda., S. 56.
35 Ebda., S. 57.
36 Ebd., S. 58.
37 Gay, a. a. O., S. 178.
38 Ebda.
39 Kiaulehn, Walter: »Die Berliner Kritik war jüdisch«. In: »Porträts
   zur deutsch-jüdischen Geistesgeschichte«. Hrsg. von Thilo Koch.
   Köln 1961, S. 208 f.
40 Habermas, Jürgen: »Der deutsche Idealismus der jüdischen Philosophen«. In: Porträts« (Anmerkung 39), S. 99.
41 Ebda., S. 124.
42 Gay, a. a. O., S. 115.
43 Craig, Gordon: »Über die Deutschen«. München 1985, S. 159 f.
44 Poliakov, Léon: »Geschichte des Antisemitismus«. 8 Bände.
   Worms 1977 f. (Band 1–6); Frankfurt am Main 1988 (Band 7 und
   8); Eva G. Reichmann: »Flucht in den Haß. Die Ursachen der

deutschen Judenkatastrophe«. Frankfurt am Main 1969; Rürup, Reinhard: »Emanzipation und Antisemitismus. Studien zur ›Judenfrage‹ der bürgerlichen Gesellschaft«. Göttingen 1975; Berding, Helmut (Anmerkung 1); Katz, Jacob: »Vom Vorurteil zur Vernichtung. Der Antisemitismus 1700–1933«. München 1989; Volkov, Shulamit (Anmerkung 3).

45 Berding, a. a. O., S. 85.

46 Zitiert nach Katz (Anmerkung 44), S. 259.

47 Ebda.

48 Berding, a. a. O., S. 109 f.

49 Die Kontroverse ist vorzüglich dokumentiert und kommentiert in »Der Berliner Antisemitismusstreit«. Hrsg. von Walter Boehlich. Frankfurt am Main 1965.

50 Zmarzlik (Anmerkung 2), S. 256.

51 Boehlich, a. a. O., S. 265 f.

52 Katz, (Anmerkung 19), S. 253.

53 Ebda., S. 266.

54 Zitiert nach Nachum T. Gidal: »Die Juden in Deutschland von der Römerzeit bis zur Weimarer Republik«. München 1988, S. 259.

55 Berding, Helmut, a. a. O., S. 161.

56 Suchy, Barbara: »Die jüdische Presse im Kaiserreich und in der Weimarer Republik«. In: »Juden als Träger bürgerlicher Kultur in Deutschland«. Hrsg. von Julius H. Schoeps. Stuttgart–Bonn 1989, S. 167–191.

57 Suchy, a. a. O., S. 173.

58 Ebda.

59 Vgl. dazu die Studie von Hans Otto Horch: »Auf der Suche nach der jüdischen Erzählliteratur. Die Literaturkritik der Allgemeinen Zeitung des Judentums«. Frankfurt am Main 1985.

60 Suchy, a. a. O., S. 181 f.

61 Zitiert nach: »Zionismus. Texte zu seiner Entwicklung«. Hrsg. von Julius H. Schoeps. 2. überarbeitete Auflage. Wiesbaden 1893, S. 81.

62 Ebda., S. 77.

63 Adler, H. G.: »Die Juden in Deutschland«. München 1988, S. 120.

64 Zitiert nach Hans-Jochen Gamm: »Zur Entstehung des Zionismus«. In: »Juden in der deutschen Literatur II«. Hrsg. von Heinz-Dieter Weber (»Der Deutschunterricht«. Jg. 37. Heft 3/85). S. 13 f.

65 Herzl, Theodor: »Gesammelte Zionistische Werke«. Tel Aviv 1934. Band 2, S. 24.

66 Gamm (Anmerkung 64), S. 14.

67 Dubnow, Simon: »Weltgeschichte des Jüdischen Volkes«. 3 Bände. Jerusalem 1971, Band 3, S. 556.

68 Zitiert nach: Ernst Simon: »Martin Buber und das deutsche Judentum«. In: Deutsches Judentum. Aufstieg und Krise«. Hrsg. von Robert Weltsch. Stuttgart 1963, S. 83.

69 Diese Bezeichnungen finden sich bei Theodore S. Hamerow: »Cravat Jews and Caftan Jews«. In: Commentary« 77 (1984) 5, S. 29–38.

70 Geiger, Ludwig, in: »Allgemeine Zeitung des Judentums« 62 (1898), S. 608.

71 Kwiet, Konrad/Grimm, Gunter E./Bayerdörfer, Hans-Peter: Einleitung zu »Im Zeichen Hiobs. Jüdische Schriftsteller und deutsche Literatur im 20. Jahrhundert«. Hrsg. von Gunter E. Grimm und Hans-Peter Bayerdörfer. Königstein im Taunus 1985, S. 30.

72 Gilman, Sander: »The rediscovery of the Eastern Jews: German Jews in the East 1890–1918«. In: »Jews and germans from 1860 to 1933. The problematic symbiosis«. Hrsg. von David Bronson. Heidelberg 1979, S. 344 (Deutsch von H. J. S.).

73 »Im Zeichen Hiobs« (Anmerkung 72), S. 33.

74 Zitiert nach Gidal (Anmerkung 54), S. 312.

75 Berding (Anmerkung 2), S. 169.

76 Ebda.

77 »Juden im deutschen Kulturbereich«. Hrsg. von Siegmund Kaznelson. Berlin 1959, S. 25.

78 Bartels, Adolf: »Geschichte der deutschen Literatur«. 2 Bände, Leipzig 1909. Band 2, S. 622.

79 »Geschichten aus dem Ghetto«. Hrsg. von Jost Hermand. Frankfurt am Main 1990, S. 17.

80 Hermand, Jost: »Unbequeme Literatur. Eine Beispielreihe«. Heidelberg 1971, S. 18.

81 Abgedruckt in K. E. Franzos: »Der Pojaz«. Mit einem Nachwort von Jost Hermand. Königstein im Taunus 1979, S. 2.

82 Ebda.

83 Ebda., S. 4.

84 Bayerdörfer, Hans Peter. In: »Juden und Judentum in der Literatur.« Hrsg. von Herbert A. Strauss und Christhard Hoffman. Frankfurt/M. 1985, S. 226.

85 »Der Pojaz« (Anmerkung 18), S. 363 (Nachwort).

86 »Der Pojaz«, a. a. O., S. 365 f.

87 Ebda., S. 367.

88 Soergel, Albert: »Dichtung und Dichter der Zeit«. 15. Auflage Leipzig 1921, S. 450.

89 Schlawe, Fritz: »Literarische Zeitschriften«. Teil I: 1885–1910. 2. Auflage Stuttgart 1965, S. 10.

90 Schlawe, a. a. O., S. 28.

91 Zweig, Arnold: »Bilanz der deutschen Judenheit. Ein Versuch«. Mit einem Nachwort von Achim von Borries. Köln 1961, S. 247f.

92 »Juden im deutschen Kulturbereich«, a. a. O., S. 899.

93 »Auftakt zur Literatur des 20. Jahrhunderts. Briefe aus dem Nach- laß von Ludwig Jacobowski«. Hrsg. von Fred B. Stern. Band I: Die Briefe; Band II: Einführung, Kommentar und Bibliographie. Hei- delberg 1974. Band II, S. 23.

94 Shedletzky, Itta: »Ludwig Jacobowsky (1868–1900) und Jakob Loewenberg (1856–1929). Literarisches Leben und Schaffen ›aus deutscher und jüdischer Seele‹«. In: Juden in der deutschen Litera- tur«. Hrsg. von Stéphane Moses und Albrecht Schöne. Frankfurt am Main 1986, S. 194–209.

95 Shedletzky (Anmerkung 94), S. 195.

96 Stern, a. a. O., Band II, S. 36.

97 Zitiert nah Shedletzky, a. a. O., S. 201.

98 Gay, Peter: »Freud, Juden und andere Deutsche. Herren und Opfer in der modernen Kultur«. München 1989, S. 214.

99 Shedletzky, a. a. O., S. 203.

100 Stern, a. a. O., Band II, S. 38.

101 Ebda., S. 31.

102 Shedletzky, a. a. O., S. 198.

103 Zitiert nach Shedletzky, a. a. O., S. 194.

104 Ebda., S. 197.

105 Ebda., S. 194.

106 Mittelmann, Hanni: »Das Problem der deutsch-jüdischen Sym- biose‹ im zionistischen Roman«. In: »Juden in der deutschen Lite- ratur« (Anmerkung 23), S. 227.

107 Ebda., S. 229.

108 Ebda., S. 228.

109 Ebda., S. 235.

110 Breuer, Mordechai: »Jüdische Orthodoxie im Deutschen Reich 1871–1918«. Frankfurt am Main 1986, S. 145.

111 Ebda., S. 146.

112 Zitiert nach: Maximilian Harden: »Köpfe, Porträts, Briefe und Dokumente«. Neu ausgewählt von Hans-Jürgen Fröhlich. Ham- burg 1963, S. 261.

113 In: Gustav Krojanker (Hrsg.): »Juden in der deutschen Literatur. Essays über zeitgenössische Schriftsteller«. Berlin 1922, S. 112.

114 Tucholsky, Kurt: »Gesammelte Werke«. Hrsg. von Mary Gerold- Tucholsky und Fritz J. Raddatz. Reinbek 1967, Band I, S. 1076.

115 Zitiert nach: M. H.: »Kaiserpanorama. Literarische und politische Publizistik«. Hrsg. und mit einem Nachwort von Ruth Greuner. Berlin 1983, S. 319f.

VI. Anbruch der Moderne

1 Zitiert nach »Die Berliner Moderne 1885–1914«. Hrsg. von Jürgen Schutte und Peter Sprengel. Stuttgart 1987, S. 187.

2 Faksimiliert in »S. Fischer Verlag. Von der Gründung bis zur Rückkehr aus dem Exil«. (= Marbacher Katalog 40). Hrsg. von Bernhard Zeller. Marbach 1985, S. 34 f.

3 Horch, Hans Otto: »Heimat und Fremde. Jüdische Schriftsteller und deutsche Literatur oder Probleme einer deutsch-jüdischen Literaturgeschichte«. In: »Juden als Träger bürgerlicher Kultur in Deutschland«. Hrsg. von Julius H. Schoeps. Stuttgart/Bonn 1989, S. 58.

4 Krojanker, Gustav: »Juden in der deutschen Literatur. Essays über zeitgenössische Schriftsteller«. Berlin 1922, S. 8 (Vorwort).

5 »Die Berliner Moderne« (Anmerkung 1), S. 40.

6 Gay, Peter: »Begegnung mit der Moderne. Die deutschen Juden in der Wilhelminischen Kultur«. In: P. G. »Freud, Juden und andere Deutsche. Herren und Opfer in der modernen Kultur«. München 1989, S. 174.

7 Horch (Anmerkung 3), S. 58.

8 Gay (Anmerkung 6), S. 122.

9 Hamann, Richard/Hermand, Jost: »Epochen deutscher Kultur von 1870 bis zur Gegenwart«. Band 5: »Expressionismus« Frankfurt am Main 1977, S. 184.

10 »Expressionismus, Manifeste und Dokumente zur deutschen Literatur 1910–1920«. Hrsg. von Thomas Anz und Michael Stark. Stuttgart 1982, S. 374.

11 Ebda., S. 375.

12 Zitiert nach Anz/Stark, a. a. O., S. 376.

13 Gay, a. a. O., S. 157.

14 Ebda., S. 179.

15 Ebda., S. 182.

16 Tramer, Hans: »Der Beitrag der Juden zu Geist und Kultur«. In: Werner E. Mosse, Arnold Paucker (Hrsg.) »Deutsches Judentum in Krieg und Revolution«. Tübingen 1971, S. 329.

17 In: Krojanker (Anmerkung 4), S. 346.

18 Zitiert nach: Albert Ehrenstein, »Gedichte und Prosa«. Hrsg. von Karl Otten. Neuwied/Berlin 1961, S. 29.

19 In: Krojanker, a. a. O., S. 63.

20 Einstein, Carl. Prophet der Avantgarde. Hrsg. von Klaus Siebenhaar. Berlin 1991, S. 90.

21 »Menschheitsdämmerung. Ein Dokument des Expressionismus«. Neu hrsg. von Kurt Pinthus. Reinbek 1959, S. 340.

22 Hoddis, Jakob van: »Dichtungen und Briefe«. Hrsg. von Regina Nörtemann. Zürich 1987.

23 Szittya, Emil: »Das Kuriositäten-Kabinett«. Konstanz 1923, S. 250.

24 Höxter, John: »Ich bin noch ein ungeübter Selbstmörder«. Mit einem Nachwort von Karl Riha. Hannover 1988, S. 106.

25 Lichtenstein, Alfred: »Dichtungen«. Hrsg. von Klaus Kanzog und Hartmut Vollmer. Zürich 1989, S. 244 (Nachwort).

26 Otten, Karl: »Expressionismus – grotesk«. Zürich 1962, S. 9.

27 Mynona: »Rosa, die schöne Schutzmannsfrau und andere Grotesken«. Hrsg. von Ellen Otten. Zürich 1965, S. 237.

28 Otten (Anmerkung 26), S. 12.

29 Zitiert nach Anz / Stark (Anmerkung 10), S. 384.

30 In: Krojanker (Anmerkung 4), S. 355f.

31 Hiller, Kurt, in: »Der Monat« vom 13.1.1961, S. 59.

32 Hille, Peter: »Der Spökenkieker«. Hrsg. von Rüdiger Bernhardt und Friedrich Kienecker. Leipzig / Weimar 1986, S. 76f.

33 Mehring, Walter: »Als das Jahrhundert jung war«. Zürich 1961, S. 32.

34 Benn, Gottfried: »Gesammelte Werke in acht Bänden«. Hrsg. von Dieter Wellershoff. Wiesbaden 1968, Band 4, S. 77.

35 Hamburger, Käte: »Else Lasker-Schüler«. In: »Es ist ein Weinen in der Welt. Hommage für deutsche Juden«. Hrsg. von Hans Jürgen Schultz. Stuttgart 1990, S. 77.

36 Lasker-Schüler, Else: »Lieber gestreifter Tiger«. Briefe I. München 1969, S. 127.

37 Gay, Peter, (Anmerkung 6), S. 165f.

38 Bauschinger, Sigrid: »Ich bin Jude. Gott sei dank. Else Lasker-Schüler«. In: »Im Zeichen Hiobs. Jüdische Schriftsteller und deutsche Literatur im 20. Jahrhundert«. Hrsg. von Gunter E. Grimm und Hans-Peter Bayerdörfer. Königstein im Taunus 1985, S. 87.

39 Lasker-Schüler, Else: »Sämtliche Gedichte«. Hrsg. von Friedhelm Kemp. München 1966, S. 198.

40 Hamburger (Anmerkung 35), S. 85.

41 Vgl. »Der Malik-Verlag 1916–1947. Chronik eines Verlages«. Kiel 1986.

42 In: Gustav Krojanker (Anmerkung 4), S. 316.

43 Strauss, Ludwig: »Fahrt und Erfahrung. Geschichten und Aufzeichnungen«. Mit einem Nachwort von Werner Kraft. Heidelberg / Darmstadt 1959, S. 111f.

44 Strauss, Ludwig: »Das verpaßte Verbrechen und andere Prosa«. Hrsg. von Gregor Ackermann und Werner Jung. Aachen 1990.

45 Susman, Margarete: »Ich habe viele Leben gelebt. Erinnerungen«. Stuttgart 1964, S. 14.

46 Kantorowicz: »Politik und Literatur im Exil«. München 1983, S. 131.
47 Susman, Margarete: »Das Buch Hiob und das Schicksal des jüdischen Volkes«. 2. Auflage Zürich 1948, S. 216.
48 Loerke, Oskar: »Der Bücherkarren«. Heidelberg 1965, S. 117.
49 »Prosa jüdischer Dichter«. Hrsg. von Karl Otten. Stuttgart 1959, S. 645.
50 Loerke, a. a. O., S. 118.
51 Otten (Anmerkung 49), S. 612.
52 Gedichte Kronbergs finden sich in den Anthologien »An den Wind geschrieben« (1960), »Welch Wort in die Kälte gerufen« (1968). Sein Drama »Schimen der Stille« ist in »Schrei und Bekenntnis. Expressionistisches Theater«, der »Chamlam« in »Prosa jüdischer Dichter« abgedruckt.
53 Tramer, Hans: »Der Beitrag der Juden zu Geist und Kultur«. In: Werner E. Mosse und Arnold Paucker (Hrsg.): »Deutsches Judentum in Krieg und Revolution«. Tübingen 1971, S. 344.
54 Marcuse, Ludwig: »Mein 20. Jahrhundert«. München 1963, S. 70.
55 In: Hermann, Friedmann und Otto Mann (Hrsg.): »Deutsche Literatur im XX. Jahrhundert«. Heidelberg 1959, S. 353.
56 »Welch Wort in die Kälte gerufen. Die Judenverfolgung des Dritten Reiches im deutschen Gedicht«. Hrsg. von Heinz Seydel. Berlin 1968.
57 »Expressionismus. Manifeste und Dokumente zur deutschen Literatur 1910–1920«. (Anmerkung 10), S. 374.
58 Tucholsky, Kurt: »Gesammelte Werke«. Hrsg. von Mary Gerold-Tucholsky und Fritz J. Raddatz. Band I. Reinbek 1960, S. 921 f.
59 Bartels, Adolf: »Die deutsche Dichtung der Gegenwart. Die Jüngsten«. Leipzig 1921, S. 204 und 206.
60 Faksimiliert bei Nachum T. Gidal: »Die Juden in Deutschland«. München 1988, S. 325.
61 Landauer, Gustav: »Sind das Ketzergedanken?« (1913). In: »Der werdende Mensch«. Potsdam 1921, S. 127.
62 Ossar, Michael: »Die jüdische messianische Tradition und Ernst Tollers Wandlung«. In: »Im Zeichen Hiobs« (Anmerkung 38), S. 293.
63 Ebda., S. 293.
64 Ebda., S. 303 f.
65 Toller, Ernst: »Gesammelte Werke«. Hrsg. von Wolfgang Frühwald und John M. Spalek. München 1978, Band 4, S. 227 f.
66 Zitiert nach: »Juden und Judentum in deutschen Briefen aus drei Jahrhunderten«. Hrsg. von Franz Kobler, Königstein im Taunus 1984, S. 393.

67 Ebda., S. 395.
68 Ebda., S. 393.

VII. Das jüdische Wien

1 Bettauer, Hugo: »Die Stadt ohne Juden. Ein Roman von Über-morgen«. Mit einem Nachwort von Murray G. Hall. Frankfurt am Main/Berlin 1988, S. 106f.

2 Musil, Robert: »Tagebücher«. Hrsg. von Adolf Frisé. Reinbek 1983. Band II, S. 1156f.

3 Nadler, Josef: »Literaturgeschichte des deutschen Volkes«. 4 Bände, Berlin 1941, S. 468f.

4 Andics, Hellmut: »Die Juden in Wien«. München/Luzern 1988, S. 15.

5 Zweig, Stefan: »Die Welt von Gestern. Erinnerungen eines Euro-päers«. Wien 1948 (1.–10. Wiener Auflage), S. 46.

6 Andics, a. a. O., S. 173.

7 Vergleiche Hilde Spiel: »Fanny von Arnstein oder die Emanzipa-tion«. Frankfurt am Main 1978.

8 Zohn, Harry: »›...ich bin ein Sohn der deutschen Sprache nur...‹. Jüdisches Erbe in der österreichischen Literatur«. Wien 1986, S. 18.

9 Spiel, Hilde: »Glanz und Untergang. Wien 1866–1938«. München 1987, S. 41.

10 Heer, Friedrich: »Gottes erste Liebe. Die Juden im Spannungsfeld der Geschichte«. Frankfurt am Main/Berlin 1986, S. 347f.

11 Spiel (Anmerkung 9), S. 223.

12 Andics (Anmerkung 4), S. 24.

13 Zweig, a. a. O., S. 44f.

14 Zohn, a. a. O., S. 17.

15 Zweig, a. a. O., S. 44.

16 »Die Wiener Moderne. Literatur, Kunst und Musik zwischen 1890 und 1910«. Hrsg. von Gotthard Wunberg unter Mitarbeit von Jo-hannes J. Braakenburg. Stuttgart 1982, S. 191.

17 Magris, Claudio/Reininger, Anton: »Jung Wien«. In: »Deutsche Literatur. Eine Sozialgeschichte«. Hrsg. von Horst Albert Glaser. Reinbek 1982. Band 8: »Jahrhundertwende«. Hrsg. von Frank Trommler, S. 224.

18 Kraus, Karl: »Die demolierte Literatur«. In: K. K. »Frühe Schrif-ten 1892–1900«. Hrsg. von Johannes J. Braakenburg. 2. Band, München 1979, S. 277–297. (Alle Zitate entstammen dieser Text-vorlage).

19 Hofmannsthal, Hugo von: »Gesammelte Werke in 10 Einzelbän-

den«. Hrsg. von Bernd Schoeller. Frankfurt am Main 1979. »Reden und Aufsätze I«, S. 16.

20 Zohn, a. a. O., S. 38.

21 Nach Zohn, a. a. O., S. 35.

22 Ebda.

23 Hofmannsthal (Anmerkung 19): »Reden und Aufsätze II«, S. 100.

24 Broch, Hermann: »Kommentierte Werkausgabe«. Hrsg. von Paul Michael Lützeler. Frankfurt am Main 1975, Band 9/1 »Schriften zur Literatur 1«, S. 220 f.

25 Broch, a. a. O., S. 220 f.

26 Magris, a. a. O., S. 227.

27 »Die Fackel«. Nr. 1. April 1899, S. 1 f.

28 Spiel, a. a. O., S. 107.

29 Ebda., S. 99.

30 Polgar, Alfred: »Kleine Schriften«. Hrsg. von Marcel Reich-Ranicki in Zusammenarbeit mit Ulrich Weinzierl. 6 Bände. Reinbek 1982 f.

31 In: »Der Weg I« (17) vom 20. 1. 1906.

32 Spiel, a. a. O., S. 109.

33 Torberg, Friedrich: »Die Tante Jolesch oder der Untergang des Abendlandes in Anekdoten«. München 1977, S. 258.

34 Spitzer, Daniel: »Hereinspaziert ins alte Wien«. Hrsg. von Hermann Hakel. München 1970, S. 265.

35 Kuh, Anton: »Luftlinien. Feuilletons, Essays und Publizistik«. Hrsg. von Ruth Greuner. Berlin 1981, S. 200 f.

36 Spiel, a. a. O., S. 56.

37 Andics, Hellmut, a. a. O., S. 357.

38 Brief an Martin Buber vom 8. Mai 1916. In: »Briefe an Freunde«. Hrsg. von Richard Friedenthal. Frankfurt am Main 1984, S. 66.

39 Müller, Hartmut: »Stefan Zweig«. Reinbek 1988, S. 64.

40 Zweig, Stefan: »Die Welt von gestern«. (Anmerkung 5), S. 31.

41 »Briefe an Freunde« (Anmerkung 38), S. 68 f.

42 Zohn, a. a. O., S. 125.

43 Bayerdörfer, Hans-Peter: »»Vermauschelt die Presse, die Literatur«. Jüdische Schriftsteller in der deutschen Literatur zwischen Jahrhundertwende und Erstem Weltkrieg«. In: Horch, Hans Otto (Hrsg.): »Judentum, Antisemitismus und europäische Kultur«. Tübingen 1988, S. 227.

44 Schnitzler, Arthur: »Gesammelte Werke«. Band 1. »Erzählende Schriften«. Frankfurt am Main 1961, S. 670.

45 Bayerdörfer (Anmerkung 43), S. 223.

46 Schnitzler (Anmerkung 44), S. 722.

47 Schnitzler, Arthur: »Briefe 1875–1912«. Hrsg. von Therese Nickl und Heinrich Schnitzler. Frankfurt am Main 1981, S. 589 f.

48 Vgl. Otto Kerry: »Karl-Kraus-Bibliographie«. München 1970.
49 Kohn, Caroline: »Karl Kraus und das Judentum«. In: »Im Zeichen Hiobs« (Anmerkung 7), S. 147.
50 Zitiert nach: Paul Schick: »Karl Kraus«. Reinbek 1965, S. 154.
51 »Die Fackel«. Nr. 717–723 (April 1926), S. 95.
52 »Die Fackel«. Nr. 1 (April 1899), S. 23 und 4.
53 »Die Fackel«. Nr. 912–915 (August 1935), S. 40.
54 »Die Fackel«. Nr. 457–461 (10. Mai 1917), S. 96.
55 »Die Fackel«. Nr. 888 (Oktober 1933), S. 4.
56 Laut Heinrich Fischer hat Kraus damals gesagt: »Das Buch enthält unter anderem eine Darstellung der ›Mentalität‹ des Propagandaministers. Es kann geschehen, daß dieser, wenn er meine Sätze vor Augen bekommt, aus Wut fünfzig Juden von Königsberg in die Stehsärge eines Konzentrationslagers bringen läßt. Wie könnte ich das verantworten?« (Vgl. K. K. »Die dritte Walpurgisnacht«. Hrsg. von Heinrich Fischer. München 1952, S. 308).
57 »Die dritte Walpurgisnacht« (Anmerkung 56), S. 9.
58 »Die Fackel«. Nr. 890–908 (Juli 1934), S. 37 f.
59 Reich-Ranicki: »Über Ruhestörer. Juden in der deutschen Literatur«. Erweiterte Neuausgabe. Stuttgart 1989, S. 26.
60 »Die dritte Walpurgisnacht«, a. a. O., S. 123 f.
61 Dürrenmatt, Friedrich: »Theater-Schriften und Reden«. Zürich 1966, S. 248.
62 Spiel, Hilde, a. a. O., S. 225.

VIII. Das jüdische Prag

1 »Drehscheibe Prag. Deutsche Emigranten 1933–1939«. (Ausstellungskatalog). München 1989, S. 154.
2 Die Geschichte des jüdischen Prag ist eindrucksvoll dokumentiert in: »Die Prager Judenstadt«. Text von Vilímková Milada. Hanau 1990.
3 Tramer, Hans: »Die Dreivölkerstadt Prag«. In: »Robert Weltsch zum 70. Geburtstag«. Tel Aviv 1961, S. 139.
4 Magris, Claudio: »Prag«. In: »Deutsche Literatur. Eine Sozialgeschichte«. Hrsg. von Horst Albert Glaser. Reinbek 1982, Band 8, S. 277.
5 Kafka, Franz: »Briefe 1902–1924«. Frankfurt am Main 1975, S. 14.
6 Brod, Max: »Der Prager Kreis«. Mit einem Nachwort von Peter Demetz. Frankfurt am Main 1979, S. 243 (Nachwort).
7 »Die Juden in Böhmen und Mähren. Ein historisches Lesebuch«. Hrsg. von Wilma Iggers. München 1986, S. 22.

8 Zitiert nach Iggers, a. a. O., S. 210.

9 Mühlberger, Josef: »Geschichte der deutschen Literatur in Böhmen 1900–1939«. München/Wien 1981, S. 176.

10 Tramer (Anmerkung 3), S. 185 f.

11 Magris (Anmerkung 4), S. 286.

12 Iggers (Anmerkung 7), S. 355.

13 Mühlberger (Anmerkung 9), S. 175.

14 Demetz (Anmerkung 6), S. 243.

15 »Liebe zu Böhmen. Ein Land im Spiegel deutschsprachiger Dichtung«. Hrsg. von Bruno Brandt. Berlin 1990, S. 444.

16 Pazi, Margarita: »Max Brod – von Schloß Nornepygge zu Galilei in Gefangenschaft«. In: »Im Zeichen Hiobs. Jüdische Schriftsteller und deutsche Literatur im 20. Jahrhundert«. Hrsg. von Gunter E. Grimm/Hans-Peter Bayerdörfer. Königstein im Taunus 1985, S. 193 f.

17 Mühlberger (Anmerkung 9), S. 115.

18 Mauthner, Fritz: »Prager Jugendjahre. Erinnerungen«. Nachwort von Peter Härtling. Frankfurt am Main 1969, S. 50.

19 Ebda., S. 30.

20 Brandl (Anmerkung 15), S. 453.

21 »Prosa jüdischer Dichter«. Stuttgart 1959.

22 Serke, Jürgen: »Böhmische Dörfer. Wanderungen durch eine verlassene literarische Landschaft«. Wien/Hamburg 1987.

23 Brod (Anmerkung 6), S. 39.

24 Perutz, Leo: »Herr erbarme dich meiner«. Mit einem Nachwort von Hans-Harald Müller. Wien/Hamburg 1985, S. 241 (Nachwort).

25 Näheres dazu bei Serke (Anmerkung 22), zum Beispiel S. 64.

26 Vgl. dazu Brandl (Anmerkung 15), S. 444 f.

27 Kafka, Franz: »Briefe an Milena«. Erweiterte und neugeordnete Ausgabe. Hrsg. von Jürgen Born und Michael Müller. Frankfurt am Main 1983, S. 288.

28 Roth, Josef: »Briefe 1911–1939«. Köln/Berlin 1970, S. 236.

29 Winder, Ludwig: »Die jüdische Orgel«. Olten/Freiburg 1983, S. 11 f.

30 Ebda., S. 67.

31 Iggers, a. a. O., S. 327.

32 Sommer, Ernst: »Der Aufruhr und andere ausgewählte Prosa«. Mit einer Einführung und einer Bibliographie von Vera Macháková-Riegerová. Wiesbaden 1976, S. 9.

33 Ebda., S. 24.

34 Zum Leben Sommers siehe Jürgen Serke (Anmerkung 22), S. 211 ff.

35 Sommer, Ernst »Revolte der Heiligen«. Berlin 1949, S. 209.

36 Ebda., S. 210.

37 Brod, Max (Anmerkung 6), S. 207.

38 Kornfeld, Paul: »Blanche oder das Atelier im Garten«. Reinbek 1980, S. 33.

39 Mühlberger (Anmerkung 9), S. 265.

40 Brod: »Der Prager Kreis« (Anmerkung 6), S. 237f.

41 Ebda., S. 232.

42 Grab, Hermann: »Der Stadtpark und andere Erzählungen«. Mit einem Nachwort von Peter Staengle. Frankfurt am Main 1985, S. 199f.

43 Ebda., S. 202.

44 Ebda., S. 200.

45 Grab, Walter: »Egon Erwin Kisch und das Judentum«. In: »Juden in der Weimarer Republik«. Hrsg. von Walter Grab und Julius H. Schoeps. Stuttgart–Bonn 1986, S. 223.

46 Ebda., S. 227.

47 Siehe dazu auch Hans Tramer: »Die Dreivölkerstadt Prag«. In: »Robert Weltsch zum 70. Geburtstag«. Tel Aviv 1961, S. 168f.

48 »Max Brod – von Schloß Nornepygge zu Galilei in Gefangenschaft«. In: »Im Zeichen Hiobs. Jüdische Schriftsteller und deutsche Literatur im 20. Jahrhundert«. Hrsg. von Gunter E. Grimm / Hans-Peter Bayerdörfer. Königstein im Taunus 1985, S. 200.

49 Anz, Thomas: »Franz Kafka«. München 1989, S. 8.

50 Kafka, Franz: »Tagebücher 1910–1923«. Hrsg. von Max Brod. Frankfurt am Main 1983, S. 300.

51 Witte, Bernd: »Porträt Kafkas«. In: »Deutsche Literatur. Eine Sozialgeschichte«. Hrsg. von Horst Albert Glaser. Band 8, Reinbek 1982, S. 287.

52 Benjamin, Walter: »Briefe 2«. Hrsg. von Gershom Scholem und Theodor W. Adorno. Frankfurt am Main 1966, S. 803.

53 Abgedruckt in: »Über Walter Benjamin«. Frankfurt am Main 1968, S. 161.

54 Reich-Ranicki, Marcel: »Über Ruhestörer. Juden in der deutschen Literatur«. Erweiterte Neuausgabe. Stuttgart 1989, S. 33.

55 Kafka, Franz: »Briefe 1902–1924«. Frankfurt am Main 1975, S. 337.

56 Kafka: »Tagebücher« (Anmerkung 50), S. 250.

57 Jens, Walter: »Franz Kafka«. In: »Es ist ein Weinen in der Welt. Hommage für deutsche Juden«. Hrsg. von Hans Jürgen Schultz. Stuttgart 1990, S. 275.

58 Ebda., S. 281.

59 Kafka, Franz: »Hochzeitsvorbereitungen auf dem Lande und an-

dere Prosa aus dem Nachlaß«. Hrsg. von Max Brod. Frankfurt am Main 1986, S. 86.

60 Kafka: »Briefe« (Anmerkung 55), S. 436.

61 Janouch, Gustav: »Gespräche mit Kafka«. Frankfurt am Main 1968 (Erweitere Ausgabe), S. 91.

IX. Die Weimarer Republik

1 Katz, Jacob: »Vom Vorurteil bis zur Vernichtung. Der Antisemitismus 1700 bis 1933«. München 1989, S. 317.

2 »Selbstzeugnisse des deutschen Judentums 1861–1945«. Hrsg. von Achim von Borries. Überarbeitete und erweiterte Neuausgabe. Frankfurt am Main 1988, S. 249.

3 Adler, H. G.: »Die Juden in Deutschland«. München 1988, S. 139f.

4 Zitiert nach: »Juden in der Weimarer Republik«. Hrsg. von Walter Grab und Julius H. Schoeps. Stuttgart/Bonn 1986, S. 18.

5 Ebda., S. 20.

6 Adler (Anmerkung 3), S. 152.

7 Wassermann, Jakob: »Mein Weg als Deutscher und Jude«. In: J. W.: »Deutscher und Jude. Reden und Schriften 1904–1933«. Geleitwort von Hilde Spiel. Heidelberg 1984, S. 127f.

8 Ebda., S. 10.

9 Ebda., S. 220.

10 Tucholsky, Kurt: »Gesammelte Werke«. Hrsg. von Mary Gerold-Tucholsky und Fritz J. Raddatz. Reinbek 1967, Band 1, S. 1234.

11 Gay, Peter: »Freud, Juden und andere Deutsche«. München 1989, S. 172.

12 Wassermann (Anmerkung 11), S. 115.

13 Gay, a. a. O., S. 203.

14 Ebda., S. 204f.

15 Zweig, Arnold: »Das ostjüdische Antlitz«. Berlin 1922, S. 52.

16 Scholem, Gershom: »Von Berlin nach Jerusalem«. Frankfurt am Main 1978, S. 80.

17 Heid, Ludger: »Ostjüdische Kultur im Deutschland der Weimarer Republik«. In: »Juden als Träger bürgerlicher Kultur in Deutschland«. Hrsg. von Julius H. Schoeps. Stuttgart/Bonn 1989, S. 334.

18 Heid, a. a. O., S. 340.

19 Vgl. dazu: Bayerdörfer, Hans-Peter: »Das Bildnis des Ostjuden in der deutschen Literatur«. In: »Juden und Judentum in der Literatur«. Hrsg. von Herbert A. Strauss und Christhard Hoffmann. München 1985, S. 211–236.

20 Einleitung zu »Im Zeichen Hiobs. Jüdische Schriftsteller und deut-

sche Literatur im 20. Jahrhundert«. Hrsg. von Gunter E. Grimm und Hans-Peter Bayerdörfer. Königstein im Taunus 1985, S. 32 (Einleitung).

21 Döblin, Alfred: »Autobiographische Schriften«. Olten/Freiburg 1977, S. 211 f.

22 Roth, Joseph: »Juden auf Wanderschaft«. In: J. R. »Werke«. Hrsg. von Hermann Kesten. Köln 1975, Band 3, S. 305.

23 Mehring, Walter: »Die höllische Komödie. Drei Dramen«. Frankfurt am Main/Berlin/Wien 1981, S. 159.

24 Bayerdörfer (Anmerkung 19), S. 236.

25 Fontane, Theodor: »Sämtliche Werke«. München 1969, Band XIX, S. 750.

26 Reich-Ranicki, Marcel: »Über Ruhestörer. Juden in der deutschen Literatur«. Erweiterte Neuausgabe. Stuttgart 1989, S. 29.

27 Mayer, Hans: »Das Gedächtnis und die Geschichte. Gedanken beim Aufschreiben von Erinnerungen«. In: »Juden in der deutschen Literatur«. Hrsg. von Stéphane Moses und Albrecht Schöne. Frankfurt am Main 1986, S. 20.

28 »Wegweiser durch das jüdische Berlin«. Berlin 1987, S. 92.

29 Vgl. dazu »Wegweiser«, S. 284–359.

30 »Almanach des Jüdischen Verlages 1902–1964«. Berlin 1964, S. 11.

31 Ebda., S. 16.

32 Vgl. dazu die grundlegende Arbeit von Volker Dahm: »Salman Schocken und sein Verlag«. Frankfurt am Main 1981 (= Das jüdische Buch im Dritten Reich, Teil 2).

33 Zitiert nach: Siegfried Moses: »Salman Schocken – Wirtschaftsführer und Zionist«. In: »Deutsches Judentum. Aufstieg und Krise«. Hrsg. von Robert Weltsch. Stuttgart 1963, S. 163.

34 Schivelbusch, Wolfgang: »Intellektuellendämmerung. Zur Lage der Frankfurter Intelligenz in den zwanziger Jahren«. Frankfurt am Main 1985, S. 50.

35 Adler, H. G.: »Die Juden in Deutschland«. München 1987, S. 142.

36 Berding, Helmut: »Moderner Antisemitismus in Deutschland«. Frankfurt am Main 1988, S. 182.

37 Vgl. dazu den Abschnitt IV, 3 in: »Weimarer Republik. Manifeste und Dokumente zur deutschen Literatur 1918–1933«. Hrsg. von Anton Kaes. Stuttgart 1983.

38 »Im Zeichen Hiobs. Jüdische Schriftsteller und deutsche Literatur im 20. Jahrhundert«. Hrsg. von Gunter E. Grimm und Hans-Peter Bayerdörfer. Königstein im Taunus 1985, S. 41 (Einleitung).

39 Hermand, Jost in: »Juden in der Weimarer Republik«. Hrsg. von Walter Grab und Julius H. Schoeps. Stuttgart–Bonn 1986, S. 11.

40 Ebda.

41 Lowenthal, E. G.: »Die Juden im öffentlichen Leben«. In: »Entscheidungsjahr 1932. Zur Judenfrage in der Endphase der Weimarer Republik«. Hrsg. von Werner E. Mosse und Arnold Paucker. Tübingen 1966, S. 71.

42 Hermand (Anmerkung 39), S. 32.

43 Ebda.

44 Bloch, Ernst: »Literarische Aufsätze«. Frankfurt am Main 1984, S. 553.

45 Gay, Peter: »Die Außenseiter der Republik. Geist und Kultur in der Weimarer Zeit 1918–1933«. Frankfurt am Main 1989, S. 9f.

46 »Im Zeichen Hiobs« (Anmerkung 38), S. 48.

47 Krojanker, Gustav: »Juden in der deutschen Literatur«. Berlin 1922, S. 9.

48 Ebda., S. 12.

49 Ebda., S. 14.

50 Tramer, Hans: »Der Beitrag der Juden zu Geist und Kultur«. In: »Deutsches Judentum in Krieg und Revolution 1916–1923«. Hrsg. von Werner E. Mosse und Arnold Paucker. Tübingen 1971, S. 326.

51 Gay (Anmerkung 11), S. 191.

52 Benn, Gottfried: »Gesammelte Werke«. Hrsg. von Dieter Wellershoff. Wiesbaden 1968, Band 8, S. 1939.

53 Holitscher, Arthur: »Der Narrenführer durch Paris und London«. Mit einem Nachwort von Gert Mattenklott. Frankfurt am Main 1986, S. 156.

54 In: »Moritz Heimann. Eine Einführung in sein Werk und eine Auswahl von Wilhelm Lehmann«. Wiesbaden 1960, S. 5.

55 Zitiert nach: Heimann, Moritz: »Kritische Schriften«. Ausgewählt, eingeleitet und erläutert von Helmut Prang. Zürich/Stuttgart 1969, S. XIIIf. (Einleitung).

56 Ebda., S. XV.

57 Heimann, Moritz: »Was ist das: ein Gedanke? Essays«. Hrsg. und mit einem Nachwort von Gert Mattenklott. Frankfurt am Main 1986, S. 251.

58 Er findet sich in Heimanns Aufsatz »Was ist das: ein Gedanke?« (1909); abgedruckt in Heimann (Anmerkung 57), S. 211–213.

59 In: Krojanker (Anmerkung 47), S. 288.

60 Heimann (Anmerkung 57), S. 183.

61 Ebda., S. 274.

62 Reich-Ranicki, Marcel: »Über Ruhestörer. Juden in der deutschen Literatur«. Erweiterte Neuausgabe 1989, S. 106.

63 Schlawe, Fritz: »Literarische Zeitschriften 1910–1933«. Stuttgart 1973, S. 54.

64 »Neue Jüdische Monatshefte« III (10. 25. 7. 1919), S. 399 f.
65 Scholem, Gershom: »Judaica 2«. Frankfurt am Main 1987, S. 37.
66 Gay, Peter (Anmerkung 11), S. 152.
67 Bayerdörfer, Hans-Peter: »»Vermauschelt die Presse, die Literatur«. Jüdische Schriftsteller in der deutschen Literatur zwischen Jahrhundertwende und Erstem Weltkrieg«. In: »Judentum, Antisemitismus und europäische Kultur«. Hrsg. von Hans Otto Horch. Tübingen 1988, S. 224.
68 Horch, Hans Otto: »Über Georg Hermann. Plädoyer zur Wiederentdeckung eines bedeutenden deutsch-jüdischen Schriftstellers«. In: (Anmerkung 67), S. 233–253.
69 Ebda., S. 234.
70 Ebda., S. 253.
71 Scholem (Anmerkung 65), S. 37 f.
72 Tramer, Hans: »Von deutsch-jüdischem Dichtertum«. In: »Deutsches Judentum. Aufstieg und Krise«. Hrsg. von Robert Weltsch. Stuttgart 1963, S. 259.
73 Zitiert nach: »Borchardt/Heymel/Schröder«. Ausstellungskatalog Marbach 1978, S. 11 f.
74 Krojanker, Gustav (Anmerkung 47), S. 232.
75 Vgl. dazu Tramer (Anmerkung 72), S. 259 f.
76 Kraft, Werner: »Spiegelung der Jugend«. Frankfurt am Main 1973, S. 139.
77 Tramer (Anmerkung 72), S. 259.
78 Im Nachwort zu Kraft (Anmerkung 76), S. 156.
79 Gay (Anmerkung 11), S. 213.
80 Lessing, Theodor: »Der jüdische Selbsthaß« (Nachdruck der Ausgabe Berlin 1930). München 1984, S. 227 f.
81 Ebda., S. 40.
82 Vgl. dazu: Helmut Berding: »Moderner Antisemitismus in Deutschland«. Frankfurt am Main 1988, S. 182; zur Fälschung siehe: »Gefälscht! Betrug in Literatur, Kunst, Musik, Wissenschaft und Politik«. Hrsg. von Karl Corino. Frankfurt am Main 1990, S. 56–73.
83 Ausführlich dargestellt von Arnold Paucker, in: »Der jüdische Abwehrkampf gegen Antisemitismus und Nationalsozialismus in den letzten Jahren der Weimarer Republik«. 2. verb. Auflage Hamburg 1969.
84 Dazu im einzelnen: Knütter, Hans-Helmuth: »Die Juden und die deutsche Linke in der Weimarer Republik«. Düsseldorf 1971.
85 Adler, H. G.: »Die Juden in Deutschland«. München 1987, S. 145.
86 Elbogen, Ismar/Sterling, Eleonore: »Die Geschichte der Juden in Deutschland«. Frankfurt am Main 1966, S. 288.

87 Amery, Jean: »Bücher aus der Jugend unseres Jahrhunderts«. Stuttgart 1981, S. 164.

88 Wassermann, Jakob: »Mein Weg als Deutscher und Jude«. In »Deutscher und Jude. Reden und Schriften 1904–1933«. Heidelberg 1984, S. 130.

89 Shaked, Gershon: »Die Macht der Identität. Essays über jüdische Schriftsteller«. Königstein im Taunus 1986, S. 104.

90 Wassermann (Anmerkung 88), S. 71.

91 Zitiert nach: »Peter Berglar: »Walther Rathenau – Seine Zeit, sein Werk, seine Persönlichkeit«. Graz/Wien/Köln. 1987, S. 252.

92 Tucholsky, Kurt: »Die Q-Tagebücher 1934–1935«. Hrsg. von Mary Gerold-Tucholsky 1978, S. 176.

93 Mayer, Hans: »Ein Deutscher auf Widerruf. Erinnerungen«. Frankfurt am Main 1988, Bd. 1, S. 71.

94 Scholem (Anmerkung 65), S. 37.

95 Tucholsky, Kurt: »Ausgewählte Briefe 1913–1935«. Reinbek 1962, S. 333 f.

96 Pazi, Margarita: »Das ›ungelebte Leben‹ Kurt Tucholskys«. In: »Juden in der deutschen Literatur«. Hrsg. von Stéphane Moses und Albrecht Schöne. Frankfurt am Main 1986, S. 307.

97 Reich-Ranicki, Marcel: »Kurt Tucholsky. Deutscher, Preuße, Jude«. In: »Juden und Judentum in der Literatur«. Hrsg. von Herbert A. Strauss und Christhard Hoffmann. München 1985, S. 265.

98 Ebda., S. 262.

99 In: »Text + Kritik«. Heft 29 (1971), S. 8.

100 Roth, Joseph: »Briefe 1911–1939«. Hrsg. und eingel. von Hermann Kesten. Köln–Berlin 1970, S. 98.

101 Müller-Funk, Wolfgang: »Joseph Roth«. München 1989, S. 124.

102 Roth, Joseph: »Juden auf Wanderschaft«. In: J. R. »Werke in vier Bänden«. Hrsg. u. eingel. von Hermann Kesten. Köln 1975, Band 3, S. 301.

103 Müller-Funk (Anmerkung 101), S. 125 f.

104 Nach Bronson, David: »Joseph Roth. Eine Biographie«. Köln 1974, S. 388.

105 Zum Beispiel: Magris, Claudio: »Weit von wo? Verlorene Welt des Ostjudentums«. Wien 1971; Gershom Shaked (Anmerkung 26).

106 Döblin, Alfred: »Berlin Alexanderplatz«. Freiburg/Olten 1972, S. 18 f.

107 Bayerdörfer, Hans-Peter: »Das Bild des Ostjuden in der deutschen Literatur«. In: »Juden und Judentum in der Literatur« (Anmerkung 97), S. 235 f.

108 Döblin, Alfred: »Briefe«. Olten/Freiburg 1970, S. 274 f.

109 In: »Im Zeichen Hiobs. Jüdische Schriftsteller und deutsche Literatur im 20. Jahrhundert«. Hrsg. von Gunter E. Grimm und
Hans-Peter Bayerdörfer. Königstein im Taunus 1985, S. 258–279.
110 Werfel, Franz: »Das Lied von Bernadette«. Frankfurt am Main
1958, S. 8.
111 Werfel, Franz: »Zwischen oben und unten. Aufsätze, Aphorismen, Tagebücher, Literarische Nachträge«. Aus dem Nachlaß
herausgegeben von Adolf D. Karmann. München/Wien 1975,
S. 614 f.
112 Ebda., S. 163.
113 Feuchtwanger, Lion: »Centum Opuscula«. Rudolstadt 1956,
S. 511.
114 Ebda., S. 510.
115 Feuchtwanger, Lion: »Jud Süß«. Frankfurt am Main 1982, S. 523
(Nachwort).
116 Roth, Joseph: »Berliner Saisonbericht. Reportagen und journali-
stische Arbeiten 1920–1939«. Köln 1984, S. 386 f.

X. Die Vernichtung des deutschen Judentums

1 Zitiert nach: »Die jüdische Emigration aus Deutschland
1933–1941«. (Ausstellungskatalog) Frankfurt am Main 1985, S. 3.
2 Rürup, Reinhard: »Jüdische Geschichte in Deutschland«. In:
»Zerbrochene Geschichte. Leben und Selbstverständnis der Juden
in Deutschland«. Hrsg. von Dirk Blasius und Dan Diner. Frankfurt am Main 1919, S. 79.
3 Blasius, Dirk: »Zwischen Rechtsvertrauen und Rechtszerstörung.
Deutsche Juden 1933–1935«. In: (Anmerkung 2), S. 121.
4 Loewy, Ernst: »Exil. Literarische und politische Texte aus dem
deutschen Exil 1933–1945«. Stuttgart 1979, S. 256.
5 Zitiert nach Rürup (Anmerkung 2), S. 100.
6 Kantorowicz, Ernst: »Politik und Exil«. München 1983, S. 135.
7 Berding, Helmut: »Moderner Antisemitismus in Deutschland«.
Frankfurt am Main 1988, S. 226.
8 Blasius (Anmerkung 2), S. 122.
9 Grab, Walter: »Der deutsche Weg der Judenemanzipation
1789–1938«. München 1991, S. 187.
10 Zitiert nach »Die jüdische Emigration« (Anmerkung 1), S. 87.
11 Weltsch, Robert: »Tragt ihn mit Stolz, den gelben Fleck«. Nachdruck der Ausgabe von 1933. Nördlingen 1988, S. 29.
12 Ebda., S. 6.
13 »Die jüdische Emigration« (Anmerkung 1), S. 87.

14 Freeden, Herbert: »Jüdisches Theater in Nazideutschland«. Tübingen 1964, S. 4.
Ders.: »Die jüdische Presse im Dritten Reich«. Frankfurt am Main 1987.

15 Dahm, Volker: »Das jüdische Buch im Dritten Reich«. Teil 1: Die Ausschaltung der jüdischen Autoren, Verleger und Buchhändler. Frankfurt am Main 1979; Teil 2: Salman Schocken und sein Verlag. Frankfurt am Main 1981.

16 Wassermann, Henry: »Bibliographie des Jüdischen Schrifttums in Deutschland 1933–1943«. München / New York / London / Paris 1989, S. XI.

17 Ebda., S. XV.

18 Dahm, Teil 2 (Anmerkung 15), Spalte 818.

19 Ebda., Spalte 911.

20 Seifert, Heribert: »Literatur als Überlebenshilfe. Jüdische Erzähler im nationalsozialistischen Deutschland«. In: »Neue Zürcher Zeitung«, Nr. 52. März 1990, S. 70.

21 Wassermann (Anmerkung 18), S. XVIII.

22 Der Roman »Hochzeitsmarsch in Moll« wurde 1986 wieder aufgelegt (Bad Homburg; mit einem Nachwort von Hans J. Schütz); 1991 erschien unter dem Titel »Quittessenz meines Lebens« seine Autobiographie (Mainz; hrsg. von H. F. Pfanner).

23 Hermann, Georg: »Eine Zeit stirbt«. Berlin 1934, S. V.

24 Stern, Gerson: »Weg ohne Ende«. Berlin 1934, S. 113.

25 Seifert (Anmerkung 20).

26 Wassermann (Anmerkung 16), S. XXI.

27 Zitiert nach Dahm, Teil 1 (Anmerkung 15), Spalte 213.

28 »Selbstzeugnisse des deutschen Judentums 1861–1945«. Hrsg. von Achim von Borries. Frankfurt am Main 1988, S. 270 (Nachwort).

29 »Welch Wort in die Kälte gerufen. Die Judenverfolgung des Dritten Reiches im deutschen Gedicht«. Hrsg. von Heinz Seydel. Berlin 1968.

30 Pollack, Martin: »Nach Galizien. Eine imaginäre Reise durch die verschwundene Welt Ostgaliziens und der Bukowina«. Wien / München 1984, S. 7. Vgl. dazu: Christoph Ransmayr (Hrsg.): »Im blinden Winkel. Nachrichten aus Mitteleuropa«. Wien 1985; Frankfurt am Main 1989; Dohrn, Verena: »Reise nach Galizien. Grenzlandschaften des alten Europa«. Frankfurt am Main 1991; Schlögel, Karl: »Das Wunder von Nishnij oder die Rückkehr der Städte«. Frankfurt am Main 1991.

31 Celan, Paul: »Ausgewählte Gedichte«. Nachwort von Beda Allemann. Frankfurt am Main 1968, S. 127.

32 Goltschnigg, Dietmer/Schwob, Anton: »Die Bukowina. Studien zu einer versunkenen Literaturlandschaft«. Tübingen 1990.

33 »Fäden ins Nichts gespannt. Deutschsprachige Dichtung aus der Bukowina«. Hrsg. von Klaus Werner. Frankfurt am Main 1991.

34 Schlögel (Anmerkung 30), S. 92.

35 Chalfen, Israel: »Paul Celan. Eine Biographie seiner Jugend«. Frankfurt am Main 1983, S. 14.

36 Ebda., S. 15.

37 Ebda., S. 24.

38 Werner (Anmerkung 33), S. 12.

39 Zitiert nach »Die Bukowina« (Anmerkung 32), S. 230.

40 In: Strelka, Joseph P.: »Exilliteratur«. Bern/Frankfurt am Main/New York 1983, S. 211.

41 Meerbaum-Eisinger, Selma: »Ich bin in Sehnsucht eingehüllt«. Hrsg. und eingeleitet von Jürgen Serke. Hamburg 1980, S. 111.

42 In: »Frankfurter Allgemeine Zeitung«, Nr. 159 vom 12.7.1991.

43 »Die Bukowina« (Anmerkung 32), S. 246.

44 Berman, Russell A.: »›Der begrabenen Blitze Wohnstatt‹: Trennung, Heimkehr und Sehnsucht in der Lyrik von Nella Sachs«. In: »Im Zeichen Hiobs. Jüdische Schriftsteller und deutsche Literatur im 20. Jahrhundert«. Hrsg. von Gunter E. Grimm und Hans-Peter Bayerdörfer. Königstein im Taunus 1985, S. 283.

45 In: Berendsohn, Walter A.: »Nelly Sachs«. Darmstadt 1974, S. 151 f.

46 Adorno, Theodor W.: »Prismen«. Frankfurt am Main 1955, S. 31.

47 »Lyrik des Exils«. Hrsg. von Wolfgang Emmerich und Susanne Heil. Stuttgart 1985, S. 59 (Einleitung).

48 »Welch Wort...« (Anmerkung 29), S. 321.

49 »Welch Wort...«, a. a. O., S. 43.

50 »Der Tod ist ein Meister aus Deutschland. Deportation und Vernichtung in poetischen Zeugnissen«. Hrsg. von Bernd Hentzsch. München 1979, S. III (Vorwort).

XI. Das jüdische Exil

1 Walter, Hans-Albert: »Öfter als die Schuhe die Länder wechselnd...« Ein Überblick über die deutsche Emigration nach 1933. In: Zadek, Walter (Hrsg.): »Sie flohen vor dem Hakenkreuz«. Reinbek 1981, S. 11.

2 Walter, Hans-Albert: »Deutsche Exilliteratur 1933–1950«. Band 1, Darmstadt–Neuwied 1972, S. 200.

3 Gumpert, Martin: »Hölle im Paradies. Selbstdarstellung eines

Arztes«. Mit einem Vorwort von Fritjof Trapp. Hildesheim 1983, S. 240.

4 Walter, (Anmerkung 1), S. 11 f.

5 Roth, Joseph: »Briefe 1911–1939«. Hrsg. von Hermann Kesten. Köln/Berlin 1970, S. 249.

6 Walter (Anmerkung 2), S. 205.

7 Gay, Peter: »Die Republik der Außenseiter«. Frankfurt am Main 1987, S. 10.

8 Ebd., S. 189.

9 Zweig, Stefan: »Die Welt von Gestern«. Wien 1948, S. 566 f.

10 »Im Zeichen Hiobs. Jüdische Schriftsteller und deutsche Literatur im 20. Jahrhundert«. Hrsg. von Gunter E. Grimm und Hans-Peter Bayerdörfer. Königstein im Taunus 1985, S. 50.

11 »Jüdisches Schicksal in deutschen Gedichten«. Hrsg. von Siegmund Kaznelson. Berlin 1959, S. 36.

12 Briefe von Karl Wolfskehl. Mitgeteilt von Werner Bock. In: »Merkur«, Nr. 91/1955, S. 875.

13 »Lyrik des Exils«. Hrsg. von Wolfgang Emmerich und Susanne Heil. Stuttgart 1985, S. 49.

14 »Ich sah das Dunkel schon von ferne kommen. Erniedrigung und Vertreibung in poetischen Zeugnissen«. Hrsg. von Bernd Jentzsch. München 1979, S. 53.

15 »Lyrik des Exils«. Hrsg. von Wolfgang Emmerich. Stuttgart 1985, S. 337.

16 »Jüdische Portraits. Fotografien und Interviews von Herlinde Koelbl«. Frankfurt am Main 1989, S. 211 f.

17 Waldinger, Ernst: »Dein Herz ist deine Heimat«. Hrsg. von Rudolf Felmayer. Wien 1955, S. 111.

18 Walter, Hans-Albert: »Anna Seghers«. In: »Es ist ein Weinen in der Welt«. Hrsg. von Hans Jürgen Schultz. Stuttgart 1990, S. 426.

19 Ebda., S. 428.

20 Hans-Albert Walter hat das Buch in der »Frankfurter Rundschau« (Nr. 201 vom 1. September 1987) in einer Rezension gewürdigt. 1991 erschien eine Taschenbuchausgabe bei dtv.

21 »Berthold Viertel im amerikanischen Exil«. Hrsg. von Friedrich Pfäfflin. »Marbacher Magazin« 9/1978, S. 10.

22 Viertel, Berthold: »Daß ich in dieser Sprache schreibe. Gesammelte Gedichte«. Hrsg. von Günther Fetzer. München 1981, S. 56.

23 Zitiert nach Ben-Chorin, Schalom: »Zwischen neuen und verlornen Orten«. München 1989, S. 35.

24 Hermand, Jost: »Bürger zweier Welten. Arnold Zweigs Einstellung zur deutschen Kultur«. In: »Juden als Träger bürgerlicher

Kultur in Deutschland«. Hrsg. von Julius H. Schoeps. Stuttgart/Bonn 1989, S. 67.

25 Hermand, a. a. O., S. 75.

26 Mit einem Nachwort von Achim von Borries.

27 Zweig, Arnold: »Bilanz der deutschen Judenheit. Ein Versuch«. Hrsg. und mit einem Nachwort von Kurt Pätzold. Leipzig 1991, S. 268.

28 Ebda., S. 251.

29 Ebda., S. 256.

30 (Anmerkung 26), S. 317.

31 »Siegmund Freud / Arnold Zweig: Briefwechsel«. Hrsg. von Ernst L. Freund. Frankfurt am Main 1968, S. 119.

32 Canetti, Elias: »Die gerettete Zunge«. München 1977, S. 102.

33 Ebda., S. 11.

34 Canetti, Elias: »Die Provinz des Menschen. Aufzeichnungen 1942–1972«. Frankfurt am Main 1979, S. 62 f. – Zur Sprachproblematik bei Canetti vgl. den Aufsatz von Martin Bollacher: »Vom Gewissen der Worte: E. C. und die Verantwortung des Dichters im Exil« in: »Im Zeichen Hiobs« (Anmerkung 10), S. 326 ff.

35 Reich-Ranicki, Marcel: »Über Ruhestörer. Juden in der deutschen Literatur«. Erweiterte Neuausgabe. Stuttgart 1989, S. 112.

36 »Mein Judentum«. Hrsg. von Hans-Jürgen Schultz. München 1986, S. 159 und 163 f.

37 Zitiert nach: »Selbstzeugnisse des deutschen Judentums 1861 bis 1945«. Hrsg. von Achim von Borries. Überarbeitete und erweiterte Neuauflage. Frankfurt am Main 1988, S. 54.

38 Sahl, Hans: »Die Wenigen und die Vielen«. Frankfurt am Main 1959, S. 285.

39 Sahl, Hans: »Umsteigen nach Babylon. Erzählungen«. Mit einem Vorwort von Claudia Steinberg und einem biographischen Aufsatz von Sigrid Kellenter. Zürich 1987, S. 161.

40 »Jüdische Portraits« (Anmerkung 16), S. 213.

41 »Bogen 23: Albert Drach«. München 1988, S. 4.

42 Drach, Albert: »›Z. Z.‹ das ist die Zwischenzeit«. München 1990, S. 261.

XII. Nach dem Holocaust

1 Krojanker, Gustav: »Juden in der deutschen Literatur«. Berlin 1922, S. 12.

2 Bein, Alex: »Die Judenfrage. Biographie eines Weltproblems«. Stuttgart 1980, 2 Bände, Band 1, S. 263.

3 Reich-Ranicki, Marcel: »Über Ruhestörer. Juden in der deutschen Literatur«. Erweiterte Neuausgabe. Stuttgart 1989, S. 37.
4 Ebda., S. 36.
5 »Mein Judentum«. Hrsg. von Hans-Jürgen Schultz. München 1986, S. 74.
6 Ebda., S. 75.
7 Ebda., S. 159.
8 Ebda., S. 55 f.
9 Reich-Ranicki (Anmerkung 3), S. 35.
10 Ebda., S. 53 und 54.
11 »Über Paul Celan«. Hrsg. von Dietlind Meinecke. Frankfurt am Main 1973, S. 20.
12 Celan, Paul: »Ausgewählte Gedichte«. Nachwort von Beda Allemann. Frankfurt am Main 1968, S. 46.
13 Neumann, Peter Horst in: »DIE ZEIT« Nr. 10 vom 2. 3. 1984.
14 Ausländer, Rose: »Gesammelte Gedichte«. Köln 1978, S. 549.
15 In: »Die Bukowina. Studien zu einer versunkenen Literaturlandschaft«. Tübingen 1990, S. 234.
16 In: »Über Peter Weiss«. Hrsg. von Volker Canaris. Frankfurt am Main 1971, S. 92.
17 In: »Jüdische Intelligenz in Deutschland«. Hrsg. von Jost Hermand und Gert Mattenklott. Hamburg 1988, S. 135.
18 Weiss, Peter: »Abschied vom dem Eltern«. Frankfurt am Main 1964, S. 73 f.
19 Weiss, Peter: »Fluchtpunkt«. Frankfurt am Main 1965, S. 137.
20 »Atlas. Zusammengestellt von deutschen Autoren«. Berlin 1965, S. 32.
21 Ebda.
22 Reich-Ranicki (Anmerkung 3), S. 128.
23 Adler, H. G.: »Panorama«. Mit einem Nachwort von Peter Demetz. München 1988, S. 587.
24 Ebda., S. 571.
25 Becker, Jurek: »Jakob der Lügner«. Frankfurt am Main 1982, S. 194.
26 Reich-Ranicki, a. a. O., S. 176 f.
27 In: »Kontroversen, alte und neue. Akten des 7. Internationalen Germanisten-Kongresses in Göttingen«. Tübingen 1982, S. 225 bis 236.
28 Becker, Jurek: »Bronsteins Kinder«. Frankfurt am Main 1988, S. 15.
29 Hilsenrath, Edgar: »Nacht«. München 1990, S. 448.
30 Ebda., S. 9.
31 Domin, Hilde: »Rückkehr der Schiffe«. Frankfurt am Main 1962, S. 49.

32 »Mein Judentum« (Anmerkung 5), S. 89f.

33 »Jüdische Portraits« Hrsg. von Herlinde Koelbe. Frankfurt/M. 1989, S. 69.

34 »Jüdische Portraits«, a.a.O., S. 115.

35 »Mein Judentum«, a.a.O., S. 220.

36 Hildesheimer, Wolfgang: »Tynset«. Frankfurt am Main 1973, S. 117f.

37 »Mein Judentum«, S. 169.

38 Ben-Chorin, Schalom: »Zwischen neuen und verlorenen Orten. Beiträge zum Verhältnis von Deutschen und Juden«. München 1988, S. 34.

39 Kraft, Werner: »Spiegelung der Jugend«. Mit einem Nachwort von Jörg Drews. Frankfurt am Main 1973, S. 152.

40 Ben-Chorin (Anmerkung 38), S. 83.

41 Ben-Chorin, a.a.O., S. 92.

42 »Mein Judentum«, a.a.O., S. 22.

43 Ben-Chorin, a.a.O., S. 92.

44 Seligmann, Rafael: »Rubinsteins Versteigerung«. München 1991, S. 189.

45 Ebda., S. 177.

46 »Fremd im eigenen Land. Juden in der Bundesrepublik«. Hrsg. von Henryk M. Broder und Michel R. Lang. Frankfurt am Main 1979, S. 11.

47 Ebda., S. 28.

48 Ebda., S. 188.

49 Seligmann (Anmerkung 44), S. 88.

50 Seligmann, Rafael: »Mit beschränkter Hoffnung. Juden, Deutsche, Israelis«. Hamburg 1991, S. 315.

51 Hermann, Matthias: »72 Buchstaben«. Frankfurt am Main 1989, S. 56.

Auswahlbibliographie

Amir, Dov: Leben und Werk der deutschsprachigen Schriftsteller in Israel. München 1980.

Andics, Hellmut: Die Juden in Wien. München / Luzern 1988.

Aufklärung und Haskala in jüdischer und nichtjüdischer Sicht. Hrsg. von Karlfried Gründer und Nathan Rotenstreich. Heidelberg 1990.

Ben-Chorin, Schalom: Zwischen neuen und verlornen Orten. München 1988.

Botstein, Leon: Judentum und Modernität. Wien / Köln 1991.

Brod, Max: Der Prager Kreis. Stuttgart / Berlin 1966.

Bürger auf Widerruf. Lebenszeugnisse deutscher Juden 1780–1945. Hrsg. von Monika Richarz. München 1989.

Dahm, Volker: Das Jüdische Buch im Dritten Reich. Teil 1 und 2. Frankfurt / M. 1979 und 1981.

Das doppelte Antlitz. Zur Wirkungsgeschichte deutsch-jüdischer Künstler und Gelehrter. Hrsg. von Rolf Schörken und Dieter-Jürgen Löwisch. Paderborn 1990.

Das jüdische Prag. Hrsg. von Siegmund Kaznelson. Prag 1917.

Dein aschenes Haar Sulamith. Dichtung über den Holocaust. Hrsg. von Dieter Lamping. München 1992.

Deutsches Judentum. Aufstieg und Krise. Hrsg. von Robert Weltsch. Stuttgart 1963.

Die Bukowina. Studien zu einer versunkenen Literaturlandschaft. Hrsg. von Dietmar Goltschnigg und Anton Schwab. Tübingen 1990.

Die Juden und die Kultur. Hrsg. von Leonhard Reinisch. Stuttgart 1961.

Die jüdische Emigration aus Deutschland 1933–1941. Eine Ausstellung der deutschen Bibliothek in Frankfurt / M. 1985.

Die Jüdische Welt von Gestern. Text- und Bildzeugnisse aus Mitteleuropa 1860–1938. Hrsg. von Rachel Salamander. Wien 1990.

Eine zerstörte Kultur. Jüdisches Leben und Antisemitismus in Wien seit dem 19. Jahrhundert. Hrsg. von Gergard Botz, Ivar Oxaal und Michael Pollak. Buchloe 1990.

Eloesser, Arthur: Vom Ghetto nach Europa. Das Judentum im geistigen Leben des 19. Jahrhunderts. Berlin 1936.

Engelmann, Bernt: Deutschland ohne Juden. München 1970.

Es ist ein Weinen in der Welt. Hommage für deutsche Juden. Hrsg. von Hans Jürgen Schultz. Stuttgart 1990.

Freeden, Herbert: Die jüdische Presse im Dritten Reich. Frankfurt/M. 1987.

Freeden, Herbert: Jüdisches Theater in Nazideutschland. Frankfurt/M. 1985.

Gay, Peter: Begegnung mit der Moderne – Deutsche Juden in der deutschen Kultur. In: Juden im Wilhelminischen Deutschland 1890–1914. Hrsg. von Werner E. Mosse. Tübingen 1976.

Gay, Peter: Freud, Juden und andere Deutsche. München 1989.

Geiger, Ludwig: Die deutsche Literatur und die Juden. Berlin 1910.

Geschichten aus dem Ghetto. Hrsg. von Jost Hermand. Frankfurt/M. 1990.

Geschlossene Vorstellung. Der Jüdische Kulturbund in Deutschland. 1933–1941. Ausstellung in der Akademie der Künste Berlin 1992.

Goldstein, Moritz: Deutsch-jüdischer Parnaß. In: »Der Kunstwart«. Jahrgang 25. Heft 11. (März 1912).

Grab, Walter: Radikale Lebensläufe. Von der bürgerlichen zur proletarischen Emanzipationsbewegung. Berlin 1980.

Graupe, Heinz Mosche: Die Entstehung des modernen Judentums. Geistesgeschichte der deutschen Juden 1650–1942. Hamburg 1977.

Hertz, Deborah: Die jüdischen Salons im alten Berlin. Frankfurt/M. 1991.

Horch, Hans Otto: Conditio judaica. Juden und Judentum im Spiegel liberaler Erzählliteratur und liberaler jüdischer Literaturkritik. Bern/Las Vegas 1985.

Horch, Hans Otto und Shedletzky, Itta: Die deutsch-jüdische Literatur und ihre Geschichte. In: Neues Lexikon des Judentums. Hrsg. von Julius H. Schoeps. Gütersloh/München 1992.

Im Scheunenviertel. Bilder, Texte und Dokumente. Hrsg. von Eike Geisel. Berlin 1981.

Im Zeichen Hiobs. Jüdische Schriftsteller und deutsche Literatur im 20. Jahrhundert. Hrsg. von Gunter E. Grimm und Hans-Peter Bayerdörfer. Königstein/Ts. 1985.

In den Katakomben. Jüdische Verlage in Deutschland 1933 bis 1938. Bearbeitet von Ingrid Belke. Marbacher Magazin 25/1983.

Juden als Träger bürgerlicher Kultur in Deutschland. Hrsg. von Julius H. Schoeps. Stuttgart/Bonn 1989.

Juden im deutschen Kulturbereich. Hrsg. von Siegmund Kaznelson. Berlin 1959.

Juden im Vormärz und in der Revolution von 1848. Hrsg. von Walter Grab und Julius H. Schoeps. Stuttgart/Bonn 1983.

Juden in der deutschen Literatur. In: »Der Deutschunterricht«. Heft 4/1984 und Heft 3/1985.

Juden in der deutschen Literatur. Hrsg. von Gustav Krojanker. Berlin 1922.

Juden in der deutschen Literatur. Hrsg. von Stéphane Moses und Albrecht Schöne. Frankfurt/M. 1986.

Juden in der Weimarer Republik. Hrsg. von Walter Grab und Julius H. Schoeps. Stuttgart/Bonn 1986.

Juden und Judentum in der Literatur. Hrsg. von Herbert A. Strauss und Christhard Hoffmann. München 1985.

Juden und Judentum in deutschen Briefen aus drei Jahrhunderten. Hrsg. und erläutert von Franz Kobler. Wien 1935; Königstein/Ts. 1984.

Judentum, Antisemitismus und europäische Kultur. Hrsg. von Hans Otto Horch. Tübingen 1988.

Judentum im deutschen Sprachraum. Hrsg. von Karl E. Grözinger. Frankfurt/M. 1991.

Jüdische Intelligenz in Deutschland. Hrsg. von Jost Hermand und Gert Mattenklott. Hamburg 1988.

Jüdische Lebenswelten. Eine Ausstellung der Berliner Festspiele. Frankfurt/M. 1992.

Jüdische Portraits. Photographien und Interviews von Herlinde Koelbl. Frankfurt/M. 1989.

Jüdisches Lesebuch 1933–1938. Ausgewählt von Henryk M. Broder und Hilde Recher. Nördlingen 1987.

Jüdisches Schicksal in deutschen Gedichten. Hrsg. von Siegmund Kaznelson. Berlin 1959.

Katz, Jacob: Aus dem Ghetto in die bürgerliche Gesellschaft. Jüdische Emanzipation 1770–1870. Frankfurt/M. 1986.

Leschnitzer, Adolf: Saul und David. Die Problematik der deutsch-jüdischen Lebensgemeinschaft. Heidelberg 1954.

Löwenthal, Leo: Untergang der Dämonologien. Studien über Judentum, Antisemitismus und faschistischen Geist. Leipzig 1990.

Mattenklott, Gert. Über Juden in Deutschland. Frankfurt/M. 1992.

Mayer, Hans: Außenseiter. Frankfurt/M. 1975.

Mein Judentum. Hrsg. von Hans Jürgen Schultz. Stuttgart 1978 und 1992.

Menora. Jahrbuch für deutsch-jüdische Geschichte 1990. München 1990.

Menora. Jahrbuch für deutsch-jüdische Geschichte 1991. München 1991.

Moses, Stéphane: Spuren der Schrift. Von Goethe bis Celan. Frankfurt/M. 1987 und 1992.

Pazi, Margarita: Fünf Autoren des Prager Kreises. Frankfurt/M./ Bern/Las Vegas 1978.

Politzer, Heinz: From Mendelssohn to Kafka. The Jewish Man of letters in Germany. In: »Commentary« 3/1947.

Pomeranz Carmely, Klara: Das Identitätsproblem jüdischer Autoren im deutschen Sprachraum. Königstein/Ts. 1981.

Porträts zur deutsch-jüdischen Geistesgeschichte. Hrsg. von Thilo Koch. Köln 1961.

Prosa jüdischer Dichter. Hrsg. von Karl Otten. Stuttgart 1959.

Reichmann, Eva G.: Größe und Verhängnis deutsch-jüdischer Existenz. Heidelberg 1974.

Reich-Ranicki, Marcel: Über Ruhestörer. Juden in der deutschen Literatur. Erweiterte Neuausgabe. Stuttgart 1989.

Schofar. Lieder und Legenden jüdischer Dichter. Hrsg. von Karl Otten. Neuwied/Berlin 1962.

Scholem, Gershom: Judaica 2. Frankfurt/M. 1970.

Selbstzeugnisse des deutschen Judentums 1861–1945. Neuausgabe. Hrsg. von Achim von Borries. Frankfurt/M. 1988.

Shaked, Gershon: Die Macht der Identität. Essays über jüdische Schriftsteller. Königstein/Ts. 1986 und Frankfurt/M. 1992.

Simon, Ernst: Entscheidung zum Judentum. Essays und Vorträge. Frankfurt/M. 1979.

Stachel in der Seele. Jüdische Kindheit und Jugend. Hrsg. von F. E. Menken. Weinheim und Berlin 1986.

Stemberger, Günter: Geschichte der jüdischen Literatur. München 1977.

Stimmen aus Israel. Eine Anthologie deutschsprachiger Literatur aus Israel. Hrsg. von Meir M. Faerber. Gerlingen 1979.

Stern, Desider: Werke von Autoren jüdischer Herkunft in deutscher Sprache. Frankfurt/M. 1969.

Tetzlaff, Walter: Zweitausend Kurzbiographien bedeutender deutscher Juden des 20. Jahrhunderts. Lindhorst 1982.

Tramer, Hans: Der Beitrag der Juden zu Geist und Kultur. In: Deutsches Judentum in Krieg und Revolution 1916–1923. Hrsg. von Werner E. Mosse. Tübingen 1971.

Tramer, Hans: Die Dreivölkerstadt Prag. In: Festschrift für Robert Weltsch zum 60. Geburtstag. Tel Aviv 1961.

Volkov, Shulamit: Jüdisches Leben und Antisemitismus im 19. und 20. Jahrhundert. München 1990.

Vom Judentum. Ein Sammelbuch. Hrsg. vom Verein jüdischer Hochschüler Bar Kochba in Prag. Leipzig 1913.

Wassermann, Henry: Bibliographie des Jüdischen Schrifttums in Deutschland 1933–1943. München/New York/London/Paris 1989.

Wassermann, Jakob: Deutscher und Jude. Reden und Schriften 1904–1933. Heidelberg 1984.

Welch Wort in die Kälte gerufen. Die Judenverfolgung des Dritten Reiches im deutschen Gedicht. Hrsg. von Heinz Seydel. Berlin 1968.

Weltsch, Robert: Tragt ihn mit Stolz, den gelben Fleck. Berlin 1933; Nördlingen 1988.

Young, James E.: Beschreiben des Holocaust. Darstellung und Folgen der Interpretation. Frankfurt/M. 1992.

Zohn, Harry: …ich bin ein Sohn der deutschen Sprache nur. Jüdisches Erbe in der österreichischen Literatur. Wien/München 1986.

Zweig, Arnold: Bilanz der deutschen Judenheit. Amsterdam 1934; Leipzig 1991.

Personenregister

Menora –
Ein Jahrbuch für deutsch-
jüdische Geschichte

SP 1221   SP 1345   SP 1544

»Mit ›Menora‹ wurde dem deutsch-jüdischen
Geschichtsdiskurs nun auch im deutschen
Sprachraum wieder ein wissenschaftliches
Forum gegeben.«
Frankfurter Allgemeine Zeitung

PIPER